教育部智慧景区开发与管理专业教学标准配套教材
智慧景区开发与管理专业国家级教学资源库配套教材

浙江省高职院校"十四五"首批重点教材建设项目

| 高等学校经济与管理类教材 |

旅游策划

（第三版）

主　编◎陈　蔚　郎富平　陈　璐

副主编◎吴雪飞　叶　斐　赵雪璎

参　编◎陈添珍　戴　多　杭　宇　王　英
　　　　张　嗣　陈诗琦　焦云宏

华东师范大学出版社
·上海·

图书在版编目(CIP)数据

旅游策划/陈蔚,郎富平,陈璐主编. -- 3 版. --
上海:华东师范大学出版社,2024
ISBN 978 - 7 - 5760 - 4586 - 4

Ⅰ.①旅…　Ⅱ.①陈…②郎…③陈…　Ⅲ.①旅游业
-策划　Ⅳ.①F590.1

中国国家版本馆 CIP 数据核字(2024)第 027523 号

智慧景区开发与管理专业国家级教学资源库配套教材
浙江省高职院校"十四五"首批重点教材建设项目
教育部智慧景区开发与管理专业教学标准配套教材

旅游策划(第三版)

主　　编　陈　蔚　郎富平　陈　璐
责任编辑　皮瑞光
特约审读　李杨洁
责任校对　周跃新　时东明
装帧设计　俞　越

出版发行　华东师范大学出版社
社　　址　上海市中山北路 3663 号　邮编 200062
网　　址　www.ecnupress.com.cn
电　　话　021 - 60821666　行政传真 021 - 62572105
客服电话　021 - 62865537　门市(邮购)电话 021 - 62869887
地　　址　上海市中山北路 3663 号华东师范大学校内先锋路口
网　　店　http://hdsdcbs.tmall.com

印 刷 者　启东市人民印刷有限公司
开　　本　787 毫米×1092 毫米　1/16
印　　张　21.5
字　　数　492 千字
版　　次　2024 年 10 月第 3 版
印　　次　2025 年 1 月第 2 次
书　　号　ISBN 978 - 7 - 5760 - 4586 - 4
定　　价　49.00 元

出 版 人　王　焰

目录

作为"五大幸福产业"之首,旅游业在我国国民经济和社会发展中的作用日益凸显。习近平总书记指出,"旅游是人民群众生活水平提高的一个重要指标"。同时,《"十四五"旅游业发展规划》也明确提出,"旅游业要充分发挥为民、富民、利民、乐民的积极作用,成为具有显著时代特征的幸福产业"。立足新时代背景,旅游业正处于由高速增长迈向高质量发展的进程之中,其高质量发展应具备以人民为中心、强调全面提质、升级消费需求、突破时空壁垒、完善体制机制等特点,必将成为新发展阶段满足国民美好生活需要、促进国民幸福水平提升的重要途径。

旅游策划作为旅游管理和旅游决策的一种前导程序和总体构想,不仅是一个概念、一种符号,还是一种思想、一种文化、一种发现、一种理想、一种创造和一种精神。此外,旅游策划涉及旅游主题定位、市场定位、目标定位、功能定位、形象定位等一系列定向问题,是旅游规划主体产品概念策划的立足点,是旅游产品和业态设计、提升和优化的前奏,对旅游业的发展将起到"智能芯"的作用!因此,精准把握旅游业复苏新契机,充分认知旅游业高质量发展提升国民幸福水平的内涵,正确辨析旅游业高质量发展提升国民幸福水平的范畴,科学探索旅游业高质量发展推动国民幸福水平提升的路径,旅游策划正当其时!

浙江旅游职业学院早在2001年就开设了"景区开发与管理"专业,从专业开设伊始,就一直将旅游景区相关岗位需求作为人才培养的重要导向之一。2021年,教育部立足新发展阶段,对接新经济、新业态、新技术、新职业,将智能、智慧、数字化等内涵有机融合到专业建设中,将"景区开发与管理专业"更名为"智慧景区开发与管理"。同年,受教育部职成司、文化和旅游部科教司和全国旅游职业教育教学指导委员会委托,浙江旅游职业学院牵头开展智慧景区开发与管理专业教学标准研制工作。《旅游策划》教材的编写出版,既契合了景区发展的需要,更满足了新版专业目录下智慧景区开发与管理专业教学标准修订的需要,有利于提高专业适配产业升级的响应速度,为专业人才培养提供遵循和参照。

本教材的编写背景还赋予了特殊使命。一是基于智慧景区开发与管理专业国家级教学资源库建设,成为完善资源库配套课程体系的重要支撑;二是基于智慧景区开发与管理专业国家级教师教学创新团队建设及文体旅游协作共同体建设,成为促进校际合作、推动专业建设及团队协作的重要载体;三是基于浙江省"十四五"重点教材建设,成为提升专业教材质量水平、深化教学改革的重要抓手。这些平台和项目也为教材的编写提供了有力的支持和保障,为旅游人才培养和教育教学改革提供了宝贵的经验和资源。

本教材具备以下特点:

第一,理论与实践并重,构建"策划任务流程"教学链。本教材对接旅游策划师、旅游定制师等新兴岗位需求,根据旅游策划师典型工作任务,按照"懂国策—会解构—能挖掘—善策划"的能力要求,遵循学生认知规律,注重学生"产品力、营销力、服务力"的培养提升,根据"策划任务流程"重构教学链,以项目成果为导向,引入国内真实旅游策划案例,创设基础知识层、技能实训层、专业素养层和协同创新层的四层能力阶层,充分发挥学生脚力、眼力、脑力及笔力,逐步完成项目任务,提升学生综合素质与专业技能。

第二,案例与情景多元,深挖新时代旅游策划岗位需求。本教材顺应国内外教材案例化的发展趋势,加大教材案例化程度,各章节内容均由情景案例导入,引导学生通过典型案例、新闻报道、行业趋势等进行分析、思考与练习,引导学生有效建构知识并提供具体准确的现实原型,引领学生进入知识内部的逻辑形式和意义领域,体现高职教育的特色和高职教材建设的方向。

第三,院校与企业合作,推进旅游职业教育教材建设。本教材作者来自国家级职业教育教师教学创新团队,拥有原国家旅游局旅游业青年专家、博士、教授,此外还邀请了宋城演艺集团、蜗牛(北京)景区管理有限公司等企业的高管、专家参与编写,践行了产教融合、校企合作的理念,增加了实践性、可操作性和可读性。

本教材是在浙江旅游职业学院旅游规划与设计学院院长郎富平教授带领下,一批对旅游策划的理论和实践有着深入研究和思考的骨干教师共同努力的成果。在编写教材的过程中,经历了无数个日夜,反复修改和完善,把最好的思路、最优秀的案例、最实用的技巧融入教材中,力求使教材内容更加丰富实用。可以说,这本书凝聚了他们的心血,汇集了他们的智慧,也正是他们的扎实功底和辛勤付出,为教材的高质量和实用性奠定了坚实的基础。

本教材将为广大旅游专业学生、旅游行业的管理者、服务人员以及相关专业人士提供有力的支持和帮助,也希望读者能够在学习和实践中,充分利用好本教材,不断提升自己的服务水平和专业能力,共同推动我国旅游业的高质量发展。

马　勇

湖北大学旅游发展研究院院长、教授、博导

教育部高等院校旅游管理类教学指导委员会副主任

教育部旅游管理国家虚拟教研室负责人

2023 年 10 月

　　"旅游策划"是教育部2021年新版职业教育专业目录"智慧景区开发与管理"专业的专业核心课,也是大部分旅游类专业的专业必修课或专业选修课,是学习者进入旅游目的地的旅游景区或旅游度假区乃至部分研学旅游基地就业、从业、管理的必修课。

　　本教材坚持育训结合、校企合作、项目驱动、任务导向、产教融合等理念,根据旅游策划师典型工作任务,按照"懂国策—会解构—能挖掘—善策划"的能力要求,遵循学生认知规律,注重学生"产品力、营销力、服务力"的培养提升,分为通用能力篇、核心项目篇及专项实践篇三部分。通用能力篇着重编写了认识旅游策划、掌握策划的程序与技巧、新媒体技术与软件应用、节事活动策划和景区旅游项目策划等任务模块;核心项目篇着重编写了旅游品牌与形象策划、旅游产品与线路定制等任务模块;专项实践篇包括乡村旅游、红色旅游、海洋旅游、文化旅游、冰雪旅游等最为时尚、最为重要、最为紧缺的热点任务模块。

　　本教材根据高职院校旅游类专业教学实际和旅游行业发展趋势,系统阐述了旅游策划的基础知识、基本理论和操作方法,有利于推进项目化教学改革,在内容上以专业学生将来要从事的相关工作岗位所需的知识、能力标准为依据,设计了情景案例、项目导学、任务流程、项目小结、讨论与思考、项目小测验、扩展技能训练等,可根据学习者或受训者开展不同难度的教学或培训。既让学习者掌握教学任务的基础理论与知识,又让学习者能掌握实际工作任务流程;既设计了诸如"想一想"等临时性练习任务,又设计了扩展技能训练等巩固性练习任务;既提供了常规教材的参考文献与网站,又提供了专题实训的资料索引服务,以求更加接近岗位的实际并及时做好复习总结。教材配套有在线开放课程和标准化课程,可登录智慧职教资源库或MOOC学院,搜索"旅游策划(课程负责人:陈蔚)"课程页面观看、学习。

　　本教材紧跟高等职业教育课程的改革与创新步伐,突出校企"双元"主体思想,突出教学项目的流程性与活动化,既可作为高等职业院校、应用型本科院校旅游类相关专业的教材,也可作为继续教育和旅游行业从业人员的岗位培训教材或业务参考书、工作手册使用。

党的二十大报告明确指出,要始终把文化旅游作为事关长远发展的大事要事来抓,要"坚持以文塑旅、以旅彰文,推进文化和旅游深度融合发展",加快建设世界重要旅游目的地,推动文旅产业高质量发展,不断满足人民日益增长的精神文化需求。旅游需求的起点是"文化",旅游产品的核心竞争力也是"文化",适应市场需求的文旅产品需要旅游策划来助推。"旅游策划"课程紧紧围绕"服务国家乡村振兴战略的乡村旅游创新创业与'一带一路'倡议的'讲好中国故事、展现美丽中国'"的总体目标,扩大辐射引领作用,始终致力于培养优秀的技术技能人才,策划精品文旅线路和产品,提升文旅融合发展的文化内涵,打造文旅融合发展新亮点。

《旅游策划》教材的编写过程与智慧景区开发与管理的专业建设和教师团队建设息息相关。2019年,教育部职业教育与成人教育司发布《关于公布2019年第二批职业教育专业教学资源库立项建设项目名单的通知》,由浙江旅游职业学院、太原旅游职业学院和云南旅游职业学院联合主持的景区开发与管理专业教学库正式立项,并正式将本教材所对应的"旅游策划"课程作为整个资源库的核心课程之一,开启了真正的校际共建共享;2020年,教育部职业教育与成人教育司发布《关于开展职业院校专业目录动态调整调研论证工作的通知》,全国旅游职业教育教学指导委员会组织了包括浙江旅游职业学院、太原旅游职业学院、郑州旅游职业学院等在内的技术骨干开展了相关调研,景区开发与管理专业也正式更改为智慧景区开发与管理专业,同时也为进一步扩大合作院校并联合开展本教材的编写奠定了基础;2022年底,"旅游策划"入选国家级在线精品课程,与之配套的教材编写工作也接近了尾声;同年获得了浙江省高职院校"十四五"首批重点教材建设项目立项。

本教材以模块的形式整合内容,以活动化课程体现学习任务。全书共分为通用能力篇、核心项目篇及专项实践篇三部分共12个项目。主要通过浙江省旅游发展研究中心、宋城演艺、蜗牛(北京)景区管理有限公司等深度校企合作单位的真实项目资源,结合乡村振兴和旅游发展的形式创造真实的项目情境,有序增强学生的创新创意思维能力,推进节事活动策划、景区旅游项目策划、旅游品牌与形象策划、旅游产品与线路定制及专项策划等核心项目的操盘技能。一是"突出实用、强调实践"。注重创意思维的培育,以项目工作流程为导向贯穿教学项目全部,注重实践应用与技术演示,使教材更加贴近实际工作需求;能够辅助教师备课,为教师提供多维视角和思路。二是"重视基础、难易结合"。以服务高职院校教师与旅游类专业学生为主,注重旅游策划的实践应用能力的培养,激发了学生的主观能动性,进一步拓宽了学生可持续发展的能力与职业迁移能力的培养;以旅游行业从业人员为辅,确保不同专业知识、能力程度的人自由选择相应的学习项目。三是"方法新颖、易于领会"。教材在既有教学技术与方法的基础上,分别在信息技术与教学方法上实现了再突破。在信息技术方面,分享了《旅游策划》数字化资源包;在教学理念与方法上,采用了案例教学、项目教学等方法,注重团队协作能力的培养。四是"资源丰富、各取所需"。在更新传统基本资源的基础上,又创新地丰富了拓展资源,能让各类学习者"各取所需"。适用范围广,值得推荐学习。

作为智慧景区开发与管理专业国家级教学资源库的核心课程教材,本教材还配备了丰富的网络在线教学资源(标准化课程),可以通过访问智慧景区开发与管理专业教学资源库官方网站(http://www.icve.com.cn/jqkfygl)查询。在未来几年当中,教材编写组会持续对课程资源进行相关素材资源的在线更新。

本教材由全国旅游职业教育教学指导委员会景区与休闲类专委会办公室主任、浙江旅游职业学院副校长郎富平统筹设计和编写体例并总纂,浙江旅游职业学院教务处处长吴雪飞对部分项目、任务的内容进行了修改和增补,具体参加编写任务的有:浙江旅游职业学院郎富平(项目1)、陈蔚(项目2、项目9)、陈璐(项目7、项目10)、叶斐(项目3、项目9)、戴多(项目6、项目8)、陈添珍(项目5、项目12)、王英(项目12)、杭宇(项目4、项目11)、张嗣(项目11)等。宋城演艺赵雪璎、蜗牛(北京)景区管理有限公司徐挺、澳门城市大学李玺、云南旅游职业学院焦云宏、浙江省旅游发展研究中心有限公司陈诗琦、郑州旅游职业学院藏思对教材整体设计与编写策划提供了积极的建议。湖北大学旅游发展研究院院长、教育部高等院校旅游管理类教学指导委员会副主任马勇教授对教材的编制进行了悉心的指导;书中的部分案例得到了宋城演艺、蜗牛(北京)景区管理有限公司、杭州西溪湿地等单位的支持。在此,一并表示衷心的感谢!

由于编者水平有限,时间仓促,书中难免有不妥和疏漏之处,恳请专家、同行以及旅游类院校广大师生不吝赐教并予以指正。

《旅游策划》课程教材组

2024 年 2 月

【情景案例】

突出"六康",创新发展海南健康旅游

以旅游促进身心健康,是一种传统也是一种时尚。作为健康和旅游融合发展而成的特色业态,健康旅游不仅是"健康中国"等多项国家战略的特别载体,更是广大人民群众的特殊需求。

海南旅游在全国较早打出健康牌。为了突出旅游资源的比较优势,2000年提出"要想身体好,常到海南岛"宣传口号;2003年在抗击"非典"中打造了"健康岛"品牌,之后提出"常居型旅游"并发展为"康养旅居"。当前,健康旅游成为各地旅游的新热点,也是各类资本看好的投资新风口。这种新形势给海南发展健康旅游既带来良好氛围,也形成市场竞争上的挑战。如何充分发挥海南自贸港政策、热带海岛地域和良好生态资源等比较优势,以健康旅游为突破口促进旅游转型升级,须从多方面创新推进。

一要创新发展理念。对接国家战略,紧扣市场需求,突出地方特色,将具有鲜明海洋、海岛特点的健康旅游培育成为海南国际旅游消费中心的重要引擎,打造国际档次的健康旅游目的地。

二要创新产品和产业。围绕"康疗、康复、康养、康健、康美、康寿"六大环节,结合旅游"吃、住、行、游、购、娱"六大要素开发系列健康旅游产品,构建健康旅游产业链,培育健康旅游产业体系。

三要创新标准和品牌。结合产品开发和产业打造,以能够充分发挥海南比较优势的"康养旅居"为切入点,制定一批地方和行业的健康旅游标准,在健康区域、健康产业、健康产品等不同层次打造特色品牌。

四要创新运作模式。通过科学布局构建内容差异、特色不同、相互支撑的体系化健康旅游中心、社区与基地;通过多渠道、多形式、多方面的合作,吸引国内外投资者打造海南健康旅游的消费平台;通过充分发挥各类专业机构、行业组织的作用,营造健康旅游发展的良好氛围,形成政府、社会、行业的合力。

❓想一想:创新和策划是什么关系?您觉得海南要做好康养旅游,应该如何策划呢?

【项目导学】

通过本项目的学习与实践,主要期望提升学生如下的素质能力、知识结构与专业能力:

素质能力目标

➤ 能逐步提升创新思维能力,开拓视野;

➤ 能逐步养成批判精神,善于利用自然辩证法来分析判断任何事物与现象;

➤ 能与团队成员积极协作,开展互动讨论或头脑风暴。

知识结构目标

➤ 了解策划的含义与类型;

➤ 理解旅游策划的概念、分类及其内涵;

➤ 掌握未来旅游策划的发展趋势。

专业能力目标

➤ 能有效识别未来可能遇到的实践项目或策划的任务类型。

任务 1.1　认识策划的概念与分类

一、策划的基本概况

(一)策划的重要性

任何一件成功的事件后面都有精心的策划。很多旅游目的地或旅游产品能成功立足于竞争日益激烈的市场之中就是因为前期策划的成功,如宋城演艺自 1996 年开园以来,不断地创新、策划系列主题活动,尤其是其经典代表作《宋城千古情》,自 1997 年公演以来,在围绕杭州发展历史尤其是南宋都城的主题实现年年有新意的同时,还带动了三亚、丽江、张家界、西安、桂林等地系列千古情的创新发展。而其背后,则是一代代宋城人的系列谋划与统筹设计。因此,策划与其说是一种设计、一种安排、一种选择,或是一种决定,倒不如说它是一张改变现状的规划蓝图,它并不如你想象的那样困难,也不是你以为的那样复杂。策划不过是一场演出,策划家便是这场演出的导演。对某个产品,他可以点石成金,可以立断生死,甚至可以把一个毫不起眼的物品,变成一个炙手可热的产品。任何人都能在商场综合体里找到时髦,在博物馆里找到历史,而创造性的策划家却能在五金店里找到历史,在历史街区找到时髦。因此,“没有市场,就创造一个市场出来”,这就是策划人的精神。而其本质,就是策划人敏锐的嗅觉,是对当下或未来消费流行趋势的精准把握。

(二)策划的历史

追本溯源,策划活动并不是近、现代的产物。它已有几千年的历史。相对于策划活动而言,“策划”一词出现比较晚,在古代常以“策”“划”“谋”“筹”“算”等字来表达策划之意。要理解什么是策划,还得从“策”“划”的字意开始。

想一想　　中国古代有哪些"策划大师"或谋士?有哪些经典的成语或典故?

1. 策

根据《辞海》和《现代汉语词典》,"策"的释义主要有名词和动词两大类,最为常见的类型有:①指马鞭,古代赶马用的工具,一端有尖刺,如策马,引申为驾驭。②通"册",古代称连编好的竹(木片)简,用于记事著书,成编的叫作策,如《左传·序》记载"大事书之于策,小事简牍而已";"单执一札谓之为简,连编诸简乃名为策"。③指古代考试的一种文体,即策论或策问,现在即为议论文体,多就政治、经济或社会问题等发问,应试者作答,如策套是科举时代应试者应付策问考试的材料,策学是科举时代供考生应付考试的短文集,策题是科举策试的试题,策第就是策试和选评。④指我国数学上曾经用过的一种工具,形状跟"筹"相似,如清代初期,把乘法的九九口诀写在上面以计算乘除和开平方,如《老子》记载"善数不用筹策"中的"筹策"即为"策筹"。⑤指计谋、主意、办法,常见的有上策、献策、决策、政策、束手无策,如汉代贾谊的《过秦论》记载"惠文、武、昭襄蒙故业,因遗策",宋代文天祥的《指南录·后序》记载"予更欲一觇北,归而求救国之策",皆为此意。⑥指古代帝王对臣下封土、授爵或免官,即策命、策免、策封等,实际上也是政治决策的一种,如《乐府诗集·木兰诗》记载的"策勋十二转,赏赐百千强"。⑦姓的一种,如蒙古族的策·乌力吉。⑧前面的七种释义都是作名词,部分可引申为动词,第八种主要作动词用,指计算、谋划、筹划,如策反、策应。

2. 划

根据《辞海》和《现代汉语词典》,"划"的释义主要有:①指用尖锐的东西把别的东西分开或在表面上刻过去、擦过去,如划根火柴、手上划了一个口子等。②指以桨拨水使船前进,如划船、划桨。③指合算,如划得来、划算、划不来。④指划分、区分,如划界、划定红线范围。⑤指划拨,如划付、划账。⑥指设计、计划、筹谋,如清代孔尚任《桃花扇》第二十六出记载"亏了夫人侯氏,有胆有谋,昨夜画(划)定计策"。

(三) 策划的概念

"策划"的成词,主要是取"策"字的第八种动词含义(即计算、谋划、筹划)和"划"字的第六种意思(即计划),其词义主要是指计划、筹划、谋划。当然,这只是"策划"的词义。事实上,现代意义上的"策划"是一门科学,更是一种艺术;是一种集目标设定、资源整合、谋篇布局等一系列过程的活动。21世纪是策划的世纪、创新的时代,作为"第四产业"(或称知识产业)中一个神奇的"生产驱动力"。策划这种古老、神秘而又充满生机的筹谋活动,已经进入了产业化运作时期,并已发展成一门独立的科学,越来越广泛地受到人们的重视和利用。

1. 策划的既有内涵

现代学者对策划的研究日益重视,但对策划的内涵和外延的理解角度不同、标准不一,归纳起来,主要有以下几种:第一,策划就是出谋划策、筹划和谋划。如周黎民在其《公关策划》中写道:"策划,也称作策画,是出主意、想办法、出谋划策,它与谋略、创造、运筹、决策紧密相关。"第二,策划是一种创造性的思维活动。如刘振明在其《商用谋略:

策划老手》中指出："策划的涵义应该是：为实现特定的目标，提出新颖的思路对策，并制定出具体实施方案的思维活动，策划归根结底是一项创造性的思维活动。"这种定义强调和突出的是策划的"活动"特征和"创造性"特征。第三，策划是一种战略体系和一个系统工程。如王承英在《策划为王》中认为："策划是企业为达到商业目标所特别构筑的企业发展总体规划战略体系，是创造企业优势与创造竞争优势的系统工程。"第四，策划是一种程序，是一种沟通企业的方式或工具，主要包括假定目标、订出策略政策、制定详细内部作业计划、目标达成、成效评估及反馈，并进入下一个循环。第五，策划即是管理。在管理学中，策划与组织、计划、决策等职能一起，共同构成了管理的职能。策划能影响管理者的决策、预算、调整、意见沟通、机构等问题。第六，策划是左右将来行动路线的决策，实际上也是管理的职能之一。

2. 策划的定义

以上关于策划的定义都有自己的特色，也都不同程度地存在着不足。或内涵和外延过于传统、过于狭窄，难以和现代多层次、多角度的策划需求相融合；或过分强调和突出思维主体运用知识、智慧和能力进行思考运筹的过程，而忽略了思维活动的客观条件与成果；或过于强调"谋"与"断"的分离，而忽略了"谋"与"断"的相互制约。本书认为：策划，是人们为了达到特定的目标，在调查分析相关信息与条件的基础上，对未来的工作或事件进行科学、系统的筹划和部署的一种创造性思维活动。

策划的基本
概况

想一想	您觉得怎样来定义"策划"比较好？

二、策划的分类

随着经济社会的发展，未来学习、生活，尤其是工作过程中，策划是无处不在、无时不在的。策划的科学分类是一项系统工程，其分类依据取决于策划的存在形态、表现形态、应用领域、时间范围、技术方法等。策划的形成和演进，本质上即是多种类型的历史文化、社会制度、消费特征、经济结构、产业结构、企业形态的一种具体而微的缩影。缘于不同的视角、目的或载体，策划可以有多种分类标准和分类方案。

（一）按策划的层次划分

1. 总体策划

又称为整体策划、宏观性策划，主要是从宏观层次上对某项事情或某个对象作战略性的部署和安排，主要解决方向问题、思路问题，确定大方向、划分大步骤、制定大方针，基本上不涉及操作层面的细节。

2. 深度策划

又称为具体策划、微观性策划,主要是解决操作性问题,即从微观层面对单个的项目、单独的某一个阶段等进行详细的计划,并且按照这一计划能够直接实施并达成既定目标的系列活动。

> **想一想** 2022 年 10 月 16 日上午 10 时,中国共产党第二十次全国代表大会在北京人民大会堂开幕,大会明确宣示党在新征程上举什么旗、走什么路、以什么样的精神状态、朝着什么样的目标继续前进,对全面建成社会主义现代化强国两步走战略安排进行宏观展望,科学谋划未来 5 年乃至更长时期党和国家事业发展的目标任务和大政方针。这属于什么层次的策划?

(二) 按策划目标的时间长短划分

1. 短期策划

短期策划一般是指从策划谋略思想的提出到策划的完全实施,时间不超过一年的策划,比如景区"狂欢节"单项促销活动的策划、国庆"黄金周"的旅游产品策划、历史街区的传统民俗风情活动策划等。

2. 中期策划

中期策划一般是指从策划谋略思想的提出到策划的完全实施,时间不超过三年的策划,比如某景区一个建设期为两年的景点开发策划、某文化和旅游主管部门提出的乡村旅游整改三年行动计划、新生景区企业的一个三年营销布局策划等就属于中期策划。

3. 长期策划

长期策划一般是指从策划谋略思想的提出到策划的完全实施,时间超过三年的策划,如企业文化建设策划、某地旅游业发展战略研究、某文化旅游集团的"十四五"策划研究等。

> **想一想** 您个人或所在单位(岗位)的短期策划、中期策划和长期策划分别是什么呢?

(三) 按策划的内容划分

1. 政治策划

为了达成某种特定的政治目的,特别是为了强化政府权威、树立政府形象、提高政府工作效率、提高政治地位、赢得选举等,依据各种条件而进行的一些思维策划活动。其特点表现为预先性、预测性、适度弹性、方向性和规范性。根据其内容形式不同,在社会政治生活中,政治策划可大致划分为政务策划、日常活动策划等。

2. 军事策划

为了达成某种特定的军事目的,特别是关于作战的目的、方式、时机的选择,依据各种条件而进行的一些思维策划活动。比如诸葛亮利用空城计智退曹军、李世民利用玄武门之变夺得帝位等,均属于重要的军事策划。

3. 经济策划

为本国、本地区、本企业的经济发展或转型升级而进行的策划。在经济策划中,根据更加具体的内容所涉及的不同经济部门,又可以分为工业策划、农业策划、商业策划、旅游策划、交通策划、养老策划等。

4. 文化策划

在社会文化领域,针对有关文化及其相关问题所采取的策划行为,包括一般文化策划和具体文化策划。一般文化策划主要指针对总体的文化发展方向、发展措施、发展步骤等进行的策划。具体文化策划是针对微观的文化领域所进行的策划,如影视策划、图书策划、体育策划、新闻策划、非遗策划、古镇策划等。

除了以上三种常用的分类方法之外,还有学者根据策划机构、策划目的、策划功能、策划服务的对象等标准对策划进行分类。

任务 1.2　掌握旅游策划的概念与类型

伴随着文化和旅游业的快速发展,我们已经走过了资源依赖型的发展阶段,全面进入了资本推动下的创新依赖型的发展阶段,创新创意与各类策划已经成为文化和旅游产业发展的核心驱动力。无论我们是在文化和旅游行业企业中,还是在相应的策划咨询机构,都将面临越来越多样、复杂的策划任务。因此,我们有必要认识旅游策划的概念与类型。

一、旅游策划的概念与任务要求

(一) 旅游策划的概念

结合前述策划的概念与内涵,旅游策划的概念可定义为:旅游相关团队或个人为了达到特定的旅游发展目标,在综合调查分析相关信息与条件的基础上,依托创新思维与技术,整合各类资源与条件,实现旅游业既定发展目标的系列创新活动。

(二) 旅游策划的任务

根据旅游策划的概念,其主要任务有:明确具体的发展目标,设定特定主题或内涵的项目内容,形成游憩方式、产品内容、主题品牌、商业模式,从而形成独特的旅游产品,或全面提升和延续老旧旅游产品的生命力,或建构有效的营销促销方案,促使旅游目的地或旅游企业获得良好的经济效益、社会效益、文化效益或生态效益。

想一想	2011 年 3 月 30 日,国务院常务会议通过决议,自 2011 年起,每年 5 月 19 日为"中国旅游日"。设立"中国旅游日"旨在强化旅游宣传,培养国民旅游休闲意识,提升国民生活质量,推动旅游业发展。自此,每年 5 月 19 日各地时常会有各类旅游景区免费开放的政策。该特定日期或特定背景下,旅游景区展开暂时性或针对特殊人群的免费开放活动(如 2020 年包括湖北在内的国内诸多地区均对医疗卫生人员实行旅游景区免费游览的政策),其策划目的有哪些?

二、旅游策划的主要类型

(一) 按层次划分

1. 旅游总体策划

在旅游规划或项目建设之前开展旅游总体策划,可以解决深度研究、确立核心吸引力和准确定位市场、主题、形象等思路性或方向性问题;优化拟合资源、环境、交通、资本与市场需求、运营管理,形成表现核心吸引力的产品形态、落实战术和行动计划。

> **想一想**　　很多人认为旅游总体策划可有可无,因为过于宏观而导致无法落地。正如很多人认为"计划不如变化来得快",还不如"走一步看一步"。请问,您所在的企业团队或您个人发展,是否需要总体策划?为什么?如何避免"计划不如变化来得快"?

2. 旅游深度策划

一个好的规划,必然要高屋建瓴、高瞻远瞩。由于总体策划的任务在于把握旅游目的地或企业长期的发展目标,而在涉及产业要素配套、用地控制与平衡、经营与管理等方向性的大问题存在操作性上的欠缺,因此,在旅游总体规划或概念性策划完成之后,需要进一步进行旅游深度策划,以将总体规划或策划的大理念,转变为具体的产品、项目或行动计划。必要的时候,还需要反过来对旅游总体策划或旅游总体规划进行修正。

> **想一想**　　2022 年 5 月 19 日,杭州市西湖区文化和广电旅游体育局根据西湖区茶文化和之江特色旅游景观资源,同时融合"宋韵""亚运"等元素,策划了全新的主题旅行 IP 活动,并以茶文化和之江游为核心主题设计了"游侠研学·南宋小百工""自在西湖·杭城里的田野""游侠宝贝·我是小茶农""西湖遗韵·九曲红梅制茶体验""行拍·茶田与艺术公社"5 条独具新意的主题旅行线路,请谈一谈您所理解的旅游深度策划。旅游深度策划需要考虑哪些因素?

(二) 按时间长短划分

1. 短期旅游策划

短期旅游策划一般是指从策划创意的提出到策划方案的出台、再到策划方案的实施不超过一年的旅游策划。短期旅游策划比较适宜于各类节会活动策划、宣传促销活动策划、招商活动策划或季节性产品线路策划等能够在短时间内策划并实施到位的策划。短期旅游策划是最具落地性的,是地方旅游业发展或旅游企业各类经营、管理目的得以实现的直接载体,往往最容易被感知与重视。

2. 中期旅游策划

中期旅游策划是指从策划创意的提出到策划方案的出台、再到策划方案的实施一般在一年以上,但不超过三年的策划。中期旅游策划比较适应于客源市场策划、企业形象策划、企业管理策划等方面的事项。值得注意的是,我国地方文化和旅游主管部门及地方政府特别重视中期旅游策划,青睐制定各类三年行动计划或策划。那是因为中期旅游策划通常是与地方文化和旅游主管部门或地方政府的任期相一致,既有一定的前瞻性,又有一定的可操作性。

3. 长期旅游策划

长期旅游策划是指从策划创意的提出到策划方案的出台、再到策划方案的实施超过三年的策划。长期旅游策划比较适应于政府旅游发展战略策划、企业品牌策划、景区(景点)转型升级策划等长期性的投资与发展事项的策划,一般也适用于设区市级及以上区域的旅游策划或规划。

掌握旅游策划的概念与类型(一)

想一想　目前,各地文化和旅游主管部门编制了各类"十四五"规划或相关策划,请问此类策划案属于哪一类策划?

(三) 按内容不同划分

1. 旅游战略策划

战略,是一种从全局考虑谋划实现全局目标的规划。实现战略目标,往往有时候要牺牲部分利益(或短期目标)。战略是一种长远的规划,是远大的目标,往往规划战略、制定战略、用于实现战略目标的时间是比较长的。因此,旅游战略策划是指为了旅游业的长远发展和总体利益所进行的策划。战略策划是一个系统工程,它涉及方方面面的工作,需要各种配套的准备工作。战略策划的时间一般要求也比较长,从时间上来看,战略策划一般属于中长期策划。旅游战略策划既适用于政府机关、旅游管理机构,也适用于旅游企业。

想一想　某旅游企业在特定节假日实施免费门票政策,必然会在该期间造成门票收入的下降,与该企业为了增加营收或利润的总目标相冲突。请问,是否还需要制定这样的政策? 为什么?

2. 旅游管理策划

旅游管理策划是指以加强政府旅游行业管理、旅游公共服务管理和旅游企业经营管理等为目标而进行的旅游策划。旅游管理策划的目标是加强管理,目的是以最小的管理成本换取最大的旅游收益。旅游管理策划根据其管理的具体职能不同,又可以分为计划、组织、沟通、协调等相关职能的策划,如某些旅游景区在开发新的功能区或调整既有空间布局、实施新的市场开拓策略之际,必然需要同步乃至提前介入管理策划。

3. 旅游营销策划

旅游营销策划是指以提升策划者或委托策划者的形象,增强其市场竞争力、扩大市场销售或占有率为目标所进行的策划。旅游营销策划方案通常包括旅游产品定位、市场定位、价格定位、渠道定位、促销工具选择及应用等内容,是增强旅游业竞争力的重要方式,也是目前旅游界使用得比较多的一种策划方式。在现实旅游企业运营管理中,旅游营销策划又往往和接待策划、活动策划与运营等捆绑在一起。

4. 旅游公关策划

旅游公关策划是指以加强旅游业与社会,尤其是地方社区、游客的沟通,增强旅游业的社会信任度、美誉度,树立良好的公众形象为目标所进行的策划。旅游公关策划首先要考虑的对象是地方居民、游客等目标受众群体,其次是媒体,然后才是与策划者或委托策划者相联系的各行各业。

> **想一想**　据四川发布的消息,2024 年 3 月底前,四川省阿坝州、甘孜州、凉山州和攀枝花市"三州一市"国有 4A 级及以上旅游景区将实行"门票买一送一"、国有 4A 级以下旅游景区门票全免的优惠政策,包括九寨沟、黄龙、稻城亚丁、四姑娘山等热门旅游景区。据《安徽日报》消息,为配合杭昌高铁开通,黄山市 2024 年一季度 24 家 A 级收费型景区(含黄山、齐云山、宏村西递、太平湖等)推出"三免二减半"优惠政策。在西藏拉萨,2023 年 11 月 1 日至 2024 年 3 月 15 日期间,布达拉宫景区执行第六轮"冬游西藏"活动政策。在此期间,布达拉宫实行免费预订、免费参观,以及错峰、限流、预约制。请问,这些城市的旅游景区为何要这么做?

5. 旅游广告策划

旅游广告策划是指以增强旅游广告的效果为目标所进行的策划。旅游业是个关联性很强的产业,也是面向公众的产业。广告是旅游业扩大销售、增强影响力的重要手段,旅游广告策划虽然其目标仅仅是做好旅游广告,但它仍需要有充分的市场调研和高水准的广告创意设计。就其目的而言,既可能是为了提升旅游目的地或旅游企业的知名度与美誉度,也可能是为了提升其销售额或市场占有率,但从长远看,归根结底是为了提升其销售额或市场占有率,并保持持续、健康发展。

6. 旅游形象策划

旅游形象策划是指以提升旅游目的地或旅游企业的形象为目标所进行的策划,也可以称之为旅游形象战略或旅游形象识别系统策划。事实上,无论是旅游目的地形象策划,还是旅游企业形象策划,通常均可包括旅游理念识别(TMI)策划、旅游行为识别(TBI)策划和旅游视觉识别(TVI)策划三大方面。

> **想一想**　宋城演艺、上海迪士尼、乌镇旅游等均是国内外知名旅游企业。请问其旅游形象识别系统通常包括哪些?请以图文两种形式进行罗列。

7. 旅游品牌策划

旅游品牌策划是指以打造旅游强势品牌为目标所进行的策划。在旅游市场竞争日益加剧的今天,品牌的竞争也日益加剧,强势品牌已经成为在市场竞争中获胜的王牌。旅游品牌的策划按其所涉及的范围又可分为旅游城市品牌策划、旅游饭店品牌策划、旅行社品牌策划、旅游景区(景点)品牌策划、旅游商品品牌策划、旅游电子商务品牌策划、乡村民宿品牌策划、研学旅行基地(营地)品牌策划等。

> **想一想**　搜索 2018—2022 年浙江(文化和)旅游总评榜,罗列每年评选的品牌项目,并分析其演变规律。

8. 旅游活动策划

旅游活动策划是指以开展某项特定主题旅游活动为目标所进行的策划。随着现代旅游业的发展,旅游产品的主题化、旅游消费的体验化日益明显。主题鲜明、内容丰富、普适性强的旅游活动必然深受客源市场的欢迎,也将同步带来旅游企业或旅游目的地的巨大收益。因此,主题突出、形式多样、内容丰富及可消费性强的旅游活动已经成为各级旅游目的地或旅游企业的重要盈利方式。

> **想一想**　有哪些旅游城市或旅游景区是靠大量的旅游主题活动来吸引游客的? 选择一个城市,尽可能完整展示该城市年度选择的各项主题。

9. 旅游招商策划

旅游招商策划是指以加速旅游目的地或旅游景区的发展、加快旅游业的开发与旅游业态的培育、扩大旅游业相互之间和旅游业与相关行业之间的合作为目标所进行的策划。旅游招商已经成为加快旅游业发展的重要途径之一,旅游招商策划也就成了旅游策划的一个十分重要而又特别的类型。尤其是随着旅游景区的综合化发展趋势越来越明显,通过招商引资吸引景区的餐饮、住宿、购物、娱乐、养生、研学、康体等功能业态已经成为当前及未来景区的重要组成部分。

10. 旅游产品策划

旅游产品策划是指以整合、建设、推广、组织游客感兴趣的旅游产品为目标所进行的策划。旅游者不管是随团旅游还是自助旅游,产品的选择总是必不可少的。为游客提供符合其个性需求的旅游产品是旅游目的地或旅游企业的重要职责与义务,也是旅游策划的重要内容之一。尤其是随着旅游个性化时代的到来,观光游览已经不再是游客外出游览的唯一目标。应该说,即便是同一个游客进入同一个景区,在不同的季节、不同的游伴以及不同的心情下,其所青睐或选择的旅游产品线路也会有较大的差异。

(四) 按策划对象划分

根据旅游策划所指向的对象,可以分为城市旅游策划、乡村旅游策划、海洋旅游策划、景区(景点)旅游策划、民宿旅游策划、研学旅游策划、冰雪旅游策划、黑色旅游策划、红色旅游策划等。

| 想一想 | 研学旅游策划主要策划什么内容？策划的时候需要考虑哪些因素？ |

任务 1.3　明确旅游策划的未来趋势

随着我国旅游业整体进入创新驱动阶段,旅游策划或创新创意将成为未来旅游业可持续发展的核心驱动或核心竞争力。因此,明确或紧扣未来旅游策划的发展趋势,是适应旅游策划行业发展的需要,也是提升自我竞争力的必备条件。然而,我们该如何紧扣未来旅游策划的发展趋势呢？主要体现在三个层次:首先是要掌握整体旅游行业的发展趋势;其次是要剖析整体旅游市场的发展趋势;最后是要明确旅游策划行业的发展趋势。

一、掌握旅游行业的发展趋势

(一) 旅游行业的产业化

我国旅游业总体起步较晚。经过改革开放后 40 多年的快速发展,基本上已经形成了酒店住宿业、旅行社业、餐饮业、景区行业及其配套行业(如旅游教育、旅游咨询等)。尤其是自全域旅游发展概念被提出以来,加上文化和旅游融合的催化剂,使得旅游行业的产业化趋势日益明显,主要体现在以下五个方面:一是旅游行业的经济总量持续壮大。根据国内旅游抽样调查统计结果,2022 年,国内旅游总人次 25.30 亿,比上年同期减少 7.16 亿,同比下降 22.1%。其中,城镇居民国内旅游人次 19.28 亿,同比下降 17.7%;农村居民国内旅游人次 6.01 亿,同比下降 33.5%。分季度看,其中一季度国内旅游人次 8.30 亿,同比下降 19.0%;二季度国内旅游人次 6.25 亿,同比下降 26.2%;三季度国内旅游人次 6.39 亿,同比下降 21.9%;四季度国内旅游人次 4.36 亿,同比下降 21.7%。国内旅游收入(旅游总消费)2.04 万亿元,比上年减少 0.87 万亿元,同比下降 30.0%。其中,城镇居民出游消费 1.69 万亿元,同比下降 28.6%;农村居民出游消费 0.36 万亿元,同比下降 35.8%[1]。二是旅游行业的产业链条日益延拓。旅游行业不再局限于过往的第三产业,不仅在现代服务业体系中向交通、商贸、金融、邮政等其他第三产业进行渗透、延拓,而且以第三产业为基础,全面向第一产业和第二产业延拓,现代休闲农业、乡村旅游、工业旅游、旅游装备制造业等均为例证,其中最为典型的就是浙江省

---

① 国家统计局.中华人民共和国 2022 年国民经济和社会发展统计公报[EB/OL]. https://zwgk.mct.gov.cn/zfxxgkml/tjxx/202301/t20230118_938716.html? eqid=9ab576820002b3960000000003646618ecd.

的特色小镇案例,实现了旅游业与全省文化、制造、信息、时尚、环保等其他七大万亿产业的有机融合。三是旅游行业的竞争核心逐渐明晰。核心高等级旅游资源、高等级景区与酒店、旅游行业专业经营管理人才以及旅游景区的核心主题 IP 等观念日益深入人心,并日益成为旅游行业的核心竞争力。四是旅游行业的产业地位不断提升。旅游行业对地方国民经济发展、促进社会就业、传承文化、生态文明建设等作用越来越明显,对促进城乡统筹发展、激发产业迭代升级的作用也越来越明显。比如,国家 5A 级旅游景区的创建工作,已经成为很多地方县委县政府的"一把手"工程。五是旅游行业的开发经营逐步专业化。近年来,国内旅游教育尤其是旅游职业教育中,景区类专业的毕业生培养规模日益壮大。

(二) 旅游行业的互融化

随着我国旅游业综合发展水平的提升,尤其是我国游客需求日益综合化、多元化,使得我国旅游行业的发展也逐步摆脱其以往以观光游览为主,配置简单的购物、餐饮、交通、娱乐等功能的发展局限性,而逐步形成了以观光游览为基础,全面培育"吃、住、行、游、购、娱"等传统六要素和"商、养、学、闲、情、奇"等新兴六要素。如浙江乌镇景区,作为国家 5A 级旅游景区,其在各种类型的业态培育上下足了功夫,其在传统乌镇景区的概念上,全面植入了度假乌镇、文化乌镇、会展乌镇、养生乌镇等概念,尤其是世界互联网大会也将乌镇景区作为永久会址,使其以休闲度假为主的住宿业和商务会议、餐饮等配套功能全面发展,使得旅游景区作为一个空间概念更加明显。同时,部分酒店也逐步实现了景区化、游乐化,部分亲子型或度假型酒店尤为明显。此外,部分旅行社或会展类企业、旅游电商等均开始涉足旅游景区的运营与管理;以宋城演艺等为代表的旅游景区,同样涉及旅游演艺、宾馆住宿、旅游电商等行业。

(三) 旅游行业的主流化

随着我国旅游业的发展,旅游产业的地位逐步提升、作用日益显现,尤其是旅游景区的地位和作用将进一步提升扩大,主要体现在三个方面:一是以旅游景区为核心的旅游业已经成为很多县域经济发展的主流方向。尤其是很多老少边贫地区,受制于多方面因素的影响,农业发展没有耕地空间、工业发展没有区位条件,只能依赖于旅游业的发展,而旅游业发展的核心就是旅游景区。因此,建设高品质的旅游景区已经成为当地县委县政府的首要工作。二是以旅游行业统筹城乡发展的主流路径。通过旅游景区的开发建设,不仅可以提升地方整体品牌形象、改善投资环境,还可以吸引外地客流尤其是城镇居民到访,并带来先进的发展理念、技术人才等资源,从而带动地方的综合发展。三是外出旅游休闲度假已经成为当下城乡居民品质生活的主流话题。每逢节假日,人们讨论最多的话题就是"去哪里玩""哪里好玩",微信朋友圈最为火爆的话题也是如此,旅游已经成为城乡居民享受品质生活的主流话题之一。

(四) 行业管理的规范化

未来旅游景区的发展和整个旅游业标准化发展一致,无论从开发建设、资源保护还是运营管理等,都将越来越规范化,重点将体现在四个方面:一是关于旅游行业的安全管理。从近年来被国家通报批评、警告乃至摘牌的 A 级旅游景区来看,旅游安全是其中非常重要的一个因素。自 2014 年 12 月 31 日晚上海外滩踩踏事件发生以来,国家各相关职能部门更加重视旅游景区的安全管理。《国务院办公厅关于进一步激发文化和旅游消费潜力的意见》(国办发〔2019〕41 号)也明确要求"推广景区门票预约制度,合理确定并严格执行最高日接待游客人数规模。到 2022 年,5A 级国有景区全面实行门票预约制度"。二是关于旅游行业的服务质量管理。除了酒店住宿业外,旅游景区、旅行社、餐饮等配套子行业的服务质量管理也越来越受到重视。三是关于旅游行业的购物管理。随着文化和旅游的全面融合,旅游景区必然成为未来文化和旅游融合的主阵地,旅游购物也必然要告别之前"无品牌"的尴尬境地,围绕特定文化主题或 IP 的旅游购品或相应的文创产品必然流行,近两年来故宫文创产品的流行即为例证,而其核心就是创新创意。四是关于旅游的公共服务管理。随着旅游散客群体规模日益扩大,旅行社导游在游客接待服务体系中的作用越来越小,但游客对包括信息咨询、餐饮住宿、交通服务、商品购物、旅游厕所等公共服务的需求不降反增,也就对旅游行业的公共服务管理提出了更高的要求,这也说明旅游策划的服务范围越来越大。

(五) 旅游景区的生态化

随着我国国民经济的快速发展,人们对生态环境以及居住环境的生态要求也全面提高。旅游业向来以"无烟工业"自居,导致人们对其生态质量的期望与要求更高。因此,未来旅游行业在彰显生态化发展趋势的时候,应重点关注三个方面的内容:一是要充分认识到游客消费理念的生态化。游客消费理念的生态化,反映到游客现实消费行为习惯,就是对旅游行业的生态环境质量(包括水环境质量、空气环境质量、声环境质量)、植被绿化覆盖率、环境卫生清洁度等方面的要求会越来越高。二是要不断重视旅游项目与配套设施的生态化建设。未来旅游景区新建或改建的旅游项目、配套设施都应体现生态、绿色、低碳的理念,尤其是垃圾分类与回收处理、绿色可再生能源的使用等方面应率先取得突破。三是要实现旅游空间环境的生态化。应在游客视野范围之内,能够保证旅游环境本底的高品质维持和游览环境的清洁、卫生、整洁。

(六) 旅游景区的智慧化

5G 时代已经正式到来,互联网技术必然全面渗透到旅游景区的每个角落,全面打造智慧旅游是必然趋势。而所谓的智慧旅游,是指通过智能网络与信息技术手段,对旅游企业的地理信息、资源条件、游客行为、工作人员行迹、基础设施和服务设施、运营管理等进行全面、透彻、及时地感知;对游客、工作人员实现可视化管理;并实现与旅游行业上下游企业形成战略联盟;实现旅游行业环境、社会和经济的全面、协调和可持续发展。简单而言,主要体现在四个方面:一是可实现服务的智慧化。通过对旅游行业的咨询服务信息系统、预订售卖系统、出入口管理与检票信息系统、游乐设施设备管理系统、送货订餐系统等方面的互联互通,就能自动为每个游客提供一个最优的服务方案,且能最大限度地减轻旅游行业的人力成本。二是可实现营销的精准化。在旅游行业自身数据与各大平台运营商的大数据分析支撑下,旅游企业不仅能对到访游客进行全程可逆化的数据分析,并为其后续购买决策提供精准有效的服务方案,而且能通过对潜在游客进行系统分析整理而提出针对性的营销套餐。三是可实现管理的智慧化。通过现代信息技术手段,旅游企业在办公自动化、人事管理、服务质量管理、资源与设施设备管理、财务管理、安全应急管理、商业运营管理等各个方面都能实现管理体系的重构、服务流程与规范的再造,以全面提升旅游企业的管理效率并全面降低管理成本。四是可实现体验的智慧化。各类 AI、VR 等智能虚拟设备的普及,能够让游客体验更加丰富、更加全面的景观景点、游乐项目。

想一想　　虚拟体验旅游是否会导致游客不出门旅游? 为什么?

(七) 旅游产品的个性化

主题、品牌是未来产业竞争的核心。依托鲜明的地方特色或主题品牌,提供基于标准化基础之上的个性化服务与主题化产品是未来旅游企业的必由之路。具体可以从四个方面予以关注:一是产品开发的主题化。如何确定一个本地具有比较优势的资源,能够为中外游客喜闻乐见的资源,并能够有效转换为旅游产品的主题或品牌是重中之重。围绕旅游企业或旅游目的地的既定主题,如何提取核心主题相关的配套元素,也是旅游企业或旅游目的地个性化发展的关键所在。二是产品消费的自由化。未来旅游企业应积极向高端酒店业学习,在标准化服务流程设计的基础之上,配套智慧旅游服务系统,既能保证游客体验消费的自由化,又能保障游客随时呼叫并获得人工智能服务,实现人工智能管家的 24 小时贴身服务。三是产品体验的情景化。旅游企业应围绕既定主题和文化内涵,并结合其真实简化的生产、生活、生态过程,利用现代信息技术尤其是 VR/AR 技术,使游客能身临其境地感受到主题文化的魅力与内涵。四是产品市场的细分化。未来旅游行业的发展必然是"细分为王",包罗万象、主题缺失的旅游企业必然会迷失方向。因此,除极少数综合型或体量庞大的旅游景区、度假区之外,大部分旅游企业应根据自身主题及创新产品特色,瞄准具体细分市场,精准发力,才能稳操胜券。

掌握旅游行业
的发展趋势

二、剖析旅游市场的发展趋势

随着个性化时代的到来,未来旅游市场的发展整体上呈现出细分化的趋势。尤其是我国人口基数相对较大、地方差异明显。因此,作为旅游策划工作人员,必须秉承市场需求导向原则,精准瞄准目标细分市场及其需求特征。未来,重点应关注以下五个方面:

(一) 老龄社会下的养老市场

第七次全国人口普查结果显示,截至 2020 年 11 月 1 日,我国 60 岁及以上人口为 2.64 亿人,占 18.70%,其中 65 岁及以上人口为 1.91 亿人,占 13.50%。与 2010 年第六次全国人口普查相比,60 岁及以上人口的比重上升 5.44 个百分点,65 岁及以上人口的比重上升 4.63 个百分点。此外,在全国 31 个省份中,除西藏外,其他 30 个省份 65 岁及以上老年人口比重均超过 7%，其中，12 个省份 65 岁及以上老年人口比重超过 14%。因此，我国已经正式进入老龄社会①。随着 20 世纪 50、60 年代人群先后退休，我国老年游客的养老旅游需求越来越强烈，无论是季节性迁徙还是常规旅游、移民旅游，都对我国各地旅游行业的发展提出了新的要求，尤其是其对历史文化和国家的认同感特别强，对乡土特别依恋，对旅游策划工作提出了新的要求。

> **想一想**　　您所到过的旅游景区或酒店、旅游目的地，是否有专门针对老年人的无障碍或友好型旅游服务设施？

(二) 素质发展下的研学市场

研学旅行自古有之。国家教育部等 11 个部门于 2016 年底印发了《关于推进中小学生研学旅行的意见》，提出要将研学旅行纳入中小学教育教学计划。各学校要根据教育教学计划灵活安排研学旅行时间，一般安排在小学四到六年级、初中一到二年级、高中一到二年级，并根据学段特点和地域特色，逐步建立小学阶段以乡土乡情为主、初中阶段以县情市情为主、高中阶段以省情国情为主的研学旅行活动课程体系。为此，全国各地开展了国家级、省级、设区市级和县级等各级研学旅行或实践教学基地、营地。为适应全国研学旅游市场的蓬勃发展，教育部还于 2019 年 10 月增补了职业高等教育专业目录，即新增了"研学旅行管理与服务"专业。随着国家对青少年"德智体美劳"全面发展的新要求，各种类型的研学旅游或研学旅行产品需求与日俱增，研学产品的提供或策划设计也已经成为各大旅游企业的重要任务。

(三) 多胎政策下的亲子市场

自 2013 年湖南卫视首播《爸爸去哪儿》真人秀节目引爆亲子游市场以来，亲子游已经成为各大类型旅游企业的重要目标市场。第七次全国人口普查结果显示，截至 2020 年 11 月 1 日，全国共有家庭户 49 415.74 万户，集体户 2 853.18 万户，家庭户人口为 12.93 亿人，集体户人口为 1.19 亿人。平均每个家庭户的人口为 2.62 人，比 2010 年第六次全国人口普查的 3.10 人减少 0.48 人②。说明我国家庭人口结构特征日益明显，即一孩家庭为主、二孩家庭为辅，三代乃至四代同堂越来越罕见。同时，随着我国城市化进程的加快，结合城市房地产市场不允许大户型大量存在的实际情况，也使得共同生活的家庭成员数量相对较少。在此背景下，家庭成员之间尤其是代际之间的日常沟通交流就会受到限制。因此，亲子市场的规模还会越来越大，也对未来旅游策划提出了跨年龄、跨年代的组合型消费需求。

(四) 美好生活下的康养市场

党的十九大报告正式提出："经过长期努力，中国特色社会主义进入了新时代，这是我国发展新的历史方位。""我国社会主要矛盾已经转化为人民日益增长的美好生活需

① 国家统计局. 第七次全国人口普查公报 (第五号)——人口年龄构成情况 [EB/OL]. http://www.stats.gov.cn/tjsj/tjgb/rkpcgb/qgrkpcgb/202106/t20210628_1818824.html, 2021－5－11.
② 国家统计局. 第七次全国人口普查公报 (第二号)——全国人口情况 [EB/OL]. http://www.stats.gov.cn/tjsj/tjgb/rkpcgb/qgrkpcgb/202106/t20210628_1818821.html, 2021－5－11.

要和不平衡不充分的发展之间的矛盾。"因此,在新的发展阶段,中国老百姓已经不存在要不要或能不能出去旅游的问题,而是存在有没有符合当下老百姓需求的旅游景区、主题酒店或特色商品的问题。尤其是随着 2020 年底我国正式实现全面脱贫的目标后,城乡老百姓对美好生活尤其是康体、养生等方面的需求越来越明显,这从红遍大江南北的马拉松运动、广场舞、骑行、慢跑、走路等现象可见一斑。因此,未来旅游策划必须关注游客的康养需求,从提升游客的美好生活水平出发,满足游客对康体、养生、美容、养眼等方面的需求。

(五)多元背景下的专项市场

以民宿旅游、室内景区、主题酒店、会奖旅游等为代表的专项旅游在近十年来越来越火爆,尤其是在中产阶级和青年群体中更为流行。2007 年,在原杭州市旅游委员会的推动下,杭州市委市政府发布了《关于印发杭州十大特色潜力行业行动计划(2007—2011 年)的通知》,正式明确将茶楼、美食、演艺、疗休养、保健、化妆、女装、婴童、运动休闲、工艺美术等纳入特色潜力行业进行培育;随后,杭州市委市政府又陆续发布相关规划或政策,积极培育各类特色或专项旅游市场,确保了杭州在国内外多元化市场发展背景下占据重要与引领地位。近年来,电子竞技、剧本杀、运动休闲、美食、网红打卡等均已成为游客到访的重要动机,也为未来旅游策划开启高频次创新、高颜值曝光、高精尖服务打下了基础。

三、明确策划行业的重点领域

旅游策划的服务对象或内容可谓无所不包。大到一个国家、一座城市,小到一个垃圾桶、一张明信片。作为一名新时代的策划专业人员,理应知道未来的策划市场或服务对象在哪里。

(一)城市旅游策划

作为全球第一大旅游目的地,城市旅游始终是整个旅游市场中最为旺盛又最具生命力的重点领域之一。近年来,无论是像北京、上海、重庆、成都、武汉、广州、杭州等大型或省会旅游城市,还是像三亚、苏州、桂林、大理、大连、厦门、青岛等中小型旅游城市,都吸引了亿万级数量的游客的到来。作为旅游城市,旅游企业相对集聚,无论是旅游景区、历史街区、商场综合体,还是特色餐馆、主题酒店、旅行社或研学基地,都是创新发动机,也将是各类创新创意或旅游策划类人才的集聚之地。

(二)乡村旅游策划

与城市旅游策划的竞争"惨烈"相比,乡村旅游策划属于"初出茅庐",更是近年来旅游策划市场的增长重心。为了实现我国社会主义现代化强国的建设,必须促进城乡统筹发展,实现共同富裕。乡村旅游是典型的富民产业,有利于促进广大乡村地区集聚人气、促进产业转型升级、促进城乡居民增加收入来源。但是,我们面向的游客依然是非常挑剔的,是经历过城市旅游产品"滋润"的,初级的乡村旅游产品或粗浅层次的旅游策划已经无法满足现代游客的需求。因此,必须引进一批高素质的旅游策划专业技能人才扎根乡村大地,开展旅游创新创意,才能推动乡村旅游产业的大发展。

(三)海洋旅游策划

不少人认为滨海旅游要去东南亚或太平洋岛国。事实上,我国的蓝色国土面积相当可观,毗邻中国的海域总面积约为 470 万平方千米,渤海、黄海、东海、南海互相连成一片,纵跨温带、亚热带和热带,自北向南呈弧状分布,海岸线总长约 1.8 万千米,可见我国海洋旅游资源发达。尤其是我国海南省的三沙市,辖西沙群岛、中沙群岛、南沙群岛的岛礁及其海域,曾入围 2016 世界特色魅力城市 200 强。其拥有的海洋旅游资源,完全不亚于东南亚及太平洋岛国。因此,作为世界三大旅游目的地之一的海洋旅游区,也必将在未来 10—20 年内成为我国旅游业发展的热点领域,亟需相关旅游策划专业技能人才。

(四) 红色旅游策划

红色旅游资源是中国独有的旅游资源。红色旅游是一种极具中国特色的旅游形式或旅游产品,是中国特有的红色文化事业与旅游产业创新融合的结果,具有非常重要的政治意义、经济意义、社会意义、文化意义和生态意义,既是我国社会主义精神文明建设的重要组成部分,又是我国"老少边贫"地区全面建成小康社会的重要载体[①]。2021 年中国共产党迎来建党百年诞辰。当年在全国掀起一股红色旅游高潮,且呈现出游客群体年轻化的趋势。随着我国对红色旅游资源的系统梳理与挖掘、外延的拓展,游客群体对红色基因越来越认可,需要对红色旅游资源进行创新性的开发利用。

(五) 文化旅游策划

2018 年全国"两会"的召开,正式组建了国家文化和旅游部,"诗"和"远方"终于走到了一起。以历史文化名城(镇、村)、文保单位和非物质文化遗产等为核心的各级各类文化馆、图书馆、博物馆、非遗馆等均进入了游客的视线,传统文化阵地正式且全面进入主客共享时代。因此,不少地区的文化旅游资源尤其是各类文博场馆进入了旅游化、景区化时代,也亟须各类旅游策划专业技术人才以满足本地居民、外地游客的多样消费需求。如 2020 年底,浙江省旅游景(区)点质量等级评定委员会通过综合考核评估,评定中国丝绸博物馆、浙江自然博物馆安吉分馆为国家 4A 级旅游景区。两家博物馆的旅游活动策划精彩纷呈,已经成为本地居民与外来游客的打卡地。

(六) 民宿旅游策划

民宿旅游是我国乡村旅游尤其是农家乐发展的升级版。从原先游客到乡村地区"吃农家饭、住农家屋、购农家物、娱农家乐"自主发展状态,发展到当下社会工商资本介入、专业技术技能人才介入,民宿旅游已经成为资本的逐鹿场,品牌化、连锁化、主题化发展已经成为必然,而集庭院设计与打理、简餐服务、客房设计与服务、民俗活动策划与执行、品牌策划与营销推广等职能于一体的新时代民宿管家已经成为炙手可热的综合性技术技能人才。因此,赴乡村地区负责民宿的整体策划与运营管理也是当下乃至未来一段时间的重要发展方向。

(七) 研学旅游策划

随着城市化进程的加快以及传统学科式、艺术特长式培训市场的快速壮大,使得我国青少年群体在一定程度上出现了"五谷不分"和"四体不勤"的现象。为此,党中央、国

---

① 郎富平.我国红色旅游研究的文献分析与述评[J].中南林业科技大学学报(社会科学版),2020,14(5):116—121.

务院高度重视,明确指出我国青少年必须实现"德智体美劳"的全面发展。国家教育部等 11 个部门正式发文要推进研学旅行的发展。目前,除了传统教育主管部门管辖的综合实践教育基地之外,旅行社、会展公司、拓展基地、培训机构以及旅游景区、亲子或度假酒店等均开始涉足研学市场。因此,如何通过地方发展历史与文化内涵的挖掘,梳理研学主题、设计研学课程、策划研学活动已经成为整个旅游行业的重要组成部分。

(八) 冰雪旅游策划

我国冰雪(冰川)旅游资源较为丰富,主要以室内常年滑雪(冰)场馆、室外季节性滑雪场和室外常年冰雪(冰川)旅游地等三种形态出现。室外季节性滑雪场是近年来我国除北方及高纬度、高海拔地区利用自然降雪开展旅游开发活动之外,中纬度地区高海拔地区也纷纷利用人工造雪设备开展室外滑雪运动。如仅浙江就开设了安吉天荒坪、临安大明山、武义千丈岩、宁海深圳等户外季节性滑雪场。作为一项专项体育旅游运动,其活动的组织策划、市场的促销策划等均是其正常运营管理的重要内容。

(九) 美食旅游策划

俗话说"民以食为天"。"吃货"对美食是没有任何抵抗力的。作为游客,到任何一个地方去旅游,"吃"不仅是最基本的旅游消费,而且可能是最主要的消费目的。可以说,无论是哪一个旅游目的地或旅游城市,都能找出几样让游客感兴趣的知名特色美食或餐馆。如山西省太原市的山西会馆,就是一家非常有地方特色的餐饮店,从建筑外立面到门面,从大堂摆设到楼道设计,从包厢门户到内部设计,从菜品设计到现场表演,都呈现出地道的山西特色与面食技艺,被称为"能吃饭的博物馆"。甚至在大城市的商场综合体中,都已经到了需要餐饮流量来带动商品零售的地步了。值得重视的是,我国各地旅游景区、度假区或休闲度假酒店的餐饮建设相对甚至明显滞后,从就餐环境的装饰到餐饮主题策划、菜品设计及配套展示演艺等,均需要有强有力的策划运作团队。

> **想一想** 自 2018 年以来,浙江省推出了"百县千碗"工程。请通过网络搜索,分析其美食旅游策划的规律与特征。

(十) 体育旅游策划

体育旅游是新时代人民群众为满足其参与、观赏体育运动的需要而产生的一种旅游方式。与以往以观摩奥运会、世界杯等知名比赛为主不同,现在体育旅游更注重游客的亲自参与及体验,如亲自参加马拉松比赛、参与皮划艇与滑翔伞等专项运动、参与各类骑行与游泳等健身运动。同时,值得我们注意的是,无论是酒店住宿业、旅行社业、会展业、旅游景区行业,还是传统的体育行业都开始注重专业体育活动与业余体育活动的结合,注重游客运动、康体、养生等旅游产品或活动的策划、执行,甚至还需要开展相应的体育赛事策划、设计等工作。因此,未来体育旅游的策划专业技能人才,也将受到体育产业与旅游产业的共同青睐。

(十一) 康养旅游策划

康养旅游指通过养颜健体、营养膳食、修心养性、关爱环境等各种手段,使人在身体、心智和精神上都达到自然和谐的优良状态的各种旅游活动的总和。康养旅游作为一种旅游新业态,是以健康为基本诉求,同时追求快乐、幸福等心理健康的康养旅游方式,在我国掀起了一股康养旅游热潮。由此看来,康养对于旅游已经上升到一个很高的层次,如果说旅行是为了观光,无所谓景区与否,那么旅游就对应着休闲,旅居对应着度假,而康养应该是度假旅游的一个重要产品,而且很可能会成为一个核心产品,因为康养是物质生活已经满足条件下,而衍生出来的精神层面的深度体验。

剖析旅游市场
的发展趋势

项目小结

所谓策划,就是人们为了达到特定的目的,在调查分析相关信息的基础上,对未来的工作或事件进行科学、系统的筹划和部署的一种创造性思维活动。

策划的科学分类是一项系统工程,其分类依据取决于策划的存在形态、表现形态、应用领域等。策划的形成和演进,本质上即是多种类型的历史文化、社会制度、国民心理结构、经济结构、产业结构、企业形态的一种具体而微的缩影。缘于不同的视角,策划可以有多种分类标准和分类方案。

旅游策划,是指旅游相关团队或个人为了达到特定的旅游发展目标,在综合调查分析相关信息的基础上,依托创新思维,整合各类旅游资源,实现资源、环境、交通与市场的优化拟合,实现旅游业发展目标的创造过程。策划学和旅游学构成了旅游策划最基本的理论基础。旅游策划的任务主要是针对明确而具体的目标,建设特定主题或内涵的项目内容,形成游憩方式、产品内容、主题品牌、商业模式,从而形成独特的旅游产品,或全面提升和延续老旅游产品的生命力,或建构有效的营销促销方案,并促使旅游地获得良好的经济效益、社会效益、文化效益或生态效益。

按照不同的标准,旅游策划可以分为不同的类型。按照层次可以分为总体旅游策划和深度旅游策划;按照时间的长短可以分为短期旅游策划、中期旅游策划和长期旅游策划;按照旅游策划所指向的对象分为城市旅游策划、乡村旅游策划、海洋旅游策划、景区(景点)旅游策划、旅游饭店策划等。

作为新一代大学生或旅游行业从业人员,应紧扣旅游行业产业化、互融化、主流化、规范化、生态化、智慧化与个性化的总趋势,结合旅游消费者日益细分及精准营销的实际特征,重点瞄准养老旅游市场、研学旅游市场、亲子旅游市场、康养旅游市场及专项旅游市场,探索并推动新时期城市旅游策划、乡村旅游策划、海洋旅游策划、红色旅游策划、文化旅游策划、民宿旅游策划、研学旅游策划、冰雪旅游策划、美食旅游策划及体育旅游策划。

讨论与思考

1. 旅游策划与旅游规划之间的联系与区别是什么？

2. 旅游策划有着怎样的发展趋势？

3. 对于一家旅游企业而言，从酝酿筹备开始到正式运营，可能会涉及哪些类型的旅游策划？请举例说明。

项目小测验

一、名词解释

1. 策划

2. 旅游策划

3. 总体策划

4. 旅游战略策划

5. 旅游市场

二、填空题

1. 事实上，现代意义上的"策划"是一门科学，更是一种艺术，是一种集_____、_____、_____等一系列过程的活动。

2. 按策划的内容划分，可以分为_____、_____、_____、_____。

3. 旅游策划按照时间长短划分，可以分为_____、_____和_____。

4. 旅游策划按照内容不同划分，可以分为旅游战略策划、旅游管理策划、旅游营销策划、旅游公关策划、旅游广告策划、旅游形象策划、旅游品牌策划、旅游招商策划、_____、_____等。

5. 旅游行业的发展趋势包括_____、_____、_____、行业管理的规范化、旅游景区的生态化、旅游景区的智慧化、旅游产品的个性化。

三、选择题

1. 策划的起点是_____。

A. 信息　　　　　　B. 创意　　　　　　C. 决策　　　　　　D. 目标

2. 策划的核心是_____。

A. 目标　　　　　　B. 决策　　　　　　C. 创意　　　　　　D. 信息

3. 旅游策划是为了向游客提供这种体验，由特定的个人或机构以_____为素材、以市场为导向、以创意为核心，进行的一系列运筹和谋划。

A. 文化　　　　　　B. 资源　　　　　　C. 故事　　　　　　D. 景区

4. 旅游策划的实质是对未来_____的安排。

A. 旅游产品生产、营销与交换活动　　　B. 旅游景区规划、建设与运营

C. 旅游地宣传、营销与招商　　　　　　D. 旅游目的地、客源地与中转地

5. 政府旅游发展战略策划、企业品牌策划、景区转型升级策划等属于_____。

A. 总体旅游策划　　　　　　　　　　　B. 短期旅游策划

C. 中期旅游策划　　　　　　　　　　　D. 长期旅游策划

四、简答题

1. 简述旅游策划与旅游规划之间的关系。
2. 简述旅游策划的基本原则。
3. 简述旅游策划的主要任务。
4. 旅游策划的作用表现在哪些方面?
5. 旅游目的地开展研学旅游产品策划的方向包括哪些?

扩展技能训练

请以你的家乡为例,罗列主要环境与资源,并提出未来可重点开展的策划思路或方向。

参考文献

1. 陈耀. 突出"六康",创新发展海南健康旅游[N]. 中国旅游报,2020-10-22(4).
2. 郎富平. 我国红色旅游研究的文献分析与述评[J]. 中南林业科技大学学报(社会科学版),2020,14(5):116—121.

【情景案例】

长兴县江南小延安红色旅游区

长兴县江南小延安红色旅游区以苏浙军区 18 处旧址为基点，通过 S10 省道及新东线、煤槐线等道路串联，涉及新槐村、东风村、仰峰村、十月村、三洲山村、和圲口村、白岘村、五通山村等行政村的全部或部分自然村，总面积约 86 km²。以新四军苏浙军区红色旅游资源为核心，整合长兴历史文化资源、生产生活资源、自然生态资源，形成以研学体验与教育培训为核心功能，以文化创意为核心动力，以旅游新型业态为核心载体，兼顾红色朝圣、廉政教育、生态游憩、康体养生、乡村度假、亲子生活等功能于一体的历史文化旅游区，使之成为国家级研学旅游示范基地、中国红色旅游转型升级的示范基地以及浙江省旅游产业融合示范基地、浙江省文化旅游产业示范基地，逐步形成以"红色"为核心，"绿色"为基础、"多彩"为延拓的旅游产品结构，积极培育长兴历史文化旅游区。旅游产品体系策划思路紧紧围绕政务干部市场、家庭亲子市场及学生教育旅游市场的消费需求特征，不断丰富旅游产品类型、拓展旅游产品形式，注重与周边旅游产品的互补协作，注重与地方社区居民的需求差异，加强旅游产品的满意度调查与反馈，实施产品的积极动态调整，实现优胜劣汰，逐步做实做透传统基础性旅游产品，做新做精新兴拓展性旅游产品。

红色旅游转型升级的经典景区——红色旅游胜地，打造长三角知名的红色旅游精品景区；

秉承教育创新的人生第二课堂——研学旅游基地，打造长三角知名的红色研学圣地与党性教育中心；

寓教于乐回归自然的红色家园——乡愁旅游胜地，打造长三角知名的红色主题亲子乐园。

❓想一想：创意在策划中的作用有哪些？具体有哪些新颖的呈现形式？

【项目导学】

通过本项目的学习与实践,主要期望提升学生如下的素质能力、知识结构与专业能力:

素质能力目标

➤ 能正确领会热爱劳动的精神,具有较强的集体意识和团队合作精神;

➤ 能具有质量意识、工匠精神、改革意识与创新思维;

➤ 能具有较好的审美和人文素养,善于挖掘或发现旅游中的创意和"美"。

知识结构目标

➤ 了解策划的基本流程;

➤ 理解、掌握策划的程序与技巧等环节中的基本概念和内涵,掌握该项任务的基础知识。

专业能力目标

➤ 掌握策划的各个步骤,熟练完成相应的工作内容;

➤ 能制定策划方案,并能对其进行综合评价;

➤ 能针对某一策划主题进行发散性思维的创新。

任务 2.1　了解旅游策划的步骤与程序

一、旅游策划的核心程序

在进行旅游策划时,可根据是否委托第三方单位分为有委托策划和无委托策划。所谓无委托策划是指该项旅游策划由策划的发起人或主体自身进行;所谓有委托策划,是指该项旅游策划由策划发起人委托第三方单位进行。有委托策划和无委托策划各有优缺点。无委托策划的优点是策划组成员对自身情况较为熟悉,而且可以节约费用;缺点是对行业整体形势或其他行业不太了解,容易落入狭隘、偏执的思维定式,难以提出新的创意。有委托策划的优点是可以借助外部智力资源,特别是经验丰富的专业策划机构,能够达到更好的策划效果;缺点是外部专家团队对委托方的情况并不熟悉,提出的创意可能缺乏可操作性,并且委托方需要支付一笔不菲的费用。无委托策划和有委托策划的区别在于无委托策划不需要招投标程序或筛选策划单位的过程,而旅游策划的其他核心程序都差不多(见图 2-1)。

第一,旅游策划的项目立项。在确立旅游策划项目或明确委托单位之后,就应着手组建旅游策划项目团队,明确项目推进的日程安排,落实任务分工。在组建项目团队时,应根据具体策划项目的不同,组建由相关专业背景的专家或企业人士、政府人士共同构成的团队。

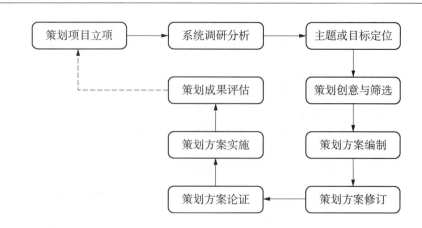

图 2-1

旅游策划的
核心程序

> **想一想**　假如您是某专业策划机构的项目负责人,在接到某旅游主题公园委托的《××旅游景区××××年度旅游市场营销策划》项目时,您该组建一个怎样的专业团队? 对其学科背景或人员组成有何要求?

第二,项目团队成员展开系统调研分析。指在特定的项目环境下,系统地收集、分析和报告有关项目信息的过程。旅游策划要作出正确的决策,就必须通过项目调研,准确及时地掌握资源、市场和环境情况,使决策建立在坚实可靠的信息基础之上,才能降低策划案的风险程度。

第三,策划主题定位或发展目标的确立。这是旅游策划的核心与灵魂。在特定的策划背景下,通过对现状条件的综合分析与评价,需要提出明确的主题定位与策划目标。

第四,围绕主题或目标展开创意,并根据其可行性进行创意筛选。旅游策划团队成员依据前面既定的主题定位与发展目标,提出具体的实施创意和方法。然后根据现行的技术、经济、环境、法律等各个方面进行可行性筛选,并最终确定可供操作的创意。

第五,编制旅游策划方案的初稿。在第二至第四步的基础上,编制旅游策划案的初稿。编制方案通常由项目负责人制定并分解落实,各项目组成员根据负责人的要求共同完成初稿的编制,并由项目负责人统筹审核。

第六,旅游策划方案的试验、讨论、反馈与修改。在方案初稿的基础上,可通过试验或试行、邀请相关专家或部门相关人员参与讨论,并形成对方案的反馈、修改意见。项目团队根据反馈或修改意见,对策划方案进行完善。

第七,组建方案评审专家组审核方案。在前期方案修改完善的基础上,可邀请相关专家或部门相关人员组成评审或论证专家组,对方案最后的实施进行综合评估,包括方案在技术上是否到达策划任务书的要求、在未来执行过程中的风险系数,等等。

第八,旅游策划方案的实施阶段。基于动态策划的思想,在实施过程中,还可以根据具体的实施情况,及时发现方案中的失误或外界条件的变化,起到反馈信息的作用,为进一步调整和修改策划方案提供新的依据。

第九，策划方案实施后的综合评估。实施过程中或待整个策划方案全部实施完毕，可组建相应的评估小组或团队，围绕方案的既定目标与时间节点，对方案实施的综合效益进行系统评估，以确定该策划是否达到预期目标，并为下一轮策划案奠定基础。

二、旅游策划的步骤

（一）明确活动目的

一般来说，活动类型的不同，活动目的也会随之不同，由此，活动策划者除了要明确目的之外，还可以根据活动类型来确定活动目的。

（二）核算成本花费

在进行活动策划之前，活动策划者需要清楚活动中大概的成本花费，这样才能拟定一个资金保证给企业管理者，然后获得活动资金。而活动策划者需要按照活动资金预算来进行整个活动的策划。

1. 估算成本

活动策划者在进行活动策划之前，就必须估算出成本，当然活动内容的不同，活动成本的估算价格和估算要素也是不同的，这就需要活动策划者有日积月累的经验才能完全胜任估算工作，否则需要活动策划者在估算成本的过程中，多与其他部门的人员沟通，征集意见。

2. 细算成本

活动策划者估算出大致成本后，还需要进行成本细算，进一步保证活动成本花费的精准性。例如，企业准备在酒店里邀请同行知名人士同进晚宴活动，就不须考虑其他的成本费用，只须考虑在酒店内的花费。

活动策划者需要根据自己策划的活动类型、目的、预期效果来考虑成本各个方面的花费。活动策划者最好在选择产品、节目等各方面多列举几个成本细分表出来进行对比，看哪个场地、哪些节目更适合活动主题，又能节约成本。

（三）初步策划活动

活动策划者在确定活动目的和活动成本花费之后，就需要进行初步的活动策划，慢慢将活动策划成型。

1. 组织活动策划团队

活动策划者在进行活动策划工作之前，千万不要只顾自己一个人埋头苦干，避免策划的活动出现不严谨的情况。活动策划者需要组织一个团队一起完成活动的策划，团队人数根据活动大小来确定。活动总策划者需要根据团员的性格、爱好、技能来分配任务，这样团队人员在处理问题上才会比较有效率。

在团队中，还需要多开会议，征求团队成员对各方面的意见和看法，以及考虑是否要求助外援,例如活动策划专业人士、公关方面的公司、活动运营导演等。通过他们专业的视角来给活动添彩。活动策划者还需要考虑活动安全、相关许可证等因素,确保活动完美展开。

2. 进行活动整体构思

组建活动策划团队后就需要进行构思活动的工作。活动构思是整个活动策划过程中的关键部分,它与活动设计、活动成功运行、在活动中发现问题等方面组成策划活动的整体。活动策划团队需要根据具体问题做出具体活动构思,思考不同的问题,在构思活动的过程中,要保证活动流程有头有尾。

3. 确定活动的类型

活动策划团队还需要确定好活动类型,一般都是根据活动目的进行确定的,可是一个目的可以应对多个活动类型,届时就需要活动策划团队考虑以下三个问题,再进行活动类型的选择。

① 活动目的适合哪些活动类型?

② 根据活动主题再一次挑选类型。

③ 根据企业经济能力进行类型选择。

例如,企业的活动目的是提高品牌形象,则可以选择新闻发布会型活动、促销型活动、娱乐型活动、奖励型活动、众筹型活动等;因为活动主题需要比较严谨,即可选择新闻发布会型活动、众筹型活动;又因为企业经济能力不强,即可选择众筹型活动。

4. 计算整体策划时间

在策划活动的过程中,总会遇到各种各样的问题,例如,难以找到合适的活动场地、难以联系合适的娱乐节目等。解决问题是需要时间的,由此,活动策划团队需要将活动策划时间整体性地计算出来,避免出现时间不够用的状况。

(四) 明确活动细节

众所周知,细节决定成败,由此,明确活动细节是活动策划最后一个步骤,下面就来了解活动细节方面的知识。

1. 预留时间

活动策划推动需要预留一部分的时间来规避、检查活动整体准备情况,若发现问题也可用预留时间进行解决。一般来说,预留时间可为 1—3 天。

2. 客人主次

活动策划者需要将邀请的客人列在表格中,再确认客人是否能如期到达,且活动座位有前后顺序,一般需要将比较重要的客人安排到靠前的位置,然后按客人的主次进行座位的安排。在邀请客人之前,还可以拟出两份客人名单,第一份名单是主要客人,第二份名单是次要客人,若主要客人有人不能如期达到,则可以立马邀请次要客人进行补位。

3. 人员调配

活动工作人员的调配除了需要合理之外,还需要让他们注意以下四个方面的要求:①衣着方面的要求;②行为举止方面的要求;③礼节方面的要求;④处事风格方面的要求。

任务 2.2　掌握旅游策划的方法

一、旅游策划的基本原则

（一）创新性原则

旅游策划是一项创新思维活动,旅游策划的创新性是其首要原则。换句话说,如果旅游策划不具有创新性,也就没有必要进行旅游策划。所谓创新性原则,主要体现在形式创新与功能创新两个方面。

1. 形式创新

所谓形式创新,是指将已有的旅游内容或元素(如活动、项目、文化等)引入,保持其基本功能不变,但是在表现形式上给予较大的创新。目前,主题公园里面见过最多的过山车就是被创新演化成多种同类的项目,如深圳的雪山飞龙、香港海洋公园的越矿飞车、苏州乐园的古旧金矿矿车等,均属于不同程度的形式创新,其实质就是过山车。

2. 功能创新

所谓功能创新,是指重新策划或设计一个之前所没有的内容或元素,或将原有的内容或元素进行功能拓展。如杭州市在旅游资源开发过程中,将一些特色社区、老旧厂房、仓库码头等在功能上进行了创新,使之成为独具特色的旅游接待产品。

（二）特色性原则

旅游的本质就是追求与自己原有的生活环境、生活习俗、工作状态等不同的感受。而在当前市场环境下,已经明显处于买方市场的情况下,旅游企业要在既有的众多旅游供给市场中脱颖而出,就必须创造出与其他旅游企业所不同的东西。简单而言,就是在旅游策划过程中,要坚持"人无我有,人有我优,人优我特"的原则。而要做到这一点,则必须做好两大基础工作:一是围绕策划的主题内容,系统搜集、分析当前该主题内容的发展现状与特色;二是全面分析评价策划实施主体的优势、劣势、机遇与挑战,以寻求最佳的特色发展路线。

（三）人本性原则

旅游策划是一项典型的对客服务,无论是旅游项目策划、旅游产品策划、旅游活动策划,还是旅游形象策划、旅游促销策划等,其最终目的均是满足人们的精神和文化需求。因此,旅游策划应"以人为本"。一方面,要满足策划发起人的心理需要。作为一名策划者,既要了解策划发起人(或委托方)的心理需要,又要满足方案实施者的心理需要,才能确保策划方案的顺利实施,推动企业生产目标的实现。另一方面,要充分了解策划方案实施对象的心理需要,也就是游客的心理需要,才能更好地提升硬件与软件服务设施、水平,提高游客的满意度。

(四) 可行性原则

旅游策划并不是天方夜谭,而是一项现实性较强的工作,要求在经济、技术、效益、人力、社会等各方面均有可操作性。首先,要进行周密的考察和资料收集,充分利用所能获得的一切信息,进行严谨和科学的分析,对未来的发展形势作出准确的研判;其次,旅游策划应立足微观实际,从策划发起方自身的资源禀赋、资金设备、人力物力、市场基础等方面来评价和衡量所开展的旅游策划案是否具有一定的现实性;再次,可以采取逐步推进的办法,通过小范围内试运营,看是否能取得较好的效果,根据试验效果再决定是继续修改完善还是直接推广实施。

(五) 一致性原则

首先,要坚持短期效益与长期效益的一致性。无论是短期的旅游活动策划、旅游促销策划,还是长期的战略策划,其根本目的都可能是为了推进企业的健康、持续、快速发展或旅游目的地的转型升级。因此,在进行旅游策划时,一定要洞察策划发起方或委托方的长远发展目标,不能只看眼前目标。其次,要坚持局部利益和整体利益的一致性。比如在进行旅游项目策划的时候,不仅要服务全国的、区域的旅游经济发展需要,不能盲目地不切实际地超前发展,应从整体功能定位与共同的利益诉求来进行策划设计,景区项目的建设风格也要与周边总体生态环境相符,不能过于突兀。

(六) 前瞻性原则

既然旅游策划是一项针对未来的创新活动,那么旅游策划必须对未来各种发展、变化的趋势进行预测,必须对所策划的结果进行事前事后的评估,也就是说,旅游策划必须具有前瞻性。只有如此,才能使策划的成果符合未来实际发展的需求,才能在未来出现意外情况时作出有效的应急处理措施。比如在进行旅游节事活动策划时,就必须综合考虑节事活动举办期间可能出现的天气变化、人流量变化、安全事故发生等突发事件。

旅游策划的
原则

想一想　在进行旅游策划时,还应坚持哪些原则呢? 能否举例说明?

二、旅游策划的主要方法

选用正确的旅游策划方法对于旅游业的发展至关重要。通过科学的市场调研和深度理解游客需求,结合当地的特色资源,制定出符合市场需求的策划方案,是推动旅游业发展的关键。纵观旅游策划的实践历程,一方面策划的本质属性决定了策划方法应该无限创新,旅游策划须在实践中不断积累多样化的方法;另一方面,面对不断涌现的旅游策划新领域,旅游策划方法在借鉴其他领域策划方法基础上,逐渐形成其方法体系。本教材整理的策划方法,不是某一次策划的具体方法,而是较为综合的宏观层面的重要方法,每一种方法包含若干具体的方法。现将常见的旅游策划方法介绍如下:

(一) 头脑风暴

头脑风暴法是一种常见的创意生成方法,以会议形式组织,在专家针对具体问题发表各自独立见解后,再通过集体讨论和思考来激发创新思维和产生新的想法。该方法倡导选择适当的场地和时间,保证讨论氛围的轻松和愉快,鼓励参与者积极发言,同时也要尊重他人的发言权,通过自由联想、互相激发而获得集体性的创新性思维,对所有的设想进行归纳和提炼,以便产生更有价值的创意和解决方案,故称之为"头脑风暴"。该方法打破了个体单一思维的封闭性和局限性,拓展了各自的思维空间和知识分享,极大激发了逆向思维的发展,因而大大推动了点子和创意的产生。头脑风暴是旅游策划最为常用的方法之一,其关键是根据现场专家的各类意见、想法和建议等进行梳理、甄别、提炼和总结,以增强对旅游策划的针对性和实操性。

(二) 蓄势前行

旅游策划需要随时捕捉形势带来的机会,努力利用自己的优势、回避自己的劣势,抓住转瞬即逝的机会,防止突如其来的危难。因此,在旅游策划的过程中,要学会顺势、造势和借势的方法。本书将此三"势"策划方法合称为"蓄势前行"方法。

顾名思义,顺势就是顺应时代潮流和形势,将其主动运用于旅游策划的实践中。其一般做法是,深入分析国内外旅游发展的大政策与大趋势,全面聚焦旅游产业的热点和难点问题,因势利导地开展旅游策划。例如中国老龄化加速背景下养生旅游的策划就是顺势策划的典型案例。

造势则是通过种种途径,营造有利于解决策划问题的态势。例如冬天我们能在哈尔滨看到了什么? 我们能看到游客融入了本地生活,勾画了都市新场景。随着大量的游客到访,不仅中央大街、冰雪大世界、太阳岛雪博会、热雪奇迹、伏尔加庄园、极地公园等热门景区人潮涌动,而且带火了红专街早市、道里菜市场、洗浴中心,以及融歌舞表演、夜间餐饮和娱乐于一体的斯卡拉。低温天气下的冰雪浪漫、坦率轻松的人际交往氛围、高热量的糖油混合物"炸弹"……抖音、B站、快手等内容平台都在丰富着许多年轻人对东北的想象,也加速提升了东北体验游的魅力。

借势方法是借助现有成功事件、现象和独特事件,达到提高自身知名度和美誉度的方法。一般分为借事件之势、借决策之势、借时间之势、借人物之势、借山水之势、借建筑之势、借民俗之势等。例如,几乎每一次的奥运会都成为举办城市旅游策划的借事件之势的佳作。而知名人物的到访则成为该地旅游策划借人物之势的重要机会。广西南宁游学团 11 个身穿橘色外套的孩子被戏称为"小砂糖橘",他们从哈尔滨到漠河参观,一路上受到众多网友的关注,也带响了漠河的美景的声誉;2024 年 1 月 4 日,沈阳市文旅局局长向大众揽客;2024 年 1 月 5 日,广西南宁赠送哈尔滨 200 吨砂糖橘;2024 年 1 月 5 日,沈阳"借给哈尔滨凤凰"话题也再次提升了沈阳的旅游热度……

(三) 贯穿时空

在哲学和物理学中,时间和空间被视为存在的基本属性。在旅游策划领域,贯穿时空的方法确实占据着至关重要的地位。旅游策划的核心在于全面考虑时间与空间的交织关系,确保旅游行程、活动和服务的流畅与连贯。时间,作为游客体验的节奏与流程,直接关系到旅游满意度的高低。空间的合理规划与布局则影响行程的舒适度与便捷度。首先,时间在旅游策划中的重要性不容忽视。从游客的角度出发,时间是一种宝贵的资源。旅游策划者需深入理解游客对时间的需求与心理预期,如行程的时长、各环节的时间分配等。通过对时间资源的合理配置,旅游策划者能创造出节奏感强、张弛有度的旅游体验,提升游客的整体满意度。再者,空间是旅游体验的物质基础。空间布局、景观设计和地点选择均需精雕细琢。一方面,旅游策划者应重视地点的文化与景观价值,确保其符合目标市场的审美需求;另一方面,策划者还需考虑空间布局的合理性与便捷性,如交通路线、景点间的距离等。

确实,"时"与"势"在策划中具有极其重要的地位。它们是相辅相成的两个方面,共同影响着策划的成功与否。"时",即时机。在策划过程中,对时机的把握至关重要。无论是市场趋势的洞察,还是具体行动的展开,都需要在恰当时机进行。对"时"来说,时点的运用更加关键。旅游策划关键的时点包括重要的社会节事活动、公众的热点焦点。例如中国旅游日的策划活动即属于此类方法的运用。需要注意的是,策划实践表明,一味强调前瞻性,有可能降低策划实操性。例如,在市场营销中,把握消费者需求的上升期或是社会热点话题的关注高峰,可以更有效地吸引目标受众。同时,对时机的把握也有助于避免风险,比如在市场波动大的时候避免进行大规模的投资活动。

贯穿时空的方法有助于实现时间与空间的完美融合。通过综合考虑时间与空间的要素,旅游策划者能创造出既符合游客心理预期又具实际操作性的旅游方案,从而提升游客的满意度和忠诚度。该方法的内涵要求是,纵观时间上旅游发展的规律,把握未来旅游发展的方向。

(四) 三脉联动

旅游策划是一项综合性的工作,需要充分考虑各种因素,包括人脉、地脉和文脉。人脉是指与当地居民和游客的关系,将人类现代文明、人们的爱心、互助、团结、友善和忠诚等内涵融入旅游策划理念及其方案中,以达到增进旅游策划的现代感、人本化和新奇性,借此实现拓展人脉、扩大人气市场的目标。地脉是指地理环境、自然资源等因素,根据旅游目的地区域地理优势,具体包括区域地理优势、局部地理优势、特殊地理优势进行旅游内容和形式的策划。对于主要依托自然旅游资源类的旅游策划,则更加侧重地脉的运用。文脉则是指文化背景、历史传统等,通过深度发掘地域文化,延续地域文化精神而达到展示地域文化特色目标,进行的旅游主题策划、形象策划或活动策划等。三脉联动则是充分考虑这些因素,并加以整合,制定出更为合理的旅游策划方案。例如,在规划旅游路线时,需要了解当地地形地貌、自然资源分布等信息,同时也要考虑当地的文化背景和历史传统,以便更好地展示当地特色。此外,与当地居民建立良好的关系也是旅游策划中的重要一环。通过与当地居民交流,可以深入了解当地的文化和生活方式,从而更好地策划出符合当地特色的旅游项目。

强调三脉的协整,不是简单地将三脉进行合并累加,而是旨在通过三脉的各自分析与处理,形成组织般的合力,将之集合嵌入旅游策划中,在呈现三脉综合整体优势的同时,积极发挥具体一脉的优势功效。这既是旅游策划系统性原则的要求,也是旅游策划内在的本质特征的要求,需要充分考虑人脉、地脉和文脉等因素,并加以整合,才能制定出更为合理、可行的方案。

(五) 虚实结合

虚实结合的基本依据是游客旅游需求既有其现实方面,也有其理想方面。在虚拟世界里,在游客的情感世界里,与真实世界一样,游客也有"求新、求奇、求乐、求知"的具体旅游需要。因此,在虚拟经济、情感经济的当下,迎接旅游虚拟体验时代的到来,虚实结合的方法日益广泛孕育于旅游策划中。虚实结合的策划方法,有下述三种情况:一是实虚相生。即借助现有的旅游实景,例如自然山水和古建筑,策划一些传统文化知识与历史人物故事,使之融入景观文化中,丰富现场旅游体验要素,达到情景交融的体验效果。这在很多景区景点中得到广泛运用。二是以虚带实。策划新颖的娱乐主题和艺术表现形式,展示目的地或景区文化历史与文化特色,打通真实世界与虚拟世界的联系,借此唤醒游客的历史记忆,营造"双时空体验"。例如,杭州宋城景区借助大型歌舞剧目《宋城千古情》,出色地将宋城仿造景观与真实的历史事件相连接,极具视觉体验和心灵震撼,达到了良好的以虚带实的策划效果。三是虚拟促动。即策划虚拟旅游,采用 VR 技术,增强虚拟旅游产品,补充线下静态和单一体验的不足,激发旅游兴趣,并配合线下旅游进行全方位的策划宣传。

(六) 换位变通

游客需求永远处于不断增长中,为了使旅游策划紧跟时代并引领潮流,就需要站在不同视角、不同位置上或面对不同对象,进行必要的思路和方法变通。这种方法称之为"换位变通"。现实生活和理论研究都已揭示,思维的定式和路径依赖普遍存在,策划也不例外。要想保持旅游策划的创新性,必须大力破除这种思维定式和路径依赖。因此,换位变通思维至为关键。

作为旅游策划的一类方法,换位变通可以分为很多种具体做法。要素加减法,是指通过增加或减少相关要素,达到更好的旅游策划效果。例如农业加旅游、地产加旅游等就是典型的此类方法中要素"加"的运用;而有的策划着力将原有多样化旅游活动聚焦为地方民俗特色旅游,则是一种要素"减"的做法。上下变通法,就是将不同等级的旅游要素进行升级或降级变通处理的方法。例如,将观光旅游提升策划为度假旅游、为了旅游的发展将黄山县提升为地级市、泛珠三角旅游区的确立等就是升级的做法。大小变通法,是通过高度、体量等要素进行放缩处理的置换变通方法。荷兰的小人国、深圳世界之窗都以微缩景观取得成功,是变小的典型案例;而世界最高的关帝塑像,以 61 米身高、80 米通高矗立在山西故里常平村中条山上,则是变大方法的运用。古今中外变通法,着眼古为今用、洋为中用而进行的变通处理的策划方法。前者如仿古建筑在很多旅游目的地的再造,后者如欧洲小镇、巴黎风情等在一些旅游地开发的运用等。

其他换位变通的方法还有动静变通、材质变通、颜色变通、移植变通等。

任务2.3　运用旅游策划的引爆技巧

一、旅游策划的战术

(一) 一字点睛

通过提炼出某个具有主题意义的字,把景区的形象、项目、产品等紧密地联系在一起,使之一脉相承、和谐共振。如湖北的神农架景区突出"神"字,武当山景区突出"灵"字,石门古风景区突出"古"字。

(二) 触类旁通

旅游策划中应善于围绕旅游开发的主体进行衍生、发散,类型上丰富,不仅要涵盖"吃、住、行、游、购、娱"等传统要素,而且要涉及"商、养、学、闲、情、奇"等新兴要素;形态上多样化,每种类型的产品不仅要有消费层级上的差异,而且要有表现方式上的差异,这种方法有利于丰富旅游内容,形成系列产品。

(三) 匠心独运

目前旅游产品的同类竞争现象非常普遍。要想在日趋激烈的竞争中脱颖而出,旅游策划有时应匠心独运,注意寻找与众不同的卖点和诉求点。例如,长兴县江南小延安红色旅游区洞山西游主题乐园开发成溶洞探险型景区,引入《西游记》中盘丝洞等与洞穴相关的故事情节,设计各类体验或亲子类体验活动。

(四) 剑走偏锋

要"不按常理出牌",给人以新的感觉,在旅游策划中就是运用逆向思维解决问题。从某种角度上讲,策划就是颠覆,由"山重水复"到"柳暗花明"。如宁夏旅游策划"出卖荒凉",将"一无所有"的荒凉永久卖出。

(五) 无中生有

"无中生有"是指那些没有强势旅游资源为依托的旅游目的地,通过创意创造特色项目或特色产品,从而带动当地旅游产业的发展。这在旅游资源贫乏的地区较为适合。如深圳的"锦绣中华"等主题公园的建设,威海的"神游华夏"大型旅游演艺产品的打造等。这种策划最好能生成无法复制的"文化"符号。

(六) 继往开来

主要是在旅游项目策划中将传统与现代有机结合。例如,宋城的千古情演出,以壮丽的舞台设计为背景,结合了现代科技与传统文化元素。舞台上方悬挂着巨大的LED屏幕,播放着与演出内容相关的影像,营造出一种穿越时空的视觉效果。舞台下方则是一座座仿古建筑,再现了宋朝时期的繁华景象。在表演方面,千古情演出汇集了众多优秀的演员,他们身穿古代服饰,手握各种乐器,以精湛的表演技艺诠释了那段充满传奇色彩的历史。演出中,观众可以看到演员们表演的舞蹈、杂技、武术等传统艺术形式,以及一些现代元素的融入,如音乐、灯光等。

此外,还有流程再造、大同小异、大题小做(着眼于大局,着力于精致)、小题大做、先声夺人、借景生辉等。

二、旅游策划的引爆点

(一)与时俱进

其实在策划这个领域中,就是通过抓热点,合理地借力热点达到品牌传播的目的。有些时效性是可预见的,最简单的比如节日,有些时效性是不可以预见的,这就要看策划者的反应能力了。而时效性的好处显而易见——它的确能带来很多流量! 特别是明星八卦类,很多电商类产品用这个引流,用户看得多了就买了,比如小红书上的许多案例,常借力明星的热点。

(二)游戏演绎

贪玩的天性让用户热爱有趣的东西,游戏化的思路往往可以帮助用户寻找活动金点子。其实大家所熟知的"秒杀"的由来也是从网络游戏"红月"中来的,是指以很快的速度将游戏中的对手战败。游戏往往是一种集体活动,比如麻将、扑克等,集体活动可以带动用户间传播,进而带来新的流量。或者,游戏是自己跟自己较劲的活动,每次玩下来的感觉要比上次好,正反馈让用户不断玩下去,大大提升用户活跃度。

(三)身临其境

简单来讲,就是让用户换一个场景体验。比如之前在线上玩的,我们可以到线下去玩,反之亦然;比如原本需要装客户端玩的,现在可以在页面上玩。这种场景的变化会带来体验的便利性、体验的舒适性、体验的趣味性,让用户买单。比如电商平台做的品牌馆活动,实际上也是借鉴了线下商场的场景体验,进入一个页面逛品牌,就是进入一个商场逛不同的品牌店。现在小程序的不断开放,也使很多 App 通过这种方式获益,这种方式特别适合新技术、新产品形态进入市场,这种活动的特点是,让用户在他们熟悉的场景以更低的成本体验服务。

(四)颜值担当

消费升级带来人们对于"品类"类需求越来越多,"颜值"越来越重要。我们在做活动的时候发现,如果能让用户自己或者其拥有的东西看起来更好看,用户往往会买单。策划一个活动时,要想在消费者的心目中留下内涵丰富的印象,其包装除了具备方便简洁、艺术性强及有趣等个性化浓郁的机能外,还要加强策划,使其给人的视觉、听觉、触觉等感性方面以可亲近感,让消费者在购买包装精美的物品时,能够感受到品牌形象在眼前跳跃,产生赏心悦目的效果。

(五)量身定制

时下许多消费者所喜爱的品牌已不主要是商品的品质和功能而是品牌形象、特殊的风格以及包装物的新颖设计和独特创意。旅游产品包装的形象设计也是非常重要的因素,造型、内容、个性化的标识以及色彩的搭配,已越来越受到消费者的关注。旅游产品策划包装的创新意识和基本个性,并非是一个无关紧要的问题,而是品牌的脸面,当消费者观其包装而心动之时,其销售目的已经达到。产品定制上也需个性化,例如在旅游产品的智慧旅游公众号平台上,除了做出一条通用的旅游线路,游客也可以自己定制行程,融入吃住行游购娱旅游六要素,系统根据用户需要相应地给出建议,避免行程密集或地点距离过长等影响游客体验感,最终生成一份最合适游客的行程安排。完成每一天线路的景点打卡,游客可以在智慧旅游平台上完成认证,最终获得奖励,比如平台提供的纪念地图一份。

(六) 心有灵犀

"心有灵犀"这一点往往在头脑风暴时容易被遗忘,但是最容易引发人们关注和参与的往往是这类的活动。情感共鸣这类的活动比较适合公益类,当然公益本身也是一件很有意义的事情。对于有一定用户基础的产品,在产品内去找情感共鸣,让用户为产品本身而感动、去声援产品。有些寻找情感共鸣的活动,初看可能会觉得没有什么创意,但是真的沉淀久了的产品自有其独特的温度。一个有创意的活动,不仅仅能带来流量,形成流量裂变,而且很有可能活动产品化,变成一个常规运营的功能模块,产生巨大的商业价值。

旅游策划的
战术

项目小结

要想成功地进行旅游策划,首先必须充分地了解和把握旅游策划的步骤,按程序进行工作。旅游策划牵涉的范围很广,但可以总结归纳为以下四个阶段。第一阶段:首先确定策划的对象范围,明确主题。在充分调查研究的基础上,选择一个主题明确、意义重要且合乎实际的对象后,进行旅游策划作业。范围不清楚,主题不明确,就好比汽车行驶没有方向盘,策划将会误入歧途甚至前功尽弃。第二阶段:集中集体智慧,寻找策划线索,理清繁复的思路并开始构想,精心构思旅游策划方案。第三阶段:将旅游策划方案中的构想,拟定为系统的旅游策划书(提案书)。在拟定的过程中,可以一面修改旅游策划书的内容,一面评估其实行的方法,并做适当的选择与取舍。第四阶段:提出旅游策划方案,争取将旅游策划方案付诸实行的机会。具体实施后,应检验其结果,并对不当之处做出修正和完善,同时作为日后新策划方案的参考和借鉴。上述四个阶段包括旅游策划的形成、实现和完成的完整过程。旅游策划者应按步骤有序地进行旅游策划工作。旅游策划是用超常规思路和方法,对旅游产业进行策划,实现旅游业发展的创新行为。因此,旅游策划要具有战略视野,善于把控各种有利的资源,以灵活的方式来实现目标。同时,旅游策划要想在思想上、计划上和行动上先发制人、胜人一筹,就必须熟练掌握和运用旅游策划的各种手段和技巧。

讨论与思考

1. 试述旅游策划的原则和理念。

2. 旅游策划有哪些战术？试着找找运用逆向思维解决问题的策划方案。

项目测验

一、名词解释

1. 头脑风暴

2. 形式创新

3. 三脉联动

4. 换位变通

二、填空题

1. 所谓创新性原则,主要体现在_____与功能创新两个方面。

2. 本书将_____、_____和借势的策划方法合称为"_____"方法。

3. 大小变通法,是通过_____、_____等要素进行放缩处理的置换变通方法。

三、选择题

1. 旅游策划的基本原则包括(　　)。

A. 创新性原则　　　　B. 特色性原则　　　　C. 人本性原则

D. 可行性原则　　　　E. 一致性原则　　　　F. 前瞻性原则

2. 哪点不是旅游策划的引爆点?(　　)

A. 与时俱进　　　　B. 游戏演绎　　　　C. 身临其境

D. 颜值担当　　　　E. 信息冲击

3. 虚实结合的策划方法,不包括下述哪种情况?(　　)

A. 实虚相生　　　　B. 以虚带实　　　　C. 以实带虚　　　　D. 虚拟促动

4. 活动策划推动需要预留一部分的时间来规避、检查活动整体准备情况,若发现问题也可用预留时间进行解决。一般来说,预留时间可为(　　)天。

A. 1—2　　　　B. 1—3　　　　C. 2—3　　　　D. 3—4

四、简答题

1. 旅游策划的战术有哪些?

2. 请简述旅游策划的步骤。

3. 旅游策划的引爆点可以如何运用?请举例说明。

扩展技能训练

你如何理解"思路决定出路"这句话的含义？请选择一个景区（景点），运用策划的各种战术进行项目创新。

参考文献

1. 苏海.活动策划实战宝典:品牌推广＋人气打造＋实战案例［M］.北京:清华大学出版社,2017.

2. 王衍用,曹诗图. 旅游策划理论与实务(第 2 版)[M].北京:中国林业出版社,2016.

3. 江金波,舒伯阳. 旅游策划原理与实务[M].重庆:重庆大学出版社,2018.

4. 余源鹏.古镇旅游开发——市场分析、项目定位、规划设计、营销推广与投资运营全程策划操作要诀[M].北京:化学工业出版社,2019.

【情景案例】

第八名！台儿庄古城上榜全国5A级景区新媒体传播力指数前十

2021年7月，文旅产业指数实验室发布2021年6月全国5A级景区新媒体传播力指数报告，根据全国5A级景区微信公众号、微博和抖音传播力及中国社会科学院中国舆情调查实验室网络新媒体传播力指数综合评价的结果，台儿庄古城上榜2021年6月全国5A级景区新媒体综合传播力指数TOP10，位列第八。其中，在6月所有微信公众号中，点赞次数最多，达到41621次。

表3-1 全国5A级景区新媒体传播力指数

排名	综合传播力指数 TOP10	微信传播力指数 TOP10	微博传播力指数 TOP10	抖音传播力指数 TOP10
1	河南云台山风景区	大唐芙蓉园	浙江横店影视城	上海野生动物园
2	北京故宫博物院	微故宫	北京故宫博物院	湖南张家界天门山景区
3	江西武功山风景名胜区	深圳欢乐谷	河南云台山景区	河南老君山风景名胜区
4	浙江横店影视城	上海科技馆	芜湖方特	河南云台山景区
5	浙江乌镇景区	太白山	西双版纳热带植物园	南浔古镇景区
6	广州市长隆旅游度假区	萍乡武功山景区	广州长隆	萍乡武功山景区
7	河南老君山风景名胜区	台儿庄古城	浙江乌镇景区	洛阳龙潭大峡谷
8	台儿庄古城	青城山都江堰	崂山风景区	河南开封清明上河园景区
9	河南开封清明上河园景区	北京圆明园遗址公园	江西龙虎山景区	芜湖方特
10	北京圆明园遗址公园	泰山景区	中华恐龙园	浙江乌镇景区

文化和旅游新媒体传播力指数研究由中国旅游报社、中国社会科学院中国舆情调查实验室和阿里巴巴集团共同组建的文旅产业指数实验室主导，联合微博、微热点大数据研究院、清博大数据、抖音、问卷网等新媒体与大数据联盟成员机构共同实施，权威、客观地反映了新媒体传播力指数对旅游景区品牌成长所发挥的影响和作用。

2021年上半年，台儿庄古城自媒体平台通过官方网站、微信公众号平台、官方新浪微博及各大网站论坛、贴吧、短视频平台（抖音、快手、微视等），针对景区贺年会、暑期、节庆活动、乡村好时节山东夏至面暨台儿庄黄花牛肉面文化体验活动及建党100周年等进行了一系列的宣传与推广,并根据时节及时宣传景区演艺与业态,推广双龙湖观鸟园、运河湿地等景区。在2021年台儿庄古城暑期台风音乐季举办时,台儿庄古城通过官方网站、微信公众号平台、官方新浪微博等新媒体助力,传播迅速,广受年轻人欢迎,网友纷纷点赞、转发、评论,为景区文旅品牌注入了"青春力量",新媒体赋能成效显著。

❓想一想:新媒体和旅游策划有什么关系? 为何各大景区如此重视官方网站、微信公众号平台、官方新浪微博及各大网站论坛、贴吧、短视频平台等新媒体的传播效能?

【项目导学】

通过本项目的学习与实践,主要期望提升学生如下的素质能力、知识结构与专业能力:

素质能力目标

➤ 能逐步提升网络信息真伪的辨别能力,自觉识别和抵制不良信息,形成正确的信息价值取向,提高信息社会自我保护意识;

➤ 能逐步树立科学、合理使用新媒体平台的意识,坚定"以人为本"的新媒体内容创作理念;

➤ 能逐步提升信息化素养,强化互联网思维,培养旅游新媒体运营思维。

知识结构目标

➤ 了解新媒体的概念和特征;

➤ 掌握常见的新媒体元素与应用形式;

➤ 掌握新媒体技术的发展现状与趋势。

专业能力目标

➤ 能根据旅游项目需求,选择合适的新媒体营销平台;

➤ 能针对旅游项目内容,开展基础的新媒体内容运营。

任务 3.1　认识新媒体

一、新媒体概述

(一) 新媒体的概念

新媒体(New Media)这一概念可以追溯到 50 多年前。1967 年,由美国哥伦比亚广播电视网(CBS)技术研究所所长戈德马克(P. Goldmark)发表了一份关于开发电子录像(EVR)商品的计划书。在这份计划书里,戈德马克首次提到了"新媒体"一词,以说明电子媒体的创新性应用。之后,美国传播政策总统特别委员会主席罗斯托(E. Rostow)在1969 年向时任美国总统尼克松提交的报告书中,也多处使用"New Media"一词。由此,"新媒体"开始在美国流行,并逐渐成为全世界的热门话题。

新媒体迅速发展,使用广泛,但对于新媒体概念的界定,学者们众说纷纭,至今没有定论。许多学者都从不同角度对于新媒体给出了定义。美国《连线》杂志对新媒体的定义:"所有人对所有人的传播。"石磊在《新媒体概论》一书中提出:"新媒体是相对于传统媒体而言的,是报刊、广播、电视等传统媒体以后发展起来的新的媒体形态,是利用数字技术、网络技术、移动技术,通过互联网、无线通信网、卫星等渠道以及电脑手机、数字电视等终端,向用户提供信息和娱乐服务的传播形态和媒体形态。"清华大学的熊澄宇教授则认为:"新媒体是一个不断变化的概念。"由此看出,新媒体是在数字技术和网络技术发展的基础上衍生出来的各种媒体形式,更强调传播者和接收者汇聚成对等的交流者,人人皆可生产、传播信息。综上可知,新媒体是一个宽泛的概念,它是利用数字技术、网络技术,通过互联网、宽带局域网、无线通信网等渠道,借助计算机、手机、数字电视机等终端,向用户提供信息和娱乐服务的传播形态。新媒体是一个相对概念,其内涵会随着传媒技术的进步而有所发展。

(二) 新媒体的特征

1. 数字化

数字化是新媒体的显著技术特征。新媒体运用数字语言进行传播,媒介文本内容可以和物质载体相分离,数据信息可以压缩到很小的空间存放。数字化的新媒体打破了报纸、广播等传统媒体之间的壁垒,使得同一内容具有了多介质传播的可能。

2. 交互性

新媒体时代,信息的传播方式由单向线性传播发展到双向,甚至多向传播交流,多元传播主体间个性化信息服务得以实现。比如我们拿手机看视频、读新闻,可以发消息或者直接进社区去讨论阅读过的内容,它的交互性是传统媒体所不具备的。新媒体对传媒业最大的影响是导致用户生成内容(User Generated Content,UGC)兴趣,随之而改变的是传统意义上的"受众"地位。

3. 超时空

一方面,新媒体具有传播上的快捷性和时间上的自由性,信息的采集、加工、制作、传递几乎实现了同步,传播时效性大大提升。另一方面,新媒体时代平台的国家、地区界限逐渐模糊,整个世界成为一个打破地理界限的"地球村"。

4. 个性化

一方面,随着移动终端的普及,人们更倾向通过新媒体来筛选、接收自己感兴趣的信息。另一方面,伴随大数据、算法等技术的发展和应用,新媒体传播能面向受众进行个性化的内容定制和推送。例如今日头条就借助算法形成了定制个人日报的功能。

认识新媒体与
新媒体技术

(三) 新媒体的类型

根据新媒体的传播途径、传播媒介和传播形态进行分类。

1. 按传播途径分类

(1) 基于互联网的新媒体,包括博客、电子杂志、网络视频、博客、网络社区等;

(2) 基于数字广播网络的新媒体,包括数字电视、移动电视等;

(3) 基于无线网络的新媒体,包括手机报、手机视频、手机短信/彩信等;

(4) 基于融合网络的新媒体,包括基于 IP 的电视广播服务、楼宇电视等。

2. 按传播媒介分类

(1) 网络新媒体,包括门户网站、搜索引擎、虚拟社区、简易信息聚合(RRS)、电子邮件、微博、网络动画、网络游戏、网络电视、网络广播等；

（2）手机新媒体，包括手机短信/彩信、手机报纸、手机电视/广播、手机游戏、手机App、手机移动网络客户端等；

（3）新型电视媒体，包括数字电视、交互式网络电视（IPTV）、移动电视、楼宇电视等；

（4）其他新媒体，包括隧道媒体、信息查询媒体及其他跨时代的新媒体。

3. 按传播形态分类

按具体的传播形态对新媒体进行分类是人们常用的分类方式，其划分出的类型也最多，比较常见且使用广泛的新媒体类型主要有以下几种。

（1）QQ

QQ，是腾讯QQ的简称，是一款基于互联网的即时通信软件。QQ的主要功能有在线聊天、视频聊天以及语音聊天、点对点断点续传文件、共享文件、网络硬盘、远程控制、QQ邮箱、传送离线文件等多种功能，并可与多种通信方式相连。除即时的信息通信外，还可以建立QQ群，讨论问题发表见解；通过QQ空间写日志，上传图片等。

（2）微信

微信（WeChat）是腾讯公司推出的一款社交工具，可以通过网络发送文字、图片、语音、视频，支持群聊、分享、扫一扫、朋友圈等功能，跨越了运营商、硬件和软件、社交网络等多重壁垒。此外，微信还有一项重要的传播手段——微信公众平台，政府、单位、机构、企业、个人都可以通过注册公众号、订阅号或服务号，进行宣传和推广。

（3）微博

微博（Weibo）是微型博客（Micro Blog）的简称，是博客的一种形式，是指一种基于用户关系信息分享、传播以及获取的通过关注机制分享简短实时信息的广播式的社交媒体、网络平台。2009年8月中国门户网站新浪推出"新浪微博"内测版，成为门户网站中第一家提供微博服务的门户网站，微博正式进入中文上网主流人群视野。随着微博在网民中的日益火热，在微博中诞生的各种网络热词也迅速走红网络，微博效应正在逐渐形成。

（4）虚拟社区

虚拟社区又称为在线社区（Online Community）或电子社区（Electronic Community），作为社区在虚拟世界的对应物，虚拟社区为有着相同爱好、经历或专业相近业务相关的网络用户提供了一个聚会的场所，方便他们相互交流和分享经验。从营销的角度，可以把虚拟社区粗略地理解为在网上围绕着一个大家共同感兴趣的话题相互交流的人群，这些人对社区有较高的认同感，社区活动的参与度高。

（5）短视频

短视频即短片视频，是一种互联网内容传播方式，是指在各种新媒体平台上播放的、适合在移动状态和短时休闲状态下观看的、高频推送的视频内容，时长一般为几秒到几分钟不等。内容融合了技能分享、幽默搞怪、时尚潮流、社会热点、街头采访、公益教育、广告创意、商业定制等主题。由于内容较短，可以单独成片，也可以成为系列栏目。随着移动终端普及和网络的提速,短平快的大流量传播内容逐渐获得各大平台、粉丝和资本的青睐。

短视频在飞速发展的同时也出现较多问题,其中最为突出的就是视频抄袭,一些优质的短视频,未经允许被"搬运工"和"剪刀手"稍作处理,成为吸引流量的工具。同一内容的短视频被"掐头去尾",重复出现在不同平台,不仅令观众纳闷,更令视频原创作者烦恼,破坏了短视频创作环境。此外,内容创作同质化严重,玩模仿、秀萌宠、拼搞笑的老把戏新意匮乏;平台只顾短期盈利,长期规划不足;相关部门监管不力、版权保护缺位;低俗内容大行其道等问题也不容忽视。

> **想一想**　最近看到了哪些优秀的短视频?它们有何特点?

(6) 网络直播

网络直播是指利用互联网及流媒体技术进行直播,因融合了图像、文字、声音等丰富元素,声形并茂,效果极佳,逐渐成为互联网的主流表达方式。网络直播吸取和延续了互联网的优势,利用视讯方式进行网上现场直播,可以将产品展示、相关会议、背景介绍、方案测评、网上调查、对话访谈、在线培训等内容现场发布到互联网上,利用互联网的直观、快速,表现形式好、内容丰富、交互性强、地域不受限制、受众可划分等优势,加强活动现场的推广效果。现场直播完成后,还可以随时为读者继续提供重播、点播,有效延长了直播的时间和空间,发挥直播内容的最大价值。

近年来,网络直播以其内容和形式的直观性、即时性和互动性,在促进经济社会发展、丰富人民群众精神文化生活等方面发挥了重要作用。随着移动互联网新技术新应用的迭代升级,网络直播行业进入了快速发展期,其媒体属性、社交属性、商业属性、娱乐属性日益凸显,深刻影响网络生态。但与此同时,网络直播行业存在的主体责任缺失、内容生态不良、主播良莠不齐、充值打赏失范、商业营销混乱、青少年权益遭受侵害等问题也不断凸显,制约了网络直播行业健康发展,给意识形态安全、社会公共利益和公民合法权益带来一定的挑战,必须予以高度重视。

(7) 移动新闻客户端

移动新闻客户端是一种传统报业与移动互联网紧密结合的媒体形式,移动新闻客户端通常定义为依靠互联网,以文字、图像、影像、声音等多种符号为内容,以智能终端作为接收设备的全媒体、数字媒介。常见的移动新闻客户端包括综合门户,如新浪新闻客户端;传统媒体,如央视移动新闻客户端;聚合媒体,如今日头条、一点资讯等。

(8) 数字电视

数字电视,是指基于网络技术的数字电视系统,包括 IPTV、车载移动电视、楼宇电视等。数字电视除了具有传统媒体宣传和欣赏的功能外,还承担了城市应急预警、交通、食品卫生、商品质量等政府安全信息发布的重任。

新媒体的类型

（四）新媒体的发展趋势

1. 技术智能化趋势

大数据、云计算、人工智能等技术已被运用到内容生产和传播的各个环节，涵盖从选题策划、信息采集、内容生产、渠道分发到传播分析、用户互动等全过程。新媒体技术不仅有着强大的功能性，也要满足用户对操作简单快捷的要求，即智能化，帮助用户快速有效、体验较好地实现信息的整合传播。

2. 内容可视化趋势

内容可视化就是要更多地运用图形图像，更直观、更易读、更"情境"地呈现传播内容。大脑在接收文字内容的时候，会进行分析和成像，这就需要消耗读者更多的脑力去解读信息，但当人们看到"可视化"内容的时候，就能一步到位接收信息。图像化、动态化的传播内容，表达直接、冲击力强、简单易懂，更符合人们的信息接收习惯，更能满足其表达、互动需求，激发其了解和传播信息的兴趣，提高了新闻传播的效率和有效性。

3. 互动高频化趋势

新媒体创造了内容传播者和接收者之间随时随地交流的双向传播模式，互动性是新媒体的本质特征。评论转发、弹幕互动、直播连线、互动视频的兴起，说明媒体、企业、个人越来越重视在新媒体平台，与用户之间的互动交流。有着高频互动量的传播内容往往也有较好的质量和较大的影响力。

4. 媒介融合化趋势

今天，受众获取和传播信息渠道的多元化及新媒体发展的多样化，使得媒体间的竞争更加激烈。传统媒体的弱化及新媒体快速发展促使传统媒体积极转型，同新媒体一道协同融合发展。基于新媒体技术发展的媒介融合不仅能提升新媒体信息传播的公信力与新媒体在用户心中的地位，还能为新媒体技术的发展注入更多活力。

二、常见的新媒体元素

（一）文本

文本（Text）是计算机文字处理程序的基础，也是多媒体应用程序的基础，如字母、数字、文章等。通过对文本显示方式的组织，多媒体应用系统可使显示的信息更易于被理解。只有文本信息而没有其他任何有关格式信息的文本文件称为非格式化文本文件或纯文本文件；带有各种文本排版信息等格式信息（如段落格式、字体格式、文章的编号、分栏、边框等）的文本文件称为格式化文本文件。文本的多样式是指文字的变化，即字的格式，如字的定位、字体、字形、字号以及这 4 种变化的各种组合。

图 3-1

杭州投资环境
宣传片《在
杭州·见未来》

(二) 图形

图形(Graphics)一般是指计算机生成的各种有规则的图,如直线、圆、圆弧、矩形、任意曲线等几何图和统计图等。图形的格式是一组描述点、线、面等几何图形的大小、形状及其位置、维数的指令集合。图形文件只记录生成图的算法和图上的某些特征点,因此也称为矢量图形。通过读取这些指令,并将其转换为屏幕上显示的形状和颜色而生成图片的软件,通常被称为绘图程序(如 AutoCAD 图纸)。

图 3-2

图形

(三) 图像

图像(Image)是指由输入设备捕捉的实际场景画面或以数字化形式存储的任意画面。图形与图像在用户看来是一样的,但从技术上来说则完全不同。同样一幅图片,若采用图形媒体元素,其数据记录的信息是圆心坐标(x,y)、半径 r 及颜色编码;若采用图像媒体元素,其数据文件则记录在哪些坐标位置上有什么颜色的像素点。所以图形的数据信息处理起来更灵活,而图像数据则与实际更加接近。目前,手写汉字的自动识别、图文混排的印刷自动识别、印鉴以及面部照片的自动识别等,都是图像处理技术借用了图形生成技术。

图 3-3

图像

(四)音频

音频(Audio)是个专业术语，人类能够听到的所有声音都称之为音频，它可能包括噪声等。声音被录制下来以后，无论是说话声、歌声、乐器都可以通过数字音乐软件处理，或是把它制作成CD，这时候所有的声音没有改变，因为CD本来就是音频文件的一种类型。而音频只是储存在计算机里的声音。如果有计算机再加上相应的音频卡——就是我们经常说的声卡，我们可以把所有的声音录制下来，声音的声学特性如音的高低等都可以用计算机硬盘文件的方式储存下来。

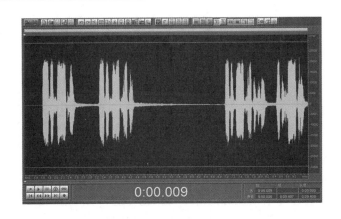

图 3-4

音频

(五)动画

动画(Animation)是指采用逐帧拍摄对象并连续播放而形成运动的影像技术。根据图形、图像的生成方式可将计算机动画分为逐帧动画和关键帧动画两个主要类型。逐帧动画是一种常见的动画形式(Frame By Frame)，其原理是在"连续的关键帧"中分解动画动作，也就是在时间轴的每帧上逐帧绘制不同的内容，使其连续播放而成动画。因为逐帧动画的帧序列内容不一样，不但给制作增加了负担，而且最终输出的文件量也很大,但它的优势也很明显:逐帧动画具有非常大的灵活性,几乎可以表现任何想表现的内容,而它类似于电影的播放模式,也很适合于表演细腻的动画。关键帧动画,就是给需要动画效果的属性,准备一组与时间相关的值,这些值都是在动画序列中比较关键的帧中提取出来的,而其他时间帧中的值,可以用这些关键值,采用特定的插值方法计算得到,从而达到比较流畅的动画效果。

图 3-5

逐帧动画

(六) 视频

视频(Video)泛指将一系列静态影像以电信号的方式加以捕捉、记录、处理、储存、传送与重现的各种技术。连续的图像变化每秒超过 24 帧(frame)画面以上时,根据视觉暂留原理,人眼无法辨别单幅的静态画面,看上去是平滑连续的视觉效果。这样连续的画面叫作视频。视频技术最早是为了电视系统而发展,但现在已经发展为各种不同的格式方便消费者将视频记录下来。网络技术的发达也促使视频的记录片段以串流媒体的形式存在于因特网之上,并可被用户终端设备接收与播放。

新媒体技术
概念及优势

任务 3.2 新媒体内容运营

一、内容运营的作用

内容运营是指基于营销的信息内容进行策划、编辑、发布、优化等一系列与信息内容有关的工作。内容运营是需要通过信息内容来展现价值的,也可以通过不同的内容类型(文字、图片、视频、音频、直播等),不同的内容渠道(微信、微博、新闻客户端等)以及不同的运营手段(采集、创作、编辑、推送、转换等)来呈现给用户。内容运营对新媒体运营的整体效果起着至关重要的作用,主要表现为以下几方面。

(一) 提升用户参与感

新媒体运营人员和用户、用户与用户之间需要有持续性的互动。创作和传播具有创新性和话题度的信息内容和形式,可以引导用户参与互动,提升用户参与感,进而刺激用户关注、传播、消费相关内容。

（二）提升营销效果

新媒体运营的目标之一是实现经济效益。许多用户关注产品，其实关注的是内容，新媒体平台大号之所以有那么多粉丝，都是因为其能够长期输出优质内容。例如一些微信公众大号，其输出的文章都有数万用户阅读，留言互动多，用户黏性高，付费能力强。优质的内容运营能带来更多的用户流量和更高的转化率。

（三）提升知名度

产品、品牌或旅游目的地本身不会说话，需要通过内容去表达。用户可以通过新媒体中传播的内容了解产品、品牌和旅游目的地。因此，质量优良的内容、多渠道的内容推送，能让更多用户接触到相关信息，提高知名度。例如故宫淘宝公众号以受众喜欢的风格进行营销策划宣传，用众多的拿下了超过 10 万赞的爆款推文，提高了其文创产品的知名度。

二、内容运营的核心环节

（一）战略定位

内容运营的第一个环节是确定战略定位。战略定位包括内容选题定位、推广平台选择，为内容运营的顺利完成提供了指向。

1. 内容选题定位

内容选题定位是内容运营的基础，要根据目标人群的需求和特点，结合产品特色来进行设计，以传递产品的核心价值和内涵。内容选题定位可以从以下两个方面进行考虑。第一是内容的风格和策略，包括热点性内容、持续性内容、方案性内容、促销性内容等；第二是内容的表现形式，如软文、音频、视频、动画等。

2. 推广平台选择

综合考虑各新媒体平台特点，根据目标人群的习惯，选择包括微博、微信、博客、虚拟社区等一个或多个平台进行宣传推广。

（二）内容收集

优秀的信息内容一定是建立在丰富的素材基础之上。除了观察记录生活、制作特定素材外，还可以借助互联网，收集可使用的优秀素材。在内容收集的过程中，必须确保素材是真实、有价值且无版权争议的。

（三）内容编辑

对收集到的素材进行整合或拆解，进而进行内容创作，这就是内容编辑。具体包括以下两个方面。

1. 形式创意

根据产品或品牌的特性、用户习惯、渠道特点等创新设计表现形式，可以是传统的图文，也可以是短视频、音频、互动小游戏等。

2. 内容创作

对收集到的素材进行加工整理，随后进行文案、音视频等信息内容制作。

（四）内容审核与优化

内容审核与优化是指对编辑完成的信息内容进行审核、测试、反馈与优化，通常在团队内部完成,也可进行小规模的试点,如果信息内容的转化率低或者反馈不好,则需要对信息内容进行优化与调整。

(五) 内容投放与传播

内容制作完成后,需要将内容精准地投送给目标用户。内容投放指的就是把新媒体变成信息内容的入口,通过信息内容吸引用户,使用户在信息内容所在的新媒体平台完成转化。在内容投放时,要综合考虑用户习惯、平台特征选择信息投放的时段。内容传播则包括吸引用户主动搜索信息和刺激用户分享信息内容。如鼓励用户将信息内容分享到朋友圈,以获得更多的用户关注和更大的信息传播。

(六) 内容运营效果分析

内容运营的最后一个环节是效果分析。新媒体运营人员可以通过信息内容的阅读量、转发量、点赞量等数据,分析内容运营的整体效果,也可以借助第三方技术平台进行数据的搜集与分析,总结实施过程中出现的问题及收获的经验。

任务 3.3 旅游新媒体营销

一、旅游目的地微博营销

(一) 微博营销的形式

在新媒体的各类应用中,微博具有"随时随地发现新鲜事"的特征。凭借着广泛的传播力和影响力,微博不仅成为人们生活中重要的信息传播和社交工具,也被广泛运用于商业营销活动和政府服务工作之中。微博营销具有交互性、广泛性、精准性、及时性和低门槛的特点,其优势体现在信息传播力强、效果反馈及时、营销精准度高和营销成本较低等方面。微博营销主要有以下三种形式。

1. 信息更新

信息更新是微博营销最常见、最频繁的形式。政府、企业、机构或个人注册账号,通过图文、视频等内容,发布动态、产品信息等,实现产品宣传和用户互动,并通过运营微博,逐步累积粉丝,扩大知名度和影响力。

2. 活动营销

活动营销是较受欢迎的微博营销形式。小到转发有奖、特价促销,大到线上活动都属于活动营销范畴。一般来说,企业的微博发展阶段不同,活动营销形式也不同。例如刚起步的微博账号通常会采用关注转发抽奖等形式来吸引用户关注;而有一定粉丝基础的微博账号通常会进行特价促销等收获消费转化。

3. 软广

软广即软广告,主要操作方式是在短文、图片或视频中,融合进企业文化、产品信息、品牌故事等,减少用户的广告躲避,提高用户对广告的兴趣,引发共鸣,并使用户在潜意识中接受广告的内容,进而进行产品销售或品牌推广。

(二) 旅游目的地微博营销的策略

1. 提升官方微博质量和更新频率

旅游目的地官方微博的内容应充分依托微博用户的特性需求和阅读习惯进行创

作，流行的段子、有趣的表情包、精彩的短视频都可以成为内容素材，持续输出优质内容、注重内容互动，有利于巩固和吸引粉丝。同时，提升更新频率，尤其在旅游旺季，积极制造热门话题，提高景区知名度。

2. 充分利用名人效应开展活动营销

旅游目的地可充分利用网红博主等名人效应进行营销宣传。如邀请博主发布旅游攻略、分享见闻，实现互动、圈粉，打造"网红目的地"；邀请博主参与线上营销活动，提升粉丝对旅游目的地的关注热情，达到良好的营销效果。

3. 整合多方资源实现合作共赢

旅游目的地微博营销的过程中，需要综合考虑旅游者、旅游地居民、旅游营销机构、微博平台门户网站经营商、广告商、代理商等利益相关者的诉求，充分整合资源，实现共赢。

（三）旅游目的地微博营销案例——大兴安岭微博营销

近年来，大兴安岭地区旅游发展委员会努力突破传统思维，积极探索营销模式，借助新媒体传播范围广、传输速度快、传送形式多等优势，创新开展了新媒体旅游营销，成效显著。其中，新浪微博是大兴安岭旅游营销的重要渠道。在 2017 黑龙江省最具影响力旅游官方微博评选活动中，大兴安岭旅游官方微博"@黑龙江省大兴安岭旅游"喜获第一名。大兴安岭微博营销的要点可概括为以下几个方面。

1. 领导带头，开启新媒体营销大道

黑龙江省大兴安岭地区旅游发展委员会主任孟利（微博账号：北极旅游人）一直活跃在微博上，利用微博积极推广大兴安岭的丰富旅游资源。为扩大信息发布渠道，方便广大旅游者了解大兴安岭地区相关旅游政策及信息，在孟利主任的推动下，黑龙江省大兴安岭旅游官方微博于 2015 年 6 月正式开通。账号核心功能包括：发布大兴安岭地区旅游资讯，向民众提供吃、住、行、游、购、娱等各方面的一手信息。对于采用微博宣传大兴安岭地区旅游的举措，孟利主任曾表示："我们大兴安岭地区虽然地处祖国的极北、神经末梢，但是我们的宣传营销意识一点都不落后。"

2. 玩转微博话题，有效传递信息

从 2016 年开始，大兴安岭开启了双话题的运营模式，根据目的地的旅游特色规划了不同的话题内容，从不同的角度对大兴安岭丰富的旅游资源进行宣传。如在新浪微博开设"探秘大兴安岭""冬季到大兴安岭来看雪"和"夏季到大兴安岭来避暑"三个话题，引导和动员全区旅游战线广大干部职工积极发布和转发旅游信息，形成了人员联合联动、信息共推共享的矩阵效应。其中♯冬季到大兴安岭来看雪♯主打的是冬季冰雪旅游，主要是发布大兴安岭冬季的相关旅游攻略、旅游活动等内容；而♯探秘大兴安岭♯则以整个大兴安岭的特色旅游产品的整合发布为主。截至 2017 年 10 月，话题总阅读量已突破 2.31 亿，先后 157 次进入全国旅游话题排行榜前五强。

3. KOL 参与互动，网友关注度攀升

随着大兴安岭地区旅游发展委员会对微博的重视及双话题的长期运营。越来越多的网民关注到大兴安岭。其中不乏一些旅游类的 KOL(Key Opinion Leader，关键意见领袖)、自媒体人参与互动，在话题页下分享大兴安岭的美图、美文。大兴安岭地区旅游发展委员会意识到旅游 KOL 在微博上有着较高的影响力,且具备专业的旅游攻略生产能力,就积极组织旅游 KOL,前往大兴安岭进行深度体验。活动期间,旅游 KOL 们纷纷带着话题词发布高质量的旅游攻略,大兴安岭知名度不断提升。

4. 以点带面,周边旅游产品热度攀升

从微博大数据生成的关键词来看,"探秘""大兴安岭""冬季""旅游"是较为突出的关键词,这和大兴安岭地区旅游发展委员会一开始规划的话题词完全相符。可见,微博网友对大兴安岭的印象逐渐加深。此外,更延展出丰富的周边关键词,如冰雪、驯鹿、塔河、黑龙江、漠河等,侧面带动黑龙江其他旅游产品的宣传和销售。

微博独有的 KOL 资源,及其内容聚合、分发的特性,已然成为旅游目的地的营销利器。而大兴安岭地区旅游发展委员会能够充分利用这一特性,将微博作为宣传本地旅游的重要阵地,不仅能更好地服务于广大游客和旅游产业的发展,而且对于提高大兴安岭旅游的影响力、促进旅游产业的发展起到了积极的作用。

旅游目的地
微博营销

二、旅游目的地微信营销

(一)微信营销的形式

微信作为新媒体的典型应用,不仅能满足用户在信息传播方面的需求,也能从商业营销方面满足个人用户和企业用户的利益需求,其营销的方式包括微信朋友圈、微信公众号、视频号及微信小程序。相较于其他新媒体平台营销,微信营销的用户基数庞大,目标用户定位更加精准,营销方式更加多样,用户信息真实性更强(实名认证)。微信营销常见的有以下四种形式。

1. 社群营销

社群营销包括公众号粉丝和群的运营。运营人员可以与用户直接接触,快速、亲密地互动,更有利于铁杆粉丝的培养。

2. 内容营销

内容营销是借助腾讯平台内容传播工具实现图文、音视频、动画等信息内容的传播。例如公众号发布图文消息、视频号发布视频等。

3. 社交和病毒式营销

社交和病毒式营销是指借助微信用户的朋友圈和人际关系进行传播,其效果显著且成本低廉。例如在朋友圈转发活动海报、链接等。

4. 精准营销

精准营销是依托大数据、信息化技术,在精准定位细分客户的基础上,建立个性化的沟通服务体系,外在表现为对目标客户进行针对性的产品和服务信息宣传。例如用户在朋友圈看到定向推送的广告,频繁地刷到购买过、感兴趣的商品视频等。

(二) 旅游目的地微信营销的策略

1. 输出优质内容

优质的内容是最能打动潜在消费者的。旅游类微信公众号、视频号等在进行营销的时候,一定要重视质量,输出有用、有趣、有价值的内容,提高用户的浏览时间以及收藏、转发意愿。例如可以采用比较个性、创意的形式来介绍旅游目的地、经典美食、文化历史、民间风俗等,也可以推送一些实用知识,如前往旅游目的地的出行注意事项、旅游攻略、文化差异等。注意内容的原创性和差异性,可以鼓励用户积极投稿分享优质内容,一来丰富传播内容,二来增加互动,增强用户黏性。

2. 注重口碑传播

旅游行业的口碑效应非常明显。我们选择某个旅游目的地或是打卡某个旅游景区,可能就是在网上看到别人写的游记、发的图片,心生向往;也可能是被身边的朋友强烈推荐,深深"种草"……因此,旅游目的地的微信营销,一定要利用口碑传播的力量,除了官方号的内容发布外,鼓励从业人员、利益相关者、旅游者积极在朋友圈等平台进行分享。

3. 做好用户体验

在微信营销的过程中,应特别重视用户体验,打通旅游查询、消费等各个平台,增加对应接口,为用户提供一站式、便捷、全面的服务。例如通过官方公众号或小程序就能完成旅游目的地的信息查询、景点购票、住宿预订等内容。同时做好用户的信息维护和分类管理,便于收集反馈意见,进行精准推送和跟踪。

4. 设计精准推送

微信可根据用户的地理位置、行为习惯进行信息的精准推送。旅游目的地可针对这一特点进行内容设计,为不同需求的用户提供个性化的内容服务。

(三) 旅游目的地微信营销案例——浙江旅游目的地微信营销

2012 年,微信公众号上线,各类自媒体开始向移动端发展,全国各地的文旅机构纷纷入局,基于官方身份的特殊定位,目的地营销是各机构微信服务的重要目标之一。2022 年以来,浙江文旅累计通过微信公众号推文 590 篇,总阅读量突破 250 万,微博粉丝数突破 54.3 万,"诗画江南、活力浙江"品牌引发广泛关注。浙江旅游目的地微信营销的要点可概括为以下几个方面。

1. 创造耐看好玩接地气的内容

从微信官方号的内容上来说,浙江文旅的推文总体趋向情感化、娱乐化,十分耐看。标题吸引人、图片精美,旅游话题不再是简单地围绕着景区、景点、攻略、美食展开,而是将内容延伸成"情感旅游""图片或视频旅游",在网络互动中提质增效。结合新鲜的时事热点照片视频、网络热词、富有趣味性的互动文案,提升平台的营销价值,获得粉丝的青睐。为创造高原创、多创意、严审核的内容,浙江文旅公众号的内容团队由实地采编团队(文字编辑＋图像编辑)及资讯达人团队(通讯员定期投稿)组成,内容经历编辑自审、部门内审、团队复审等多到程序,确保内容无误。形式好玩,线上线下互动多,福利贯穿全程;整合线上资源,开展直播营销;开启电商模式,力推特色产品;游戏互动多,吸引粉丝参与;开发应用程序,服务落地推广。例如开展"小时光·慢旅行""睡美人招募"等活动,举办门票秒杀、微信赛跑、线上抽奖等福利活动。

2. 搭建旅游数据库和融媒体矩阵

扎实做好内外部的资源整合。对内建立浙江文旅基础数据库,面向管理部门做好旅游业态监测、旅游预测预警、客流统计分析、应急指挥调度、文旅综合展示、互联网涉旅行为监测分析、电子商务监测等信息数据;面向旅游企业做好游客潜在需求分析、客源地统计分析、水质检测、森林防火保护、人员及车辆定位、景区综合管控、组团地接等信息数据;面向游客做好公共信息服务系统、线下游览行为引导、目的地评价、个性化服务、二次消费等信息数据。对外,联动传统媒体、新媒体、其他地区文旅政务官方号、旅游景区景点官方号等搭建融媒体平台。

3. 打造一站式文旅服务平台

2023年2月,"游浙里"在"微信小程序"正式上线。"游浙里"是由浙江省文化广电和旅游厅打造的"旅游通"服务端,集旅游资讯、公共服务、电商等功能于一体,整合景区、住宿、美食、交通、风物、场馆等涉旅资源,提供智能推荐、福利抢购、数字榜单、深度玩法、导游导览、行程定制等新潮玩法,并通过跨部门数据整合,推出预警预报、舒适出行、安心出游等公共服务,为游客打造智能、便捷的服务和体验。打开"游浙里"应用界面,除了有丰富的文旅资讯,还有不少人性化的服务功能,从游前规划、游中服务到游后反馈一应俱全。比如延伸至街道村级文化和旅游资源合集的"文旅日历",能够快速播报台风、海浪、暴雨等恶劣天气的"景区天气",还有实时更新的旅行社、星级饭店、等级民宿、度假区、风情小镇、果蔬采摘点、产业融合基地等详细信息可供查询,通过吐槽功能,游客的投诉反馈内容将及时通过浙政钉推送至地方文化和旅游管理部门。"游浙里"的使命是服务,致力于打造面向游客的产品精准服务平台、面向市场的品牌营销服务平台、面向政府的治理变革服务平台。

旅游目的地
微信营销

三、旅游目的地短视频营销

(一) 短视频营销的形式

随着新媒体技术的快速发展,以网络直播和短视频为代表的信息传播和应用形态已经成为新媒体传播和应用的主流。第50次《中国互联网络发展状况统计报告》显示,截至2022年6月,我国短视频用户规模达9.62亿,占网民整体的91.5%,短视频已经成为新媒体的主流方式之一。相较于其他新媒体平台营销,短视频更轻量化,一般一个视频15秒到3分钟不等;声音、影像带来了多重的感官体验,VR/AR等技术的应用,使得内容的趣味性更强;简单的操作界面、强大的美化功能,使大众对话题的参与度与模仿意愿较高。短视频营销常见的有以下三种形式。

1. 病毒式营销

病毒式营销是利用公众的积极性和人际网络,让营销信息像病毒一样传播和扩散,营销信息被快速复制并传向数以千计、数以万计的受众。病毒式营销实际上是以用户对品牌营销信息良好的体验为基础形成的口碑营销,从而形成"二次传播",实现营销信息的迅速传播。通过口碑相传,自发评论、转发及分享给好友,从而让视频获得二次传播,乃至更多次数的传播,具有传播便捷、成本低廉、分享性高、传播面广等特点。例如"ALS 冰桶挑战"和"海底捞的创意吃法"等系列视频。

2. 植入式营销

植入式营销是指把产品或服务中的代表性元素或符号融入短视频当中,将广告不经意地植入,从而将品牌信息传达给受众,实现营销的目的。植入式营销短视频通常选择台词植入、道具植入、场景植入和音效植入。因为时长较短,植入式营销短视频传播便利,受众在观看视频的时候,也会潜移默化地被广告所影响。

3. UGC 短视频营销

UGC 全称 User Generated Content,意思是用户生成内容。用户成为视频内容的生产者,他们可以自行上传原创的音视频到平台上。UGC 短视频营销就是企业或品牌方通过线上发起活动,吸引感兴趣的用户。用户根据活动要求拍摄短视频并上传至平台,使这一类短视频在短时间内成为一种潮流,获得巨大的曝光量,从而实现营销目的。小猪佩奇系列话题就是 UGC 短视频营销的成功案例。视频中用户们人手一个小猪佩奇系列,并配上口号和欢快的音乐。一时间,小猪佩奇成了"社会人"的代名词,各大社交媒体都能看到小猪佩奇的身影。

(二) 旅游目的地短视频营销的策略

1. 清晰的定位,差异化的内容

旅游短视频通常分为三大类:故事类、体验类和视觉类。其中,故事类短视频将故事融入场景,用人设呼应品牌内核,需要的是一个吸引人的故事,与文案相呼应的画面。体验类短视频更多用于展现人文风俗或地理特征,比如旅行路线、攻略分享等,需要收集大量的资料进行对比或分享,这样才能拉近和观众的距离。而视觉类短视频则是要用美人美景吸引用户的目光,对美的要求极高。

> **想一想**　　您认为抖音上的旅行达人们的短视频属于以上哪一类?为什么?

2. 搭建共创平台,培育共生机制

各大短视频平台一直致力于降低短视频的制作门槛,让普通人也能做出好玩有趣的内容。旅游目的地应秉承"人人都是创作者""人人皆是传播者"的理念,搭建共创平台,积极发起话题和活动,并设立相应的奖励机制,激发用户的兴趣和创造力,在带动话题热度的同时,收获用户的认可。此外,在利益相关者包括短视频运营方、旅游地、博主及用户之间培育共生机制,开展合作,进行资源置换,实现多方共赢。

3. 重视数据分析和复盘

旅游目的地的短视频和在平台上开展的活动均需要进行数据统计、分析和复盘,以便调整营销策略并不断优化短视频内容。可利用各平台的数据分析工具进行数据分析,判断短视频或活动所带来的流量是否提升了粉丝转化、消费转化等数据,复盘问题,总结改进方向。

(三) 旅游目的地短视频营销案例——重庆抖音短视频营销

2018 年 2 月 28 日,一条"从广东顺德远道而来,就为了看看抖音上穿楼而过的轻轨……"视频拿下了重庆抖音最高播放量,到了 4 月,重庆吊脚楼洪崖洞的夜景开始持续在社交网络上刷屏。"五一"期间,重庆游客数量和旅游收入迎来了井喷式增长,全市共接待境内外游客 1735.75 万人次,同比增长 21.6%;实现旅游总收入 112.48 亿元,同比增长 30.5%。抖音,带火了重庆。重庆抖音短视频营销的要点可概括为以下几个方面。

1. 持续内容输出,维持话题热度

虽然重庆的爆红集中在 2018 的上半年,但在 2017 年,重庆就已经凭借"最复杂立交桥""波浪形公路""屋顶公路"等一系列有策略的城市营销成功树立了"魔幻 8D"城市的形象,旅游热度也随之持续走高。"五一"假期过后,重庆在抖音上的视频数量、播放量和热度仍在持续走高。2018 年 9 月,抖音发布的"抖音城市形象热门视频 TOP100"的榜单,重庆共有 21 条视频上榜,稳居第一位远超第二、第三名,同时重庆还是唯一一个播放量过百亿级的城市。截至 2018 年底,重庆在抖音的相关视频数量超过 200 万,总播放量超过了 600 亿次,仍然是当之无愧的"抖音之城"。

2. 借力网红爆点,发挥联动效应

2018 年的"五一"假期,抖音最火爆的网红景点——《千与千寻》真实版洪崖洞迎客 14.2 万人次,增长 120%,其热度跃升至全国第二位,仅次于故宫。此外,李子坝"穿楼轻轨"、解放碑、长江索道等都成为游客的争相打卡处。网红打卡景点沙坪坝区磁器口古镇,假期接待游客 19.57 万人,同比增长 10.1%。假日期间,重庆各区县也开展了丰富多彩的旅游节庆活动,如九龙坡华岩旅游区举办的 2018 千年禅林福地春季茶会;武隆仙女山举行的仙女山夜宴灯会;涪陵武陵山大裂谷景区举办的竹竿舞、摆手舞、武陵山山歌对唱、抛绣球招亲等活动;万盛石林景区举办的 2018 年首届世界苗族文化艺术节暨万盛第二十届苗族踩山会……借力网红爆点,通过景点之间、线上线下的联动,吸引了各地游客纷至沓来。

3. 紧抓网红红利,开启深度合作

2018 年 5 月 16 日,重庆召开旅游发展大会,重庆市委书记当场表示,要把重庆打造成世界知名旅游目的地,旅游要成为重庆市的支柱产业。此后抖音平台上重庆相关话题的热度居高不下。例如#重庆#话题的浏览量高达 426.3 亿次,#重庆火锅#话题浏览量为 25.3 亿,#重庆妹儿#话题浏览量为 12.9 亿次。此外,重庆与抖音开展深度合作。例如发起"心动重庆"城市营销项目。重庆作为首个城市全域参与的城市站点,联动政府、媒体、各行业 KOL 及三千余商家,在抖音平台,通过不同场景和形式的种草内容,拉动城市内需,促进线下消费。重庆积极响应乡村振兴的国家战略,联合抖音开展"重庆 DOU 是好风光"项目。举办"美好 DOU 在沸腾重庆"数字消费城市生态大会，数字助力消费升级。2022 年初至今，重庆在抖音美好城市排行榜中稳居榜首，正是说明了重庆在抖音平台上的繁荣程度。

旅游目的地
短视频营销

四、旅游目的地直播营销

（一）直播营销的形式

新媒体技术的不断成熟，衍生出网络直播这种新媒体信息传播和内容应用的方式。网络直播在丰富人们日常生活的同时，也派生了新的经济发展模式，不仅改变了传统媒体信息交互理念的方式，也重塑着人们的社交生活和网络行为。相较于其他新媒体平台营销，直播营销的信息更能直达用户，互动性更强。直播营销常见的有以下三种形式。

1. "直播＋电商"

"直播＋电商"是较常见的直播营销模式，被广泛应用于各类电商平台的网络店铺。电商平台用户基数大，观看直播的用户目标明确，因此"直播＋电商"能够快速直线传播信息和变现流量，提高商品的销量。

2. "直播＋活动"

"直播＋活动"往往依赖线上活动或"线上＋线下"的活动展开。主播通过直播宣传活动，介绍品牌或商品，与粉丝互动等。其中"直播＋发布会"是较常见的模式，也是制造热点的营销手段。

3. "直播＋日常"

"直播＋日常"主要是主播分享自己的日常生活或专业领域，其中会有品牌或产品的露出或介绍。例如企业将明星的广告拍摄工作进行直播，就会吸引大量的粉丝关注。家居博主的直播视频中常出现同一款产品的推荐，其本质就是一种广告植入。

（二）旅游目的地直播营销的策略

1. 日常直播，提升知名度

旅游目的地可根据自身特点，在日常开展沉浸式直播或科普类直播。例如上海野生动物园，就连续多天以第一视角带游客逛园区，和网友们实时互动，让网友们实现了不出门也能看到熊猫上树、猩猩喝奶、袋鼠打架的动物园日常。这种沉浸式的直播直接为动物园带来了 1 个月累计 720 万观看的数据。海昌海洋公园则推出了"石斑鱼美眉长大后会变成石斑鱼帅哥吗"的科普直播，通过对石斑鱼转换性别的科普让观众在直播中长知识，同时也能让直播更具有趣味性。

2. 热点策划，事件营销

旅游目的地可以通过旅游热点事件策划，利用网红、明星、KOL 来吸引网友的关注。例如长隆打造"618父亲节"的概念,围绕"我爸爸很会玩"的主题,与花椒、美拍、淘宝等直播平台合作。通过邀请《爸爸去哪儿》节目主持人李锐和全国30位辣妈主播,吸引网友的参与,最终直播超过140万人次观看,创造350万元的销售业绩。

3. 直播带货,刺激消费

旅游目的地可与直播平台或旅游OTA平台合作开展网络直播,刺激旅游消费。例如2020年3月,同程艺龙在微信小程序上开展"318会员日"直播19场,累计观看人次破350万。虎牙湖南公司依托虎牙直播的平台和技术优势,以"与你一起发现美丽湖南"为宗旨,在虎牙直播开设湖南品类,设计湖南方言秀、湖南户外、湖南美食等多个直播间,通过主播向网友展示湖南的风情和文化,提高旅游者的情感体验,刺激消费。

(三) 旅游目的地直播营销案例——"奇妙的冰雪之冠"直播营销

2016年冬,为落实习近平总书记"冰天雪地也是金山银山"的重要讲话精神,在相关部门的部署下,黑龙江以"冰雪之冠·畅爽龙江"为品牌,打造黑龙江冬季精品旅游线路。黑龙江省旅游发展委员会则开展了以"奇妙的冰雪之冠"为主题的冬季营销活动。"奇妙的冰雪之冠"是国内首部大型冰雪旅游直播秀,历时四十余天,总计15场直播(每场30—60分钟),累计时长超过660分钟,在花椒直播、北京时间、今日头条、小米直播、优酷旅游等诸多平台进行同步播放,累计曝光量达到30多亿,直播+短视频在线观看流量超1.4亿次,并荣获第十三届中国最佳公共关系案例大赛数字营销奖。"奇妙的冰雪之冠"直播营销的要点可概括为以下几个方面。

1. 充分利用直播手段,创新旅游营销模式

"奇妙的冰雪之冠"是黑龙江省旅游发展委员会围绕黑龙江丰富的冰雪资源,开展的冬季直播活动。活动结合直播、短视频、网综等元素,邀请网红达人、旅游达人、著名音乐人、户外达人以及知名演员,在黑龙江展开"奇妙"的旅行体验,演绎一场冰雪下的"奇妙"相遇,创新打造了"冰雪+旅游+直播+短视频+网综"的营销模式。

2. 分阶段全方位进行宣传,确保活动持续火爆

本次直播活动,在传播上采取了"兵分四路"的方式。分别通过直播、短视频、媒体发稿与达人走线等形式进行传播。直播营销主要分为三个阶段。第一阶段是活动预热期,通过倒计时海报、情怀海报、玩法海报、达人海报与视频H5等多轮传播进行预热。在直播活动开始前便获得了高达3900万+的曝光量、260万+的互动量,使"奇妙的冰雪之冠"直播活动获得了极大的关注。第二阶段是活动爆发期,以直播平台为主进行直播,扩大影响力,同时在短视频平台推出优质的短视频,在PC端搭建活动专题页面,通过多种方式、多种渠道,打造"奇妙的冰雪之冠"直播秀。第三阶段是活动延续期,通过上线"奇妙的冰雪之冠"冰雪旅游栏目,将直播视频在短视频平台发布,延续活动的影响力。

3. 直播计划精心设计,直播内容令人神往

在冬季平均气温为零下25度左右的黑龙江,"奇妙的冰雪之冠"直播全程采用4K高清直播技术,为网友提供了流畅的移动高清直播体验。直播足迹遍布了黑龙江黑河、伊春、漠河、齐齐哈尔、镜泊湖、哈尔滨、雪乡7个核心旅游目的地。通过镜头,向大众展现了极具魅力的中俄双子城黑河风情、穿梭而过的伊春冰雪森林、零下四十多度的漠河

奇观、奇妙有趣的齐齐哈尔鹤舞雪原、充满梦幻的哈尔滨冰雕、热闹非凡的镜泊湖冬捕、东北年味的雪乡体验……除了自然风光的直播外，黑龙江省旅游发展委员会还精心策划了文化直播活动。例如在五大连池风景区开展以"爱"为主题的冰雪画创作活动，三位艺术家通过自身对爱的理解并融合五大连池的冬季美景，历经 10 个小时创作了一幅巨大的冰雪画卷，通过航拍、视频、达人分享的传播，展示了冰雪旅游的魅力，备受好评，让网友更加全面、更加充分地领略到奇妙、热情的冰雪黑龙江。

旅游目的地
直播营销

项目小结

新媒体（New Media）这一概念在 1967 年由美国哥伦比亚广播电视网（CBS）技术研究所所长戈德马克首次提出，它是利用数字技术、网络技术，通过互联网、宽带局域网、无线通信网等渠道，借助计算机、手机、数字电视机等终端，向用户提供信息和娱乐服务的传播形态。新媒体具备数字化、交互性、超时空和个性化的特征，呈现出技术智能化、内容可视化、互动高频化和媒介融会融合化的趋势，是一个相对概念，其内涵会随着传媒技术的进步而有所发展。新媒体可根据传播途径、传播媒介和传播形态进行分类，其中按具体的传播形态对新媒体进行分类是人们常用的分类方式。常见且广泛使用的新媒体类型包括 QQ、微信、微博、虚拟社区、短视频、网络直播、移动新闻客户端和数字电视等。常见的新媒体元素包括文本、图形、图像、音频、视频、动画等。

新媒体的内容运营可以提升用户的参与感、品牌的营销效果和知名度，其核心环节包括战略定位、内容收集、内容编辑、内容审核与优化、内容投放与传播、内容运营效果分析。旅游目的地可根据自身特点和目标群体需求在新媒体平台开展内容营销。本项目主要介绍了微博、微信、短视频及网络直播的营销特点，明确了旅游目的地在上述四个平台开展营销的策略，并针对案例开展了深入分析。

讨论与思考

1. 你认为想从众多短视频博主中脱颖而出需要具备哪些要素？
2. 你对新媒体推广与运营有何思考？
3. 你认为，如果要不断增强粉丝黏性与持续保持平台热度，应如何做？

项目测验

一、名词解释

1. 新媒体

2. 虚拟社区

3. KOL

4. UGC

5. 社交和病毒式营销

6. 图形

二、填空题

1. 新媒体时代的国家、地区界限逐渐模糊,整个世界成为一个打破地理界限的_____。

2. 按传播形态分类,今日头条属于_____。

3. 内容运营的第一环节是战略定位,重点工作包括_____和_____。

三、选择题

1. 以下哪些是新媒体的特征?(   )

A. 数字化   B. 交互性   C. 超时空   D. 个性化

2. 按传播媒介分类,新媒体可分为(   )。

A. 网络新媒体   B. 手机新媒体   C. 新型电视媒体   D. 其他新媒体

3. 以下哪些属于短视频发展中的问题?(   )

A. 互动性多   B. 同质化强   C. 抄袭情况严重   D. 低级趣味

4. 新媒体运营中内容编辑包括哪些工作?(   )

A. 形式创意   B. 内容创作   C. 内容审核   D. 内容优化

5. 微博营销主要有哪些形式?(   )

A. 信息更新   B. 活动营销   C. 软广植入   D. 病毒式营销

四、简答题

1. 新媒体的发展趋势包括哪些?

2. 常见的新媒体元素包括哪些?

3. 内容运营的六大环节指的是哪些?

4. 旅游目的地短视频营销的策略有哪些?

5. "奇妙的冰雪之冠"直播营销收获成功的原因是什么?

扩展技能训练

请自选景区和新媒体平台,撰写一则内容营销的方案。

参考文献

1. 李俊,伍欣. 旅游新媒体运营[M].北京:旅游教育出版社,2022.

2. 李宏. 旅游目的地新媒体营销:策略、方法与案例Ⅱ[M].北京:旅游教育出版社,2021.

3. 乔付军.新媒体概论[M].北京:人民邮电出版社,2020.

【情景案例】

庆祝"中国旅游日"2021 年浙江主场活动在宁海举办

5 月 19 日上午，围绕今年中国旅游日"绿色发展、美好生活"的主题，庆祝"中国旅游日"2021 年浙江主会场、"最美风景在路上"夏季自驾游推广季启动仪式暨第十九届徐霞客开游节开幕式在浙江省宁海县举行。

浙江省文化广电和旅游厅厅长褚子育在致辞中表示，作为"中国旅游日"的首倡地、发祥地，宁海坚持旅游惠民，坚持文旅融合，坚持旅游高质量发展，通过年复一年地承办浙江省主会场活动，有力打响了"天下旅游·宁海开游"的品牌。"中国旅游日"主题是"绿色发展、美好生活"，全省各地都推出一系列的文旅活动、优惠政策，带动百姓出游，促进旅游消费，推动产业发展，让广大游客在共享文旅发展成果，以实际行动和工作成效，助力高质量发展建设共同富裕示范区。

公元 1613 年 5 月 19 日，明代伟大的旅行家、地理学家、史学家、文学家徐霞客从宁海西门出发，"达人所之未达，探人所之未知"，先后游历了今 21 个省，历时 34 年，撰写了《徐霞客游记》。2001 年 5 月 19 日，宁海人麻绍勤以宁海徐霞客旅游俱乐部的名义，向社会发出设立"中国旅游日"的倡议。2011 年 3 月 30 日，国务院常务会议通过决议，自 2011 年起，每年 5 月 19 日为"中国旅游日"。

启动仪式上，备受关注的第二季度全国夏季自驾主题类 10 条线路正式发布。此次活动由文化和旅游部指导，中国文化传媒集团主办，从 2021 年 1 月起，活动联合腾讯新闻、百度 App、百度好看视频、聚看点、爱卡汽车、走吧网等平台，共征集自驾游十大主题线路 13.5 万条，经过全网海选、投票及专家评选后，广东省最美旅游公路、福建文化古镇深度体验游、环江西武功山自驾旅游线路、静城宁海"竞行天下"自驾之旅等脱颖而出，成为第二季度全国夏季十大最美主题自驾线路。

为进一步提升广大市民游客在文化和旅游产业中的获得感和幸福感，加速行业复苏和发展，由浙江省文化广电和旅游厅组织开展的"惠游百城同庆百年"5·19 中国旅游日浙江文化和旅游特惠活动，也在此次启动仪式上正式发布推出。活动包含"线下百城千惠，促进旅游消费"和"线上好玩互动，福利好礼不断"两大板块。在线下部分，浙江全省各地推出的文化和旅游惠民措施 550 余项，惠民活动 200 余场。其中，景区免费、降价等面向大众的优惠措施 310 余项，公益性文艺演出、公共文化场馆扩大开放等文化惠民措施近百项。在线上部分，"浙里好玩"特别联合美团、支付宝、去哪儿网等 OTA 平台，上线全省百城景区门票、民宿、酒店以及优选商品，以优惠的价格供游客选购，"浙里好玩"还专门推出了 5.19 元抢购景区门票活动，并联合浙江省旅游民宿产业联合会共同推出了"99 元抢浙江美宿房券盲盒"活动。

开幕式上还举行了第九届中国当代徐霞客的颁奖仪式和第五批徐霞客游线标志地的授牌仪式。10 位新成员加入"中国当代徐霞客"俱乐部，7 个城市、25个点被认定为第五批徐霞客游线标志地,进一步为徐霞客游线申请世界文化遗产汇聚各方力量。

当天下午,在宁海还将举行中国乡村旅游峰会,来自全国各地的乡村建设运营专家、文旅策划专家、知名投资机构代表、资深投资人、优秀民宿经营代表、户外运动达人、中国当代徐霞客等将围绕乡村规划投资建设运营发展、现状及未来趋势探讨、存在问题短板及解决路径等开展研讨,"浙江省文旅产业投融资服务平台"也将在会上上线发布。

❓想一想:节事活动能为旅游带来什么？您觉得中国旅游日活动应该如何策划呢？如何在活动策划中展现中国传统文化？

【项目导学】

通过本项目的学习与实践,主要期望提升学生如下的素质能力、知识结构与专业能力:

素质能力目标

➤ 能逐步提升创意策划能力,具有国际视野;

➤ 能逐步养成辩证思考的能力;

➤ 能与团队成员积极协作,开展团队讨论和策划。

知识结构目标

➤ 了解节事活动策划的相关概念和内涵;

➤ 掌握不同类型节事活动的特征,特别是能体现中国传统文化特色的节庆活动;

➤ 熟悉节事活动的发展趋势。

专业能力目标

➤ 分析杭州文创博览会的策划流程,能够团队合作策划小型节事活动;

➤ 熟悉节事活动的流程,能策划民俗类或红色旅游活动。

任务 4.1　认识旅游节事活动

一、旅游节事活动的基本概况

(一)节事活动的定义

节事活动的定义有很多,国内外对节事活动尚未有一个清晰和统一的界定,不同的专家、学者从不同的视角对节事活动进行了不同定义。

美国乔治·华盛顿大学节事活动管理专业创始人戈德布莱特博士在《现代节事活动管理的最佳实践》一书中,将节事活动定义为"为满足特殊需要,用仪式和典礼进行欢乐的特殊时刻"。节事是节日和特殊事件,在旅游节事活动研究中,经常把节日(Festival)和特殊事件(Special Event)合在一起,作为一个整体进行讨论,其形式包括各种传统节日及人为策划出来的各种节日。

吴必虎在《区域旅游规划原理》中提出:"节事活动是指城市举办的一系列活动或事件,包括节日、庆典、地方特色产品展览、交易会、博览会、会议,以及各种文化、体育等具有特色的活动或非日常发生的特殊事件。"

旅游节事活动可以理解为一种特殊的旅游形式,旅游节事活动是以节日或活动为核心吸引力的一种特殊旅游形式。通过传统节日或策划活动来吸引游客参与到整个节事活动中,从而提升旅游目的地的吸引力,为游客提供非同寻常的体验,从而提升游客的满意度。大型节事活动与旅游业关系密切。节事活动与旅游结合的节事旅游(Event Tourism)已经成为一种专项旅游产品。国内外很多地方都把节事活动作为发展旅游业和促进旅游经济的重要方式。节事活动能够带动酒店、交通、旅游、餐饮、物流等多个产业的发展,有很强的带动引领作用。

（二）节事活动的特点

1. 人群的集聚性

节事活动是短时间内大量的人聚集在一起,有固定的时间期限,有明显的集聚性的特点。和旅游结合,就能为旅游目的地带来大量的游客,如果节事活动有魅力,游客就会延长在旅游目的地的逗留时间。

2. 鲜明的地方性

节事活动和地方的特色民俗活动相结合,具有鲜明的地方性,可以为游客带来非同寻常的体验。例如,端午粽子节、慈溪杨梅节、赛龙舟比赛,这些都是依托地方特色美食、地方特色水果、民俗体验等举办的各种活动。这些节事活动会吸引深度旅游者参与其中,也能提升旅游目的地的知名度。

3. 独特的文化性

节事活动举办地通过文化的创作、交流和融合形成了当地特有的文化特性,当地的文化和节事活动结合,也能策划出一系列精彩的文化活动。特别是文化和旅游融合的大背景下,进行文化基因解码,在节事活动中融入更多的文化元素,将使节事活动更有吸引力和文化的魅力。

> **想一想**　　在文化和旅游融合的背景下,还能策划哪些能够弘扬中国传统文化的活动?

4. 推动当地经济发展

大型节事活动的举办能为举办地带来直接的经济收益,节事活动具有很强的带动效应,可以带动旅游、餐饮、酒店、交通等多个行业的发展。成功的节事活动能为举办地带来人流、物流和资金流,推动地方经济的发展。

二、节事活动和旅游业的关系

情景案例

2020年上海旅游节成功举办

2020年上海旅游节于9月12日至9月27日成功举办。

据统计,旅游节期间,上海市宾馆饭店客房出租率64%,环比增长8个百分点;各大景区点接待游客350万人次,环比增长28%。据上海市税务局统计,住宿业销售收入同比增长21.6%,今年首次实现同比正增长;文艺演出销售收入同比增长9.6%,动漫游戏行业销售收入同比增长4.4倍。数据显示,9月12日至25日,上海市接待旅游人数同比增长39%,环比增长96%。据银联上海公司统计,9月12日至27日,上海地区旅游、餐饮、娱乐售票等日常消费类交易总金额为319.7亿元,环比增长35%。

一、坚持为民办节,丰富优质供给,提升市民游客获得感幸福感

秉持"人民大众的节日"办节宗旨,主动顺应人民群众美好生活新需求,大

力推动旅游深度融入城市文化、城市生活、城市体验,让"人民城市"这本书可读、可听、可看、可享、可感受、可体验,让市民游客在旅游中感受"城市,让生活更美好"。

本次旅游节以小规模、品质化、漫步游、沉浸式为导向,推出开幕式、五大主题九大活动、156 项各区各企业特色活动、500 余条特色旅游线路,覆盖全市及长三角地区数千个打卡点,办好活动的同时留下更多优质产品。推动"旅游+"扩容。旅游节开幕式与南京路东拓开街相结合,形成两大 IP"叠加效应",9 月 12 日南京路步行街瞬时流量 3.6 万人次,超过去年旅游节开幕日近一倍。金秋旅游购物季全面启动,上海市四大商圈销售收入同比增长 5.2%,其中黄浦区同比增长 26.6%。一批乡村旅游、工业旅游、健康旅游、会展旅游等产品和线路精彩亮相。举办第二届文创集市,推出 16 个夜游上海好去处、103 条建筑微旅行线路、900 余件建筑文创产品。上线"启航之路、微听上海"节目,用声音推介上海红色文化,引导人们探访初心之地。9 月 14 日至今,《990 早新闻》收听率为 3.13%,同比增长 37.89%,平均每天收听人数 55.7万。拓展旅游场景。举办"魅力滨江"主题活动,围绕"一江一河"水岸空间,推出 5 大主题 104 条水岸联动主题线路和产品。举办"美好上海·花园生活"主题活动,七大郊野公园联动展现"花园中的上海"。举办"魔都模 YOUNG2020青春旅游体验大赏",推出 15 条长三角地区青春旅游线路。针对年轻人群体的潮流玩法,推出一批上海最潮最新的网红打卡地和最佳摄影点。

二、坚持开门办节,增强平台功能,放大旅游综合带动效应

坚持创新引领、以节兴市,拓展新空间、新载体,进一步增强旅游节平台功能,充分激发和释放城市活力,更好地服务长三角一体化发展,更好地服务新发展格局。首次开展长三角联动办节。在江苏南通、浙江温州、安徽黄山设立分会场,推出近百项主题活动,吸引超 800 万人次参与;沪苏浙皖成立"长三角旅游推广联盟",联手举办"江南吃货节""卡路里马拉松"长三角文博市集、"大世界闹传统"长三角非遗节等特色活动;上线覆盖长三角 17 个城市的"99 玩一城、悠游长三角"优惠旅游年票,加快实现旅游观光"同城待遇",已售出 2 万余份;上海、湖州联手推出"从黄浦江源到世界会客厅"精品旅游线路。

让"好邻居"成为"一家人"。首次创设"云过节"模式。上线上海旅游节"云旅游"平台,融合好物、美食、人文、自然、优惠、直播等多种元素,打造沉浸式城市体验新名片;创新开设上海旅游直播间,打造服务客、服务企业、服务长三角的旅游推介平台;组织丰富多彩的线上活动,将在线直播、线上购物、精品线路及优惠福利等有机结合,培育"平台+商户""线上种草+线下打卡"的文旅消费新模式。据统计,旅游节期间,"云旅游"平台总点击量达 1.17 亿人次;数据显示,旅游节期间,餐饮消费额同比增长 56.6%,休闲娱乐消费额同比增长 39.8%,民宿消费额同比增长 33.9%,旅游门票销售额恢复同期 9 成水平。

首次搭建服务全国的平台。今年旅游节为全国各省市展示城市形象、推动文旅复苏提供大平台,共有来自内蒙古、天津等远程市场和长三角各个城市近 40 场旅游推介活动在沪举办。同时,举办"发现沪郊好去处——2020 世界旅游日·世界看上海"活动,向常驻上海的外籍人士推介文旅资源。

三、坚持全景办节,讲好"上海故事",提升城市吸引力影响力

精准把握"时度效",采取"全景式""行进式"方式,依托全媒体渠道,放大声量做好城市宣传推广,充分展现上海城市风采、市民精神风貌。主动开展宣传。紧扣重要节点、重点活动,召开8场新闻发布活动,开展"中央及长三角媒体看上海"采风。用好新兴载体。各在线平台开设旅游节专窗、专题、专栏,形式多样展示旅游节活动和产品,吸引更多网民参与话题讨论。邀请名人代言。由网红直播、演艺明星做导游,探访上海文化和旅游地标,引发广泛关注和群众热议。据不完全统计,旅游节期间,相关新闻报道量超过4万条,全国百余家媒体对旅游节进行深入报道。

四、坚持安全办节,牢牢守住底线,打造特殊时期旅游节庆活动"样板"

树牢安全底线思维,认真落实防控常态化要求,搭建旅游节联防联控机制,专门制定旅游节安全保障方案,明确安全责任措施,推行"一活动一方案"和备案承诺制度。旅游节期间,各项活动主办方、承办方严格落实相关要求,严控现场活动规模和时长,尽量安排在室外开展,引导现场参与人员保持足够间距。上海市所有涉及为市民游客提供服务的文旅场所均按照相关行业防控要求和措施指南,落实好防控措施。上海市还实施了覆盖百余家景区点和6 000余家宾馆旅馆的安全保障计划。其间,未发生安全生产事故和应急突发事件。

❓想一想:上海旅游节在活动组织上有哪些创新? 上海旅游节如何通过网络进行宣传推广的?

(一) 节事活动促进旅游业发展

节事活动作为旅游吸引物往往具有很强的参与性,能够为游客营造出非同寻常的环境和范围,从而为游客提供沉浸式、多层次、多方面的旅游体验。重大节事活动可以在短时间内吸引大量的游客,也能在短时间内让旅游目的地成为媒体争相报道的"宠儿"。例如我国举办的最有影响力的世界博览——2010年上海世界博览会,在184天的举办期内,累计接待国内外游客超过7 000万人次。世博会作为一个独一无二的世界级节事活动,吸引了国内外旅游者纷至沓来,70%的游客选择周边目的地做延伸旅游或会后旅游。根据中国旅游研究院的分析,世博会带来超过800亿元的直接旅游收入,对长三角地区旅游具有明显的拉升效应。

(二) 节事活动可以缩小旅游淡旺季的差别

旅游业存在明显的淡季和旺季,黄金周、小长假往往游客爆满,淡季时游客又寥寥无几。通过对本地旅游资源、特色文化、民俗风情的优化整合,推出有影响力的节事活动,能够推动旅游业发展,缩小旅游淡旺季的差别。例如,西藏的冬季是旅游的淡季,但是西藏利用藏历新年、西藏雪顿节等具有地方文化特色和民族文化特色的活动来吸引游客,冬游西藏成为新的旅游时尚,吸引了一批对地方民族文化感兴趣的游客参与其中,缩小了西藏旅游的淡旺季差距。

(三) 节事活动提升了旅游目的地的知名度

大型节事活动会受到大量媒体的关注,通过一系列的宣传报道,旅游目的地的知名

度能够迅速提升。大型节事活动促进旅游人数和旅游目的地收入迅速增长。奥运会已经举办了 32 届,每一届对举办国都是影响巨大。许多国家成功举办奥运会,极大提升了国际形象,并且带来了可观的经济收益,游客带动了住宿、交通、通信、餐饮等行业的发展。东京奥运会是个特例,受到特殊因素的影响,经济收入大幅低于预期,但东京的知名度还是有所提升。

"大连国际服装节"经过多年的举办,在公众心目中已经将"服装节"与大连的城市形象等同起来,使大连市在公众中的形象成为美丽、浪漫、精彩纷呈的象征。而每当提起青岛时,人们脑海里必然浮现出啤酒节的欢畅及碧海蓝天;大型交易会、博览会、科技、体育活动的举办让更多人了解了青岛,这座走向国际化的城市,这些旅游节事活动为青岛树立了良好的城市旅游形象。

(四) 节事活动助推文化和旅游融合发展

每一次旅游节事在举办前、举办过程中必然进行大规模、多形式的宣传活动,以引起社会的广泛关注,形成巨大的轰动效应,这会使旅游地的形象得以迅速提升。

成功的节事活动,会形成"名城名节"现象,即一个"节"兴了一个城市,青岛、南宁、潍坊等都是代表。节事活动是一种文化产业,它具有文化传承和文化营造的功能。特别是由于经济变迁的影响、工作节奏的加快,通过对一些日趋淡化的传统节庆的保护,现代商业性节庆旅游中弘扬并彰显了传统文化的丰富内涵和个性,进一步促进了文化的传承和发展。节事活动不仅会成为旅游地的特殊吸引物,更重要的是,长此以往,它将成为旅游地的象征,成为当地居民的精神寄托与骄傲。同时,节事活动使当地居民具有文化使命感,他们会自觉地保护、传承民族文化或地方文化以及民间工艺。节事活动非但不会破坏当地的传统文化,反而使当地传统文化得以流传下去。如广东省"国际旅游文化节"荟萃了岭南文化中的精髓,其中大部分绚丽多彩的节目,如潮汕英歌舞、客家山歌、汕尾渔歌等已列入国家级非物质文化遗产名录,这有利于激发人们对传统民俗和民间艺术自觉的保护意识。

(五) 大型节事活动可以完善举办地的基础设施

旅游节庆相对于其他的旅游形式而言,活动时间短却又有大量的游客涌入,这就更需要有完善的基础设施和服务设施,以满足游客的需要。在这种需求的前提下,举办旅游节庆以前,举办地将会进行大规模配套设施的建设,使其顺利进入超于正常发展速度的非常时期。大型节庆活动的成功举办,国际性节庆品牌的成功打造,带来了城市公共设施,如展览馆、表演场所、大众传媒等设施的扩充和完善,其对城市基础设施建设的拉动效应十分明显。例如奥运会或者亚运会举办之前,政府会加大对基础设施的投入,加快建设举办地周边的场馆、交通系统、酒店、餐饮等基础设施,可以进一步提高和完善举办地的节事活动接待能力。基础设施的完善进一步提升了旅游目的地的吸引力和接待能力,节事活动和旅游业之间相辅相成,相互促进。杭州在 2022 年成功举办亚运会,为了迎接亚运会的召开,杭州大力修建地铁线路、亚运会场馆、亚运村、配套酒店等基础设施,提升了杭州的基础建设水平,完善了交通配套。大型节事活动、体育赛事的举办,是举办地的一个契机,可以极大提升城市的基建和整体形象,为后续的旅游发展打下坚实的基础。

三、节事活动策划的原则

原则是人们做事或行为所要遵守的规范和准则。节事活动策划是根据节事活动策划中的客观规律,总结出的指导原则和行为准则。

(一) 个性化原则

特立独行、独具匠心是节事活动策划中的重要原则,节事活动要给参与者非同一般的体验。在旅游节事活动策划中会出现很多重复的题材,例如泼水节、啤酒节、嘉年华、美食节等,这就需要策划者突出个性化原则,策划活动的亮点和吸引点,而千篇一律则会让游客大失所望。创意独特、个性鲜明、独树一帜才能使活动策划脱颖而出。

(二) 整体性原则

要把策划当成一个系统来思考,强调策划的整体性、全局性和效益性。要把各个部分的策略进行通盘考虑、统筹安排,节事活动策划涉及的环节特别多,需要确定最优的目标,各个环节都能服务整体需求。策划不但要着眼于现在,还要考虑未来。例如举办一个旅游节的庆典活动,策划上不但要考虑艺术的效果,还要考虑游客的需求、市场的效果,活动策划者必须具备整体思考的能力,让各个环节服务于整体目标。

(三) 可行性原则

可行性原则一方面要确定活动策划方案是可以落地实施的,同时要考虑投入产出的状况。为了避免节事活动投资失败,应选出最佳的活动策划方案,从而实现投资收益的最大化。在策划之前要对市场进行可行性分析,对社会效益、经济效益、人力、物力和财力等客观条件进行可行性分析,确保活动策划是有市场价值的而且确实能够实施。

(四) 参与性原则

在旅游节事活动策划中要考虑游客的参与性,要尊重游客寻求沉浸式体验,回归自然的心理需求,营造出节日庆典的氛围。例如,西塘国际旅游文化节,每到中秋千年古镇就会举办猜灯谜、品茶、夹弹子等活动,河面上还放了许愿灯,水上还有丝竹表演,可以让游客感受不一样的中秋节。节事活动特别强调参与性,要让游客能融入环境,体验当地特色文化,多策划体验性的项目,让游客沉浸其中。

四、节事活动策划的要素

(一) 策划者

策划者是策划活动的主体要素,是策划活动任务的承担者、策划工作的实际操作者。策划活动是人类高智慧的行为,对每一个策划者来说,如果要担当起策划主体的重任,就必须具有较高的素质,要知识丰富、学识渊博,有较强的分析问题与解决问题的能力,有创新精神,能预测事物的发展方向。博学多识是策划者进行策划活动的基础,谨慎细心是策划者成功策划的保证。旅游节事活动的策划者还要熟悉旅游行业,具备旅游基础知识。

(二) 策划需求者

需求者就是采用策划的单位或个人。策划需求者一般是以提高自身的效益(社会效益或经济效益)为根本需求。策划的需求者可能是政府、景区、旅游企业等,他们希望挑选专业的团队策划节庆活动,实现其社会效益或经济效益。

(三) 策划目标

策划目标是策划所要达到的预期结果和策划者将要完成的任务。策划目标应该在活动策划方案中明确提出,让参与活动组织的所有工作人员围绕着活动目标开展工作。

(四) 策划对象

策划对象是策划的客体要素,是策划目标指向的对象。策划对象既可以表现为企业或组织内部的员工群体、个人、决策层,以及企业外部的顾客、经销商、代理商及相关公众等由人构成的对象要素,也可以是由产品、部门、地区等组织构成的对象要素。

(五) 策划的环境

影响策划的因素是复杂多变的,同时各个因素之间也存在交叉作用。策划首先要认识和了解策划需求者所处的政治、社会、市场等环境,策划的过程应包含认定问题、评估威胁以及对威胁所作的反应等若干阶段,应注意环境的动态性及对环境的适应性。

(六) 策划方案

策划方案是策划主体从策划目标出发,创造性地作用于策划对象的产物,是在创造性思维的过程中,遵循科学的策划运作程序和步骤设计完成的。它详细记录了策划的方法及实施内容,是策划活动最终的结果,提供了策划实施中反馈信息的对比依据。

节事活动策划
的原则

五、节事活动策划的思考过程

节事活动策划中要重点考虑"5W"和"2H",围绕着这些关键词来思考。这些关键词其实就是一个策划者的思考过后,能够想清楚这些问题,就基本有了节事活动策划的大致框架。以中国(杭州)国际文化创意博览会为例,来梳理一下策划的思路。

Why:为什么要举办这个节事活动? 从 2002 年开始,杭州市政府大力支持文化创意产业发展,城市文化创意氛围日益浓郁,往届创博会成功举办积累了丰富的经验,文创博览会可以把政府资源、文创产业资源、行业资源进行有效的整合,促进文创产业发展。

Who:谁是这个活动的利益相关者? 通过文创博览会,政府可以扶持文创产业,参展商可以通过博览会宣传产品、签约客户,专业观众可以在文创博览会上寻找合作伙伴,文创产业相关从业者都可以通过文创博览会这一平台充分交流。

When:什么时候举办节事活动? 杭州文化创意博览会选择在 10 月召开,10 月的杭州不冷不热,气候适宜,有利于组织会后或展后的旅游活动。

Where:节事活动在哪里举办? 举办地点在杭州白马湖会展中心,这里交通便利、场地条件一流,是杭州最主要的会展中心之一。

What:节事活动的核心内容是什么? 博览会围绕着"品质设计,创意生活"展开,分别策划了杭州城市形象展区、创意杭州体验展区、国际作品展区、创意设计交流、数字生活体验等活动内容。

How:如何来举办这个节事活动? 成立专门的文创博览会组委会,组委会由政府、协会和活动策划公司人员组成,统筹策划文创博览会。

How much:举办这个节事活动需要多少费用? 主要的收入来源是展位收入和广告收入,是政府主导型博览会,依然需要政府的资金支持。

对于这 7 个问题的回答,实践上已经包括了节事活动策划中的主要概念。

Why:需要说明节事活动的目的、意义和宗旨。

Who:需要说明节事活动的组织者、赞助商、承办者、媒体、政府、协作者等。

When:需要说明节事活动在什么季节、什么时间段举办,要考虑同期有哪些同类活动举办,还要考虑节假日的因素。

Where:需要考虑节事活动选择举办地的依据,当地的气候、各种配套设施以及当地政府的支持力度。

What:需要说明节事活动的几个组成部分,说明每个部分的关键环节和亮点。

How:需要说明节事活动的具体流程及工作计划。

How much:需要对节事活动的收入和支出进行估算,合理安排经费使用。

这 7 个问题都是节事活动策划者必须思考清楚的问题,是整个节事活动中的核心问题,所以需要策划者一同讨论并梳理清楚这些问题,是做好策划的前提条件。

> **想一想**　　"5W""2H"法是否可以运用到旅游策划上? 这种方法有什么优点?

六、节事活动策划的步骤

策划是一个整体性很强的系统工程,围绕着策划主题和策划目的展开,是以创意为核心开展的思考活动和实践活动。节事活动策划主要包括以下几个步骤:

(一) 设立组织机构,成立策划团队

组织机构一般要整合政府、企业、学界和协会的资源,活动组织需要各方面通力配合,才能成功举办一次大型活动。以杭州文化创意博览会为例,其组织机构由主办机构、协办单位、承办单位、支持单位构成。主办机构是:杭州市人民政府、香港贸易发展局、中国美术学院。协办单位是:香港设计中心、浙江省中小企业局、杭州市对外经济贸易委员会。承办单位是:杭州市文化创意产业办公室。支持单位是:上海市对外文化交流协会、浙江大学、浙江理工大学、杭州师范大学。

节事活动策划团队需要各方面的人才组成策划团队,各司其职。

1. 项目经理,是整个团队的总协调人,需要了解策划的整体流程,负责和工作人员沟通协调活动安排,把握策划的方向,并且能够快速做出决断。

2. 文案策划人员,负责节事活动文案的撰写,包括节事活动常用文书、活动方案、工作方案及合同的撰写。

3. 设计人员,负责各种视觉形象设计,如广告设计、宣传册、图标等,要熟练掌握设计相关软件。

4. 市场调查及营销人员,负责活动前期的调研及节事活动的市场营销,要具备良好的沟通能力、营销能力和分析能力。

5. 公关和媒体联络人员,负责节事活动整体形象的宣传,具备媒体资源能够和媒体记者保持良好的沟通。

(二) 市场调研和可行性分析

市场调查是以科学的方法,有计划、有组织地收集、调查、整理节事活动相关的信息,客观地评价活动举办的可能性、收集节事活动策划需要的信息。市场调研主要集中在四个方面:市场前景分析;同类节事活动举办的时间、规模、主题和效益;节事活动的SWOT(Strengths Weaknesses Opportunities Threats)分析;潜在客户需求的调研。

杭州文创博览会在调研国内外同类活动的基础上,确定了杭州文创博览会的地位,既不能走北京文博会包罗万象的路子,也不能走其他文创展单一定位的路子,杭州文创博览会以杭州的文化特点、城市背景和产业特色为举办基础,根据杭州文化创意产业发展的现状和趋势,既展示杭州文化创新的实践,又反映杭州发展文化产业的优势,扩大在国内外的影响力。

(三) 主题策划和创意设计

主题是策划的核心内容,所有策划应该围绕主题展开,主题选择是节事活动策划能否成功的重要因素之一。创意也是策划的重要组成部分,成功的节事活动一定要有亮点、有创新。根据地方特色、投资环境、地域环境、目标市场等对方案进行充分的讨论,在分析和整理的基础上,选出最优方案,对节事活动的内涵进行深入挖掘,拓展和包装,使主题更加突出和具体。

杭州文创博览会设定的主题为"品质设计、创意生活",策划了主题馆、国际作品展示、创意交流、数字体验等展台,组织了"中国印的文化传播与产业化发展论坛""杭州市文化创意产业投融资洽谈会""当代中国设计论坛"等会议,策划了"中国创新设计获奖作品巡回展""设计师联盟系列活动""西湖创意奖评选""创意集市"等一系列活动,精彩纷呈,提升了专业化水平。

(四) 制定媒体宣传策略

现代社会是一个信息社会,人与人之间、企业与企业之间都需要交流,信息交流的主要载体是各式各样的媒体。特别是在互联网时代,媒体越来越多元化,传统的电视、报纸、杂志正日渐衰落,而抖音、微信公众号、微博、网站等形式受到年轻消费者的喜欢,节事活动的媒体宣传更加要注重媒体的选择和传播的方式。线上和线下活动融合发展也是一种趋势,需要策划者与时俱进,跟上时代的潮流。

杭州文创博览会选择了 CCTV、凤凰卫视、浙江电视台、杭州电视台、都市快报、杭州日报、钱江晚报、中国艺术设计联盟网、中国文化创意产业网等作为合作媒体,辅以杭州市区主要道路灯杆直播广告、路牌广告、宣传海报、车体广告等户外媒体。文创博览会的宣传分为五个阶段,筹备期重点宣传、造势期全面宣传、开展前集中宣传、开展中持续宣传、闭展期跟踪宣传。通过一系列有针对性的宣传推广,扩大了杭州文创博览会的知名度和影响力。

(五) 节事活动财务预算

节事活动财务管理和财务控制是筹办活动的重要因素之一。策划人员要明确钱从哪里来? 钱要花到哪里去? 要明确节事活动的主要收入来源是什么,如何才能拓展收入来源。预算能够预估大致的收入和支出情况,是节事活动决策的重要依据。制定一份节事活动预算应该包括历史数据、行政管理费用、场租费、赞助费、详细的开列项目等内容。

(六) 制定策划方案

制定总体方案、各项具体活动、具体工作方案。策划方案是活动实施的指引性文件,决定了活动实施的每一个环节,策划书的撰写一定要具有可行性。节事活动策划方案包括了活动策划的主题、目的、意义、组织机构、日期、地点、费用等内容。在制定节事活动策划方案时,要提高节事活动的可操作性,对工作计划按照轻重缓急,制定好时间表。

节事活动策划
的思考过程

七、撰写节事活动策划书

节事活动策划书是节事活动的策略规划,对节事活动的整个流程进行规划,包括构思、分析、归纳和判断,是节事活动执行时的依据。节事活动策划书的结构和要求如下:

(一) 标题

策划书的标题通常由三部分组成:基本部分、限定部分和行业标识。例如,中国(杭州)国际创意产业博览会策划方案,基本部分是"策划方案",限定部分是"国际"和"杭州",行业标识是"创意产业博览会"。

(二) 前言

前言包括策划的目的、意义、背景资料和策划的亮点。另外也可以加上序文和目录。序文可以整理策划案所讲的概要,目录可以让人了解策划的全貌,对整个策划案有初步的印象。

(三) 正文

这个部分包括了基本事项、宣传推广、市场营销、组织机构、任务分工、进度安排、预算安排等内容,是策划案最重要的内容。

1. 市场背景。分析市场背景是策划案的首要任务,通过前期的调研和分析,才能找到符合客户需求、具有市场价值的节事活动,从而为节事活动定位提供决策依据。

2. 目标和主题。节事活动的目标是活动策划者和利益相关者的共同期待,也为节事活动指明了方向,节事活动的开展都应该围绕着特定的主题展开,为最终的目标服务。

3. 组织架构。节事活动一般由主办单位、协办单位、承办单位、赞助单位、媒体支持等组成,组织架构可以明确各个单位的职责,有利于组织者整合各方资源。承办单位是整个节事活动的操盘手,也是活动的主要执行者。

4. 活动具体流程。涉及每个活动的举办时间、举办地点、主持人、主要嘉宾、活动的具体内容等,这部分是节事活动的核心内容,也是节事活动的具体展现形式,是决定节事活动是否有吸引力和影响力的关键。

5. 实施计划。人员分工计划、市场营销计划和宣传推广计划是节事活动策划具体的实施计划,各个计划之间相互影响。

6. 策划进度表。把策划活动全部拟定成时间表,什么时间完成什么项目,具体由哪些人来完成,可以用 EXCEL 表的形式或者甘特图的形式来制作,方便活动参与者了解节事活动的进度,提升效率。

7. 经费预算。将节事活动中可能产生的费用进行估算,将所有收入的项目和支出的项目用清晰明了的形式列出来。可以提前预测节事活动的收支状况。

8. 效果评估。可以通过活动参与者调查、第三方评估等方式对活动效果进行评估,是否达到活动目标,客户满意度等都是衡量活动是否成功的指标。通过总结和提升,为下一次活动的举办提供背景资料和数据支撑。

撰写节事活动
策划书

> **想一想**　　一个完整的节事活动方案应该包括哪些部分?

任务 4.2　现场执行节事活动

现场是执行节事活动的操作环节,节事活动的现场管理一般是指从进场布置到节事活动结束的这个时间段,节事活动组织者对包括场地、人员、活动、后勤服务等多个环节进行有序的协调、监督和管理,确保活动能够按照活动策划方案来执行。

一、现场人员管理

节事活动短时间内有大量的人聚集在一起,这些人员主要包括组织者、工作人员、观众、游客、邀请来的嘉宾、媒体记者和其他参与人员。对于组织者来说,要做好现场接待工作,确保现场工作人员能够服务好客户、确保活动顺利举办。

节事活动开幕式前,要做好工作人员的培训,培训的内容包括预计达到的观众、游客、嘉宾、媒体人数、工作岗位、工作职责、工作分工、活动流程、突发事件处理等。这些培训可以让工作人员全方位了解节事活动,从而更好地为客户服务。

在活动举办现场保持信息沟通的畅通、快速极为重要。由负责现场营运的项目经理通过各种途径将各种信息和任务上传领导、下达现场工作人员。节事活动现场的人流、物流和信息流都非常大,管理难度很高,因此要求现场管理和服务团队要有良好的沟通效率,尤其是发生突发状况时,各方面的协调和沟通就显得尤为重要。

很多活动现场出现的问题都需要场地管理方来协同解决,所以被安排和场地管理方接触的人必须提前和场地管理方负责本次活动的主管取得联系,以便在处理现场问题时能够及时和场馆的负责人沟通,提高办事效率。

组织和管理好临聘人员,一般一个节事活动的主办方能够提供的节事活动现场工作人员数量有限,而在现场管理中需要更多的执行人员来完成不同区域的繁重工作任务及阶段性工作,活动项目组织者就需要聘用临时工作人员。在活动举办前要对临聘人员进行专门的培训,培训合格后可以安排到礼仪、接待、翻译、安保等岗位上。

根据参与活动者身份的不同可以把现场的管理任务分为若干个方面,再分别安排专人来负责每一方面的相关事务,最后由现场管理负责人统一管理各个方面的负责人,协调和控制整个现场的工作。“项目负责人制”是目前有利于整个活动策划和实施顺利、高效的管理制度。由于节事活动的现场实施时间很长,特别是一些大型的节事现场活动要持续几个月,在实际操作中尽量保证各个任务的操作者能够从开始到结束一直负责本项工作,确保活动的进程速度和效率。

对于举办时间过长的活动,如要好几天或好几周,甚至更长的时间,在每天或者每个系列的活动结束后还应该举行一次对于当天或者当场活动的总结会议,以便及时总结活动的得失,一方面马上处理出现的问题,另一方面也要防止在以后的活动中再次出现类似情况,以及对接下来的活动进行更加详细的安排。

二、现场活动管理

节事活动的内容丰富,可使用的场地和空间较大,所容纳和吸引的观众或参与者众多,能带来更大的影响力,因而加大了主办单位选择各种场地举办节事活动的调控和管理难度。节事活动的现场活动管理包括对舞台、灯光、音乐和音响、布景和装饰、视觉及特效、节目和主持人、供电设施等具体事务的管理。

节事活动现场管理必须制订详细的工作计划,如舞台的设计、搭建,声、光、电设备的租用和调试,专业技术工作人员的聘请,都需要指定不同的人员实施、操作,每一个环节都需要周密的前期准备和系统的专业操作。节事活动的场地布置和装饰都必须紧紧围绕活动的主题来展开,舞台、灯光、音乐、视觉及特效等都是为了烘托活动的气氛进行设计。

（一）合理划分功能区，标识明显

由于参与人数众多，在场地规划时要考虑活动的分区，这些功能区包括活动区、展示区、观赏区、媒体区、活动通道、停车泊位、绿地等。划分功能区时要确定活动的轴心，其他区域都围绕着轴心来进行布置。由于参与活动的人数很多，必须要有清晰的标识系统，可以让观众快速找到不同的座位区域、找到各个功能区、快速找到出入口及厕所。为了烘托气氛，节事活动举办方可以利用拱门、气球、彩旗、彩球、花篮等装饰核心区域。

（二）场地布置和活动主题一致

由于节事活动的主题非常鲜明，或是隆重的纪念性活动，或是喜庆的联欢活动，或是竞争性的竞赛活动，或是充满神秘色彩的宗教节日，凡此种种，它们对场地的布置都提出了相应的要求。

庄重严肃的纪念性活动一般在城市的大型广场上举行，场地布置应简洁、明快，无须过分装饰，避免出现杂乱无章的背景图画或广告。由于这种政治性或历史性纪念活动一般是由政府举办的，在场地布置上可用国旗、国徽、党旗、党徽等来烘托气氛，有时还需奏国歌、升国旗，以显示活动的隆重和庄严。这种类型的节事活动往往有国家或政府的重要官员参加，甚至会邀请国外元首或代表，在场地安排上要特别注意其安全状况，要优先考虑高层要员的出入通道。

喜庆的节事活动可选择的地方比较多，既可以是商业广场，也可以是运动场，或者某条封闭的街道。在场地布置上，应突出热烈欢快、喜气洋洋的气氛。其布置形式多种多样，有种"样不惊人誓不休"的创新意识。在装饰上比较多地采用鲜艳亮丽的颜色，如红色、黄色、紫色、天蓝色等。装饰物品往往是约定俗成的，有着广泛的民众基础，因此也就成了节事活动的标志性装饰物。

大型竞赛活动的场地布置应体现热烈、激动、兴奋的气氛，这种气氛的营造需要通过刺激参与者的视觉、触觉和听觉来达到。因此，在场地布置上要充分利用动感的装饰、激扬雄壮的音乐和富有激情的主持人。同时，为了让观众有机会参与活动，在场地安排上可以设置一些观众活动区，以激发观众参与活动的热情。

（三）做好现场设备设施的管理

1. 灯光设备

一般节事活动的灯光有两个作用，首先是照明作用，其次是艺术效果。灯光的设计和使用往往更加注重艺术性和独特性。舞台灯光可以营造出和主题相关的氛围。

2. 音响设备

节事活动中使用音响设备主要是为了传达活动的声音，使参与者能够清晰地听到讲话和音乐。一般的活动中心、会展中心、体育馆、剧院都安装了固定的音响设备，需要有专业人士对音响进行调试。在户外举办的活动，需要租赁音响设备，并聘请专业人士来控制音响，同时还要考虑音乐和音响声音大小对周边环境的影响。

3. 投影仪和屏幕

大型投影仪和屏幕由专业人士控制，为确保能够正常运转，需在活动举办前进行多次调试，大屏幕在活动中使用的频率越来越高，是活动视觉呈现的主要载体。要确保画面清晰、不变形，色彩符合主题要求，屏幕的大小根据场地大小来设置。

想一想　节事活动现场管理时还会遇到哪些问题?

三、现场后勤管理

节事活动的后勤管理涉及现场活动的后勤保障和接待服务。节事活动是一个融合文化活动、交流活动、经济活动、旅游活动的大型活动。后勤保障涉及公安部门、交通运输部门、文化部门、金融部门、旅游部门等,较为复杂。节事活动的对象除了当地的居民,还有一个重要组成人群是游客,游客十分重视体验,这就要求活动服务人员要提供高质量的服务。

(一)后勤管理和供应商的合作

节事活动公司会把很多业务外包给供应商,因此选择正确的供应商非常重要,例如举办一个演唱会,就需要和几十个供应商来协作,包括场馆供应商、演艺公司、广告公司、礼仪接待、安保公司、餐饮服务、证件制作、交通运输部门、旅行社、酒店、赞助公司、保险服务、现场直播等。组织者一定要选择优秀的供应商合作,才能保证服务质量,让客户满意。

(二)交通管理

大型活动举办的时候有大量人流、车流,需要周密的计划,也需要交警部门、交通运输部门、活动组织方和志愿者通力合作。在交通管理方面,应根据观众、游客的接送、停车需求,为观众设置清晰的交通指示牌,向相关车辆发放通行证和停车证,做好现场车辆的调度工作。

要科学选择节事活动的地点,主城区路网比较发达,公共交通系统完善,可进入性良好,有利于活动期间车辆和人流的聚散。选择主城区举办活动,可以拉近游客之间的心理距离,吸引更多游客参加。但同时也面临着交通拥堵、停车困难等情况。还有一些活动和郊区的旅游景点相结合,离市中心较远,更加适合自驾出游,也可以考虑在活动举办期间安排接送游客的公共交通,方便游客参加活动。

通常,节事活动的地点不宜于过于狭小,如果经常发生旅游超载和交通拥堵情况,可以考虑扩大节事活动范围,设立分会场或者线上线下结合的方式来开展活动。

(三)餐饮管理

很多节事活动配有食品和酒水的服务,大型节事活动在提供餐饮服务时,有可能产生食品安全问题。一定要选取质量过硬的餐饮供应商,选择持有"餐饮服务许可证"、信誉好的餐饮单位承办餐饮服务。要和餐饮供应商签订承办协议,督促餐饮单位注意食品安全,杜绝食品安全事件的发生。制定菜谱时也要特别慎重,避免选择高风险的品种,菜肴工艺要简单,熟食卤味和生食菜肴要予以限制。

(四)接待服务管理

在接待服务方面,应安排迎宾员、引座员接待游客,尽快让游客融入活动的气氛中。适当为游客提供饮料和点心,向游客赠送有纪念价值的礼品,为游客营造宾至如归的感觉。做好游客入场和退场的安排,快速、高效地引导游客人流。现场的清理工作要有预案,有专人负责,同时提醒所有工作人员配合好场馆管理方、服务商进行现场清理工作。

任务 4.3　节事活动后续工作管理

在节事活动举办完之后,活动组织者还要布置节事活动闭幕之后需要继续完成的一些后续工作。节事活动的后续工作既是本届节事活动的收尾工作,也是为下届节事的开始做准备。

一、节事活动闭幕后工作的主要内容

(一) 向客户邮寄节事活动总结并致谢

节事活动结束后,要及时给客户邮寄活动总结或相关材料,并对客户参与活动表示感谢,对于节事活动的合作伙伴、供应商等也要致谢,对于重要的客户和机构,还要登门致谢。节事活动的总结和感谢信,可以采用电子邮件、信函、电话传真等方式发送。致谢不仅是一种礼节,也对建立良好的关系有促进作用。

(二) 及时更新客户数据库

一次活动举办完毕,参与活动的观众、游客以及供应商的信息都会发生变化。新客户加入、老客户流失、有些客户的信息也会发生变更,因此要及时更新客户数据库,做好客户关系的维护,为下一次活动做好准备。

(三) 做好客户关系管理

在活动举办期间,尽管有很多机会和客户面对面交流,但时间紧、人数多,很难和客户进行深入交流和沟通。在节事活动结束后,可以通过电话、电邮、微信、信件等形式加强和客户的沟通,在一些重要的节日可以给客户寄贺卡或者小礼品,始终维系好客户关系。对于重要的客户,还需要亲自登门拜访,为今后的合作打好基础。

(四) 处理节事活动的遗留问题

节事活动任务多,时间紧,会留下一些遗留问题。例如,客户的款项还没有完全结清,有些客户的展品没有处理完,有些客户要开展商务考察。节事活动闭幕后,仍然需要组织人员来处理这些遗留问题,服务好客户,提升节事活动的品牌形象。

二、节事活动的评估工作

(一) 评估的主体

节事活动评估是指对活动进行调查、分析和评估,即对一个节事活动的目的、执行流程、服务质量、经济效益、社会效益等进行系统分析和评价。评估是对节事活动的一个客观评价和总结,吸取经验和教训,可以进一步提升节事活动的管理水平。

1. 节事活动主管机构实施的评估

节事活动的主管机构通常是政府部门或者行业协会,主管机构会对节事活动对于行业、经济、社会效益等方面的宏观影响进行评估,也会对节事活动项目的经济收益进行微观评估,主管机构有时会聘请第三方来进行评估,并把相关的调查数据向社会公开。

2. 节事活动承办方实施的评估

节事活动是一个社会化合作的过程,承办方是策划者和实施者,承办方可以从节事活动的调研、策划、申办、筹备、实施等环节进行评估,这主要是一个内部的评估,对节事

活动全过程进行复盘,发现问题、分析问题并想办法解决问题。节事活动承办方对节事活动进行评估是提高工作效率、提升管理水平的重要途径。

3. 对活动参与者的评估

节事活动参与者主要是游客、观众。活动参与者可以从各自的立场对节事活动做出客观的评价,为活动组织者提供意见和建议,可以督促活动组织者提高服务质量,以客户需求为导向,举办有影响力的节事活动。

(二) 节事活动评估的内容

节事活动评估就是把节事活动实施结果和前期策划时的目标进行对比,检查活动实施效果,评估经济效益、社会影响力,总结经验教训,提升工作效率和工作能力。

1. 节事活动策划评价

包括对节事活动的举办时间、地点、目的、意义、规模、组织架构、人员分工、宣传推广计划、市场营销计划、财务预算等环节进行评估,找出策划与实施的差距,发现问题,找出优缺点,并整理成资料进行保存,为后续活动打下基础。

2. 节事活动工作的评价

节事活动筹备和工作过程中涉及的环节和人员特别多。要对于合作伙伴如服务商、代理商、搭建商、赞助商、保洁公司、安保公司等进行评价。也要对于宣传推广工作中的媒体宣传与公关、推广进度安排、宣传效果等进行评价。还要对于现场实施情况,如场地选择、音响设备、后勤服务、物流配送、工作人员管理等环节进行评价。最后要对财务工作,包括财务预算和执行情况、成本、支出、收款情况等进行评估。

> **想一想**　为什么活动公司并不重视节事活动后的评估工作?

项目小结

节事活动已经成为会展和旅游业的重要组成部分,各种和旅游相关的节庆活动也是层出不穷,大型节事活动的成功举办提升了旅游目的地的知名度和美誉度,特别是上海旅游节这个案例表明,节事活动对当地旅游的拉动作用特别明显,能在短时间内迅速提升旅游目的地的关注度。

节事活动的影响力在不断提升,节事活动不仅塑造了城市形象、提升了城市知名度,也使节事活动发展日益成为城市整体发展战略的重要组成部分。节事活动未来的趋势是品牌化和专业化,节事活动品牌在旅游业中也扮演了十分重要的角色,它本身就是一张城市的名片。西班牙的奔牛节、爱丁堡的艺术节、潍坊的风筝节、青岛的啤酒节、象山的开渔节、慈溪的杨梅节等都对当地的旅游业作出了巨大的贡献。

节事活动的策划涉及很多方面,这就需要策划者要有全局意识,对项目进行全面的市场调查,了解客户的需求,还要整合很多资源,包括行业协会、政府、酒店、旅行社、餐饮企业、票务公司等社会资源。活动策划人才是跨界人才、复合型人才,需要策划能力、沟通能力、设计能力。通过这一项目,希望学习者能够了解节事活动策划的流程,掌握节事活动策划的思考过程。想要锻炼策划能力还需要不断收集相关的策划案,不断练习写策划案的能力。

讨论与思考

1. 节事活动策划的原则是什么?

2. 简述节事活动策划的流程。

3. 节事活动能为旅游目的地带来哪些好处?

项目小测验

一、名词解释

1. 节事活动的定义

2. Event Tourism

3. 节事活动策划的个性化原则

4. 节事活动策划的可行性原则

5. 策划者

6. 策划目标

二、填空题

1. 节事活动举办地通过_____的创作、交流和融合形成了当地特有的_____,当地的文化和节事活动结合,也能策划出一系列精彩的文化活动。

2. 要把策划当成一个系统来思考,强调策划的_____、全局性和_____。

3. 策划目标是策划所要达到的_____和策划者将要完成的_____。

三、选择题

1. 策划首先要认识和了解策划需求者所处的哪些环境?(　　)

A. 政治　　　　　　B. 社会　　　　　　C. 市场　　　　　　D. 生态

2. 按主题分类,属于体育类的节事活动有(　　)。

A. 青岛啤酒节　　　　　　　　　B. 马拉松比赛

C. 大连国际服装节　　　　　　　D. 桂林跑山节

3. 按活动形式分类,属于单一性的节事活动是(　　)。

A. 西湖文化广场啤酒节　　　　　B. 亚运会

C. 西博会　　　　　　　　　　　D. 中国国际动漫节

4. 节事活动具有很强的带动效应,可以带动哪些行业的发展?(　　)

A. 旅游　　　　　B. 餐饮　　　　　C. 酒店　　　　　D. 交通

5. 市场调研主要集中在哪些方面?(　　)

A. 市场前景分析

B. 同类节事活动举办的时间、规模、主题和效益

C. 节事活动的 SWOT 分析

D. 潜在客户需求的调研

四、简答题

1. 节事活动的特点有哪些?
2. 节事活动的作用有哪些?
3. 节事活动策划的要素有哪些?
4. 什么是 5W2H 分析法?
5. 节事活动策划的步骤有哪些?

扩展技能训练

请结合你所在城市的旅游资源,策划一次红色旅游活动。如果你是活动项目经理,如何来宣传推广这个节事活动?

参考文献

1. 吴必虎. 区域旅游规划原理[M]. 北京:中国旅游出版社,2001.
2. 王春雷,梁圣蓉. 会展与节事营销[M]. 北京:中国旅游出版社,2010.

【情景案例】

平山湖景区推出旅游新项目受欢迎

随着平山湖景区基础设施建设的逐步完善以及游客数量的日益增长，为进一步挖掘景区潜力，开发景区旅游资源，2019 年，景区新开发沙滩自驾车项目以及骆驼车、骑骆驼等深度游、住宿娱乐项目，为景区营收创造了新增长点，开创了新格局。

2019 年 10 月 31 日，甘州广播电视台记者在平山湖景区大峡谷腹地内看到，等待游客乘骑的两排骆驼整齐地卧在大峡谷内，平山湖景区导游徐演海告诉记者，新推出的项目很受游客欢迎，在今年的旅游黄金时段，一个月的收入可达 50 万元。"因为骆驼是古代丝绸之路主要的运输工具，在那时候我们驼队驮运东西的时候都是一队跟着一队，都是连到一起的，咱们的这个就是效仿他们，带给人们一种回驼队，回到丝绸之路的感觉。"

按照市区政府的安排，2012 年，黑河水电公司成立了甘肃西域旅游文化投资公司开发建设平山湖景区，从 2017 年开始，在内部设施满足游客观景需求的前提下，黑河水电公司重点工作是抓住张阿公路施工期，全力以赴，推进景区综合配套服务区喀尔喀小镇的项目建设。截至目前，黑河水电在平山湖景区累计投资为 1.3 亿元，加上收购的电力旅行社承包期的投资资产约 5 000 万元，总计完成了约 1.8 亿元的投资。为了丰富旅游业态，景区先后完成了喀尔喀小镇原星空营地、蒙古人家民俗、射箭场馆、跑马场、烧烤营地、叠湖等项目的开发和建设，完成了景区列车宾馆、集装箱宾馆、一锦酒店"塞上谷韵"餐厅、列车酒吧、山体酒吧等住宿、餐饮场所的装修并开始营业。与当地牧民专业合作社联合开发了夹道圈部落和 5 号、6 号观景台，在十一长假前如期投运，受到游客好评，新开发沙滩自驾车项目以及骆驼车、骑骆驼等深度游、深度体验项目的运行为景区营收创造了新增长点，开创了新格局。

❓想一想：平山湖景区开发推出一系列的旅游项目能为景区带来哪些益处？景区旅游项目开发的基础是什么？

【项目导学】

通过本项目的学习与实践,主要期望提升学生如下的素质能力、知识结构与专业能力:

素质能力目标

➤ 能逐步形成跨界思维,提升创新能力;

➤ 能逐步养成不断学习的习惯,不断开阔眼界;

➤ 能逐步形成批判精神,对项目的科学性与合理性进行客观思考。

知识结构目标

➤ 了解景区旅游项目的概念和类型;

➤ 掌握景区旅游项目策划的主要内容和流程;

➤ 理解景区旅游项目策划的方法。

专业能力目标

➤ 能根据不同景区的实际情况进行科学合理的旅游项目策划。

任务5.1 认识景区项目策划

一、景区项目策划的含义

1. 景区

所谓景区,又称旅游区、旅游景区(点),一般指具有一定自然或人文景观,可供人们进行旅游活动的相对完整的空间或地域。根据国家标准《旅游景区质量等级的划分与评定》(GB/T17775—2003)中给出的定义:旅游区是以旅游及其相关活动为主要功能或功能之一的空间或地域。标准中旅游景区是指具有参观游览、休闲度假、康乐健身等功能,具备相应旅游服务设施并提供相应旅游服务的独立管理区。该管理区应有统一的经营管理机构和明确的地域范围。包括风景区、文博院馆、寺庙观堂、旅游度假区、自然保护区、主题公园、森林公园、地质公园、游乐园、动物园、植物园及工业、农业、经贸、科教、军事、体育、文化艺术等各类旅游景区。

2. 景区项目

所谓景区项目,应该是一个长久性的旅游吸引物,其主要目的是让旅游者得到休闲消遣的机会。景区旅游项目不仅应该吸引严格意义上的旅游者或一日游游客,而且还要对当地居民具有一定的吸引力。马勇教授认为,旅游项目是指借助于景区的旅游资源开发出的,以旅游者和当地居民为吸引对象,为其提供休闲消遣服务、具有持续旅游吸引力,以实现经济、社会、生态环境效益为目标的旅游吸引物。网络有对旅游项目的词条定义:旅游项目是指在一定时间内、一定预算范围内,为旅游活动或以促进旅游业目标实现而投资建设的项目。它包括景区景点项目、饭店建设项目、游乐设施项、旅游商品开发项目、旅游交通建设项目、旅游培训教育基地项目等,涉及“食、住、行、游、购、娱”等各个方面,贯穿旅游业发展的整个过程。景区旅游项目是旅游项目中的一种类别,特指在旅游景区内为满足游客需求或促进景区经营目标实现而开发建设的项目。

3. 景区项目策划

项目策划是指以具体项目为对象进行的策划活动。景区项目策划就是指对旅游景区战略工作的思考和安排,是为了实现景区特定发展目标而采取的一系列行为。依据旅游资源类型的不同,可将景区项目策划划分为自然景区项目策划、人文景区项目策划和人造景区项目策划等;依据活动类型的不同,可将其划分为餐饮项目策划、娱乐项目策划、住宿项目策划、交通项目策划等;依据策划深度的不同,可将其划分为整体项目策划和局部项目策划等。

二、景区项目策划的实践

(一) 实践历史

景区项目策划的起源很难说清楚确切时间。许多现在的旅游项目最早的功能并不在于旅游,包括万里长城、故宫等物质遗产以及各民族的文化节庆活动等非物质遗产。有意识地建设起来的旅游项目可追溯至古代达官贵人修建的园林、避暑山庄、狩猎场以及围绕这些场所进行的活动。

1872 年 3 月 1 日,美国国会通过了《黄石公园法案》,这是景区项目策划的一个里程碑,它确立了旅游景区项目的一些基本性质。该法案指出,将具有优美景观的土地保护起来,以方便人们进行旅游活动。根据该法案,黄石公园设立的主要目的有两个:一是"此地区应致力于建设成为一处可提供民众享受福祉及快乐的公园及愉悦之地"。二是"保护所有的树木、矿产、自然珍品或奇景,使其避免受到伤害或掠夺,并使其在最接近原始的状态下提供现代及后世子孙游憩、教育、文化及科学的价值"。

20 世纪初,我国建设了第一批面向公众的公园。中华人民共和国成立后,又有意识地建设了一批城市公园、公共绿地、风景名胜区、旅游度假区等。改革开放以来,随着各类旅游景区的发展特别是市场化,现代旅游景区项目策划也被引入旅游景区经营管理之中,促进了旅游景区和旅游业的发展。2003 年,国家标准《旅游规划通则》(GB/T18971—2003)》的颁布实施,是我国旅游景区项目策划实践史上的重要节点;同年,《旅游资源分类、调查与评价》(GB/T18972—2003)发布实施,为旅游规划和景区项目策划奠定了基础;2006 年,《风景名胜区条例》正式颁布实施,结束了我国长达几十年的风景名胜区管理的"暂行"印记;2013 年 10 月 1 日,《中华人民共和国旅游法》颁布,对旅游景区策划与区域旅游规划作了明确的规定,使得景区项目策划步入了新里程。

(二) 存在问题

1. 景区项目策划的普及度不高

很多旅游景区的建设没有进行项目策划,完全依靠管理者或建设者的"拍脑袋",而管理者或建设者从自身利益出发,往往倾向于建设大项目、洋项目,缺乏全盘考虑。建设性破坏已经成为普遍影响我国景区可持续发展的严重问题。

2. 景区项目策划的科学性不足

盲目跟风、一哄而上是当前景区项目建设中的一个重要弊端。如"玻璃栈桥"的泛滥就让一个本来很好的项目"变了味"。缺乏对市场的详细调研,不了解客源市场的真正需求,一厢情愿地进行市场预测,使策划出来的项目难以取得很好的效果。项目的空间布局又不以生态环境的保护为前提,不适宜建设的地方均遭到了过度开发。

3. 景区项目策划的专业性不强

人才制约是影响旅游景区项目策划质量的重要原因。众所周知,我国旅游规划、旅游策划行业正处于"千军万马混战"的阶段,不同专业、背景、学历的人都在做规划和策划。但是真正对景区项目策划有深刻了解、具备较强专业知识与技能的人才则寥寥无几。

4. 景区项目策划的理论性滞后

迄今为止,景区项目策划还没有系统的理论支撑。相关的景区项目策划理论探讨还停留在非常粗浅的层面。理论上的滞后严重影响了旅游景区项目策划的雷同。贪大求洋、媚俗、粗劣等现象,与理论性滞后不无关系。

三、景区项目策划的功能

(一) 规划前的策划——总体概念与思路

规划前的策划,主要解决三个问题:一是进行深度的市场研究,准确定位市场、定位主题、定位形象,确立核心目标与吸引力;二是整合资源与市场,大胆创意,形成具有吸引力的产品形态;三是运用韬略,建构战略,并落实为战术和行动计划。在旅游规划之前,需要有策划的介入,才能形成总体的概念、框架与思路,为后期规划的编制提供指导。

(二) 规划后的策划——深度策划与落实

一个好的规划,必然要高屋建瓴、高瞻远瞩,但由于规划的任务在于把握规划地块的长远发展目标,涉及产业配套、用地控制与平衡等方向性的大问题,存在操作性上的欠缺。在当前景区的实践中,往往存在规划完成了,但没有形成具体可进行招商引资的项目,没有形成营销的具体战略战术及行动计划,没有开发运作的具体步骤等问题。这时就需要进一步进行策划,将规划的大理念转变为具体的产品和行动计划。依托后期的策划,可以进一步编制详细规划并进行建设。

一般而言,旅游景区发展规划应侧重于景区发展的战略目标与方向、空间布局、战略重点、产业配套、用地控制与平衡等方面,而作为深度策划的景区项目策划则应侧重于具体项目的安排和资源的调配。景区项目策划以景区发展规划为指导,景区发展规划以景区项目策划为支撑。但是,由于我国旅游景区很少单独做项目策划,往往与景区发展规划融为一体,导致景区发展规划陷入琐碎的资源安排当中,迷失了发展方向和重点,又影响了景区项目策划的深入,制约了项目策划的科学性,导致景区项目策划缺乏独立发展的环境。

四、景区项目策划的特征

与一般项目策划相似,景区项目策划也拥有功利性、社会性、创造性、时效性和超前性等特征,并拥有综合性、空间性和体验性等独有特征。

1. 综 合 性

旅游活动是一种涉及社会、经济、文化等多方面的综合性活动,旅游者的旅游活动涉及"吃、住、行、游、购、娱"等多方面的综合性需要。旅游景区作为相对独立的旅游经营单元,以满足人们游览游憩活动需要为主要工作,不必囊括旅游活动的所有要素,但是旅游活动的综合性,决定了景区项目策划也必须考虑到旅游者的多方面需要。尤其是随着景区的转型升级,其综合性趋势日益明显,旅游综合体不断涌现,也日益受到市场的欢迎与青睐。

2. 空间性

旅游景区具有固定的地域范围,也是一个空间的概念。因此,景区项目策划也必然建立在一定的地域范围之内,受到自然、人文等综合环境的制约或影响。景观建设和旅游活动都必须依赖空间进行。因此,景区项目策划必须对空间环境和活动场所进行策划。

3. 体验性

旅游产品不是以物质形态表现出来的劳动产品,而是主要以多种服务表现出来的无形产品。对于旅游产品的重要组成部分-旅游景区而言,更是如此。旅游者只有通过体验,才能感受到景区的使用价值。景区产品的这种体验性质使得景区项目策划必须充分考虑到景区项目的文化内涵,以使旅游者从景区的旅游活动中获得更大的精神享受。

认识景区项目
策划

五、景区项目策划的主要内容

景区项目策划主要包括项目名称、项目风格、项目布局、产品体系及实施管理等内容。具体阐述如下:

1. 项目名称

景区项目名称是景区项目策划的一个重要内容。景区项目名称是连接旅游景区项目与旅游者的桥梁。在对旅游景区项目命名时要仔细揣摩旅游者的心态,力争通过一个有创意的名称,来吸引广大旅游者的眼球。如位于浙江莫干山的高级度假村"裸心谷","裸心"两字迎合了人与自然协调的追求,体现出了远离都市浮躁纷繁,放下一切心灵负担,在自然中放松身心的理念。

2. 项目风格

在景区项目策划中,要将该项目的特色或风格表现出来,使其中所蕴含的民风、民俗和文化氛围较易为人们所掌握,并以此来控制景区的发展方向。具体而言,包括:景区主体建筑物的规模、形状、外观、颜色和材料;建筑物的内部装饰风格,如建筑内部的分隔、装修和装饰的材料;旅游项目相关辅助设施和旅游服务设施的外观、形状和风格,如道路指引牌、垃圾箱、停车场、洗手间、景观庭院等。

3. 项目布局

景区项目具有一定的空间特征。景区项目策划时要明确给出每一个子项目或设施的占地面积及建设的大致地理位置,这两个内容必须具体到在实际操作过程中可以在空间上进行落地的程度,包括:项目具体的地理位置;建筑物的整体布局;各建筑物的位置及建筑物之间的距离;开放空间的大小和布局。

4. 产品体系

景区项目策划中必定要形成一个综合性的产品体系,可能是关于民风、民俗的节庆活动,也可能是一些参与性较强、娱乐性较强的游乐产品。但是,不管是哪一类产品,都不可能是单一的,必定是多种多样产品的组合。因此,在景区项目策划中,要明确标明什么是该项目的主导产品。

5. 实施管理

景区项目策划应该具有全程性的特征,交接了项目策划的文本和图纸并不意味着策划结束,它还应涉及项目建设后的日常经营管理以及项目在新的市场环境下如何调整等问题。因此,景区项目的策划设计还应对景区项目的工程建设管理、日常经营管理、服务质量管理以及经营成本控制等内容加以明确规定。

六、景区项目策划的主要步骤

1. 界定问题

界定问题就是对问题进行仔细分析,把问题的实质和范围加以明确说明,如需要明确是对景区进行某一单项旅游项目策划还是进行整体的旅游项目策划。只有界定了问题,才能明确景区项目策划的本意和要求,了解策划的内容和对象,将策划目标具体化。

2. 景区条件综合调研

景区条件综合调研就是利用各种手段了解和景区相关的各种信息,作为景区项目策划的依据。景区条件综合调研为项目策划提供信息准备,综合调研是否翔实,将直接影响项目策划成果的科学性与可操作性,只有做好前期的综合调研工作,策划才可能顺利地进行。

3. 策划创意

景区项目策划主要是为了能够进一步提升旅游景区的吸引力和美誉度,提高旅游景区的经济效益、社会效益和环境效益,并促进旅游景区的可持续发展而提出的关于某种旅游项目或设施的方案、建议。这种方案、建议就是旅游项目策划的创意。创意不是单凭某一个人的点子就可以简单得来的,而是通过系统的组织整理形成可以实现的构想和方案。

4. 项目评估与可行性分析

项目评估主要是指景区项目的投资和融资情况进行估算,以及对项目的经济效益、生态效益、文化效益、社会效益等进行评估考量。可行性分析是以全面、系统的分析为主要方法,以经济效益为核心,通过对景区项目的主要内容和配套条件(如市场需求、资源供应、建设规模、环境影响、资金筹措、盈利能力等影响项目的各种因素),从技术、经济、工程等方面进行调查研究和分析比较,并对项目建成以后可能取得的财务、经济效益及社会环境影响进行预测,从而提出该项目是否值得投资和如何进行建设的咨询意见,为项目决策提供依据的一种综合性的系统分析方法。可行性分析应具有预见性、公正性、可靠性、科学性的特点。

5. 项目管理与实施

景区项目管理可以从狭义和广义两个角度来理解：广义的景区项目管理包括工程建设管理、日常经营管理、服务质量管理和成本控制管理；狭义的景区项目管理是指以高效率地实现项目目标为最终目的，运用系统工程的观点理论和方法，按其内在的运行规律对项目建设的全过程进行有效的计划、组织、协调、监督和控制的管理系统。项目实施则是通过建立各类保障体系，采取各类保障措施，推进项目的顺利开展。

景区项目策划
的特征

任务5.2　综合调研景区条件

一、调研内容

（一）景区资源的调研

一是景区资源的赋存特征，涉及观赏价值、游憩价值、美学价值、历史价值、科学价值、经济价值等；二是景区资源的开发特征，包括空间规模、景点数量、集中度、区位、区域经济背景、可进入性等。

（二）景区市场的调研

一是景区目前市场的占领情况，包括市场份额、市场特性与消费者特征；二是景区可能进入的市场情况，包括市场潜力、市场特性、消费者特征、市场壁垒；三是行业和市场的发展趋势；四是景区竞争对手的情况，包括目前的竞争对手和潜在的竞争对手。

（三）景区管理机构调研

熟悉景区管理机构已经进行、正在进行和将要进行的工作。景区管理机构是项目策划的委托人，了解他们的想法和意图非常重要，这关系到策划是否能够通过，以及能否得到认真实施。在实践中有时会碰到委托人和策划机构意见不一致的情况，这时专业策划机构不应一味迎合委托人，而应在考虑委托人意见的前提下，经过充分调研，表明自己的意见，争取说服委托人。这也是体现职业道德的重要内容。

（四）利益相关者的调研

首先是相关企业的调查。包括景区内外的企业，主要是指饭店、旅行社、游览娱乐场所、旅游商店等旅游企业，也包括影响景区项目经营的其他企业。通过对这些旅游企业的调查，一是可以了解部分市场情况；二是可以了解他们对景区项目的想法。其次是景区邻近社区或内部社区的调研，包括社区的人员结构特征、素质发展状况、旅游发展意愿、收入来源组成等。再次是政府部门的调研，因为景区项目的后续建设，必然需要多个政府部门的支持。

（五）景区环境的调研

主要包括景区项目策划需要了解的其他因素，如人口因素、经济因素、生态因素、科学技术因素、政治法律因素、社会文化因素等。

想一想	您认为在进行景区项目策划前，还应调研哪些内容？

二、调研流程

（一）调研准备

1. 资金准备

景区调研的涉及面相当广，劳动量相当大，既包括资料的收集，也包括实地考察，还包括最后资料的整理与编制。这需要利用大量的人力、物力，所以必须有充足的资金来保障。调查资金的来源一般可以是有意于旅游开发的旅游企业来提供或旅游行业主管部门的行政拨款。

2. 成立调研团队

人员素质要求：与一般策划相比，景区项目策划涉及的内容更广、更全面，对人才素质的要求更高，旅游策划人员应具备素质全面、知识渊博、善于沟通、充满激情、审美观良好等特点，并富有责任感、合作精神、科学精神与人文精神。

团队构成要求：从广义上说，进行一项景区项目策划工作，团队组织应包括甲、乙（委托方和策划方）双方人员。因此，完整的团队组织通常包括策划指导组、策划顾问组、策划工作组和策划编制组。策划指导组或称策划领导组，一般由甲方上级主管领导任组长，由乙方上级分管领导出任副组长，有时下设办公室，由甲方主管领导出任办公室主任。指导成员由甲方各权力机关及相关部门人士组成。指导组的作用主要是在策划编制时提供协调，并为策划实施打下良好基础。策划顾问组有时可以与指导组合并，也可以邀请行业知名专家担任。策划工作组由甲乙双方人员共同组成，由策划负责人出任组长（或由甲方主管领导出任组长，由策划负责人出任副组长或执行组长），主要承担策划的实际工作。工作组可下设编制组，负责策划的具体编制事务。

知识构成要求：团队本身应有各方专家的参与，不同学科的人员、中外专家融通，优势互补，彼此借鉴，根据景区性质不同，需要的学科人员亦有所不同。一般一个完善的策划团队应该包括旅游地理、景区管理、产业经济、园林设计、市场调查、专业策划、建筑工程、财务分析、美术设计等专业人员。

3. 制订调研计划

景区调研应制订科学的调研计划和调研方案，包括调研的区域、调研的对象、调研的时间安排、调研小组的人员安排以及资金的使用等。

4. 制定相应的调研登记表格

提前准备好相应的调研登记表格，如在旅游资源分类调查中，应提前制定好旅游资源调查表和旅游资源单体查询表。

5. 收集相关资料

调查前期通过相关书籍、统计年鉴、宣传资料、照片、新闻报道、互联网等渠道收集景区相关二手资料信息,了解调查区域的基本情况,为实地考察奠定基础。

(二) 调研实施

调研实施的方法主要有:

1. 文献法

文献法就是搜集和分析研究各种现存的书面的文献资料,从中选取信息,以达到某种调查研究目的的方法。文献法收集的主要是一些二手信息资料,实施较容易。对于景区的详细情况,只通过书面资料收集,很难取得准确、全面的信息。并且随着时间的推移,通过书面收集到的资料可能与现实的实际状况不符。

2. 实地考察法

实地考察法是指调研人员到现场实地考察,通过观察、测量、摄录、记录等方式,一方面对文献调查法获取的资料进行验证,另一方面收集一些更全面、详细的信息,并获得对旅游景区的感性认识。实地考察要求调研人员要有实地考察的经验和能力,调研前要作充分准备,调研过程中要善于观察,调研结束后要及时进行总结。实地考察法实施周期较长,成本较高。

3. 访问座谈法

访问座谈是通过走访当地的居民、有关部门,通过座谈的形式,深入了解权威部门及当地居民对旅游业的态度和看法,了解旅游景区发展的现状及存在的问题,深入了解旅游景区的发展历史及文化内涵。在座谈前,访问者要细心准备在座谈中所要提出的问题,拟好座谈提纲。调查过程中要注意认真记录,对于反映比较突出的问题可以详细询问。最后对调查的情况进行总结。

4. 问卷调查法

问卷调查也是常用的方法之一。如对在景区的游客、景区的从业人员及当地居民,通过调查问卷详细了解旅游景区在游客心目中的满意度、当地居民对旅游业的态度、旅游资源及旅游市场的动态信息。问卷调查法实施的要点是制定科学的问卷,有效发放问卷,对回收的问卷进行详细的统计分析。

5. 网络调查法

网络调查法是传统调查方法在互联网信息传播媒体上的应用,包括对二手资料的调查和原始资料的调查两种方式。网络调查法速度快、成本低,但调查所获取的资料信息的真实性、数据质量难以保障。在网络问卷调查方法中,被调查的对象难以准确定位。

(三) 景区条件综合评价分析

完成调研后,需要对收集到的信息进行梳理、分析与评价,最重要的包括项目背景分析和综合条件分析。

1. 项目背景分析

通过项目背景分析,可明确景区项目立项的背景、总体发展思路以及策划接收的具体任务。

(1)立项背景分析:景区提出进行项目策划的背景存在很大差异。策划委托单位是景区管理机构、上级单位还是投资商,这对景区项目性质有着重要影响。景区管理机构、上级单位和投资商关注的内容各不相同,策划所体现的内容也有所差别。景区的发展位于生命周期的哪一阶段对景区项目的性质有重要影响,项目策划的目的是迅速打开市场,还是提升景区品质,或者避免景区效益下滑,这影响到策划的主题定位与目标。景区项目是总体策划,还是对某一项具体产品的开发、景观设施建设项目的策划,限制了策划的内容和范围。景区项目策划的主要目的可能是解决某一具体问题,比如游客分布的不均衡问题、突破景区形象问题、产品升级换代问题、特定市场开拓的问题。所以,策划时应该将委托方最关注的问题作为重点。有时景区发展中存在的问题需要策划者系统诊断,比如为什么景区最近几年效益下滑?这需要策划者根据各种信息进行判断。经济效益通常是委托方最关注的,但有时景区项目策划的目的可能是为了其他效益,比如说社会效益、文化效益、环境效益,当然还有政治效益。旅游景区发展的目的是增加旅游者人数,还是增加旅游收入,或者控制旅游者数量、提高景区效益,不同的目的将影响整个策划的思路。

通常,在甲方与乙方签订的委托编制合同中,会有明确的策划任务,具体可从三个方面进行分解:一是技术性任务,包括项目策划进展,策划方必须保证如期向委托方提交策划成果,以及项目策划的最终成果是通过内部论证还是外部评审;二是原则性任务,即项目策划必须遵循的工作准则;三是目标性任务,也就是项目策划必须解决的问题,是项目策划的主体内容。

(2)宏观背景分析:在明确项目自身立项背景的基础上,策划团队还需要系统分析项目所在地的宏观背景。大至国内外经济发展形势与党的大政方针,小至地方上级规划的目标地块定位等。只有充分摸透了区域产业经济发展的总体趋势与要求,所策划景区项目才能在所在区域内生存,否则就是不合时宜的。

2. 综合条件分析

(1)景区资源条件:旅游资源是旅游景区项目建设的重要依托。因此,对旅游景区的资源作出正确的评价是景区项目策划的重要内容。一个全面的旅游资源评价主要包括以下内容:旅游资源数量、类型、品位、人文景观和自然景观结合度、在全国同类景区中的地位;从旅游资源类别角度进行具体分析,每一类别旅游资源的情况,哪种类别旅游资源具有优势;旅游资源相互之间的空间关系;旅游资源分布的密度、形状;旅游资源的开发利用程度以及开发潜力;旅游资源的美学价值、科学价值、旅游价值、经济利用程度。

(2)景区区位条件:景区区位主要是指景区与比较成熟的旅游客源地之间或依托城镇、交通干线的相对位置。旅游区位可从市场角度对景区的优劣作出评判。主要包括:

① 客源区位。一些景区游客的多少并不主要取决于资源的吸引力,而更多的是由于位置的吸引,这是因为多数游客的"钱""闲"有限,只能选择近地域游览或休闲。例如上海周边大大小小的景区都"人满为患",并不全是因为那儿的资源价值高,而是因为它们紧邻上海市区,满足了城市居民双休日休闲游览的需求。这也是为什么大都市附近都能形成"环城游憩带"的重要原因。因此,景区客源区位的评价一定要分析客源市场距离景区的远近。

② 交通区位。一个景区游客的多少,除了取决于资源的优劣和客源市场的远近之外,还取决于交通线路的数量、等级和通畅程度。交通不便、可进入性差往往是不少景

区发展的制约因素。例如,不少地区虽然有绝佳的旅游资源与环境,但却因位置偏僻、地形阻隔、经济落后而缺"路"少"线"而难以进入,致使旅游业发展缓慢。四川九寨沟、西藏拉萨、云南西双版纳、新疆天池、陕西延安等就是例证。然而,还有一些景区并非因地处"天涯海角",却因交通线路不畅而影响或制约了旅游发展。如五台山、衡山、曲阜、华山、泰山、桂林等都为中外著名旅游胜地,但六地均无或少始发和终点列车,且前五地没有机场、前四地离火车站还有一大段距离,游人进出困难或进去容易出来难,这使不少旅游者望而却步。相反,那些交通区位良好,飞机直航、高铁直达或者拥有旅游直通车的旅游景区,则可以吸引众多的远方游人,例如北京、上海、广州、成都、杭州、昆明等。

③ 资源区位。一个景区能否健康、快速发展以及发展的程度,不仅取决于资源的绝对价值,更取决于资源的相对价值,即取决于景区在空间位置中与邻近区域资源的组合结构。同一地区内,地位较低的景区一般难以发挥出应有的价值,倘若再与他处雷同,则更会"雪上加霜"。这种先天不足,位于阴影区内的资源区位是不少景区难以有较大发展的根本原因。反之,资源不为同一类别而且相互补充,则会产生叠加效应,对游客具有综合吸引力。倘若两地资源价值又都很高,则更会"锦上添花",令游客"喜上加喜"。最突出的例子莫过于泰山和曲阜了,两地均为世界遗产,一处是山岳风景,一处是儒家文化的发源地,且两地有高速公路相通,游人来山东,两地一起游,觉得特别划算。放眼神州大地,青岛与崂山、洛阳与嵩山、西安与华山、都江堰与青城山、黄果树瀑布与安顺龙宫、苏州与无锡等也都是具有叠加效应的旅游地域。

(3) 景区社会经济条件:一是景区微观社会经济条件,主要是资金、人才和制度环境。资金指景区可以用来进行项目建设的资金、资金来源渠道、成本以及可能性。广义上的资金也包括物资储备情况;人才包括景区的人力资源状况引进、引进与培训途径、成本及可能性;制度环境主要分析景区项目开发有哪些优惠政策和制约因素。二是景区宏观社会经济条件,景区所在地的社会经济条件对景区项目开发具有重要影响。如景区所在地的经济发展水平既影响旅游投资能力,又影响旅游需求的形成。景区所在地交通、通信等基础设施的完善与否,不仅影响景区的项目建设,而且影响旅游者生活的便利程度,而景区所在地对旅游开发的支持程度、居民好客度、社会治安等同样是构成景区产品吸引力的重要组成部分。

(4) 项目建设条件:一是土地使用性质。目前,国内土地利用规划基本上已经详细到乡镇(街道),也基本上明确了到未来几年的土地建设用地指标。因此,在开展景区项目策划之前,首先要先明确景区所在地块的土地使用性质,哪些属于建设用地、哪些属于基本农田等。在进行项目策划及空间布局上,应充分考虑到可建设用地的空间位置,否则至少会延缓项目的建设审批。二是建设适宜性分析。通过对景区项目策划范围的地质、地貌、水文、气象、植被、土壤等综合条件的分析,可将景区内部土地划分为宜建设用地、基本适宜建设用地和不适宜建设用地三类。不适宜建设用地通常属于生态脆弱区,应严格禁止各类旅游开发与观赏活动,并确保生态安全;基本适宜建设用地可重点布置各类观光、休闲类旅游项目设施;宜建设用地则重点布置住宿、餐饮、游乐类旅游项目设施。

(5) 市场需求分析:对景区市场现状的分析主要包括现有市场的人口特征,如地区构成、性别构成、年龄构成、文化构成、职业构成、家庭结构、收入构成等;现有市场的行为特征,如影响出游决策的因素、休闲方式的选择、景点偏好等;现有市场的感知和期望,如感知形象、影响满意程度的因素、重游意向、推荐意向、期望和建议等。

任务5.3　创新策划景区项目与设施

一、策划的原则

1. 以资源为基础

发展旅游离不开旅游资源,旅游资源是旅游业发展的基础。具有旅游资源优势的地区,发展旅游具有优势。开发自然旅游资源一定要注意对环境的保护,开发人文类旅游资源一定要努力挖掘地方历史文化内涵。景区项目策划要以当地的旅游资源为基础,依托资源策划产品。如哈尔滨开发冰雪旅游节,依托其独特的冰雪旅游资源;西安建大唐芙蓉园依托其独特、垄断性的唐文化旅游资源。

2. 以市场为导向

中国旅游市场已经渐渐成熟,在旅游喜好方面也表现出稳定的特征。现代旅游市场,偏好文化型、参与性的旅游项目和休闲的旅游环境。因此,景区项目的策划要迎合旅游者的这些需求。又因为旅游者的需求是多样化的,所以,求新求异也是景区项目策划的重要方面。

3. 以特色为根本

以特色为根本是指策划景区项目要把开发景区及当地的特色旅游资源、塑造景区的特色旅游形象作为项目策划的出发点。以特色为根本要求进行项目策划时注意突出民族特色和地方特色。旅游项目的特色越突出,个性越鲜明,垄断性越强,对旅游者吸引力越大,竞争力也越强。如哈尔滨的冰雪、西安的汉唐文化、海南的热带滨海沙滩、西南的少数民族文化、四川的巴蜀风情等特色都非常突出。

4. 以效益为目标

景区项目策划,一要提高旅游景区的旅游吸引力,提高景区的经济效益;二要改善景区的生态环境;三要提高景区的旅游质量和游客体验,增加旅游地居民的自豪感。

二、策划的方法

1. 头脑风暴法

头脑风暴法是指就景区项目有关问题召开专家座谈会,让与会人员畅谈自己的观点和想法,然后由策划人员对专家的意见进行梳理与组织,形成统一的结论,最终找出问题的症结,并提出有针对性的策划创意。

2. 移植策划法

移植策划法就是将他人或其他景区的项目构思移植到本景区的旅游项目中,再结合自己景区的主题和实际情况,进行新的构思创造。项目移植法在旅游开发领域中被广泛采用。但由于地区间的经济、文化、生态环境、客源市场的巨大差异,在一地相当成功的项目换到另一地区可能会遭遇失败,这使得这种方法具有一定的风险性。故项目移植策划一般只适合相互之间比较类似的景区。

3. 问题分析法

通过问卷调查、电话采访、实地采访、网上调查等多种方式,询问旅游者对景区的印象和建议,收集旅游者对相关旅游项目的策划、创意的想法和建议,寻找启发和思路,然后有针对性地进行项目策划创新。问题分析法的问题来源于旅游者,比较客观、准确,提高了策划的目标性,是一种普遍采用且效果较好的策划创意方法。

三、策划的重点

名称、主题、定位、布局是景区项目策划的核心灵魂,相应产品体系的设计与配套服务设施策划,则是景区项目策划能最终实现的有力保障。

(一) 主题选择与总体定位

1. 景区项目策划的目标制定

(1) 景区项目策划的目标体系

包括总体目标和阶段目标。总体目标是对景区项目策划的远景目标或远景进行描述;阶段目标是对景区项目策划在各个阶段所要达到的目标进行描述,一般较为细致和具体。通常,可以将景区项目策划划分为近期、中期和远期三个部分。从表述方式来说,景区项目策划的目标通常包括概念性目标(目的)和数值性目标(指标)两个部分。如杭州市萧山区浦阳江生态旅游区策划的概念性目标是"以低碳旅游为特色,集生态游憩观光、生态人文体验、生态品质人居、生态养生休闲、生态创意产业、生态科考探险于一体的,国内知名、华东地区首位的休闲旅游小镇集群区,大杭州的生态产业高地、休闲城市建设的新驱动与休闲旅游产业统筹发展的典范区,与大江东新城、湘湖新城(主城)并肩推动萧山整体和谐发展",而其数值性目标则包括具体的游客接待量、旅游总收入、直接创造的就业岗位数等指标。

(2) 景区项目策划的目标内容

一是技术性内容,对旅游景区项目建设进度进行说明;二是效益性内容,对旅游景区项目所要达到的效果进行说明,效益性内容一般包括经济水平目标、社会效益目标、环境保护目标和文化发展目标等。在制定目标内容时,要秉承目标的可接受性、可检验性、可分解性、可实现性和挑战性原则,避免流于形式。

2. 景区项目策划的主题选择

景区项目主题是指旅游景区项目的核心内容和基本思想。景区项目的主题选择是对旅游景区项目核心内容和基本思想的确定。主题选择对旅游景区项目策划具有非常重要的意义。当你看到大禹开元主题酒店、雨林咖啡厅、蓝精灵蘑菇村等名称就知道它们的真正内容是什么,因为它们都点出了明确的主题。制定明确的主题可以说是项目策划、经营体验的第一步。主题就如同一篇文章的中心思想、一支乐曲的主旋律,缺乏主题、东拼西凑的策划设计,难以给游客留下深刻印象,甚至会事与愿违,造成负面体验。目前,我国不少旅游景区缺乏个性与特色,或"翻版克隆"其他旅游景区,或张冠李戴、生搬硬套,或杂烩拼凑、凌杂散乱,给游客千篇一律的感觉。

如何确定一个明确的主题呢? 一般而言,主题的确定应根植于本地的地脉、史脉与文脉,结合目标细分市场的需求,凸显个性、特色与新奇,避免与周边邻近景区的雷同。景区项目策划的主题选择思路可以从下面几个方面入手。

（1）情感体验

具有诱惑力的主题必须调整人们的现实感受。人们到某一景区游览，是为放松自己或者寻求平常生活中缺乏的特殊体验。景区体验必须提供或强化游客日常所欠缺的现实感受。比如人们游览雷峰塔，可能是为了感受经典爱情或是甜蜜气氛，所以雷峰塔景区应提供类似的体验才能吸引更多的游客。

（2）穿越时空

景区的主题，能够通过影响游客对空间、时间和事物的体验，彻底改变游客对现实的感觉。比如，美国的肯尼迪航空中心，为游客创造从火箭升空到太空漫步的全程体验；《宋城千古情》将杭州发展历史的经典场景或元素予以真切地展现，正所谓"给我一天，还你千年"。

（3）身临其境

美是人类永恒的追求，优美的自然风光永远不会缺少访问者。但是旅游项目策划中，为游客创造审美的体验并非一定要依托优美的自然风光，因为审美体验的实质就是为游客创造一种身临其境的氛围，所以体验的审美愉悦可以完全是自然的，也可以主要靠人工营造。例如阿联酋迪拜海滨的棕榈岛海滩度假区，就是通过填海工程，在海上建造了一座棕榈叶形状的岛屿型度假区，阳光沙滩、海水等自然景观与人工营造的棕榈岛完美地结合在一起。

（4）寓教于乐

尽管教育是一件严肃的事情，但是并不意味着教育的体验不能充满快乐。实际上，求知与旅游是一种完美的结合。在中国古代便有"游学"。18 世纪，修学旅游是英国贵族的必修课，直到今天修学旅游依然是旅游市场上受欢迎的产品。2013 年 11 月，国家旅游局正式授予浙江旅游职业学院为国家 4A 级旅游景区，其主题就是国际教育旅游体验区，以景区开发与管理专业为核心，将学院烹饪专业的中西方美食 DIY、休闲专业的茶艺茶道与高尔夫休闲、酒店管理专业的酒窖体验、外语专业的日韩文化体验馆等教育资源与旅游休闲、娱乐相结合。

（5）营造梦想

对大多数人来说，现实的工作和生活年复一年，千篇一律，每个人内心深处都有逃避现实的渴望。科幻小说和童话故事中的情景使人憧憬不已，人们会梦想自己能够成为故事中的主人公，体验冒险之旅。事实上，在目前成功的旅游项目中，逃避现实的体验主要来自对一些科幻式、冒险式电影和故事的模拟。例如欢乐谷的"美国西部淘金之旅"、美国加利福尼亚的荒野体验公园无不如此。也有对知名游戏或动画片或卡通人物的模拟，如迪士尼乐园、Hello Kitty 乐园等。

策划景区项目
的重点

想一想 您所见过或者听说过哪些主题特色鲜明的旅游景区?

3. 景区项目的名称确定

景区项目名称要用精确、简练的语言表述项目的主题,要具有独特性和新颖性,能够在众多旅游景区项目中让人耳目一新,并对旅游者产生吸引力。

(二) 空间布局与项目选址

1. 影响景区空间布局的因素

在实际的景区项目策划过程中,影响景区的空间布局因素很多,既有自然地理环境等客观因素,又有道路交通、人文遗迹以及发展远景等主观因素。一般来说,食宿、购物等商业项目应该建设在景区核心功能区以外;在地理条件方面,如土地、水文、风向等因素对于建筑项目具有重要影响;在景观格局方面,旅游建设必须考虑景观之间的协调,既要考虑建筑物和景观环境之间的协调,也要考虑建筑物之间的协调;在生态环境方面,旅游项目建设要尽量避免对生态环境的损害,特别是要避开生态脆弱区;在游览路线方面,旅游项目是为旅游者进行旅游活动而建设的,因此要特别考虑旅游者的需要。

2. 景区的功能分区与布局

为满足游客"吃、住、行、游、购、娱"等各方面的需求,旅游景区要拥有游乐区、休闲区、服务区三个基本功能区,然后根据不同旅游景区的类型,再设置相应的观赏区、体验区或产品区。功能分区时,既要便于景区管理者进行针对性的管理、经营者实施针对性的营销和旅游者进行选择性的游览,又要适应实际环境的要求。

进行了合理的功能分区以后,还需要对不同的功能区进行合理的空间布局。在进行空间布局时一般要把握以下三条原则:首先,集中功能单元;其次,协调功能分区;再次,保护环境以保障旅游景区的可持续发展。具体而言,游乐活动设施采用集中与分散相结合的布局方式,在注重惊险刺激的同时,也要考虑情感化与环境化;住宿、餐饮、观景、商业和环境艺术设施,一般布置成一个综合服务接待区和若干个服务接待点,以突出整体优势和形成规模效益;后勤服务和技术供应设施,包括给排水、供电、通信等一般采用集中布局的方式,同时与其他设施联系,以保证旅游景区的正常运转。

(三) 景区项目与设施的创意策划

当确定了景区项目策划的名称、主题以及总体功能分区与布局后,接下来的重点工作就是围绕主题,展开项目与设施的创意策划。

1. 景区项目的创意策划

景区项目的创意策划主要围绕既定主题展开相应的景观游赏、娱乐体验、美食餐饮、商品购物等内容策划,可以根据确定主题的属性特征及其纵向历史变化予以演变。如以竹子博览园为例,就美食餐饮而言,就可以划分为以竹笋为原料的美食和以竹子为工具的美食。竹笋又可以分为冬笋、春笋、鞭笋等种类,有直接食用、罐头食用、笋干食用等,还可叠加其他相关素材研发出成千上百种竹笋美味,而竹笋又对肥胖、高血压、冠心病、糖尿病、动脉硬化等现代社会的"富贵病"拥有一定疗效,可开展养生美食项目。

2. 景区设施的创意策划

作为一个主题鲜明、特色突出的旅游景区,除了在上述核心项目予以重点表现外,景区内部的各类配套服务设施、软环境装饰等均需要彰显主题。仍以竹子为例,景区内部特色餐厅的菜单可以是竹简的形式,桌子、凳子、碗筷等均可以竹子为原材,更显得生态与有机。假如要注重养生文化,则碗筷、桌子、墙壁上还可以镶嵌或装饰相关的字画等。

景区策划

想一想　您所见过或者听说过哪些有趣新颖的景区项目或设施?

(四) 景区市场定位

1. 景区项目市场细分

景区项目策划亦需要对目标市场进行细分。市场细分有利于集中使用资源,优化资源配置,避免分散力量;有利于提高项目的成功率,产生一定的社会效益;有利于增强项目企业的适应能力和应变能力;有利于提高项目的市场竞争力;也有利于挖掘更多的市场机会。

市场细分是一个连续的过程,具体要经过划分细分范围、确认细分依据、权衡细分变量、实施小型调查、评估细分市场、选择目标市场、设计项目策划等步骤。事实上,目标市场的细分与项目的策划往往是同时进行的,也可能边"细分"边"调整"。但值得注意的是,往往是先确定目标细分市场,才会有最后确定的项目策划以及后续的产品体系设计。

2. 景区项目市场选择策略

项目市场细分化之后,存在着众多的子市场,如何在子市场中选出自己的目标市场,主要有以下几种策略:一是集中性策略。是指以追求市场利润最大化为目标,项目不是面向整体市场,而是将主要力量放在单个子市场上,为该市场开发具有特色的系列项目活动,进行广告宣传攻势。这种策略主要适合于短期项目策划,成本小,能在短期中取得促销的效果。二是无差异策略,是指项目活动不是针对某个市场,而是面向各个子市场的集合,以一种形式在市场中推广开来。这种策略应配以强有力的促销活动,使用大量统一的广告宣传,但是成本比较大,时间比较长,一般适合于大型项目策划。三是差异性策略,是指项目策划面对已细分后的市场,从中选择两个以上或多个子市场作为目标市场,分别向每个子市场提供有针对性的策划项目。这种策略配置的促销活动应有分有合。在不同的子市场,广告宣传应有所不同,从而调动各个子市场消费者的消费欲望,实现消费行为。

3. 景区项目市场定位的内容

一是建立市场分级评估。通常按照市场的重要性可分为基础核心市场、重点开拓市场以及外围机会市场;按所在区域可分为本地市场、国内市场以及国际市场;按目的可分为观光市场、度假市场、商务旅游市场、购物旅游市场等。所谓基础核心市场是指能够为景区提供最基本、最多的旅游者人数、最大份额的收入、具有较高重游率的市场,是景区目前重点关注的生存市场;重点开拓市场往往是新项目策划后,景区将重点开拓的新市场,也是景区未来盈利的重要保障与品牌影响力提升的重要载体;外围机会市场是指所占份额较小,通常要依托于所在城市旅游或更大型的旅游景区、知名旅游线路而带来一些游客的市场。

二是确定项目市场范围。市场范围可以用距离、人数、收入水平等指标来衡量,相应地在市场区划图上用等人口数线、等距离线、等收入线等来表示景区市场的圈层结构。但通常还是以距离作为市场范围的衡量。对一般的4A级景区而言,以景区为圆心,300—400公里为半径的范围为基础核心市场,400—800公里的为重点开拓市场,超过800公里的均为外围机会市场。值得注意的是,这些并不是绝对的。市场的范围与交通条件、景区吸引力大小等变量有关,当上述变量发生变化时,市场的范围也会产生相应的变化。因此,在划定目标市场范围时要将未来交通条件的改善和旅游景区知名度提升等因素考虑在内。

三是确定项目市场形象和品牌。项目形象是景区项目在旅游市场中的生动表征,是市场识别最为有效的工具之一。项目品牌是项目形象的集中体现。因而,确立项目形象和品牌构成是景区项目策划的重要内容。项目形象和品牌的确定,包括提出具有吸引力的项目名称、独特的宣传口号、鲜明的形象标志等。

(五) 景区项目产品体系设计

1. 景区项目形成的局部旅游产品

是指通过某一项目的建设,旅游景区自身能够提供的旅游产品和服务。即使是同一个旅游景区项目,也可以形成不同类型或主题的旅游产品。除了类型以外,产品的规模、价格以及档次等也是需要考虑的问题,结合景区项目产品体系建设,最重要的一点是项目的目标和主题,结合旅游景区项目的市场定位,确定景区项目主导产品。主导产品在项目产品体系中处于最主要的地位,是项目核心吸引力所在。

2. 景区项目形成的区域旅游产品

是指通过某一项目的建设,旅游景区能够通过与外部产品和服务特别是与其他景区的结合,向旅游者提供的区域性旅游产品。通过项目建设形成区域性旅游产品,对于景区的发展来说也是非常重要的,同时也是极易受到忽视的。旅游景区产品可能单独构成区域性旅游产品最主要的部分。在多数情况下,某个旅游景区往往不是唯一的吸引物,因此必须考虑和其他景区之间的竞争和合作关系,同一旅游目的地不同景区之间最好形成内容互补、共同发展的产品体系。

景区市场的
定位

| 想一想 | 您认为夜游产品的开发对景区有何意义？ |

任务 5.4　景区项目评估与分析

一、景区项目的投融资估算

（一）景区项目投资概算

项目投资包括建设资金和运营费用两个方面，都是影响项目投资的效益和可行性的重要因素。

所谓建设资金，是指项目工程建设所需的资金。建设资金概算应根据项目分期计划，对各期主要工程投资做出一个估算。作为一个粗略的估算，可以参照同期类似项目进行调整。更严格的估算，应根据工程预算标准，按照项目建设所需的工程类型以及工程量逐一计算并加总。根据项目要求，可以给出高标和低标两种方案。

所谓运营费用，是指项目投资除工程项目建设投资外的相关费用，通常是指项目开发建设后的运营费用。运营费用的估算应根据项目经营种类、规模、档次和面积等指标进行计算。同样可以给出高标和低标两种方案。

（二）景区项目融资计划

景区项目的资金来源首先要考虑自有资金，除此之外，可以采用的融资方式主要有政府支持、银行贷款、招商引资、集资、借贷、发行股票、捐赠或支持特殊的旅游景区项目。

一是政府支持。旅游业是典型的政府主导经济，各级政府均非常重视旅游景区项目的投资建设。重要的旅游景区项目，应争取进入政府财政预算，或申请其他政府支持项目，获取旅游发展专项资金的扶持。如浙江省在全国率先建设旅游经济强省战略的实施过程中，每年均会确定一批旅游景区项目作为年度重大投资项目，给予相应的资金与政策支持。2012 年，在浙江省实际完成 581.44 亿元的投资额中，政府部门完成投资 146.84 亿元、企业完成投资 398.54 亿元、外资完成投资 18.46 亿元、银行贷款投资 17.60 亿元，分别占实际完成投资总额的 25.25%、68.54%、3.17%和 3.03%，虽然企业投资已占据绝对主力，但政府力量仍不容小觑。

二是银行贷款。银行贷款是项目开发最常用、几乎也是必不可少的融资方式。值得注意的是，国内在旅游景区项目建设贷款审批上依然存在较大的阻碍。虽然《国务院关于加快发展旅游业的意见》(国办发〔2009〕41 号)文件中明确要求金融系统要创新举措，要"拓宽旅游企业融资渠道，金融机构对商业性开发景区可以开办依托景区经营权和门票收入等质押贷款业务"。但在实际操作过程中，尚未普遍推广实施，存在较大难题。

三是招商引资。目前各地几乎都有涉旅的优惠投资政策。旅游景区项目可以借此在海内外进行招商引资。为实现招商引资的目的，必须做好投资项目的策划工作。如果策划项目不注重市场效益，就无法引起投资商的兴趣。投资商看中的是有丰厚回报的项目。招商引资的具体方式包括 BOT(Build-Operate-Transfer)方式、工程项目业主制和股份合作制等。

四是集资或借债。所谓集资,是指可以在景区内部或面向社会吸纳资金。作为集体所有制景区,通常会采用集资的方式解决资金短缺问题;部分难以通过银行贷款的景区,也会通过内部集资的方式予以解决。

五是发行股票,通常是上市旅游景区公司通过发行股票的方式筹集资金。

六是捐赠或支持特殊的旅游景区项目。特别是社会效益、文化效益、生态效益较为突出的项目,可以争取海内外组织机构及个人的捐赠。有些项目可以争取国际组织的支持,尤其是一些世界文化遗产或非物质文化遗产类项目的开发。

(三) 景区项目融资注意事项

一是要加强项目管理。项目融资不是有资金就要,项目开发不能损害人们的利益,不能损害生态环境,不能违背党和国家的方针政策,更不能违法。应对开发的项目进行统一规划,所有项目必须符合规划精神。在吸收投资以后,必须加强对各方行为的监管,对筹集和引入的资金也必须加强监管,以使资金使用符合节约和高效的原则,严禁贪污浪费,要将资金使用在具有最高回报的项目上。

二是要节约使用资金。①严格进行规划和设计以节约资金。值得注意的是,规划策划浪费是最大的浪费。同样,规划策划节约也是最大的节约。因此,应总结本地及外地景区项目策划的经验教训,紧紧把握住规划、策划和设计关,防止贪大求洋、盲目效仿、不切实际的规划策划,使规划设计本土化、特色化。可建可不建的项目不要建,能够改建的项目不要新建。②深入挖掘文化内涵以节约资金。像现代大型建筑,工程装修费用与工程建设费用几乎是同等投资,如果走文化装修之路,就可以节约将近一半,而且可以取得同样甚至更好的效果。③发挥项目多重功能以节约资金。依托当地产业基础,尽可能建设具有多重功能的项目,不能仅仅依靠旅游门票的收入。④联合开发项目以节约资金。联合开发是采取合作开发方式。

三是要滚动开发。对于建设工程浩大的项目,应本着先急后缓,先主题后配套的原则分出一、二、三期工程,逐步建设、滚动开发,缓解资金矛盾。一部分建成的项目先投入运营,所得收入可以用来再投资。

(四) 景区项目的效益评估

项目投资效益包括经济效益、社会效益、生态效益、文化效益等几个方面。项目效益评估是指对项目在上述几个方面的收益进行综合评估。

一是经济效益评估。在衡量项目经济效益时不仅要考虑项目的直接经济收益,也要考虑项目所带来的间接经济效益,如项目开发后带动旅游景区形象的改善、产品的丰富,从而带动客流量和旅游收入的增加等。衡量经济收益方面的指标除了旅游收入和旅游者人数以外,还包括旅游创汇、人均旅游花费、投资回收期、投资收益率等指标。

二是社会效益评估。社会效益指旅游景区项目开发带来的社会效果,包括提供的就业机会、对地方经济增长的贡献率、地方居民的支持率、社会风气、旅游者的满意度、从业人员服务质量等指标。

三是生态效益评估。生态效益指旅游景区项目在环境和资源方面体现出的效益,包括自然风景资源保护、历史文化资源保护、环境综合整治指标、绿色覆盖率、水资源环境、大气资源环境等内容。

四是文化效益评估。文化效益体现旅游景区项目开发对当地文化的影响和对文化互动结果的预期,包括当地文化的完整性、文化个性、文化整合的程度、交叉文化的吸引力强度等指标。

二、景区项目的可行性分析

项目可行性分析包括项目优势与特色、资源与环境、市场、技术、经济、法律和政策、社会文化和生态环境等各个方面。

(一) 项目优势与特色分析

景区旅游项目的优势和特色是其可开发的前提和基础,并决定着该旅游项目开发的潜力。一般来说,旅游项目的优势越明显,所具备的开发潜力越大;项目的特色越突出,就越容易识别,越能提炼出与众不同的项目主题,其旅游吸引力和竞争力就越强,开发也就越容易获得成功。

(二) 资源与环境条件分析

即对旅游项目所依托的旅游资源条件和环境条件进行分析。一般来说,项目依托的资源条件越独特,旅游项目开发的成本也就越低。项目依托的环境条件越优越,项目的竞争力也就越强。如山岳型旅游地开展避暑旅游项目,因为资源优势明显,夏季较凉爽,所以开发避暑旅游项目就容易获得成功。

(三) 市场条件分析

旅游项目开发的重要目的是为了获得经济上的利益,即吸引更多客源,增加景区游客量。因此,分析一个旅游项目的开发是否可行,必须认真分析其面临的客源市场特征,如旅游市场的规模预测、市场的旅游偏好等。在旅游项目具有可行性的基础上,再根据旅游市场对产品和服务的要求进行项目策划。

(四) 技术可行性分析

技术可行性分析至少要考虑以下几个方面的因素:①项目策划创意是否能够得到现有技术的支持。如果在项目开发过程中遇到难以克服的技术问题,轻则拖延进度,重则断送项目。②项目策划创意是否能够依靠现有技术做好、做精,达到的效果能否让各相关利益群体满意。有时仅仅因为完成得有欠缺,一个好的创意反而成为败笔。③在现有技术条件下,完成项目所需的时间。时间就是金钱,如果项目进度慢了,不仅很可能被其他旅游景区抢先占领市场或者市场需求发生新的变化而导致项目难以获得预期的收益,而且可能会引起投资方的资金链紧张而破产。

(五) 经济可行性分析

经济可行性分析主要应做好成本收益分析,如果成本高于收益则表明项目不可行。对收益的分析基于对市场需求的预期,要考虑人们的收入水平、休闲时间、行为偏好、审美情趣等方面的因素。对景区项目可能形成的吸引力做出充分的评估,收益分析必须谨慎,人们在预估产品销售额时常常因过分乐观而进行错误决策。对成本的分析同样应该全面、细致,并且考虑机会成本因素和供给方面可能的变化。成本收益分析要综合考虑短期收益和长期收益。短期利益容易把握,风险较低,但是长期利益往往是决定旅游景区未来能否生存的重要因素。成本收益分析往往涉及投资回收期的计算,国外旅游市场对旅游景区的投资回收期一般设计为 6—8 年,虽然时间较长但符合市场规律,有利于延长旅游景区的生命周期,获得持续性收益。国内不少旅游景区把投资回收期锁定在 2—3 年,通过抬高门票和提高景区内其他消费价格的办法强行回收,短期内让企业获得了收益,长远看却阻碍了行业的持续发展与获利,加速了景区生命周期的衰竭。在进行成本收益分析时,往往要对客流量、收益价格、成本价格等上下浮动 10% 做敏感性分析,分别给出高、中、低三套可行性分析数据,以供投资商最后确定是否投资项目。

(六) 法律和政策的可行性分析

景区项目策划必须遵循各种法律法规。一个项目即使能够产生非常大的经济收益,如果违背了有关法律法规,同样是不可行的。政策对旅游景区项目是否可行影响非常大。国家或地方政府是鼓励还是限制该类项目的发展,以及在招商引资、工商注册、土地指标、规费税收、人才等方面的配套政策,将影响项目的审批以及实施。

(七) 社会文化和生态环境可行性分析

当前旅游景区项目策划有一种不良的倾向——喜欢打法律的擦边球,如策划一些和色情或赌博有关的项目,可能并没有违反法律,但是对社会风气有负面的影响,因而是不可行的。此外,目前国家已经明确要求对旅游项目进行环境影响评价,如果不符合生态环保规定,同样也是不可行的。

任务 5.5　景区项目的管理与实施

一、景区项目管理

(一) 项目的计划管理

对旅游景区项目进行计划管理能使项目的开发建设有计划,按顺序有条不紊地开展。这就是说通过使用这个动态计划管理,将工程项目全过程和全部开发活动纳入计划轨道,使项目有序地达到预期总目标。

(二) 项目的组织管理

这是指通过职责划分授权、合同的签订与执行,以及根据有关法律法规,建立各种规章制度形成一个高效率的组织保障体系,使项目的各项目标得以最终实现。

(三) 项目的协调管理

其意义是为开发项目提供协调和谐的公共环境,保证项目开发建设的顺利进行。协调管理的主要任务是对开发项目与外部环境、项目各子系统之间以及项目不同阶段、不同部门、不同层次之间的关系进行沟通与协调。这种沟通与协调将更有利于睦邻公共关系、吸纳融通资金、寻找材料设备供货渠道、广揽优秀设计人才和施工队伍、获得市场竞争优势、促进产品销售。

(四) 项目的监督和控制管理

其意义是有利于对项目的质量、工期和成本进行控制,并获得最大的综合效益。控制管理主要是通过计划、决策、反馈和调整等手段,采用项目分解各种指标、定额和阶段性目标的贯彻执行与检验等措施,对开发项目的工程质量、施工工期、资金使用、成本造价等进行有效控制,确保开发项目以最少的投入,获得最大的经济效益、社会效益和环境效益。

二、景区项目保障与实施

(一) 项目保障体系

旅游景区项目的成功实施,需要一定的保障。景区项目的保障体系包括营销、管理、资金、政策、人力资源、基础设施等方面。

(二) 项目实施

项目策划通过之后,应制定相应的实施细则,以保证项目活动的顺利进行。要保证策划方案有效,应做好三方面的工作:①监督保证措施。科学的管理应从上到下环环相扣,责、权、利明确,只有监督才能使各个环节少出错误,以保证项目活动的顺利开展。②防范措施。事物在其发展过程中有许多不确定因素,只有根据经验或成功案例进行全面预测,发现隐患、防微杜渐,把损失控制在最低程度内,从而推动项目活动的开展。③评估措施。项目活动发展的每一步都应有一定的评估手段以及反馈设施,从而总结经验、发现问题、及时更正,以保证策划的事后服务质量,提高策划成功率。

··

项目小结

项目策划是指以具体项目为对象进行的策划活动。景区项目策划就是指对旅游景区战略工作的思考和安排,是为了实现景区特定发展目标而采取的一系列行为。依据旅游资源类型的不同,可将景区项目策划划分为自然景区项目策划、人文景区项目策划和人造景区项目策划等;依据活动类型的不同,可将其划分为餐饮项目策划、娱乐项目策划、住宿项目策划、交通项目策划等;依据策划深度的不同,可将其划分为整体项目策划和局部项目策划等。

国内现代景区项目策划基本始于改革开放后,迅速发展于《旅游规划通则》和《旅游资源分类、调查与评价》两个国家标准颁布实施后。但依然存在景区项目策划的普及度不高、景区项目策划的科学性不足、景区项目策划的专业性不强、景区项目策划的理论性滞后等问题。

规划前的策划,可为后期规划提供总体概念与思路;规划后的策划,可实现规划的落实与操作。与一般项目策划相似,景区项目策划也拥有功利性、社会性、创造性、时效性和超前性等特征,并拥有综合性、空间性和体验性等独有的特征。景区项目策划的内容主要包括项目名称、项目风格、项目布局、产品体系及实施管理等内容。

一般而言,景区项目策划的主要步骤包括界定问题、景区条件综合调研、策划创意、项目评估与可行性分析、项目管理与实施及撰写策划文案。

对景区的综合调研是景区项目策划的基础工作。调研准备工作主要包括资金准备、成立调研团队、制定调研计划、制定相应的调研登记表格和收集相关资料。调研的内容包括景区的资源、市场、管理机构、相关利益者的态度以及景区的周边环境。然后展开综合评价分析,包括项目的背景分析与综合条件分析。

名称、主题、定位、布局是景区项目策划的核心灵魂,相应产品体系的设计与配套服务设施策划,则是景区项目策划能最终实现的有力保障。根据综合调研与评价,可确定景区项目策划的名称与主题以及相应的发展目标。综合考虑多方面的因素,对不同的功能区进行合理的空间布局,并深入具体项目、设施的策划,设计相应的产品体系与线路。最后需明确项目的分期建设计划及经济、社会、文化、环境效益的可行性分析。

讨论与思考

1. 在进行景区综合调研时,如何最大程度地保障所采集的数据信息的真实性和客观性?

2. 目前自然风光类景区中常见的旅游项目有哪些? 请举例说明。

3. 目前人文类景区中常见的旅游项目有哪些? 请举例说明。

4. 你认为,主题公园等人造景区在项目策划时还应注意哪些问题?

项目小测验

一、选择题

1. 项目投资效益包括经济效益、社会效益、(   )、文化效益等几个方面。

A. 市场效益　　　　　B. 生态效益　　　　　C. 娱乐效益　　　　　D. 积极效益

2. 建立市场分级评估,按照市场的重要性可分为基础核心市场、(   )、外围机会市场。

A. 本地市场　　　　　B. 重点开拓市场　　　C. 国内市场　　　　　D. 度假市场

3. (   )是旅游景区项目建设的重要依托。

A. 市场需求　　　　　B. 景区设施　　　　　C. 策划内容　　　　　D. 旅游资源

4. 景区项目策划的内容有(   )。

A. 项目名称与风格　　B. 项目布局　　　　　C. 实施管理　　　　　D. 产品体系

二、填空题

1. 景区项目策划的调研内容通常包括_____、_____、_____。

2. 与一般项目策划相似,景区项目策划也拥有_____、_____和_____等特征,并拥有_____等独有的特征。

扩展技能训练

以你最熟悉的某一个景区为例,分析其基础条件,对其进行旅游项目策划。

参考文献

1. 吴兰桂.景区策划方案设计——以长三角为例[M].上海:复旦大学出版社,2014.

2. 郎富平,顾雅青.旅游策划实务(第二版)[M].上海:华东师范大学出版社,2014.

3. 王衍用,曹诗图.旅游策划理论与实务(第2版)[M].北京:中国林业出版社,2016.

第二篇

核心
项目篇

【情景案例】

故宫文创这样造品牌 运用多种方式传播优秀传统文化

作为一个拥有近 600 年历史的文化符号,故宫拥有众多皇宫建筑群、文物古迹,成为中国传统文化的典型象征。近年来,在文创产业带动下,故宫化身成为"网红"。

● 人们愿意买、喜欢买

每年接待 1 700 万人次观众,每天面对着数万观众,故宫这座世界著名的综合博物馆和世界文化遗产,如何让收藏在禁宫的文物、陈列的遗产、书写在古籍里的文字活起来?转变源自 2013 年。当时,台北"故宫"推出一种创意纸胶带,在网络爆红。这让故宫博物院看到文创产品的庞大市场。

● 年轻人爱上故宫文化

随着故宫文创产品热销,故宫文化也受到越来越多年轻人喜爱。直观体现在参观故宫的年轻人变多了:据故宫发布的统计数据,2018 年故宫接待量突破 1 700 万人次,其中 30 岁以下观众占 40%,年轻观众尤其是"80 后"和"90 后",已成为参观故宫博物院的"主力"。要拉近故宫与年轻人的距离,就要研究年轻人乐于接受的传播方式。如何让历史"平易近人""生动有趣",成为故宫"网红"进阶史上的重要话题。

2014 年,故宫淘宝微信公众号刊登了《雍正:感觉自己萌萌哒》一文。此文迅速成为故宫淘宝公众号第一篇"10 万+"爆文,雍正皇帝也借此成为当时的热门"网红"。同一年,故宫文创相继推出"朝珠耳机""奉旨旅行"腰牌卡、"朕就是这样的汉子"折扇等一系列产品。"朝珠耳机"还获得"2014 年中国最具人气的十大文创产品"第一名。创意满满的文化产品,与年轻人的"脑洞"碰撞到一起,便能持续挖掘故宫"矿藏",传播效果更加强大。北京故宫的文创之路虽然时间不长,却迅速走出了一条自己的路子,故宫也成为融历史与现代、文化与科技、传统与创新为一体的知识产权。

● 运用多种方式传播优秀传统文化

近年来,故宫定位于"根植于传统文化,紧扣人民群众大众生活"原则,做出许多社会大众能够乐于享用、将传统文化与现代生活相结合的产品。例如故宫娃娃系列,因具有趣味性而受到少年观众喜爱。手机壳、电脑包、鼠标垫、U 盘等,因具有实用性而持续热销。

为了更好塑造品牌形象,故宫博物院在确保每件文化产品都拥有故宫创意元素的同时,也不断加强对产品设计、生产、营销各个环节的把控,力争使每件产品均具备高品质。

"故宫博物院要改变传统的传播方式,要学会运用多种方式来传播优秀传统文化,我们要让故宫文化遗产资源活起来。"单霁翔说。

❓想一想:打造旅游品牌形象对提升旅游效果有什么作用?您觉得应该如何做好旅游品牌策划呢?

【项目导学】

通过本项目的学习与实践,主要期望提升学习者如下的素质能力、知识结构与专业能力:

素质能力目标

➤ 能逐步提升创新思维能力,开阔视野;

➤ 能逐步养成批判精神,善于利用自然辩证法来分析判断任何事物与现象;

➤ 能养成品牌形象设计鉴赏能力,培养审美能力;

➤ 能与团队成员积极协作参与品牌形象策划设计,通过互动讨论或头脑风暴增强团队协作能力。

知识结构目标

➤ 了解旅游品牌形象策划的含义与理论基础;

➤ 理解旅游品牌形象策划的调查方向、设计要素及宣传方法;

➤ 掌握未来旅游品牌形象策划的发展趋势。

专业能力目标

➤ 能识别旅游品牌形象策划的实践项目;

➤ 能根据需求进行调研、设计、宣传某旅游地或企业品牌形象。

【任务发布】

请选择某一旅游主体,进行景区旅游品牌与形象策划设计。

任务 6.1　认识旅游品牌与形象策划

一、旅游品牌形象的概念

(一) 形象

形象是指能够引起人的思想或感情活动的形状或姿态,往往能够引起人的思想或感情活动。个人形象反映了一个人的本质、文化修养和气质等。城市形象反映城市的自然环境条件、历史文化传统、文化渊源、经济水平以及地域人文特征。

形象是客观事物在人脑中的反映,它包含两个方面的含义:其一,形象是一种具体的形态、模样,是事物的外在表象,是有形的、可描述的,是一种客观的物质存在,具有客观性;其二,形象是通过人的主观感受体现出来的,人是形象的感受者,具有主观性。形象的客观性说明,客观物质存在本身是形象的基础,是形象的内在本质;形象的主观性说明,形象是人们认识客观物质存在的入口,是客观事物被人们了解、熟悉以至接受的关键。

客观事物总是不断发展变化的,其外部特征也随之变化。这决定了客观事物的形象是可以变化的,这种变化能够根据某种需要按照一定的发展轨迹进行,这就是形象的可塑性。形象的可塑性使得形象策划成为可能。

想一想　　形象的可塑性体现在哪些方面？旅游形象是否具有可塑性？

(二) 旅游品牌

溯源"品牌"概念,我国古代的招幌和招牌广告,可以说是最早的品牌效应。"幌"原为布幔,表示经营的商品种类和服务内容。东周战国时代(公元前 770 年—公元前 221 年)出现印章,从宋代开始在瓷器上的题字,都起到识别和证明的作用。而到中国北宋(公元 1127 年),山东济南刘家针铺,运用铜版雕刻,以白兔形象为符号,并提示顾客"认门前白兔儿为记",生动形象地将品牌符号进行印刷推广,非常形象地表达了现代品牌的真谛——如何在消费者心中留下烙印。可以说,品牌是一个综合、复杂的概念,它是商标、符号、定位、声誉、包装、价格、广告、传播乃至历史、文化、民族等方面留给受众印象的总和。

美国市场营销协会(American Marketing Asociation, AMA)在 1960 年出版的《营销术语词典》中把"品牌"定义为:用以识别一个或一群产品或劳务的名称、术语、象征、记号或设计及其组合,以和其他竞争者的产品或劳务相区别。现代营销学之父科特勒在《市场营销学》中将"品牌"定义为:"品牌是销售者向购买者长期提供的一组特定的特点、利益和服务。"在网络某百科中,"品牌"被解释为"给拥有者带来溢价、产生增值的一种无形的资产,其载体是用以和其他竞争者的产品或劳务相区分的名称、术语、象征、记号或者设计及其组合,增值的源泉来自消费者心智中形成的关于其载体的印象"。品牌是一个抽象化的概念,需要系列化的形象、产品和服务为之承载。一个完整的品牌所具有的符号及符号的属性,有着清晰的识别功能,这是品牌具备的基础条件之一,凭借其去体现出品牌的理念、文化等核心价值,一个成功的符号,能整合和强化一个品牌的认同,并让消费者对其认同加深印象。

旅游品牌是指旅游经营者凭借其产品及服务确立的代表其产品及服务的形象的名称、标记、符号或它们的相互组合,是企业品牌和产品品牌的统一体,它体现着旅游产品的个性及消费者对此的高度认同。旅游品牌形象可以通过旅游产品、旅游服务等来彰显,是一个系统性的概念。旅游品牌构建通过自然风光、民俗旅游、文化体验、景观建筑等核心价值挖掘,体现品牌内涵,带给游客丰富的旅游体验,同时进行品牌识别要素延伸,增强游客旅游印象。整个品牌是以旅游的核心价值为中心建立的,即品牌内涵。从表面上来看,旅游品牌是一个图形或识别标志,实际上,它也是游客在旅游过程中真实感受的体现。在经济全球化的今天,经济的竞争就是品牌的竞争。现代旅游产业的竞争同样也是品牌的竞争。

(三) 旅游形象

21 世纪是形象时代(Age of Image),"形象力"的竞争将成为市场竞争的主导形式之一。因此,在旅游资源的开发规划过程中,旅游形象的塑造具有举足轻重的作用。对旅游形象的研究始于 20 世纪 70 年代。英国学者克罗姆顿(Crompton)将旅游地形象定义为人们对一个旅游地的信任、意见及影响的总和。彭华认为,旅游形象是旅游资源(包括人造景观)的本体素质及其媒体条件(服务环节)在旅游者心目中的综合认知和印象;黄震方将旅游形象定义为人合性的概念,是旅游地、意见及印象的总和;程金龙和吴国清指出旅游地形象是一个综合性的概念,是旅游地内外部公众对旅游地总体的、抽象的、概括的认识和评论。通过 30 多年研究,国内外学者对旅游目的地形象概念含义的理解经历一个从模糊到具体、从片面到较全面、从宽泛到集约的过程。

我们认为,旅游形象是旅游地及旅游企业文化的综合反映和外部表现,是通过自身的行为、产品和服务在社会公众心目中绘制的图景和造型,是公众以其直观感受对旅游地及旅游企业等作出的总体看法和评价。

这一定义包含以下几方面的含义。

首先,旅游形象是社会公众的普遍看法或评价,而不是某个人或少数人的偏见或褒奖;

其次,可以从两个角度来理解旅游形象:从旅游地角度看,旅游形象是旅游地资源优势的集中体现和整合提炼;从旅游者角度看,旅游形象是旅游者通过各种传播媒介或实地经历后,对旅游地的总体印象和期望。

最后,旅游形象由形象主体、形象客体和形象本体三个部分构成。其中,形象主体是现实的或潜在的旅游者。形象客体泛指认知的对象,包括旅游企业形象、旅游目的地形象等。形象本体是具体的评价、看法或偏见,是主体对客体认知的结果。

二、旅游品牌形象策划的概念

(一) 品牌形象策划定义

品牌形象策划又称 CI(Corporate Identity)系统策划,是指通过企业形象创意构思与设计提升实现提高整体竞争力和获得良好的业绩的过程,在我国翻译成"企业或组织形象识别",是指为了获得社会的理解和信任,将其宗旨和产品包含的文化内涵传达给社会公众而建立的形象系统。

CI 策划的目的不是形象本身,而是通过企业形象的提升,提高整体竞争力,从而获得良好的业绩。CI 中的 Identity 具有统一性和独立性两个基本特征。统一性指企业内外、上下的一致性,例如统一的标志、标准色等,以便集中强化形象,使信息传播更为迅速有效。独立性则要求具备识别于其他行业和部门的特性,使公众能在感觉上感到本企业与其他企业的不同。

(二) 旅游品牌形象策划概念

旅游品牌形象策划晚于品牌形象策划。西方国家于 20 世纪 70 年代将 CI 概念引入旅游企业和旅游地形象策划中,但也停留在浅层的对旅游产品的统一包装方面。20世纪 80 年代,我国几家优秀饭店企业运用了非常有特色的商标、标志和标准色等视觉识别形象。例如广州的白天鹅宾馆,以白天鹅的图案作为宾馆的标志,白色作为标准色,在宾馆的设备、设施、文件用具和物品上处处印上白天鹅的图案,突出自己的企业文化和特色。

旅游品牌形象策划是旅游地或旅游企业经过人为干预的形象再造过程,通常可分为旅游地形象策划(Tourism Destination Identity System,TDIS)和旅游企业形象策划(Tourism Corporate Identity System,TCIS)。其中,旅游地可以大到一个国家或一个区域,如中国旅游形象策划、新马泰旅游形象策划等,也可以小到某一个特定的景区,如三亚南山旅游形象策划;旅游企业包括旅行社、宾馆酒店、旅游景区、旅游购物商场等。

旅游品牌形象策划是在对旅游地或旅游企业的客观形象和旅游者感知形象认识的基础上,根据旅游地或旅游企业的现实水平和发展前景,针对旅游目标市场系统化地设计和塑造期望形象,并借助公众参与、各种活动及传播媒介的力量,将期望形象传递给旅游者的全过程。其目的是提升旅游地或企业的知名度、美誉度和认可度,达到良好的经济效益、社会效益和环境效益。

认识旅游品牌
与形象策划

三、旅游品牌形象策划的意义

(一) 丰富旅游学及相关学科的理论和实践

旅游品牌形象策划是旅游地理学中旅游需求和旅游者行为方面的重要研究内容,也是企业管理学、市场营销学、心理学、经济学等学科中旅游者行为和满意度研究的重要内容。因此,旅游形象策划的理论和实践能对这些学科的发展起到积极的作用:丰富其研究内容,深化其理论,完善其研究方法。

(二) 引起旅游者的注意

从消费者的消费行为来看,一般消费者首先是对产品产生注意,继而产生兴趣,再是激发购买的欲望,并记住其中的内容,最后是付诸行动。形象在此过程中起着非常重要的作用。特别是现代社会中,产品的竞争已经从价格竞争、质量竞争向形象竞争转变,品牌形象已经成为继人、财、物之后企业的第四种资源。

对于旅游地而言,形象是旅游地引起客源市场注意的关键,只有形象鲜明的旅游地才能更容易被旅游者感知和选择。面对激烈的市场竞争,品牌形象驱动策略已成为旅游地提高自身吸引力和知名度,在众多竞争对手中被大众所识别和接受的重要途径。实际上,旅游地形象策划的作用在于展现旅游地的魅力,引起人们的注意,增加旅游地被选择的机会。

旅游品牌形象策划的最终目的就是,经过策划,让旅游品牌形象发展到形象阶梯的顶端位置,让旅游地或企业成为旅游者的首选产品。

(三) 塑造区域形象促进区域经济社会发展

旅游品牌形象不仅是区域形象的重要组成部分,而且在很多情况下,旅游品牌形象可以代替区域形象。通常,人们对区域形象的认知首先是通过对其旅游形象的认知开始的。因此,旅游品牌形象的塑造、维护和推广有利于树立良好的区域形象,为区域发展创造良好的"软"环境。例如,三亚能从鲜为人知的小渔村迅速发展成现代化的优秀旅游城市,并吸引了世界著名的企业落户三亚,显然与三亚优良的旅游形象是密不可分的。良好的旅游品牌形象还有利于弘扬地域性传统文化,激发建设美好家园的责任心和使命感;有利于提升旅游地居民的整体素质,营造热情好客的社会风气。

1. 旅游业自身对地方旅游目的地的品牌价值

企业商标、企业名称的注册和各种官司能充分说明这一点,有些企业的品牌本身新有数亿甚至数十亿的价值。因此,无论是旅游地还是旅游企业,都十分重视旅游品牌形象策划。

2. 现代旅游者对旅游品牌形象具有依赖性

旅游者选择旅游地时,除考虑距离、时间、交通方式、旅行成本等一般因素以外,愈来愈重视旅游地形象。旅游者习惯采取一般实物商品的选购思维方式来选择旅游地,而对旅游地形象的评价要比对实物产品中那些可见因素的评价更加模糊和依赖。在旅游市场从卖方市场转化为买方市场的今天,旅游者越来越依赖旅游形象来选择旅游地,并决定是否重游。形象驱动策略已成为旅游地和旅游企业提高自身吸引力和知名度,在众多竞争对手中被社会公众所识别和接受的重要途径。因此,树立和维护良好的旅游形象,是开拓旅游客源市场、提高经营效率的重要手段。

3. 旅游品牌形象传播具有"非线性"特点

现代旅游业的发展是以"受众社会"为背景的,因此,现代旅游的显著特征之一便是旅游地或旅游企业与社会事件的联系是"非线性"的。某个地区、某个时刻所发生的事件,甚至一个小的事情都可能引起其他地方和未来时刻很大的变化,从而改变旅游地在旅游者心目中的形象认知,进而影响着旅游者的决策。

4. 良好的旅游品牌形象是一种积极的精神力量

这种精神力量对旅游业发展的积极作用是显著的。具体表现在:能鼓励旅游地居民和旅游企业员工朝着共同的信念努力拼搏;能增强旅游地和旅游企业的竞争力,给公众以新的认识、新的感受,提高知名度;有利于形成旅游地对旅游者和社会公众的凝聚力和吸引力;能吸引更多的商贸往来,增加旅游投资;有利于旅游业的综合发展。

四、旅游品牌形象策划的理论基础

(一) 旅游品牌形象认知空间理论

旅游品牌形象认知的首要因素是来自旅游地属于地理空间这一认知客体的属性,旅游空间认知因素是其最不可替代的因素,是旅游品牌形象策划和传播推广的基础。旅游者对旅游空间的认知,首先是旅游者对旅游产品所处位置的认知,即它在哪里? 其次才会认知它是一款什么样的旅游产品,有些什么样的旅游吸引物,是否就是旅游者心目中理想的旅游产品,即对被认知旅游产品与其他旅游产品的空间比较认知。旅游者对旅游品牌形象空间的认知具有等级层次、距离衰减、地域分异的特点。

1. 等级层次性规律

各种地域空间的等级层次性是人们认识地域的基本出发点。在大多人的心中,已经形成了一种地理空间等级层次的阶梯,或者称为地理空间的"认知链"。认知链是由旅游地所从属的不同等级层次的空间构成的一个链条,每当提到一个地方,我们就会自觉地通过这个阶梯、链条来确定它的位置,而这种被意识到的位置不仅仅是位置,还蕴含着由于位置的确定所带来的有关这个地方的认知内容和对旅游地形象的指示意义。

地域空间的等级层次构成的认知链,是旅游者心中关于旅游的一种形象阶梯,认知链上地域的上下级关系使旅游形象离不开地理文脉,这便构成旅游形象认知的背景律;而从被认知对象与其同级别的地域关系来看,旅游形象的认知符合接近律和相似律,即地理位置的临近和文化、政治、经济、民族和宗教等方面的相似性,容易被旅游者认作同一形象,从而产生旅游形象认知的替代效应,即背景替代、接近替代和相似替代。

(1)背景替代

对地方形象的认知依赖于该地的背景形象。比如,一个外国游客要到奉化去旅游,但是不了解该地,只知道奉化是宁波的一个市,而且对宁波有一定的了解和认知,那么他往往就会以宁波的形象代替奉化的形象。

(2)接近替代

如果两个同等级层次的旅游地在地理空间上相邻,则容易被认知为具有相似形象的旅游地。比如,我们并不了解某个旅游地,但是对与之相邻的那个旅游地非常熟悉,这个时候就容易将已知旅游地形象认知为未知旅游地的形象。

(3)相似替代

指由于政治、文化、民族、宗教等认知要素的相似,人们容易将已有的旅游地形象认知为与其具有某些相似认知要素的未知旅游地的形象。比如,中国的四大佛教名山,由于都是以佛教文化为主的山岳型旅游地,容易让人们形成相似替代,去过一个山之后,可能就认为其他几座山也与之相似。

2. 距离衰减规律

依据空间等级层次规律确立旅游地所处的阶梯位置,是旅游空间形象认知的一般规律。但在旅游地形象的实际认知过程中,由于不同客源地的旅游者与被认知旅游地存在不同的位置关系,这种位置关系又会导致不同地域的旅游者对同一旅游地的地理位置的理解和认知产生差异。一般来说,来自距旅游地越遥远的旅游者对旅游地的认知水平就越低,甚至发生认知扭曲。反之,人们对所居住的地方及其周围的认知水平较高、较全面。距离衰减规律是一种自然界和人类社会中普遍存在的规律之一,旅游地形象的认知也存在距离衰减规律,目的地与客源地的空间距离越远,认知链就越长,对旅游地的认知程度就越低。

3. 地域分异规律

地理环境的地域分异不仅在自然界,而且在经济和社会人文方面都有表现。旅游景观也存在空间分异,这种分异意味着景观信息的存在。观光旅游是景观信息的探索和景观的感知过程,旅游行为发生的一个重要因素就是人们对地域差异的好奇。正是由于旅游地在自然景观与社会文化等方面与旅游者所居住的地方存在差异,才吸引着人们前往旅游,特别是进行远程旅游。因此,旅游者在旅游前期望目的地具有不同于其居住地的地域性吸引力,而且在实地旅游时,也主要感知那些目的地独有的地方性要素,就是这些地方性的景观和文化使旅游地的形象显现出来,被识别和认知。

(二)旅游地形象认知时间理论

人们对旅游地形象的认知不仅受地域空间的影响,还具有一定的时间性,主要表现为阶段性、周期性和季节波动性。

1. 阶段性

我们将一次旅游活动的全部过程分为三个阶段,即旅游前、实地旅游、旅游后,同阶段对应不同的旅游地形象认知,旅游地形象的意义也会有所不同,从而形成旅游地形象认知的阶段性。

(1) 旅游前阶段

当旅游者由于内心或外在的刺激,而产生强烈的旅游需求时,便出现了具体的旅游购买与消费问题的认定,即明确如何满足该次旅游的愿望。这时旅游者就会进入信息搜集阶段,或从脑中的记忆或通过各种各样的外在渠道来搜集本次旅游所需的信息,特别是可能的旅游目的地的信息。然后对所得的信息进行评价,并作出购买决策,即选定旅游目的地。这一阶段旅游者依据对旅游地的间接认知进行选择决策。

(2) 实地旅游阶段

从旅游者离开住地的那一刻起至其回到住地的那一刻止,是旅游者购买与消费旅游产品、完成外出旅游活动的过程,也是旅游者旅游活动全过程的主体部分和核心内容。旅游者通过实地旅游获得对旅游地的直接认知,形成对旅游地形象的验证。

(3) 旅游后阶段

旅游者回到住地后,还会在一段时间之内回想和评价本次旅游经历,形成满意或不满意的感受,并会将旅游后的感受传达给周围的其他人,或者沉淀为记忆,充实其脑中有关旅游地的旅游形象,从而影响其本人或他人未来的旅游决策。

2. 周期性

一般认为,任何一个旅游地都不可能是长盛不衰的,都会具有一个从发生到消亡的过程,这就是所谓的旅游地生命周期。如深圳华侨城,自 1989 年以来,相继推出了锦绣中华、中国民俗文化村、世界之窗、"欢乐谷"一期、"欢乐谷"二期等主打产品,每隔几年都有新的产品问世,产品一步一步地由陈列观光型、表演欣赏型向主体参与体验型升级,这使得其发展长盛不衰。而全国各地很多主题公园却因其主导产品不再为市场接受又没有新的产品推出而走向衰落。因此在规划旅游地时,打造每一项旅游产品时,都需要预测其生命周期,及时地更新换代。

反映在旅游形象上,旅游者对旅游地发展的不同阶段有不同的认知与评价,例如该旅游地是一个新开发的旅游地还是一个成熟古老的旅游地? 这是一个正热的旅游地还是一个温冷的旅游地……这些关于旅游地形象的认知会随着旅游地生命周期的变化而变化,从而形成旅游地形象的生命周期模式。了解和预测旅游地形象生命周期,对旅游地发展不同阶段的形象设计与传播具有指导意义。

3. 季节波动性

旅游地发展的季节波动性或淡旺季差异,往往是由于旅游地所处地理环境的气候变化影响到旅游需求的变化而产生的,因而在不同的季节,人们对某一旅游地的形象会有所不同。那么在进行旅游地形象的设计和建设时,往往要突出某个季节的形象吸引力,离开季节宣传推广旅游形象,有时会产生形象偏差。

(三)旅游形象的效应

1. 马太效应

"马太效应"的寓意是贫者越贫,富者越富。1968年,美国科学史研究者罗伯特·莫顿(Robert K. Merton)首次用"马太效应"来描述社会心理现象。

旅游地之间的竞争关系主要以马太效应表现出来。越是形象良好、旅游资源特点突出、旅游资源深度开发、在客源分配和旅游供给等方面具有既定优势、品牌效应和市场竞争力强的旅游地,就越容易得到社会公众的认可,其知名度和美誉度就高;相反对于知名度较低、旅游资源特色不突出的旅游地,就越难得到社会公众的认可,就容易笼罩在强势旅游地的阴影之中。

一些原来形象不好的旅游地,即使后期实际形象已经改善和提高了,还是难以得到公众的重新认可。旅游地的这种优劣势虽然有相互转化的现象,但更多的是两极分化。优势旅游地更优,劣势旅游地更劣。因此,旅游地要想在某个领域保持优势,就必须在此领域迅速做强做大。

2. 替代效应

替代效应,通常表现为人们用某个旅游地突出的局部形象替代整体形象,或用知名度较高的旅游地形象替代知名度较低的旅游地形象。由于人们对旅游地形象的认知规律具有等级层次性。人们一般会用比较了解的、高级别的、空间尺度大的区域的形象替代不太了解的、低级别的、空间尺度小的区域的形象。即对某地的认知或某地的形象依赖于该地的背景(地脉与文脉)形象。我们称之为"背景律"或背景替代。同时还存在接近替代和相似替代。即如果两个同等级的旅游地在地理空间上位置相邻,则容易被认知为具有相似形象的旅游地。比如,中国海南岛、泰国普吉岛、马来西亚的热浪岛等热带度假胜地,都具有清新的空气、宜人的气候、迷人的海岛风光和丰富的度假元素,相似的旅游形象和旅游资源的同质性,使这些旅游地在旅游者心目中所形成的旅游形象是相似的。所以,这些同等级的旅游地旅游业发展的关键就在于树立更突出、更鲜明的旅游地形象,毕竟,旅游者很可能只选择所有相似目的地中的一个。海南的旅游形象要想在这些同质市场竞争中脱颖而出,就必须整合旅游资源,找出独特的吸引点和市场卖点,以最大限度地树立鲜明的旅游地形象。

3. 首因效应和近因效应

首因效应,即人们常说的"第一印象",是指公众在第一次接触某事物时所产生的印象,以及这种印象对以后进一步认识事物所产生的积极的和消极的作用。第一印象会给旅游者留下鲜明、深刻的印象,形成一种很难改变的心理定式,对后面的认知也会起到指导性作用。

近因效应,也称为"最后印象",是指公众在最后接触某事物时产生的印象。在旅游形象的设计中,特别重视第一印象区的设计。第一印象区是旅游者最先进入旅游景区的视觉领域,例如旅游地机场、火车站、风景旅游区的入口区等。最后印象区是旅游者离开目的地时最后与目的地接触的场所,例如,最后一个旅游观光点、旅游者离开目的地时经过的边界区等。例如,东京迪士尼乐园和美国好莱坞环球影城的第一印象区,即门景区,标志性建筑虽然都是以地球和水为主题,但设计风格截然不同,给旅游者的认知印象自然也不一样。对于不同类型的旅游者,第一印象区和最后印象区的作用是不一样的,对首游者来说,对第一印象区形象的作用要大于最后印象区,而对重游者而言,最后印象区形象的作用要大于第一印象区。

4. 晕轮效应

日常生活中,当一个人在别人心目中有较好的形象时,他会被一种积极的光环所笼罩,从而也把其他好的品质赋予他。晕轮效应区是指对旅游地整体形象具有决定性意义的地方。晕轮效应区能使游客的印象产生放大作用,因此,旅游形象的设计若能在此得以淋漓尽致地表达,将会比在其他地方的表现更容易产生积极影响和效果。一般而言,城市旅游形象的晕轮效应区是城市中心商务区(Central Business District, CBD),对于有新城、老城之分的城市,还包括历史古迹中心区(History Center, HC),有的城市还发展出游憩商务区(Recreationa Business District, RBD)。例如北京的 HC 是以故宫为中心,CBD 是正在兴建的金融区,而 RBD 则在前门、王府井、西单一带。深圳将发展包括锦绣中华、中国民俗文化村、世界之窗等主题公园在内的华侨城为未来的 RBD,而福田中心区将发展为未来的 CBD,这些地方都是表达城市旅游形象的重点区位。

| 想一想 | 旅游品牌形象塑造有什么意义? |

任务 6.2　调研旅游品牌与形象

如果旅游者根本就不知道存在某个旅游地,那他绝不会选择这个旅游地;如果他知道这个旅游地,但在他的意识中,这是一个不好的旅游地,那么他也不会选择这个旅游地。因此,在对旅游地形象进行策划之前,必须要对旅游地形象的现状进行调查和识别。

一、旅游品牌形象调查

旅游形象调查是获取旅游地形象现状信息的主要手段,是进行旅游形象策划的前提和基础。旅游形象调查主要包括三个方面的内容,首先要对旅游形象的现状效果进行调查,其次要对旅游形象构成的要素进行调查,最后还要对旅游者形成旅游形象的信息来源进行调查。

(一)旅游形象现状效果调查

旅游形象现状效果调查就是要了解旅游者对旅游地的认识程度、喜好程度和是否会将其纳入自己的消费对象,即对旅游地的知名度、美誉度和认可度进行调查。

1. 旅游地知名度

旅游地知名度是旅游者(包括潜在旅游者)对旅游地识别、记忆的状况。旅游地知名度并不代表一定就是好的一面,它也有坏的一面,但好与坏都可以提高知名度。其测算公式为:

$$旅游地知名度＝(知晓旅游地的人数/被调查人数)×100\%$$

2. 旅游地美誉度

旅游地美誉度是旅游者(包括潜在旅游者)对旅游地的褒奖、赞赏、喜爱情况。其测算公式为：

$$旅游地美誉度＝(称赞旅游地的人数/知晓旅游地的人数)×100\%$$

3. 旅游地认可度

旅游地认可度是旅游者(包括潜在旅游者)把旅游地的产品和服务纳为自己消费对象的程度。其测算公式为：

$$旅游地认可度＝(行为人数/知晓旅游地的人数)×100\%$$

(二)旅游者形成旅游形象的信息来源调查

不论旅游地在旅游者心中具有怎样的形象，它都是旅游者对旅游地信息认知的结果，而旅游地信息有时是旅游者主动搜集的，有时是旅游者无意获知的。不论何种情形，信息都有来源和传播的渠道，对其进行调查是旅游地旅游形象的信息来源和渠道传播策划的重要依据。

二、旅游地形象诊断

旅游形象诊断即对现状的旅游形象进行评价，判断现状形象对旅游者的影响效果和旅游地有哪些最能吸引旅游者的要素。

(一)现状形象对旅游者的影响效果

在对现状形象对旅游者的影响效果进行评判时，常常将旅游地的知名度和美誉度组合来对旅游地的形象进行评价，这样就形成旅游地形象的四种状态：

图 6-1

旅游地形象
的四种状态

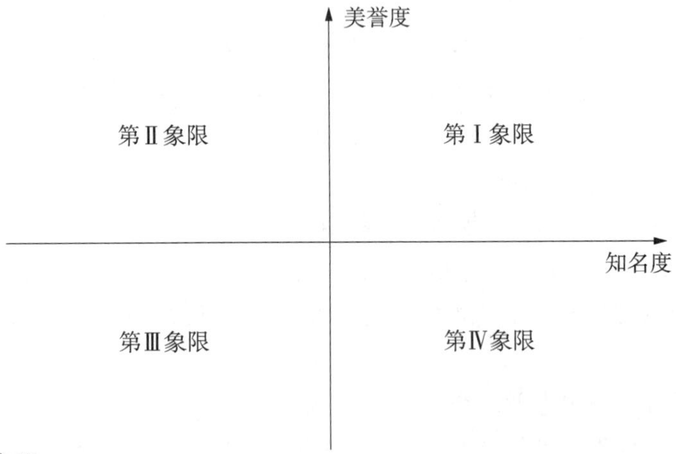

1. 第Ⅰ象限

处于第Ⅰ象限的旅游地具有较高的知名度和美誉度，相应地，其认可度也较高，是目前发展状态良好的旅游地。对于这类形象良好的旅游地，形象策划的目标是保持和强化良好的形象。

2. 第Ⅱ象限

处于第Ⅱ象限的旅游地美誉度较高，但知名度较低，说明其旅游产品和服务质量较高，但对外宣传促销力度不够。对于这类形象良好但不出名的旅游地，形象策划的目标是如何将旅游地的良好形象快速有效地传播出去。

3. 第Ⅲ象限

处于第Ⅲ象限的旅游地形象知名度和美誉度都较低,这类旅游地可能正处于其生命周期的推出期,旅游产品和服务还不成熟。对于这类形象不好且不出名的旅游地,形象策划的首要目标是改造不良的形象,然后有效地将改造后的良好形象快速有效地传播出去。

4. 第Ⅳ象限

处于第Ⅳ象限旅游地知名度较高,但美誉度较低,这类旅游地很可能已经进入了其生命周期的衰退期,需要及时更新旅游产品,推出新的旅游服务项目,形象策划的目标是如何重塑旅游地形象。

> **试一试**　设计一份问卷,试着对自己家乡的旅游品牌形象进行调查和诊断,针对其所处的象限提出形象策划的目标。

(二) 旅游地对旅游者的核心吸引要素

在对旅游地形象构成要素的调查中,有些景区、景点、景物或要素是游客提及最多或者给游客的印象最深,这些要素往往也就形成了旅游地对旅游者的核心吸引力。在进行旅游形象策划时,必须要将这些对旅游者最具吸引力的要素纳入其中,唯有此才能实现旅游形象展现旅游地的魅力、吸引人们的注意、增加旅游地被选择机会的功能。以上分析表明,通过知名度、美誉度和认可度的组合,可以分析出旅游地当前在旅游者心目中的感知形象,从而为进行旅游形象定位和塑造提供一定参考依据。

三、旅游地形象定位

(一) 旅游形象定位的概念

旅游形象定位,就是基于地理环境演变、历史文化传承和社会心理积淀三维时空耦合所塑造的旅游地的地方性(特质性)向旅游者推出最具吸引力的旅游卖点的过程,其基本手法是"去操作已经存在于心目中的东西,去重新组合已经存在的联结关系",旅游形象定位就是挑选旅游地最具生气的局部形象进行强化和放大,突出个性,以争取公众的指定选择。旅游形象定位不一定要大气磅礴、对仗工整、语言优美、富有底蕴,但是一定要能够深入游客的心,吸引他们前来旅游。它是旅游形象设计的前提,它为形象设计指明了方向。旅游形象定位必须根植于当地文化背景,体现资源和地方特色,还要有一定的地域性和较强的排他性。旅游形象定位的最终表述,往往概括为一句简短精炼的文字或一句通俗易懂的话。

(二) 旅游形象定位的要素

旅游地形象定位是旅游地形象策划的核心。准确的旅游形象定位需要旅游资源本我特质的释放、旅游者的感知和认知、旅游地之间的空间竞争、旅游市场定位这四大要素的支撑。

1. 旅游资源本我特质的释放

旅游资源的本我特质,即旅游资源自身所具备的价值(历史价值、艺术价值、文化价值、科学价值)、品质、特色,它决定了旅游资源自身的级别,是旅游形象定位的基础。有的资源价值很大,但形不成风景,就更难以转化为旅游产品。因此,旅游资源只具备本我特质还不行,还应兼具本我特质的释放功能。旅游资源存在于这个世界上,以不同的方式释放自己、表现自己和展示自己。资源所表现出来的美感度,它的观赏性、参与性,它释放出来的气质往往决定了它的吸引力大小。旅游资源本我特质的释放,是旅游资源通过地形、气候、气象、山水等形式将其内在特质形象地表现出来,或雄奇、或隽秀、或幽深、或灵雅、或惊险、或神秘、或巧夺天工、或惊天动地,人们置身其景,能被其美丽的景观、迷人的风采、特有的气质所吸引。

2. 旅游者的感知和认知

旅游者的感知是旅游者对旅游资源所释放出来的本我特质的印象。就单个旅游者而言,这对旅游形象的确立也许无足轻重,而且每个游客对旅游的印象因其经历、修养、素质的不同而各有差异;但正是基于旅游资源自身的特色和品质,以及对这些特色、品质的形象表述,才使得经过长年累月众多游客产生了"共性感知",这些共性感知经过提炼,就成为旅游形象。

认知是比感知更高一级的认识形式。感知停留在感受、知觉层面上,对被感知对象的认识往往止于印象层面。尽管这种感知印象离理性认识还有差距,但恰恰这一感知印象对对象的感觉很可能切中要害,这正是感知的价值所在。认知比起感知要理性得多,它是在感知对象之后,在游历过程中和旅游行为结束之后,对旅游这一对象的属性、特性、品质深入而理性的认识。经过认知阶段后,就容易在旅游者大脑中对旅游的印象最终定格。这一阶段包括了游历过程中的深入考察、思考,游历结束后的回忆和翻阅大量资料对自己的印象加以判断。所以,认知是对旅游属性、特色、品质的理性认识,它容易提炼出旅游形象,即对旅游形象进行抽象的总结。

3. 旅游地之间的空间竞争

旅游地的空间竞争是指在一定的地域空间范围内,分布着若干的旅游地,由于旅游者的行为规律决定了不可能将这一区域内的所有旅游地作为自己的旅游目的地,因而客观上这些旅游地之间存在着市场竞争,市场竞争首先表现为旅游地之间的形象竞争,其次是产品竞争。

旅游地之间的空间竞争决定了旅游地之间存在着形象竞争。形象竞争的核心是使旅游地自身与其他旅游地的形象区别开来,并进而使自身的产品特色与其他旅游地的产品特色区别开来。掌握空间竞争的规律,针对这种空间竞争规律拿出一套可操作性强的方案,是旅游地形象策划能否成功的关键。

4. 旅游市场定位

旅游市场定位就是确定旅游地的目标市场群,对客源市场进行细分,以便针对性地营销,并开发出适应目标市场需求的旅游产品。旅游市场定位对旅游形象定位的影响主要在于旅游市场定位决定了旅游产品特色定位,产品特色定位在某种程度上就会影响甚至改变旅游形象定位。这一切都是由市场的需求决定的。这种情况在旅游地之间发生竞争时和老旅游地发展到一定阶段时,就表现得特别明显。

(三) 旅游形象定位的策略

旅游形象定位常用的策略有领先定位、比附定位、逆向定位、空隙定位和重新定位等策略。

1. 领先定位

领先定位即领先法则，它是营销学里的一个著名法则，其基本意思是人们只会记住同一类型的事物当中最领先的那一个，也就是说大家一般都会把注意力放在第一名的东西。比如说，我们可能会记得一个省高考的状元是谁，他考几分，而对第二名第三名等就不太了解了；我们知道北京大学是中国最古老的大学，而对第二古老、第三古老的大学就不太清楚了。

领先定位的方法告诉我们，一个地方的旅游想做好做大，一定要在某个方面有特色和领先的东西。领先定位是最容易的一种定位方法，适宜于那些独一无二，不可替代的事物，比如四川的熊猫之乡、中国的长城、埃及金字塔等，这种情况不需要花大力气就能使形象保持不衰的地位。但如此绝对领先、形象稳固的旅游地毕竟不是多数，大部分要依据其他方法进行形象定位。

2. 比附定位

比附定位是一种紧跟行业领导者的战略，其主要发生在业内竞争品牌领先位置相当稳固，原有位序难以打破重组的情况下，或自己品牌缺乏成为领导品牌的实力和可能的情况下采取的一种定位策略。这种定位方法在旅游形象定位中采用得越来越多，旅游形象可以通过与原有的根植于人们心目中第一位的形象相比附，确定"第二位"的形象，比如苏州的"东方威尼斯"，海南三亚的旅游形象定位为"东方夏威夷"，甘肃的甘南藏族自治州的旅游形象定位为"中国小西藏"，宁夏的旅游形象定位为"塞上小江南"等。这种定位策略能使得自己的品牌与领先品牌发生一定的比附性关系。明确承认同类中另有最具盛名的品牌，自己只不过是第二而已。这种策略会使人们对公司产生一种谦虚诚恳的印象，相信公司所说是真实可靠的，同时迎合了人们同情弱者的心理，较容易使消费者记住这个通常难以进入人们心中的序位。如美国阿维斯出租汽车公司定位为"我们是老二，我们要进一步努力"之后，品牌知名度迅速上升，赢得了更多忠诚的客户。

在采用比附定位方法对旅游形象进行定位的时候，需要注意的是，与被比附的旅游形象之间应该具有不同的客源市场。否则，由于人们在面对同类事物时，习惯选择位于"第一"的事物，在同类旅游地中也会选择知名度较高的旅游地，即被比附者。因此，非但不能借助著名的旅游地提高自己的知名度，反而会误导人们觉得此旅游地是其所比附旅游地的"模仿"而失去吸引力和美誉度。

3. 逆向定位

逆向定位这一策略来自"逆向思维"的启发，即在定位时，一定要有反其道而行的能力。如果每个人都往东走，想一想，往西走能否找到自己想要的东西。逆向定位强调并宣传定位对象是消费者心目中第一位形象的对立面和相反面，同时开辟了一个新的易于接受的心理形象阶梯。例如，河南林州市林虑山风景区的"暑天山上看冰锥，冬天峡谷观桃花"和杭州富阳野生动物园的定位就属于逆向定位，它将人们心目中的动物园形象地分为两类：一类是早已为人熟识的普通笼养式动物园，在中国，这类动物园以北京动物园最著名，动物种类最丰富；另一类为开放式动物园，游客与动物的活动方式对调，人在"笼"中，动物在"笼"外，从而建立起城市野生动物园的形象。

4. 空隙定位

比附定位和逆向定位都与游客心中原有的旅游形象阶梯相关联,而空隙定位全然开辟了一个新的形象阶梯。空隙定位的核心是分析旅游者心中已有的形象阶梯的类别,发现和创造新的形象阶梯,树立一个与众不同、从未有过的主题形象。与有形商品相比,旅游点的形象定位更适合于空隙定位,尽管旅游点的数目也呈现爆炸性增长,特别是同类人工景点相互模仿,促使景点数量剧增,但仍然存在大量的形象空隙。旅游者期待着个性鲜明、形象独特的新类型景点出现。例如,中国第一个小人国"锦绣中华"的建立,树立了国内旅游者心中小人国旅游景观的概念,并随着各地微缩旅游景观的大量兴建,产生小人国旅游点形象阶梯。显然,"锦绣中华"与后来者相比处于强势地位。

5. 重新定位

市场不是静止的,形象的定位也不能一劳永逸,也许一个形象在市场上最初的定位是适宜的,但当"消费者爱好偏移"或"竞争品牌逼近"时,它可能不得不面对重新定位的问题。严格说来,重新定位并非一种独立的定位方法,而是原旅游地采取的再定位策略。旅游发展都会经历产生、成长、成熟、衰落各个阶段,由于旅游发展存在生命周期,如何面对衰落,一直是旅游经营者的一大难题。重新定位,不失为一条可选之路。

重新定位,是目前大多数旅游地采用的定位策略。现在,许多老的旅游地已在旅游者心中建立起稳固而清晰的老形象,再去宣传老形象,已不能适应旅游需求的变化,更难以生发号召力和吸引力。人们总是希望用新的东西去替代旧的东西,重新定位可以促使新形象替代旧形象,从而占据一个有利的心灵位置。比如,美国加利福尼亚在旅游者心目中早已浓缩、简化为空洞的概念——游泳池、沙滩、金门大桥、好莱坞,而且这些形象描述不断为其他旅游地借用,需要重新对其形象进行定位,加州就紧紧围绕其在地理、气候、人种、文化等方面的"多样性"这个核心特点,将其形象定位为"那些加利福尼亚"。再如中国香港的"万象之都"到"动感之都";新加坡的"朝气蓬勃新加坡"到"尽情享受新加坡"和"新亚洲";成都的"休闲之都"到"东方伊甸园"等。

主题形象定位的策略

> **想一想**　调研您的家乡的景区,您认为它的旅游品牌与形象怎么样?

任务 6.3　设计旅游品牌与形象

旅游品牌形象只有获得公众的认可,才能拥有广泛的影响力和强大的生命力。因此,旅游品牌形象的塑造仅仅靠一个抽象的概念化的定义或几句辞藻华丽的宣传口号是远远不够的,它是一个系统工程,更是一个管理工程,贯穿于旅游地软、硬件建设和开发的全过程。概括各家观点,旅游形象设计和塑造包括七方面的内容:旅游理念形象(TMI)、旅游行为形象(TBI)、旅游视觉形象(TVI)、旅游听觉形象(TAI)、旅游文化景观形象(TCI)、旅游电子形象(TEI)和旅游核心景观(CLD)。

一、旅游理念形象(TMI)

旅游理念形象是指由旅游的经营哲学、宗旨、精神、发展目标、经营战略、道德、风气等精神因素所形成的特殊精神,是旅游品牌形象设计的核心部分。它一旦被大众所接受,既能对内部公众产生巨大的凝聚力,又能对外部公众产生巨大的吸引力,从而集聚区内外的各种力量,保持旅游良好形象的可持续发展。旅游地的理念形象要具有强烈的个性和明确的识别性,以区别于其他旅游地。比如,海南博鳌将环境建设作为博鳌开发的前提基础,强调人与自然的亲和关系,更多地关注现代人的精神生活和健康疗养,崇尚人与自然的高度和谐,倡导环保的旅游方式。

理念属于思想意识范畴,是旅游经营管理的指导思想。例如,使命和宗旨是旅游发展的最高目标。它要解决的是"旅游业为什么存在和发展"的问题,即旅游业依据何种社会责任而进行活动。旅游业不仅为社会提供产品和服务,而且对人类进步负有使命,以赢得公众普遍而持久的支持和理解。

(一)旅游形象宣传口号

旅游形象宣传口号是旅游形象策划的重要组成部分,也是旅游核心的精辟表达。要搞清楚旅游形象宣传口号的设计要求,首先需要了解它的作用机理。在实际工作中,我们发现,一条优秀的旅游形象宣传口号,即使在宣传和促销过程中最大限度地接触到了目标旅游消费群,也往往只能促使其中很少的一部分群体最终完成购买行为。那么,是什么抑制了众多目标旅游消费者的购买呢?

实际上,我们所有人的头脑中都存在着"屏蔽"或"过滤器",它们会压制大多数信息,而只强调其中少数的特定部分。旅游形象口号在作用到目标旅游消费者群后,会经历若干"过滤器"的衰减作用。要尽量减少信息损失,就要针对每一阶段,提出具有针对性的设计要求。根据旅游形象口号在宣传中的"过滤器"衰减机理,我们首先必须了解目标旅游者头脑中的"过滤器",至少要了解其中主要的"过滤器",然后按目标旅游者最乐于接受的方式设计旅游形象宣传口号。这些"过滤器"会受到多方面的影响,主要包括目标购买者的人口统计特征、社会地位、经济收入、兴趣、性格等,因此,要设计出优秀的旅游形象宣传口号,首先要求设计者对目标旅游者有充分的了解,而了解目标旅游者的前提就是要清楚旅游地的特色,并把握整个时代的潮流所在,简言之,就是要求旅游形象口号能反映时代特征和地区特色。

(二)旅游形象宣传口号设计原则

旅游形象宣传口号是旅游者最易于接受的了解旅游地形象的最有效的方式之一,它好比广告词,一句优秀的广告词往往产生神奇的效果。为了实现这种效果,旅游形象口号的设计需结合以下几个原则:

(1)地方特征——内容反映特色

口号的实质内容必须来源于地方独特性,来源于旅游地所在的地理文脉,唯有充分挖掘和深刻分析旅游地的地域背景,发现和提取地方性的元素充实到口号中,才能避免过于空泛。特别是对于平淡无奇的旅游地或城市,依据能够反映地方特性的旅游形象口号仍然可以出奇制胜,回味无穷。

(2)行业特征——表达针对旅游者

旅游形象口号的制定必须充分了解游客的心理需求和偏好,要体现旅游行业的特征,要使旅游者轻易地认识到这是旅游地形象口号,而非招商口号等其他口号。

(3)时代特征——语言紧扣时代

旅游形象口号在表达方面还要反映时代特征,要有时代气息,要反映旅游需求的热点、主流和趋势。

(4)广告效果——形式借鉴广告

旅游形象口号首先必须能够打动旅游者的心、激发旅游者的欲望,成为旅游者永久而深刻的记忆,能够广泛迅速地传播,即要有广告效应。因此,旅游形象口号要具有广告词的凝练、生动和影响力。商品广告词的创意设计已经越来越超越商品自身而成为一门艺术,旅游形象的口号创意也要借鉴这种广告艺术。用浓缩的语言、精辟的文字、绝妙的组合构造一个有吸引魅力的旅游地形象,例如刘若英为乌镇景区代言的宣传语"来过不曾离开",用寥寥数语展现她游览古镇的心境。

设计旅游品牌
与形象

二、旅游行为形象(TBI)

旅游行为形象是指品牌在经营理念指导下所形成的经营管理制度和被全员共同遵守的组织行为规范,直接反映品牌个性和特殊性,是实践经营理念与创造品牌文化的准则,是对运作方式做出统一规划而形成的动态识别系统。它广泛应用于每个细节,是传播理念文化和建立维护形象的重要途径。旅游行为形象对内包括:制订战略决策、运营发展、教育培训、环境修缮、生产福利等。对外包括:市场调查、产品开发、公共关系、促销活动、公益文化活动等,通过一系列实践活动将企业理念的精神实质推广到企业内部的每一个角落,汇集起员工的巨大精神力量。行为识别系统需要员工们在理解企业经营理念的基础上,把它变为发自内心的自觉行动。旅游行为形象是旅游形象策划的动态识别形式,有别于名称、标志等静态识别形式。

(一)服务行为形象

服务行为主要包括旅游接待服务行为和景区服务行为。旅游接待服务涉及民航、车船、饭店、餐饮、购物、旅行社等行业,景区服务是指旅游者在游览和娱乐时所接受的景区内提供的服务。一般而言,旅游者对旅游地最深刻的感知来自游览和娱乐过程中所接受的服务。作为塑造旅游形象的重要措施,服务识别除达到旅游行业的基本要求外,还必须注重个性化服务。因此,为树立良好的服务形象,就必须培养和提高员工的服务意识、道德素养、营销意识、礼节仪表、文化修养及业务水平等,使所有从业人员能够自觉树立维护旅游景区的良好形象,为旅游者提供优质的服务。例如,为了维护北京奥运旅游形象,北京的旅游服务人员应该在言谈举止、服务技能、服务态度等方面加强锻炼,提高自身素质和服务技能,为旅游者提供个性化、标准化的服务。北京出租车司机为迎"奥运"学英语,以确保在接待外国游客时,能够顺利传达服务和热情。

但由于地方经济、文化等差异性,旅游服务的意识、态度及能力也具有差异性。相似的地域环境和服务态度会更好地消除游客的心理负担。

(二)居民整体形象

居民是旅游地中人数最多的一类人,长期生活在此地,他们的生活方式、语言、服饰、活动行为等都成为被旅游者所感知和观察的对象,同时,本地居民也会去观赏来自不同地方的旅游者。当地居民的热情友好及良好精神风貌是总体形象的重要组成部分,是旅游者在旅游过程中获得满意的重要基础。北京奥运期间,来自世界各地的旅游者来到北京,北京市民对自身素质的严格要求对北京奥运旅游形象建设相当重要。本地居民对旅游者要表现出一种好客热情的东道主姿态,对旅游者的问询应热情解答,对旅游者的合理要求应尽力满足,这将给旅游者留下美好的印象。

例如,2008 年,山东推出了高度概括山东文化,凝练出现代旅游品牌形象——"好客山东"(Friendly Shandong)标识。标识结合了传统元素与现代设计的新动向,通过文字符号图形化设计融汇古今元素,突出了"山东"(Shandong)与"山东人"最核心的形象表达"好客"(Friendly)。"好客山东"深深植根于齐鲁文化,高度概括了山东人的品德和齐鲁文化的内涵,是山东文化灵魂的准确表达,让人体会到了齐鲁文化的大气、孔孟之乡的豪气,扑面而来的是齐鲁山水的豪情和山东人的热情。"好客山东"融合了多种元素,将中外古今的语言、文字、设计元素融合到一起,以丰富的色彩变化,对应山东深厚的历史文化底蕴和独特的休闲度假魅力,丰富、动感、亲切,构成强烈的视觉冲击。以五岳之首、大海之滨、孔孟之乡、礼仪之邦的整体形象,结合"山东、山东人"的"好客之道",以"诚实、尚义、豪放"的鲜明个性,传递特色化、国际化的现代形象与文化意识。一个饱含"山东人"热情的充满感召力的新形象,构成强烈的视觉记忆。这一形象标识通过多角度、多层面的立体化推广和应用,形成丰富的信息传递,增强山东旅游形象的社会认知度,也将呼唤起更多更强烈的对山东和中国文化的向往、求知与探索欲望。

旅游行为形象
(TBI)

图 6 - 2

好客山东

三、旅游视觉形象(TVI)

旅游视觉形象是人—地感知形象的核心组成部分,以旅游视觉识别符号为载体,反映独特的自然景观与文化。旅游视觉形象是指由旅游的基本标识及应用标识、形象外观包装、品牌形象等构成的旅游形象子系统,分为基本要素系统设计和应用要素系统设计两部分。一个旅游地区别其他旅游地的视觉识别设计,不仅要做到标准化、统一化,还应做到全面化和特色化。视觉形象是整个旅游形象识别系统中最形象直观、最具有冲击力的部分。

(一) 基本要素系统设计

基本要素设计主要由主体名称、标志、标准字、标准色、标志和标准字的组合、专用印刷字体等部分组成,城市或特色小镇、景区等品牌主体的 VI 基本要素系统设计中还包含吉祥物、象征图形等内容的设计。

TVI 设计要素的组合因主体的规模、内容、目标等不同而有不同的组合形式。最基本的设计是将名称的标准字与标志等组成不同的单元,以配合各种不同的应用项目,统一化来加强视觉祈求力的作用。当 TVI 视觉识别系统的基本要素被确定后,就要完成这些要素的精细化作业,并开发各应用项目。

1. 主体名称

旅游地往往以地名为名称,旅游景点的名称比一般地名具有更高的对外知名度。例如,利用张家界的高知名度,原湖南的大庸市改名为张家界市。借助旅游风景区的知名度建立起依托城市与景区一体化的旅游地,有利于旅游地的经济社会发展。

2. 旅游形象标志

旅游标识又称为徽标、标志,英文为"LOGO",指易于辨认且清晰明了的名字、标志或商标,包括文字、图形、字母、数字、三维标志、颜色以及上述要素的组合。不同于古代的印记,LOGO 是现代经济的产物,并承载着无形资产,是综合信息传递的媒介。在形象传递过程中,它是应用最广泛、出现频率最高,同时也是最关键的元素。LOGO 设计就是将具体的事物、事件、场景和抽象的精神、理念、方向通过特殊的图形固定下来,使人们在看到 LOGO 标志的同时,自然地产生联想,从而对其表达的主体产生认同。

为了更好地表达 LOGO 和传播 LOGO，往往要借助计算机和设计软件来进行 LOGO 设计，常用的 LOGO 设计软件主要包括 Adobe Illustrator、CorelDRAW、PhotoShop、AutoCAD、Flash、3DMAX 等。它是旅游形象设计中最直观的内容，是应用最广泛的代表符号，体现其地方精神和文化特色。在当今各种信息充斥的时代，作为瞬间传递信息和识别产品的符号，无疑在取得消费者认可方面起着先锋作用。为此，旅游标识设计要在遵从独特性、社会性、吸引性、认同性、整体性、层次性和艺术性原则的基础上，着重反映旅游的核心要素，即地脉和文脉。比如，奥运会形象元素是构建北京 2008 年奥运会形象与景观工程的基本元素，其中包括奥林匹克五环、北京奥运会会徽、色彩系统、主题口号、二级标志、吉祥物、体育图标、核心图形以及一组图片形象。

如申办奥运会会徽由奥运五环色构成，形似中国传统民间工艺品的"中国结"，又似一个打太极拳的人形；北京残奥会会标由三个部分组成：北京奥运会二级会标中的北京奥运会环境标志，以绿树为主要形态；两个火红相扣心形的志愿者标志；中心内容代表中国传统文化精髓的灯笼，作为北京奥运会文化标志。

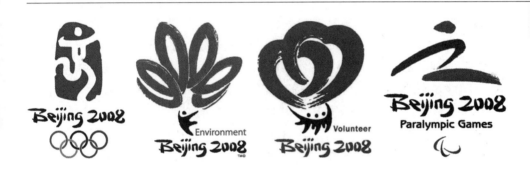

图 6-3

北京奥运会
会徽、会标

再如 2016 中国杭州 G20 峰会，会标主体是桥、线条和倒影。其体现了丰富的设计内涵：

（1）千桥之城的邀约

杭州，在《马可·波罗游记》里便被描述为"千桥之城"。所以，桥是这个城市特有的文化之一。桥，也是连接双边、构建对话机制的载体，能够很好地诠释 G20 峰会的精神。而桥的倒影，反映了中国人对虚实关系的理解，体现了中国人对阴阳的认同。

（2）和谐对称的中国美学

会标中的 20 根线条代表与会的 20 国，这些线从世界各个地域，穿过海洋，穿过高山，来到杭州相汇聚。桥梁线条形似光纤，寓意信息时代的互联互通。

图案中 G20 的"0"则与桥洞形成契合，寓意峰会是一个团结、融合的过程，借此回应峰会的圆桌会议精神。

此外，G20 会议有一个要求——主办国不得出现当国文字。因此，标志将汉字以印章的形式巧妙地嵌入图形中去。在中国人的意识里，印章是个人信用的体现。设计入 G20 会标中，更是体现了中国作为一个大国肩负的责任，以及对世界的承诺。

图 6-4

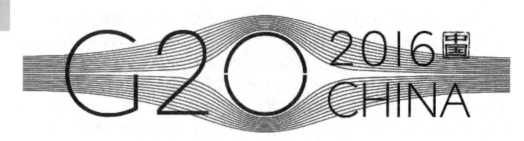

3. 标准字体

标准字体是视觉识别系统最常见的符号之一,由特殊字体组成,或经过特别设计的文字来体现名称,是富有个性和艺术美的字体。标准字体长期使用,给人以对旅游形象的认同感,与标识一起使用,具有视觉效果的强烈统一性。尤其是文字具有明确的说明性,可直接传达信息,通过视觉、听觉和触觉的同步运用,具有强化旅游形象、补充说明图形标志、增强诉求力的作用。

4. 标准色

标准色是指经特别设计而选定的代表旅游形象的特殊颜色,广泛用于旅游标志识别、产品广告、旅游商品包装、建筑装饰以及多种项目上。如果颜色运用合理,能给人以强烈的视觉刺激,并留下深刻印象,成为旅游形象视觉识别系统的重要因素。比如,2008北京奥运会会徽——"中国印·舞动的北京",以印章作为主体表现形式,将中国传统的印章和书法等艺术形式与运动特征结合起来,采用艺术的手法表现为一个向前奔跑、迎接胜利的运动人形。篆字中国印"京"字,形状酷似汉字的"文"字,蕴涵中国悠久的传统文化。主体颜色选用中国传统喜庆颜色——红色,作为主体图案基准颜色,还是我国国旗的颜色,代表着伟大的中华人民共和国。可见,北京奥运会标志的主体颜色具有代表国家、代表喜庆、代表传统文化的特点。

5. 象征图形

旅游形象象征图形,是指如实地将最富魅力的旅游吸引物直接呈现给旅游者,或者借助旅游者的实地体验间接向旅游消费者展现旅游吸引力的图形或抽象。旅游形象象征图形设计的表现手法主要包括直接展示法、间接表现法和抽象表达法三种。

一是直接展示法。这是一种最常见的运用十分广泛的表现手法。它将某一个或几个独特的景象作为象征图形,如实地将旅游地最富魅力的旅游吸引物直接呈现给旅游者,使旅游消费者对该旅游地产生一种神往的感觉。它要求抓住和强调旅游地与众不同的特征,并把它鲜明地表现出来,将这些特征置于设计的主要视觉部位或加以烘托处理,使观众在接触瞬间即很快感受到,对其产生注意和发生视觉兴趣。对于那些具有绝对垄断性资源的旅游地,适合于采用这种表现方法。

二是间接表现法。间接表现法是比较内在的表现手法,即象征图形上不出现任何景和物,而是借助于其他有关事物来表现旅游者的欢乐,如旅游者的感受。这种表现手法往往将实地旅游者的体验、感受、表情等略加夸张,作为用于展示旅游魅力的象征图形,这种表现手法更多地适用于那些以节事活动、主题游乐为主要吸引物的旅游地或企业。

三是抽象表达法。运用抽象表达法设计的旅游象征图形,往往来源于自然形态并经过提炼得到。通过紧紧抓住并强调形态的"神",舍弃具象的"形",抽象是对具体形象的高度概括与升华,抽象的形象更集中,且富有启发性。例如欢乐谷和迪士尼,根据游乐场代表性游乐设施、城堡等抽象图形图案,配合不同色彩和文字形成特色鲜明的标志设计。

图 6 - 5

欢乐谷和
迪士尼的
标志设计

6. 吉祥物

吉祥物是视觉形象基础要素的重要组成部分,旅游吉祥物对于视觉形象的塑造和推广具有重要意义。著名的节事活动和主题公园都有自己的吉祥物,生动、有趣、形象的吉祥物容易得到公众的喜爱,达到广泛传播的效果。例如四川卧龙保护区的吉祥物大熊猫,不仅是景区的吉祥物,也是这个地区标志性的视觉载体。2000 年澳大利亚悉尼奥运会吉祥物是三种澳洲本土动物:笑翠鸟、鸭嘴兽、针鼹鼠。笑翠鸟代表了奥林匹克的博大精深;鸭嘴兽代表了澳大利亚和澳大利亚人民的精神与活力;针鼹鼠则是一个信息领袖,在它的指尖上有资料和数据。又如,北京奥运会吉祥物由五个"福娃"组成,他们的原型和头饰蕴含着其与海洋、森林、火、大地和天空的联系,其形象设计应用了中国传统艺术的表现方式,造型融入了鱼、大熊猫、藏羚羊、燕子以及奥林匹克圣火的形象。展现了中国的灿烂文化。这些吉祥物不但反映了奥运会主办地的特色,而且将团结、友谊、公平竞争等奥林匹克精神固化在可爱的实际形象上,博得了全世界人民尤其是儿童的喜爱。

图 6 - 6

五福娃的
设计

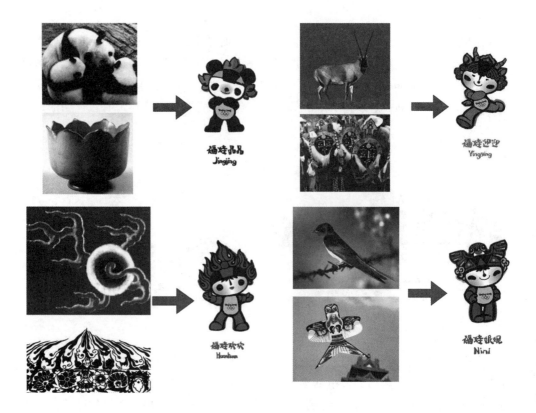

7. 象征人物(形象代言人)

聘请知名人士作为形象大使代表旅游形象,从而增强旅游形象的感召力,已成为众多旅游地的重要选择。知名人士的良好口碑及其广泛的号召力能影响并带动相关群体,产生名人效应。利用名人效应与旅游形象紧密地结合进行公关推广,有利于增强旅游形象的感召力。例如,中国香港旅游有准确的定位,邀请成龙担任香港旅游形象大使,进行推广活动的宣传。嘉兴乌镇连续多年邀请刘若英担任形象代言人,一方面刘若英文艺气质与乌镇很搭,另一方面也因为双方的渊源——十几年前她曾在此拍摄电视剧《似水年华》。明星代言知名度高,号召力强。但一段时间以来,多起明星代言"翻车"事件也引发关注,一方面,旅游地要对代言人进行甄别,另一方面,明星应加强自律,应提升自身的社会责任感。

另外,随着新媒体技术的推广,越来越多的普通百姓、旅游从业者,甚至是政府官员也加入旅游代言人行列。旅游代言人呈现多样化趋势,不仅给旅游业发展带来了改变,也折射出人们对旅游的期待正在变化。例如,在黄桃成熟的时候,湖南省洪江市黔城镇黄桃基地里,农民们纷纷走进直播间化身主播为当地的黄桃代言。在镜头前,村民们用自己朴实接地气的形象让黄桃成了当地致富的黄金果。

(二) 应用要素系统设计

应用要素系统设计主要包括办公用品、旅游纪念品、人员服装服饰、环境标识、展示陈列、广告宣传、商品包装、交通运输工具、衍生产品等设计。

应用要素系统设计是对基本要素系统在各种媒体上的应用所作出的具体、明确的规定。当各种 TVI 设计要素在各应用项目上的组合关系确定后,应严格地固定下来,以达到统一性、系统性。

1. 办公用品设计

办公用品的设计是 TVI 应用要素设计的主要组成部分,其设计与制作应充分体现出 TVI 整体设计的统一性和规范化,表现出品牌的精神。其设计方案应严格规定办公用品形式的排列顺序,以标志图形安排、文字格式、色彩套数及所有尺寸为依据,形成办公用品的严肃、完整、精确和统一规范的原则,给人一种全新的感受,并表现出品牌的风格。同时,也展示出现代办公的高度集中和品牌文化向各领域渗透传播的攻势。

在实际工作中,为了保证 TVI 识别系统的清晰指导性,展现品牌形象、精神和文化,对日常办公用品系统的设计也要紧紧围绕品牌的文化、宗旨而展开。在注重实用性的同时,也要凸显品牌的创新个性,不拘泥于单一化的形式,给人们的视觉识别带来独特的刺激。

办公用品类项目不一定使用常见规格,例如名片等可以自定规格,通过特别的规格呈现品牌对于品质的独特追求,在自定规格时要注意一些基本的限定。虽然此类别项目有着功能区域的限定,但在设计表现当中,可利用这些限定进行巧妙地布局,这也是提升品牌视觉形象品质的重要手段。另外,还可在装饰手法、造型等方面进行设计表现的突破。

在办公用品系统设计中,名片、信纸、信封有着无法替代的核心地位,它们是系统中不可或缺的第一应用要素群,是传播品牌形象的重要载体,既保障了企业与企业之间、人与人之间的联络、交际、沟通,又充分地体现了品牌的风格,加强了品牌形象的可识别性。

名片、信纸、信封以及部分文件类办公用品的设计项目主要用于向外发送信息,大多数项目的使用均在企业内部环境中,设计时应尽量使用标准的设计元素,以传递准确的形象。同时,可以有部分的灵活样式,但核心元素不能缺失。对外发送的文件类办公用品通常要使用全称,在内部使用的文件上可以使用简称或品牌名,多种内容的字体在布局中应注意主从关系的处理,以标志和标准色为主,其他元素为辅。

2. 旅游纪念品

旅游纪念品是旅游者从旅游地购买并带走的一种有形产品,有助于旅游者识别目的地形象。毕竟除了照片和留在旅游者记忆的经历和感受,只有纪念品是目的地实地形象体现和延伸的形象符号了。例如,北京奥运期间外国友人都争相购买中国的丝绸、中国字画等,这些纪念品代表中国旅游形象的一部分。旅游纪念品是延伸、传播旅游形象的有效载体和符号,规范发展当地独具特色的旅游纪念品,是树立和传播当地旅游形象的重要过程。只有具有地方特色、工艺质量高和品种类型丰富的旅游纪念品才有竞争优势,才有生命力,才能赢得更多旅游者对旅游形象的认同感。北京奥运会带动了具有中国元素奥运收藏品的创造发明,如纪念章、纪念钞、邮票、明信片、金币等。这些珍贵的收藏品都融入了奥运元素中的中国传统文化精髓,如青花瓷、祥云、鸟巢、福娃等,突出了鲜明的奥运形象。

在具体设计中,应先充分了解同类旅游纪念品的视觉形象现状;然后需考虑物品自身的相关信息、设计目的以及产品所具备的价值是否与品牌的定位一致等；最后要注意形式个性和品牌形象的结合，在强调形象传播性的同时，还要防止因为过于突出标志而破坏了礼品自身的完整性。因此，保持品牌形象和旅游纪念品形象统一、平衡是设计的关键，设计中既要具有艺术美感，又要达到品牌形象宣传的目的。3R 策略可以辅助人们设计，3R 分别指的是：

Relevance(关联性)——纪念品需要和品牌产品有一定联系，并且符合品牌形象，要针对品牌的目标消费者；

Repetition(重复性)——应该是可以长期使用的，能够不断地重复出现在消费者面前，让消费者联想到品牌；

Reward(获益性)——具有一定的价值，令消费者向往得到。

3. 旅游从业人员制服

制服是特别规定式样的限制性服饰，是旅游从业人员的形象标志，是其综合素质与实力的缩影。制服具有普通服装的基本功能、职业使用功能，同时也体现旅游品牌的性质、功能、理念、职业特点、职位与级别。因此，制服是旅游者视觉直接感知(间接消费)的内容，也是旅游地提供服务的重要组成部分。

整洁高雅的服装、服饰的统一设计，可以提高工作人员的归属感、荣誉感和主人翁意识，改变员工的精神面貌，促进工作效率的提高，并提升工作人员的责任心。在人员服装服饰系统设计中，应严格区分工作范围、性质和特点，以符合不同岗位的着装。常见的有经理制服、管理人员制服、员工制服、礼仪制服、文化衬衫、领带、工作帽、胸卡等。

4. 环境标识系统设计

环境标识系统是指对旅游地的环境和空间中的各种建筑、景观等内容，通过对标识物进行系统化视觉规划和设计，综合解决信息传递、识别等功能的整体方案。环境标识系统设计可以为人们在特定区域内，提供易识别、安全、高效、有序的公共信息服务系统，使整体环境更为整洁有序。同时，与其他视觉识别系统共同作用，更好地提升品牌形象的可识别性，也可作为导向，起到警示提醒的作用。

环境标识系统设计的分类主要有外部环境标识系统和内部环境标识系统。

(1) 外部环境标识系统

外部环境标识设计是旅游品牌形象在公共场合的视觉再现，是一种公开化、有特色的群体设计，标志着品牌的面貌特征系统。在设计上借助周围的环境，突出和强调品牌标志，并贯彻于周围环境当中，充分体现品牌形象统一的标准化、正规化，以便使观者在眼花缭乱的环境中获得好感。主要包括建筑造型、旗帜、门面、招牌、公共识标牌、路标指示牌、广告塔等。

(2) 内部环境标识系统

内部环境是指办公室、销售厅、展厅、会议室、休息室等办公内部环境形象。设计时从根本上塑造、渲染、传播品牌形象，并充分体现品牌形象的统一性。主要包括部门标示、形象牌(墙)、吊旗、吊牌、POP 广告(Point of Purchase Advertising)、货架标牌等。

5. 展示系统设计

展示设计是旅游品牌按照一定的功能、目的而进行的展示空间、道具、展品、陈列、照明和视觉传达等创造性工作的统称,即通过对展示空间环境的创造,有计划、有目的、合乎逻辑地将展示内容展现给游客,并力求对游客的心理、思想与行为产生影响的综合性创造活动。展示设计的范畴相当广泛。

类别	具 体 分 类
展览	展览会、展销交易会、博览会等展示设计
博物馆	科技馆、人文地质博物馆、自然博物馆、民俗博物馆等陈列设计
商业环境	店面橱窗、店内空间规划、商品陈列、导卖点广告等展示设计
演示空间	剧场影院、音乐歌舞厅、会议报告厅、礼堂、影视舞台、服装表演等空间展示设计
旅游环境	名胜古迹、旅游观光点、植物园、动物园、自然保护区等规划设计
庆典环境	节庆活动、纪念活动、祭祀活动等空间环境设计

表 6-1

展示类别和
具体分类表

6. 广告宣传设计

通过选择各种不同媒体的广告宣传,是一种长远、整体、宣传性极强的传播方式,可在短期内以最快的速度、在最广泛的范围中将品牌信息传达出去,是品牌形象展示的主要手段之一,主要有平面广告、立体广告、路牌广告、霓虹灯广告、POP 广告、烟雾广告等媒体展示设计。

广告宣传部分是 TVI 设计中最重要的部分,也是工作量最大、变化最多的部分。大量的宣传资料并不能在 TVI 设计之初就完成,要随着品牌的发展和资料的积累,有针对性地进行完善设计。广告要求组成和制作都必须到位,即内容完整、语言鲜明简练、广告词与色彩的结合恰到好处,只有这样,才能有效地影响旅游者的旅游形象感知。广告宣传设计不仅构成了旅游形象的重要组成部分,也为旅游者提供直接准确的旅游向导,并具有信息解释功能。

7. 包装系统设计

当今社会,人们在追求富足的物质生活时,也非常注重精神生活品质的提升,商品的审美价值有了逐步的提高,旅游产品的包装价值也就得到了重要体现。包装不仅是容纳与保护旅游商品的工具,还是有效的信息载体与营销手段,是表现旅游品牌形象的重要渠道。

旅游包装系统设计,是通过对包装的图形、色彩、文字等元素进行整合,突出旅游品牌形象特征,使系统化的包装成为品牌形象战略的重要组成部分,统一的识别与印象将形成强势的传播功能。在照顾产品的特性同时,包装造型和色彩还应体现出品牌的个性。包装设计包括包装纸、包装箱、手提袋等。

8. 旅游地交通工具

在旅游业高度发达的今天,旅游交通除实现旅游者空间移位的基本功能外,在某种程度上还具有满足旅游者旅行、游览和娱乐需要的多重特殊功能。越来越多的旅游交通工具和设施,如豪华游轮、旅游列车、游览马车等,逐渐发展成为既能满足旅游者物质上的享受,又能实现精神文化观赏价值的旅游吸引物,具有某些旅游资源的特征,而且,独特交通工具能给旅游者留下深刻的印象。例如,四川峨眉山上的人力交通工具——滑竿,几乎成为该风景区独特的形象符号。英国伦敦的双层巴士是城市特征最具代表性的形象,双层豪华旅游巴士,来往于伦敦城的各旅游景区间,不仅方便旅游者游览观光,而且可以作为城市一道极具复古气息的亮丽风景线。

交通工具是一种流动性强、活动范围广、影响面大、公开化的品牌形象传播方式。在流动过程中给人瞬时的记忆,有意无意地建立起品牌形象。同时,交通工具一定程度上体现了品牌的实力。常见的交通工具有轿车、中巴、大巴、货车、船舶和飞机等。交通工具的形象设计开发不能改变本身的造型或大小,只是在交通工具的表面做图像或标志的设计应用。对交通运输工具的设计,内容应包括外观上的信息设计、装饰设计以及对制作工艺的规定等。

旅游视觉形象
(TVI)

想一想　　以所学知识,选取您所熟悉的某一旅游地为对象,分析其视觉形象组成。

四、旅游听觉形象(TAI)

一般而言,一个旅游地的形象层面涉及得越全面、越丰富,其影响力和感染力就越大。听觉形象设计一般包括旅游宣传歌曲、旅游地的本土方言、地方民歌等方面的策划与制作。比如,海南省的旅游对外宣传歌曲之一为《永远的邀请》,海南形象宣传片《魅力海南》,从听觉感知角度向旅游者描绘了具有浓郁地方特色的海南整体形象。北京奥运会形象设计通过北京奥运会主题曲《我和你》(You And Me)、北京奥运会倒计时100天主题曲《北京欢迎你》与北京旅游形象宣传片《北京2008》,向海内外的游客展现了北京的古都风貌和现代活力;除此以外还有湖南的地方民歌《浏阳河》等,都能体现旅游地的独特魅力。

旅游听觉形象
(TAI)

想一想　　您还知道哪些能够代表旅游地的宣传歌曲、民歌或本土方言?

五、旅游文化景观形象(TCI)

当地居民的居住、生产、生活等活动构成旅游的社会文化观,它们同样对旅游形象具有影响作用。社会文化景观包括地方风俗、民族文化、服务形象、居民行为等。社会文化景观形象的塑造牵扯到许多方面,是一项复杂的系统工程,必须由多部门协调合作、经过多年努力逐步实现。社会文化景观形象设计的总原则就是要突出地方风俗和民族文化,完善旅游服务水平,提高居民文明水准,提高好客度。

六、旅游电子形象(TEI)

旅游电子商务蓬勃发展,各地旅游政府部门纷纷建立营销网站开展宣传,将旅游营销竞争延伸到互联网上。如原国家旅游局主办的金旅雅途就是一个促进各旅游地营销系统相互竞争的平台。旅游电子形象尤为重要。旅游电子形象是旅游营销组织或企业应用网络技术和网络设计的思想,实现现实要素向网络要素转化,吸引旅游者通过营销网站进行旅游信息的获取和旅游消费的虚拟体验,可以形成对旅游地的各种感知、印象、看法、感情和认识。旅游地应建立和完善旅游网站,对网站进行及时的设计创新,并利用网络进行展示和评选活动,扩大知名度,形成品牌,建立网站咨询服务活动。

七、旅游核心景观(CLD)

(一) 第一印象区

第一印象区指的是旅游者在实地旅游时,最先到达的地方。即城市边界出入口,通常是城市对外交通的火车站、机场、港口、码头、高速公路收费站等,这些地方是游客形成城市第一印象的地方,将会影响其进入城市的旅游感受以及离开城市后的旅游记忆。另外,城市内部及周边重要风景名胜区和旅游景点的门景的位置也属第一印象区。

(二) 最后印象区

最后印象区指的是旅游者离开目的地时最后与目的地接触的地点。一般来说,对于首次旅游的旅游者,第一印象区的形象意义比最后印象区大,而对于重游者而言,最后印象区的形象意义比第一印象区大。

(三) 晕轮效应区

晕轮效应区是对旅游整体形象具有决定意义的地方。如果这些地点具备良好的形象,旅游者对旅游的整体形象都会是满意的,反之,如果旅游者在这些地点得到不良的印象,会扩散成对旅游地整体形象的偏颇认知。因此,晕轮效应区能使游客的印象产生放大的作用,旅游形象的设计若能在此得以淋漓尽致地表达,将会比在其他地方的表现更容易产生积极的影响和效果。

(四) 地标区

地标区是旅游地独具特色的标志性景物所在的区域,与第一印象区有着同等重要的地位。例如,建筑高度 492 米的上海环球金融中心和毗邻的金茂大厦一起形成了上海的新地标。台北 101 摩天大楼,高达 508 米,成为台湾的标志性建筑。香港的地标区从原来的中银大厦变为新的香港会议展览中心。一般而言,在现代化的城市,最高建筑往往成为标志性建筑,因容易识别而在旅游者心目中留下深刻印象。没有地标区的旅游地很难产生鲜明的形象。

八、其他感觉形象设计要素

嗅觉和味觉形象也是体现旅游形象的重要方面。旅游美食和特色小吃给旅游者带来美好的味觉感受以及回忆,已成为重要的旅游吸引物。如在四川成都,旅游者不仅能品尝地道的各类川味小吃,还可以观看川菜烹饪表演,既满足了味觉需求,又了解了中华民族博大精深的饮食文化,获得了物质上和精神上的双重享受。因此,旅游美食如果给旅游者留下深刻的印象,旅游者会对总体旅游形象评价较高。

总之,旅游形象设计越丰富、越全面,它的形象辐射力就越强,就越能迅速提高旅游地地知名度和美誉度。

任务6.4 宣传推广旅游品牌与形象

旅游发展必须着眼于对潜在旅游者实施有效的促销和引导,并向旅游目标市场提供长期、有效、有吸引力的旅游感知形象,以诱发旅游者的出游动机、增强旅游者的购买信心、缩短旅游者的旅游决策时间。向旅游目标市场提供旅游感知形象的过程,实际上是旅游形象的传播过程,成功有效地传播需要切实可行的传播策略,常用的策略有形象广告、公关宣传、网络宣传、节事促销、口碑传播等。

一、形象广告

广告是一种高度大众化的信息传递方式,传播面积广、效率高、速度快。因此,通过广播、电视、报纸、书刊等传媒进行宣传,是目前树立和强化旅游形象的首要途径。要利用好报纸电视的专题报道、专题片的宣传效应,充分利用画册、明信片、挂历、邮票、宣传材料的传播效应,通过组织报纸或电视采访、影视剧的拍摄、有关书籍的出版、户外广告的展示和宣传资料的分发来促进旅游形象的有效播。

(一)报纸杂志

报纸杂志具有可重复阅读、价格低廉、便于携带、时效性强、信息量大、受众相对稳定等特点。当然,报纸信息的影响力比广播和电视弱。

(二)广播

广播信息的传播影响力非常广泛、渗透力强。广播不依赖文字做媒介,所传播的信息比较直接真实,成本也较低廉。但是,广播宣传要受时间的限制,而且只能通过声音传播信息,缺乏图文并茂的有效结合,具有一定的局限性。

(三)电视

电视以其直观性、普及性、实时性成为当前最具有效力的形象广告媒介之一。电视运用多种艺术手段,如活灵活现的画面,将语言、音响、色彩、人物形象等有机结合起来,对受众具有极强的感染力。传播学的研究证明,阅读文字能记住10%,收听语言能记住20%,观看图像能记住30%,边听边看能记住50%。因此。电视具体、直观、形象的特点比报纸和广播更能吸引人。但是,电视传播的弱点是费用昂贵,广告成本比较高。例如,马来西亚每年在旅游广告宣传上的投入高达2亿美元,在中央电视台旅游广告栏目经常能看到宣传马来西亚多元文化、热带风光、美食为主题的广告。这些广告已经成为吸引中国游客到马来西亚旅游的重要宣传和促销手段。

(四) 新媒体广告

PC互联网广告和移动互联网广告是新媒体广告中的主力军。新媒体广告投放主要有信息流广告、插屏广告、开屏广告和视频贴片集中等。新媒体广告的优势相较于传统广告非常明显,主要体现在:

投放时机:看到广告的正是需要购买的用户;

展示面广:接触到全世界约80％的互联网用户;

费用少,投资少:只需要支付访问次数的付费,利用数据跟踪投资回报率;

灵活性:满足多个目标,几乎可以即时改进广告系列。

二、公关宣传

公共关系是一种促进与公众建立良好关系的方式,其影响面广、影响力大,有利于迅速塑造并传播良好的旅游形象。因此,要积极参加、组织各种与旅游有关的展览会、交流会、研讨会、演出会、招商引资会、新闻发布会等形式的公关活动,邀请专家学者、旅游企业的管理人员、著名作家、有广泛影响的新闻媒介的记者前来旅游地旅游参观,以扩大旅游地的知名度。例如在2008年汶川地震之后,王老吉向地震灾区捐款一个亿,网友大赞其具备高度的社会责任感,自发支持王老吉,购买王老吉,形成了"王老吉现象"。通过王老吉现象,告诉我们:爱人者,人恒爱之。王老吉在汶川地震中的突出表现以及随后网友们的反应,客观上让国货重新以醒目、高昂的姿态进入了国人的视野,前所未有地拉近了国货与国人的距离。民族企业在汶川大地震这样的"国难"面前,理应承担更多更大的民族责任。让我们感到欣慰的是,从汶川大地震发生至今,包括王老吉在内的绝大多数民族企业品牌都没有让我们失望。它们或者通过捐款,或者通过捐物,或者直接组织人力物力参与救援,向灾区人民献出了爱心,伸出了援手。2021年郑州洪灾发生后,国内企业纷纷宣布捐款赈灾,引发了一场国内企业间的捐款"内卷"浪潮。7月21日,国潮运动品牌鸿星尔克因在自身经营状况欠佳的情况下宣布捐赠5000万元物资赈灾后,迅速"出圈",被网民送上微博热搜,成为大众关注焦点。众多网民自发进入鸿星尔克淘宝旗舰店及抖音直播间购买产品,表示以此支持良心企业。阿里巴巴数据显示,7月22日晚,鸿星尔克淘宝直播间超200万人参与扫货,产品一经上架即被抢空。捐款事件的热度不仅强化了大众对鸿星尔克的品牌认知度,也体现出大众对企业善举的认可度。

三、网络宣传

网络宣传是目前传播信息和文化交流最有效、最便捷的手段之一,网络能把信息丰富、详实、图文声像并茂地传播开来,因此,越来越多的旅游地和企业开始使用电脑建立和传播自己的旅游形象和旅游服务信息。网络是旅游信息传播不容忽视的手段。在采用此手段时,要建立自己的主页,并力争进入各主要网络搜索引擎,与热门站点建立友情链接,利用电子邮件发送传播能树立旅游形象的电子宣传品。

四、节事促销

节事活动一般来说活动范围大,内容多,旅游者的参与面广。因此,在旅游形象的塑造和传播中,节事具有其他策略不可比拟的效果。如悉尼的"绿色奥运会",为悉尼乃至澳大利亚塑造了可持续发展的积极形象。澳大利亚旅游委员会认为,悉尼奥运会使澳大利亚的形象塑造向前推进了 10 年。

五、口碑传播

口碑是游客在完成一次旅游活动后所获得的体验,以及对旅游产品和基础设施等的综合评价。将这些体验和评价向他人传播的过程即为口碑传播。在现代市场宣传途径里,口碑是大多数出游者获得旅游信息的主要途径,因此,良好的口碑对塑造旅游形象尤为重要。要想获得良好口碑,就应该从涉及游客旅游过程的六大要素着手,努力营造游客满意而归的条件。高品质的旅游产品、参与性强的体验方式、优质的旅游服务等都是创造游客良好口碑的重要因素。

....

项目小结

旅游品牌形象策划是在对旅游地或旅游企业的客观形象和旅游者感知形象认识的基础上,根据旅游地或旅游企业的现实水平和发展前景,以旅游的物质及非物质为载体,针对旅游目标市场系统化地设计和塑造期望形象,并借助公众参与、各种活动及传播媒介的力量,将期望形象传递给旅游者的全过程。其目的是提升旅游地或企业的知名度、美誉度和认可度,达到良好的经济效益、社会效益和环境效益。旅游品牌与形象策划对旅游地和旅游品牌的发展起着至关重要的作用,有助于促进城市全方位、多角度、立体化的发展。旅游品牌与形象策划是塑造、提升旅游形象,彰显旅游美学,获得旅游可持续发展的动力机制。

本项目试图为旅游品牌与形象策划设计奠定一个初步的理论基础,探索旅游品牌与形象调研的方法,对旅游品牌形象现状、旅游地形象诊断、旅游地形象定位方面进行调研,继而策划设计出旅游理念形象(TMI)、旅游行为形象(TBI)、旅游视觉形象(TVI)、旅游听觉形象(TAI)、旅游文化景观形象(TCI)、旅游电子形象(TEI)、旅游核心景观(CLD)及其他感觉形象设计要素,最后通过各类载体宣传旅游品牌形象。

讨论与思考

1955 年,由华特一手创办的世界上第一个迪士尼主题公园在美国洛杉矶成立,从1955 年至今,世界上陆续建成了六个迪士尼乐园,分别是洛杉矶县迪士尼世界,1971 年建成的奥兰多迪士尼乐园,1982 年建成的东京迪士尼乐园,1992 年建成的巴黎迪士尼乐园,2005 年建成的香港迪士尼乐园,以及 2016 年在中国上海建成的上海迪士尼乐园。纵观迪士尼的发展历程,就是一部品牌化生产、品牌化传播、品牌化生存的历史。如今,迪士尼已经成为了娱乐行业的龙头/标杆。

1. 你认为,迪士尼品牌如此深入人心的原因有哪些?
2. 通过迪士尼品牌的成功案例,你认为对旅游品牌的形象提升有何借鉴意义?

项目测验

一、名词解释

1. 旅游品牌

2. 旅游形象

3. 距离衰减规律

4. 马太效应

5. 晕轮效应

6. 领先定位

7. 旅游理念形象(TMI)

8. 旅游行为形象(TBI)

二、填空题

1. _____是一个综合、复杂的概念,它是商标、符号、定位、声誉、包装、价格、广告、传播乃至历史、文化、民族等方面留给受众印象的总和。

2. _____,即人们常说的"第一印象",是指公众在第一次接触某事物时所产生的印象,以及这种印象对以后进一步认识事物所产生的积极的和消极的作用。

3. 旅游地_____是旅游者(包括潜在旅游者)对旅游地的褒奖、赞赏、喜爱情况。

4. _____是指由旅游的基本标识及应用标识、形象外观包装、品牌形象等构成的旅游形象子系统,分为_____设计和_____设计两部分,是整个旅游形象识别系统中最形象直观、最具有冲击力的部分。

5. _____是旅游者从旅游地购买并带走的一种有形产品,有助于旅游者识别目的地形象。

6. 旅游核心景观(CLD)包括_____、_____、_____和_____。

三、选择题

1. 人们对旅游地形象的认知不仅受地域空间的影响,还具有一定的时间性,主要表现为(　　)。

A. 阶段性　　　　　B. 周期性　　　C. 季节波动性　　　D. 距离衰减规律

2. 旅游形象现状效果调查就是要了解旅游者对旅游地的认识程度、喜好程度和是否会将其纳入自己的消费对象,即对旅游地的(　　)进行调查。

A. 美观度　　　　　B. 知名度　　　C. 美誉度　　　　　D. 认可度

3. 以下属于旅游形象定位常用的策略有(　　)。

A. 领先定位　　　　B. 比附定位　　　C. 逆向定位　　　D. 空隙定位

E. 重新定位

4. 旅游形象(　　)是旅游者了解旅游地形象的最易于接受的、最有效的方式之一,它好比广告词,一句优秀的广告词往往产生神奇的效果。

A. 宣传口号　　　　B. 经营哲学　　　C. 发展目标　　　D. 宗旨

5. 以下属于旅游视觉形象中的基本要素系统部分的是(　　)。

A. 旅游形象标志　　B. 标准字体　　　C. 办公用品　　　D. 吉祥物

四、简答题

1. 塑造旅游品牌形象有哪些意义?

2. 如何提升旅游行为形象?

3. 旅游品牌形象视觉设计中应用要素系统设计有哪些?

4. 广告是一种高度大众化的信息传递方式,传播面积广、效率高、速度快,可以通过哪些渠道进行广告宣传?

扩展技能训练

请选择一个旅游目的地或旅游品牌,分析诊断其品牌形象的现状,并从形象定位、设计、宣传等方面提出旅游品牌形象的整改意见。

参考文献

1. 王庆生. 旅游项目策划教程[M]. 北京:清华大学出版社,2013.
2. 伍海琳. 城市旅游形象策划与提升研究[M]. 上海:上海交通大学出版社,2011.
3. 陈来生. 旅游创意与专项策划[M]. 天津:南开大学出版社,2013.
4. 郎富平,顾雅青. 旅游策划实务(第二版)[M]. 上海:华东师范大学出版社,2015.

【情景案例】

梅里雪山深度定制游——香格里拉,最接近天堂的地方

(一) 成团信息

人数:3 人

定制包价:6 300 元/人

出行日期:2021 年 5 月 27 日—5 月 31 日

(二) 温馨提示

1. 定制价格随目的地淡旺季与定制内容波动;5～6 人体验感与性价比最佳。

2. 以下内容为案例展示,供参考。

3. 具体的线路、酒店、餐饮、旅游活动等行程安排,以及时间、车辆等要素,都能够根据旅客的情况和偏好进行专门定制、调整。

(三) 行程安排

Day1:初次见面香格里拉

● 香格里拉机场接机

● 入住酒店休息,在古城附近寻找云南美食

● 休息完毕前往普达措国家森林公园

● 晚上在独克宗古城散步,游览古城风光

● 住宿:A 客栈

普达措国家公园内有明镜般的高山湖泊、水美草丰的牧场、百花盛开的湿地、飞禽走兽时常出没的原始森林。普达措国家公园内跟随旅游大巴总共可以分为三个旅游景点,分别为属都湖、弥里塘高原牧场观景台和碧塔海。每辆旅游大巴配有一名导游,为旅客进行景点讲解。

Day2:碧水蓝天纳帕草原

● 纳帕海环湖

藏语意为"森林背后的湖泊",是香格里拉市面积最大的高原湿地,是全省低纬度高海拔最具代表性季节性的湖沼湿地,也是黑颈鹤、黑鹳、灰鹤等国家Ⅰ、Ⅱ级重点保护鸟类、越冬水鸟的重要栖息地。纳帕海以其独有的高原湿地自然景观、人文风情吸引着无数游人慕名而来,是深受欢迎的香格里拉名片之一。

● 依拉草原

纳帕海是一大片湖泊,湖边是一小片草场。到了冬春旱季,湖面缩小甚至干涸,变成大片的沼泽草甸。

● 住宿:B 别庄

Day3:逐渐消亡的明永冰川

● 香格里拉出发前往飞来寺

- 途经金沙江第一湾,感受大自然的雄壮
- 中午到达飞来寺用餐
- 休息片刻前往明永冰川,感受正在消失的冰川痕迹
- 返回飞来寺
- 住宿:C酒店

明永冰川是世界上海拔最低的千年冰川,要想离明永冰川近一点就需要沿山而上,要爬很远的一段山路才可以到达观景台。虽然站在观景台上离冰川很近,但是无法摸到冰川。长长的一条冰川就像是从梅里雪山上飘落下来的一条绸缎一样,很美丽壮观。

Day4:仙气缭绕巴拉格宗

- 从飞来寺开始出发
- 前往巴拉格宗大峡谷,去看一看神仙居住的地方
- 返回美丽的香格里拉
- 住宿:A客栈

巴拉格宗坐拥八座神山,班丹拉姆神山就是其一,这里就是《消失的地平线》中所指的香格里拉梦境。

Day5:江河易满不舍分别

(四) 酒店信息

1. B别庄

酒店106间客房全部面朝纳帕海,无论日升日落,都可以在房间中欣赏到大自然赋予高原无与伦比的美丽。不用担心高海拔的寒冷,酒店在客人入住前就会为你打开地暖,调至合适的温度,房间的空间很开阔。风格虽是藏式,但不会过于浓重,门口有一个小玄关,会客厅还有壁炉相伴,进入房间就有温暖相迎。酒店的备品全部采用知名品牌,即使到了高原,肌肤也可以得到很好的呵护。

图 7-1

B别庄

2. C酒店

视野绝佳!位于梅里雪山正对面,坐在房间里就能看到美丽的梅里雪山,匹配一个观景阳台,是飞来寺看日照金山最佳选择。

图 7-2

C 酒店

3. A 客栈

位于香格里拉市衙门廊,地处茶马古道重镇独克宗古城内,出门几十米即是繁华美丽的古城主街,距月光广场、四方街只有几步之遥。客栈位于一条安静的巷子里,闹中取静,晚上没有任何噪声,可以安静地休息,房内可以远眺白鸡寺,近观转经筒及古城全貌。客栈在选料和设施设备用品上追求极致的舒适感。

图 7-3

A 客栈

(五)日程安排

Day1/Arrival

上午|抵达香格里拉市,入住酒店

中午|前往普达措国家公园

下午|浏览香格里拉古城风光

住宿:香格里拉 A 客栈

Day2/Arrangement

上午|游览纳帕海湿地

下午|游览依拉草原

住宿:纳帕海 B 别庄

Day3/Mainri

上午|途经金沙江第一湾,前往飞来寺

下午 | 观览明永冰川

晚上 | 返回飞来寺

住宿:飞来寺 C 酒店

Day4/Balogzon

上午 | 前往巴拉格宗

下午 | 返回香格里拉

住宿:香格里拉 A 客栈

Day5/Departure

上午 | 圆满结束旅程

(六) 注意事项

1. 高原旅行须知

(1) 进入高原地区,一定不能急着展开大体力运动,要慢慢适应;

(2) 保证充足的睡眠;

(3) 初入高原应适当限制脂肪摄入,少吃多餐,每餐不宜过饱;

(4) 注意补充维生素,多吃蔬菜水果,也可自带维生素片;

(5) 注意保暖,在出行时宜穿宽松、保暖的衣服;

(6) 轻微高反属正常反应,保持良好心态即可缓解;

(7) 准备好太阳帽、太阳镜、户外头巾,用来防晒、防风。

PS:丽江平均海拔 2 300 米,不存在高原反应。香格里拉平均海拔 3 294 米,部分人可能会感觉轻微不适。飞来寺 3 500 米左右,出现轻微高原反应属正常现象。大家不必紧张。

2. 出行装备建议

(1) 身份证、少量现金(大部分地方都支持移动支付);

(2) 旅行箱(26 寸以下)、小背包(可以在景区使用,背一些小食品和水);

(3) 保温杯、防水袋(下雨时用于收纳贵重物品);

(4) 若干常用药物,尤其是个人特定药品;

(5) 相机、充电器、移动电源、电池、储存卡;

(6) 个人洗漱护肤用品:牙膏、牙刷、洗面奶、爽肤水、润肤霜、防晒霜(防晒指数 50 倍以上,重要、必备)、唇膏(重要、必备)、护手霜(女士可以准备面膜)。

PS:空间够的话,可携带自拍杆、长裙、裤装、围巾、披肩,各种拍摄神器用来辅助拍摄。

【项目导学】

　　产品是任何一个消费市场、任何一个产业发展的细胞单元,旅游产品和线路是旅游企业与旅游者之间产生市场交易的核心载体与互动纽带。对于旅游者来说,好的旅游产品和线路必须满足其旅游需求,使其获得难忘或旅游消费体验,让其感受物有所值;对于旅游企业而言,旅游产品和线路更是企业一切经营管理活动的起点和中心,企业正是通过策划、生产、销售能满足旅游市场需求的旅游产品,来获得生存和发展所必需的收益。

　　同时,随着国内城乡居民生活消费水平的不断提高,其旅游消费能力也不断增强,旅游者也日益追求旅游产品消费的个性化、体验化与智慧化,旅游市场细分日益明显,旅游产品体系与类型日益多样化。

　　通过本项目的学习与实践,主要期望提升学生的知识结构和专业能力:

素质能力目标

➤ 具备创新思维和创新能力,持续优化旅游产品与线路的设计、开发、定位和推广等;

➤ 具备高效的信息收集、组织协调能力,优化配置各类资源,达到产品策划最佳效果;

➤ 具备良好的团队合作能力,确保团队成员之间有效沟通与合作,提升工作效率。

知识结构目标

➤ 了解旅游产品、旅游线路、旅游市场和旅游市场调研的内涵、类型和特征;

➤ 理解旅游市场调查的内容、程序和基本方法;

➤ 掌握主题旅游产品与线路的类型和定制方法;

➤ 掌握旅游产品和线路定价的适用范围、目标、策略与技巧;

➤ 掌握主题旅游产品与线路的宣传推广方式。

专业能力目标

➤ 能有效识别旅游产品和线路的类别及其市场需求量、需求特征,比较分析既有旅游产品与线路的优劣势;

➤ 能根据需要设计旅游企业市场调研问卷,具备分析调研问卷的能力;

➤ 能根据市场需求、产品成品和竞争状况正确选择定价方法和价格策略的能力;

➤ 能依据不同分类方式和实际情况,设计特定主题或任务的旅游产品。

任务 7.1　认识旅游定制与线路策划

一、旅游产品

(一)旅游产品的内涵

1. 什么是产品?

　　所谓产品,是指能够提供给市场,被人们使用或消费,并能满足人们某种需求的东西(如一辆汽车、一碗面条、一本书),包括有形的物品、无形的服务、企业文化、品牌或它们的组合。产品一般可以分为三个层次,即核心产品、形式产品、延伸产品。核心产品是指整体产品提供给购买者的直接利益和效用;形式产品是指产品在市场上出现的物质实体外形,包括产品的品质、特征、造型、商标和包装等;延伸产品是指整体产品提供给顾客的一系列附加利益,包括运送、安装、维修、保证等在消费领域给予消费者的便利。

> 想一想　　　是不是所有的产品都包含有形的物品、无形的服务、企业文化、品牌或它们的组合? 随着时代的不同,是怎样变化的?

无论是历史上,还是当前社会,很多企业要么仅仅生产有形的物品、要么仅仅生产无形的服务,也可能既生产有形的物品、又生产无形的服务。唯独旅游业比较特殊,无论在什么时候,无形的服务必然是其产品生产的重要组成部分。当游客向旅行社购买包价旅游产品时,他们不仅购买了景区、饭店、餐馆、航班等产品的使用权,他们也同时购买了多项服务,旅行社为他们制定游览线路、安排宾馆和交通,沿途为他们提供帮助等。事实上,当游客决定向旅行社购买旅游产品时,而不是选择自助游,目的就是为了得到这些服务。

2. 什么是旅游产品?

对于不同的主体而言,旅游产品的内涵是有所不同的。因此,我们可以从两个角度理解旅游产品的概念,即分别从旅游产品的生产提供方和旅游产品的消费购买方:

从旅游消费需求的角度看,旅游产品是指旅游者为了获得物质与精神上的满足和实现旅游过程,支付一定的货币购买的有形的物质产品和无形的服务。

从旅游企业供给的角度看,旅游产品是指能够提供给客源市场并引起人们的注意、获取、使用或消费,以满足人们的旅游欲望或需要的任何东西,包括各种有形物品、设施设备、个性服务、组织文化和想法。

无论从哪个角度看,旅游产品都既包括旅游资源和设施等有形产品,也包括各种服务、企业文化等无形产品。因此,旅游产品的策划既包括通常作为核心旅游吸引物的旅游资源的开发与策划,也包括让旅游者充分体验旅游资源魅力的配套设施设备的设置,当然还包括贯穿于旅游活动始终、构成旅游体验重要部分的旅游服务体系设计。

(二) 旅游产品的层次构成

以上分别从企业消费者与两个角度认识了旅游产品的内涵,归纳起来,即旅游产品包括资源、设施和服务这三项构成要素。旅游者真正需要的是不是也是这三项要素的组合呢? 这需要我们从四个层次上研究旅游产品:核心产品、配套产品、衍生产品和扩展产品(见图 7 - 4)。

> 想一想　　　通过网络搜索德清洋家乐,谈谈乡村旅游产品中核心产品是什么?

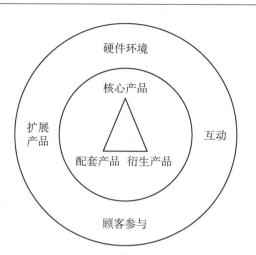

图 7 - 4

产品的层次
构成

1. 核心产品

真正打动旅游者购买企业旅游产品的核心是什么？这就是旅游产品最核心、最基本的层次——核心产品。正像所有成功的牛排馆都深谙"别卖牛排，卖呲呲声"、咖啡馆"别卖咖啡，卖香味"一样。对于旅游而言，旅游者真正需要的并不一定是美妙的景观，也不一定是舒适的服务，而是在特定情形下因美妙景观、人物或活动等而产生的审美愉悦，是由恰当的服务而感受到的轻松惬意。旅游产品策划必须能够识别旅游产品给特定旅游者带来的核心利益。

> **想一想**　　您认为有哪些因素会影响旅游者的满意度？其中哪些是客观因素，哪些是主观因素？哪些是最重要的因素？这些因素可以通过旅游产品的策划予以解决吗？

虽然在特定情形下，部分旅游者的满意度并不受旅游资源的品级、景观的美妙程度与服务技能的娴熟程度等影响，但是大部分旅游者的满意度还是与美妙的景观、恰当的服务直接相关。因此，旅游产品的核心利益必须依托有形的旅游资源才能得以彰显，这个资源即为旅游吸引物。旅游吸引物是指一切能够对旅游者产生吸引力的旅游资源及各种条件，它是旅游者选择旅游目的地的决定性因素，也是一个区域能否进行旅游开发的先决条件和构成旅游产品的基本要素。旅游吸引物可以是某个物质实体，如名山大川、文物古迹，也可以是某个事件或习俗，如泸沽湖的走婚习俗、蒙古族的那达慕大会。旅游吸引物的区位、数量和质量等因素的综合很大程度上决定了旅游产品的市场规模。

> **想一想**　　德清洋家乐作为长三角地区最为时髦的旅游产品之一，其核心利益所依托的旅游吸引物是什么？与《旅游资源分类、调查与评价》(GB/T18972—2003)相冲突吗？

2. 配套产品

配套产品是指旅游者在购买消费核心产品时必须提供的配套物品或服务。没有配套产品,旅游者就无法消费核心产品或者旅游体验会大受干扰。例如,某游客因马尔代夫的"蓝天白云、水清沙白、椰林树影"而去休闲度假,则该游客在消费马尔代夫优质自然资源的同时,必然需要有内部交通、度假小屋、特色餐饮、海洋娱乐等配套设施。因此,在策划旅游产品时,除了需要了解目标细分市场对产品核心利益的期望,还需要了解他们对配套产品的相应要求。

3. 衍生产品

衍生产品是针对核心产品所追加的代表额外利益的产品部分,它起到与竞争产品相区别的作用。作为一个完整的旅游产品,它一定包含核心产品和配套产品,这样才能使旅游者充分体验其核心利益,但并不是每个旅游产品都包含衍生产品。例如,杭州黄龙饭店等客人入住登记后,酒店的智能管理系统就能自动引导该游客进入客房;部分旅游景区也逐步推进智慧景区的建设,利用手机 App 软件、二维码、无线网络等信息技术,进一步提升管理水平与个性化服务水平。这些,都是整个旅游产品中的衍生产品。

想一想 配套产品和衍生产品在整个旅游产品中的地位与作用关系如何?两者之间可以互相转换吗?

事实上,配套产品和衍生产品的边界并不总是很清楚。对不同的目标细分市场而言,在不同的产品竞争中,它们可以相互转换。例如,在 21 世纪初期,宽带网络刚刚进入办公场所和家庭时,酒店客房提供宽带上网服务是一项衍生产品,它可以吸引更多需要方便上网的商务型游客,酒店提供这项服务就是为了支持作为核心产品的客房。而现在,大部分酒店(含经济型连锁酒店)都提供宽带上网服务,甚至是免费的无线网络服务。因此,大部分游客已经将酒店配备网络服务作为配套产品,而不再是衍生产品了。

想一想 仔细阅读《旅游景区质量等级的划分和评定》(GB/T17775—2017),哪些内容属于景区产品的配套产品?哪些属于衍生产品?

理想的产品策划必须使核心产品设计具有竞争优势,并且拥有不容易被竞争对手复制的衍生产品。值得注意的是,衍生产品应该具有专业的水准,以保证整个旅游产品的质量。提供非专业的衍生产品,有可能导致画蛇添足、弊大于利。也就是说,作为整个产品的配套产品或衍生产品,其产品质量必须与核心产品一致,否则就会张冠李戴。例如,某主题游乐型旅游景区,基本上不具备幽静的休闲度假条件,而硬要推出针对游客的配套休闲或住宿型产品,其结果可想而知。

要确保衍生产品发挥竞争优势,就必须针对目标细分市场的旅游消费行为特征,系统、科学地设计并积极落实并实施到位,必须满足甚至超过游客的期望,才能收到积极的效果,真正履行衍生产品在产品整体中的功能——提供更多的竞争优势。

4. 扩展产品

扩展产品通常包括可进入性或易得性、消费氛围、旅游者与服务人员的互动、旅游者参与,以及旅游者之间的互动等可以强化旅游体验的因素。旅游产品的策划应尽力强化扩展产品的功能。但有很多因素不受企业的直接控制,有时甚至是计划外的产品内容,例如旅游团队中一位游客因为随身携带的休闲娱乐装备丢失,导致无法参与景区组织的具体活动,而对整个团队游客的旅游体验造成了影响,并留下了不好的印象。

从策划的角度看,核心产品提供了旅游产品策划的主题或焦点,它是产品存在的基础,也是给旅游者一个购买的理由;配套产品是将产品核心价值转移给旅游者所必不可少的;衍生产品是竞争市场中使产品保持竞争优势的重要内容。

(三) 旅游产品的类型

1. 按照旅游产品的功能分类

旅游产品是一个以旅游者的消费需求为中心的整体概念,通常包括"吃、住、行、游、购、娱"等六大功能要素。需求不同,对旅游产品的功能要求不同,对各个要素的组合要求也不同,于是形成了不同类型的旅游产品;地域不同,旅游产品的功能、形态及表现方式也不同;价格不同,旅游产品的质量等级也存在较大差异。按照旅游产品的功能分类,可以将其划分为观光游憩旅游产品、休闲度假旅游产品、文化娱乐旅游产品、商贸购物旅游产品等。

观光游憩旅游产品是指旅游者以观赏和游览自然风光、名胜古迹、城市风光、节庆赛事等为目的的旅游产品,它构成了世界旅游产品的最主要又最基础部分。通过观光旅游可获得美的享受,愉悦身心,有利健康。观光旅游产品又可分为传统观光游憩旅游产品和新兴观光游憩旅游产品两种,前者主要有自然风光、城市风光、名胜古迹等,后者主要包括国家公园、主题公园、野生动物园、海洋观光、城市观光等。

> 想一想　　进入 21 世纪以来,各种新型旅游产品不断涌现。是否意味着观光游憩旅游产品已经没有市场了? 为什么?

休闲度假旅游产品指旅游者利用非工作时间进行休养、消遣和娱乐的旅游产品。强调休闲和度假,可以消除旅游者因工作带来的紧张与疲劳,调节身心健康。要求旅游企业利用休闲度假旅游地自然景色优美、气候温和宜人、住宿设施令人满意、娱乐设施齐全完善、餐饮富有特色、交通便捷、通信便利等。休闲度假旅游产品有海滨度假、乡村度假、森林度假、野营度假、滑雪度假、高尔夫度假、游艇度假、温泉度假等众多种类,已成为国内外最受旅游者欢迎的旅游产品之一。

> 想一想　　您家乡的旅游业发展如何? 适合发展休闲度假旅游产品吗? 为什么?

文化娱乐旅游产品指以旅游者了解、参与异国他乡文化或某类主题文化为目的的旅游产品,通常蕴涵着较为深刻而丰富的文化内涵或较为突出的主题内涵。文化旅游可以使旅游者对异国他乡的文化艺术、风土人情、生活方式进行比较全面的了解,以扩大视野、丰富知识。产品种类繁多,主要有民俗旅游、艺术欣赏旅游、博物馆旅游、怀旧旅游、修学考察旅游、宗教旅游等。娱乐旅游产品可使旅游者对某类主题文化内涵深入了解,可以是传统文化民俗,也可以是现代乃至未来特定主题的文化活动。

商贸购物旅游产品指满足人们经营洽谈、商务活动、信息交流、商品购物等需要的旅游产品类型。它强调旅游设施和服务的舒适、便捷和档次,活动计划性强,包括参加会议、奖励旅游、大型商业性活动、公务出差、节庆会展等众多类型。商贸购物旅游产品是传统性比较强的产品类型,但随着现代旅游经济的发展,商贸购物旅游越来越频繁,相关旅游设施和服务也迅速向现代化发展。目前,商贸购物旅游在现代旅游产品结构中占有重要地位。

> **想一想**　按照旅游产品的功能不同,除了上述四种旅游产品外,还有哪些细分旅游产品?

2. 综合性旅游产品的组成要素

旅游产品是一种综合性产品,由酒店、餐馆、景区、交通等企业生产的单项产品组合而成。旅游者在根据自己的需要购买旅游产品时,既可以选购整体旅游产品,也可以购买组合产品中不同的单项产品。按照综合性旅游产品的组成要素,可将旅游产品分为旅游餐饮产品、旅游住宿产品、旅游交通产品、游览旅游产品、购物旅游产品和娱乐旅游产品等种类。

2012年5月,中央电视台播出美食类系列纪录片《舌尖上的中国》,迅速成为大江南北的热点话题。因此,餐饮美食必然是游客关注的产品内容之一。旅游餐饮产品有两个层次的功能:首先是为了满足旅途中的基本生理需要;其次还包含着品尝异国他乡的风味美食,体验不同地区、不同民族的饮食文化差异的需要。所谓"民以食为天",中国饮食文化历史悠久、源远流长,民众基础深厚。在策划旅游餐饮产品时,应当注重地方特色饮食文化的开发,使其对旅游者产生文化吸引力,实现第二个层次的功能。

> **想一想**　既然游客对异国他乡的美食特别感兴趣,是否意味着只要提供本地特色餐饮就可以了?

旅游住宿产品主要是为了满足旅游者休息身心、恢复体力等基本生理需要。但在现代旅游活动中,住宿设施在满足旅游者基本生理需要之外,还设有购物、康体、娱乐等丰富多样的服务项目,以满足旅游者精神享受的需要。特别是在度假旅游中,度假酒店通常是旅游者活动的中心点,它通常向旅游者提供多种选择的综合性旅游产品。一些著名的度假酒店本身就是一个独立的旅游吸引物,如迪拜的帆船酒店、新加坡滨海湾金沙酒店等。

住宿设施的多少和服务质量的高低,往往成为评价一个国家或地区旅游接待能力的重要指标。旅游者需求的多层次性决定了旅游住宿设施也必然是多种多样的。就使用特点而言,旅游住宿设施分为汽车旅馆、商务酒店、会议酒店、度假酒店、公寓式酒店、经济型连锁酒店、乡村民宿等；按质量等级分，我国有从一星级饭店到五星级饭店五个档次，它们有严格的星级质量标准，不同星级的饭店所提供的服务项目也存在较大的差异。值得注意的是，近年来国内外主要旅游城市均出现了特色文化主题酒店，即酒店是以某一特色文化为主题，来彰显酒店的建筑风格和装饰艺术及特定的文化氛围，让顾客获得富有个性的文化感受；同时将服务项目融入特色文化主题，以个性化的服务取代一般化的服务，让顾客获得欢乐、知识和刺激。

延伸阅读

　　法云安缦酒店位于杭州西湖西侧的山谷之间，毗邻灵隐寺和永福寺。这里的住宅可追溯至百年以前，以传统做法和工艺修缮一新，砖墙瓦顶，土木结构，屋内走道和地板均为石材铺置。

　　整个法云安缦酒店的设计概念为"18世纪的中国村落"，尽量保持了杭州原始村落的木头及砖瓦结构，房间以不同形式遍布于整个小村庄中。甚至侍者的制服都使用了与村落极为合拍的土黄色。几乎所有的客房都不准备电视，房间内整体的灯光都比较暗，只在必须用到照明的地方才会使用，在这里，灯的功能被退回到18世纪中国村落的蜡烛时代。

　　酒店拥有47栋独立的院落，每个院落都在门帘处标有自己的名字：乐陶、清泉、芳兰、逍遥、若水疗、吟香阁、法云舍等，它们或是客房、餐厅，或是茶室，分布在600米长的法云径两侧。法云径连接永福寺与灵隐寺，朝香客人依然可以通过该小径来往于永福寺与灵隐寺庙。服务及基本设施包括美食餐厅、翻译服务、临时保姆服务、SPA、健身中心、自行车租赁、高尔夫等，房客还可以让酒店安排参与佛寺早课。

　　　　　　　　　　　（资料来源：摘自法云安缦酒店官方网站）

旅游交通产品能为旅游者提供由常住地到旅游目的地的往返服务及在旅游区内的往返服务，其核心功能是帮助旅游者实现空间位移。旅游者购买旅游交通产品，是购买了从一地安全地到达另一地的交通服务，而不是交通工具本身，旅游交通部门在旅途过程中为旅游者提供的特殊体验也构成了旅游交通产品的一部分。一个国家或地区的旅游交通产品越丰富越优良，就越有利于旅游业的发展。事实上，随着旅游者消费观念的转变，旅游交通工具以及道路交通设施亦逐步成为新型的旅游吸引物，如浙江宁海的国家登山健身步道与徐霞客古道，已经吸引了国内外诸多游客慕名而来。

想一想　　目前，国内很多城市纷纷效仿杭州，推出城市公共自行车的免费租赁服务，已然成为到访游客解决内部交通的重要方式，也成为一种重要的旅游产品类型。该举措对促进地方旅游经济有什么作用？

旅游游览产品主要指旅游吸引物。游览观光是旅游活动的核心内容和主要目的，游览观光的对象就是各种旅游吸引物。旅游资源是旅游吸引物的基础条件，一个国家或地区的旅游业兴旺与否，一方面取决于它客观上拥有旅游资源的丰富程度，另一方面还取决于它在主观上开发、利用和保护这些旅游资源的力度和合理性。旅游者的兴趣爱好多种多样,其旅游动机也各不相同,单一的旅游资源、单调的游览产品难以满足旅游者的多层次需求。因此,多元化进行旅游资源开发和旅游景点建设是一种趋势,这主要表现在三个方面:一是强调自然资源、人文资源的综合开发,二是强调相关互补的旅游景点组合,三是注重旅游资源的创新性开发。

> **想一想**　从诗句"横看成岭侧成峰"来看,您觉得在旅游资源的创新开发过程中,应注意什么?

旅游购物产品指旅游者在旅游活动中所购买的对旅游者具有实用性、纪念性、礼品性的各种物质形态的旅游商品。旅游者到达旅游目的地后大都要购买一些旅游纪念品、工艺美术品、土特产品及生活用品。这些商品大部分在旅游结束后留作纪念、欣赏或使用,或作为馈赠亲友的礼品,具有某种纪念意义。旅游购物产品从某种意义上是旅游活动的延伸。在吃、住、行、游、购、娱等旅游收入中,前四项收入是基本消费,而旅游购物产品是非基本消费。只要旅游者喜欢,他的购物消费是没有上限的。从这点看,旅游购物产品可挖掘的经济效益潜力巨大。因而世界上旅游业发达的国家和地区都十分重视发展旅游购物,鼓励旅游者在旅游期间购买本国或本地区的产品,以增加整体的经济效益。

> **想一想**　2013 年 10 月 1 日,《中华人民共和国旅游法》正式实施,对传统旅游购物点造成了极大的冲击。请问,未来在旅游产品设计过程中,如何设计才较为合理?

旅游娱乐产品指满足旅游者在旅游活动过程中娱乐需要的产品。旅游者在旅途中,特别是晚间,需要通过娱乐来放松精神,加深旅游者之间的交流。因此,旅游娱乐产品成为大多数旅游者的一种基本需要。娱乐产品的体验化、多样化、新颖化、趣味化和知识化,可以充实旅游产品的内涵,从而更广泛地吸引具有各种爱好的旅游者,为旅游目的地增加旅游效益。

延伸阅读

　　《宋城千古情》已经成为国内乃至国际最著名的演艺旅游产品之一,其重要原因就在于找准了市场定位,把握住了国内外旅游者对夜间旅游娱乐产品需求的态势。

　　"白天看庙,晚上睡觉",尽管杭州是全国著名的旅游城市,但在《宋城千古情》问世之前,夜间旅游消费相对贫乏。因此,宋城景区决定在白天演出的基础上,增加夜间演出,使该表演增加到每天 5 场左右。于是,来杭州的游客白天在各景点能感受到静态的历史人文积淀,晚上又能享受到《宋城千古情》新颖生动、如梦如幻的艺术视听盛宴,并很快改变了杭州原来单一的观光旅游格局。

（四）旅游产品的特点

与大多数产业的产品相比，旅游产品具有几个明显不同的特性。这些特性使得旅游产品的策划也具有了与其他产品策划所不同的侧重点。因此，我们还必须清楚地认识到旅游产品的特殊性有哪些。

1. 有形与无形的统一性

大多数产业的产品都以有形产品为主、以无形的服务为辅，它们看得见、摸得着，有时还能被闻到，被品尝。有形产品有重量、占空间。如一辆山地车、一双登山鞋、一盒牛奶都是有形产品。而旅游产品则是有形产品与无形产品的统一体。部分旅游产品是有形的，比如你在酒店所用的美食、你所购买的旅游商品；而大部分旅游产品是无形的，如景区的导游讲解、乘坐飞机飞行、乘游船观光、参观艺术博物馆或观赏名山大川等体验过程，游客均只能一次性体验，而不能据为己有。虽然飞机的舱位、旅游吸引物等都是有形的物体，但它们是用来辅助创造旅游体验的，它们绝不是旅游者所追求的目标。旅游者希望从旅游中得到的是由旅游体验所带来的无形收益：快乐、放松、方便、兴奋等。在旅游中购买有形产品只是为旅游者得到他们所追求的无形体验提供一条通道而已。

因此，旅游产品的大部分内容具有无形性，少部分内容具有有形性。在旅游产品的策划过程中必须重视产品的核心利益，而且要用有效的方式尽量将其效用和优点形象地展示出来。同时，还必须认识到，同样的旅游产品对于不同的旅游者产生的体验可能是不同的。例如，商务旅游者把入住酒店看作完成工作任务的必要组成部分，而休闲度假者把它看作是逃离日常生活环境的一次体验。

> **想一想**　以某一次旅游团队出行为例，列举哪些旅游产品兼具无形性与有形性，哪些旅游产品仅有无形性。

2. 生产和消费的同时性

大多数旅游产品是在相同的地方同时生产和消费的。当游客进入景区时，景区内部的导游讲解服务开始生产（讲解）的同时，也正是游客开始消费导游讲解服务这一产品的时候；当飞机飞行时，游客正同时消费飞行旅游产品。即旅游者同时参与到了生产和消费的环节之中。旅游产品生产和消费的同时性促使旅游企业和旅游者之间相互依赖，彼此之间可通过互动关系塑造独特的旅游体验。此外，旅游产品生产和消费的同时性，导致其产品质量很难严格控制，产品的生产过程很难完全实现标准化管理。由于不同旅游者的需求、偏好、个性各不相同，使旅游者满意的旅游产品不可能有相同的质量标准。所以，旅游企业和服务人员需要针对不同的需求提供不同的个性化产品，以提高游客满意度。为了保证旅游产品能获得稳定的满意度，旅游产品策划将面临更高的质量要求和更加灵活的质量监控技术。

3. 不可储存性

旅游产品的无形性、生产和消费的同时性使其不存在独立的生产过程，所以具有不可储存性。只有当旅游者购买并消费时，旅游资源、设施与服务相结合的旅游产品才得以存在。有形产品有一个相当长的保存期限，在这期间它们能够被销售，其价值即会得以实现。而旅游产品不可能像普通产品那样能够被不断生产而储存起来,这意味着旅游产品在生产时,就需要考虑怎样同时将其消费掉。酒店每晚都有一定数量的客房供出租,如果晚间还有剩余客房无人入住,则将永远失去销售这些客房当晚使用权的机会,这一产品可能带来的利润也随之永远消失了。因此,旅游产品策划时要充分考虑产量与旅游者数量的匹配性。

> **想一想** 鉴于旅游产品的生产与消费的同时性、不可存储性等特征,在旅游高峰期或旺季来临之前,您觉得旅游企业应该做哪些应对措施?

4. 季节性或时间性

所谓季节性,是指旅游需求或旅游供给在一年中不同时间段呈现的波动状态。一方面,是由于旅游产品供给要素的季节性影响。比如,只有在春天才能看到武汉大学的樱花,只有在夏天才能感受到莫干山的清凉,只有在秋天才能欣赏到香山红叶,只有在冬天才能开展自然状态下的滑雪运动。另一方面,是由于旅游市场需求的季节性影响。这其中又有两层因素:客观上讲,受自然气候因素影响,游客在一年四季中的出游较有规律,每年春暖花开或秋高气爽之际,全国各地的适游指数较高,出游人数也最多;主观上讲,受各个国家或地区的放假制度影响,使得游客只能在特定时间内集中出行。旅游产品的季节性影响,必然会给旅游产品的生产带来较大压力,表现为旺季的超负荷承载与淡季的闲置浪费。

> **想一想** 假如您作为旅游景区的经营管理人员,"十一"黄金周即将到来,为了确保整个景区经营有序、游客满意,您觉得应该采取哪些措施以应对大量游客的到来?

5. 部分产品的独特性

部分有形旅游产品具有可复制性或批量生产的特点(如特色旅游商品),而大部分旅游产品,尤其是无形旅游产品均拥有竞争对手无法复制的特有资源,比如长城景区、故宫博物院、九寨山水等,没有竞争对手有能力再造一个世界奇迹,它们给旅游者带来了其他地方无法提供的独特体验。因此,旅游产品策划应尽可能地强调产品的独特性,这将有助于潜在旅游者识别产品独特的吸引力和利益,也有助于他们在同类产品中独树一帜。

> **想一想** 随着物联网时代的到来,游客随时随地都能购买到世界各地的旅游纪念品或旅游商品。既然如此,旅游目的地还需要专门提供旅游购物产品吗?

6. 大部分产品的同质性

不是所有的旅游企业和旅游地都有幸拥有垄断性资源,大部分旅游产品(尤其是酒店、餐馆、交通、购物产品)具有很高的同质性。各竞争的旅游企业之间、竞争的旅游城市之间提供基本相同的产品。比如,同样品牌下的经济型连锁酒店,在各个旅游城市的装修风格、服务内容因其标准化的生产过程,导致两者之间没有区别。为了使旅游产品在市场上取得成功,旅游产品策划必须非常重视同质性的问题,关键在于使自己的产品与竞争对手的产品相区别,即使这种区别并不具有实际的意义。值得注意的是,除了旅游资源的垄断性带来的产品差异外,旅游产品的其他差异往往能够被很快地复制,比如优秀的服务、特殊的活动。所以旅游产品策划还需要建立一个长期的、不断更新的旅游项目库,以维持产品的差异,确保对游客的吸引力。

> **想一想**　　既然大部分旅游产品具有同质性,是否意味着主要对具有独特性产品进行策划设计?为什么?

7. 旅游产品的互补性

旅游者基本不可能只购买单个旅游产品,对一个旅游产品的购买会引起一连串的购买行为。例如,游客到旅游景区观赏游玩,则可能顺便会光顾景区附近农家餐馆、购物点,也可能会去附近其他景区游玩。虽然这些旅游企业的所有权是不同的,但它们的命运紧紧相连。旅游产品之间的这种密切关系就是互补性。旅游企业和旅游目的地越来越意识到这种互补性在市场竞争中的重要作用,越来越多的旅游产品策划在跨区域、跨企业、跨行业合作的背景下开展,如他们联合策划产品、联合进行市场推广。例如,经常入住某连锁酒店品牌的常客,如果得到足够积分,可以免费享受出租车或机票打折待遇;景区与附近农家乐旅游点串联起来,将欣赏优美风景和体验农家民俗组合起来,可以丰富游客的旅游体验,增强产品的竞争力。

延伸阅读

浙东南五彩之旅是由台州的临海、温岭和温州的乐清、楠溪江、洞头五地旅游部门共同于2010年秋季发起组建的一个非营利性区域旅游合作组织。该组织宗旨是以丰富的自然资源和人文资源为依托,本着"平等、交流、合作、发展"的原则,打破地域界限,树立区域整体观念,实现"平台互搭、产品互推、客源互送、声势互造、企业互动、优惠互享、信息互通、利益互赢",共同营造区域内旅游发展的良好环境,共创旅游产品,共塑旅游品牌,开创区域旅游经济及地方经济的新局面。以区域产品建设、品牌塑造和市场推广为主要目标任务。建立了合作组织轮值制度、联席会议制度以及固定的联络机制,确保合作组织工作有序推进。

浙东南五彩之旅地处浙江东南部,五地产品各具特色又相互融合,融合了山水文化、历史文化、田园农家文化、休闲度假文化,均积淀了浓厚的旅游欣赏及游憩价值。临海的古城、温岭的奇硐、乐清的名山、楠溪江的圣水、洞头的仙岛,又使得它们各成一体,风格迥异,独树一帜。"浙东南五彩之旅"分别代表五地精彩的旅游产品,具有典型的独特性或不可复制性;五地旅游资源又串游贯通、融合交织,一年四季产品不断,特色倍出,打造了休闲、精品旅游的全新概念。

(五) 旅游产品策划的步骤

1. 创意形成

产品的策划始于创意形成,而创意的来源则往往需要通过系统地捕捉。在旅游企业中,好的创意往往需要在众多普通想法中去发掘。寻找创意的过程应该系统化,而不是几个随意产生的"点子",否则企业就要在寻找创意的过程中冒险,因为有些"点子"可能与企业的业务类型或者市场的需求结构不协调。为了得到源源不断的产品创意,作为一项系统性工作,企业必须选择几个好的创意源泉。

2. 创意筛选

不是所有的创意都能转化为产品,也不是所有创意产品都能为企业带来经济效益。创意形成阶段的目的在于促进各种想法的大量涌现,而创意筛选却是要减少想法的数量,准确地抓住能转化为市场效益的好创意,尽可能剔除那些没用的,甚至可能给企业带来高风险的想法。

筛选创意需要一个合理的标准,企业需要对产品、目标市场、竞争状况分别进行分析,并对市场规模、产品价格、产品开发时间和成本以及回报率作一些粗略的估计,此外还需要考虑:这个创意与企业的战略目标是否吻合? 企业有没有足够的资源(包括人力、设备、资金等)来保证创意的实现?

在创意筛选阶段,应该仔细地审视一下产品线的关联性问题。在策划新产品时,一个常见的错误是策划了一个与企业原有产品组合关联性不高的产品。为了加强策划中新产品与原有产品组合的关联性,我们需要考虑这项产品:是否符合企业的战略目标? 是否保护和促进企业的核心业务? 是否强化了企业与重要客源的联系? 是否更有效地利用了现有资源? 是否提高了现有产品组合的竞争力?

练一练 请以"丝绸"为主题的产品开发发散思维图,设计出相应的筛选标准,并提出切实可行的开发产品。

3. 市场分析与定位

大多数旅游产品的同质性或替代性较高。因此,在旅游产品策划过程中必须要突出某些特点或属性,使其产品特征在目标细分市场的消费者心中留下深刻的印象,并最终成为顾客进行比较选择和做出购买决策的重要依据。值得注意的是,这些突出的特点或属性只是消费者心目中的印象,而不是企业对自己产品的标榜。

在产品的正式定位之前,首先要分析当前市场的供求关系。假如某一细分目标市场份额较大,但市场已经有了很多的大型的产品供应商,则你要开发同类产品并占据一席之地也较难;而某些细分目标市场份额虽然较小,但可能一直没有相应的产品供应,说不定蕴含着较大的商机。其次,要分析该目标细分市场的需求特征,包括其旅游消费需求的频率、时空特征、饮食爱好、住宿习惯等。值得注意的是,之所以成为目标细分市场,必然拥有与其他细分市场不同的特征,这些特征才是最值得关注的。

只有充分了解并锁定了目标细分市场,并深入分析其市场供求关系及其需求特征,我们的旅游产品才能被旅游者识别并认同。而具体市场定位的途径则有很多,旅游企业的产品定位一般有六种可供选择的方法。

4. 产品概念成型

产品概念是指产品创意的具体化,并用能被消费者理解的术语来加以表述。要知道,旅游者要的并不是一个创意,也不在乎你是如何定位的,只在乎实实在在的旅游体验。如何将创意转化为旅游者的体验? 在前述创意筛选、市场分析与定位的基础上,需要把产品创意进一步具体化为产品概念。有了产品概念,产品的各方面就基本确定了。具体可以用"5W1H分析法"着手进行产品的概念成型。

5. 市场可行性分析

企业一旦对产品概念做出决策,接下来就需要对该项产品是否能为企业带来预期的收益做出分析预测。旅游产品的市场可行性分析涉及潜在规模、成本和利润前景的预测,旨在确定它们是否符合企业的各项发展目标。如果符合,产品策划就取得了初步的成功,可以进入产品开发阶段了。

二、旅游线路

(一) 旅游线路的概念

旅游线路是旅游经营者或管理者根据旅游客源市场的需求、旅游地旅游资源特色和旅游项目的特殊功能,考虑到各种旅游要素的时空联系,形成的旅游地和旅游服务项目的合理组合(许春晓,1997)。

上述关于旅游线路的定义与旅游者自行设计的旅游线路在目的、投入、内涵和变动四个方面存在明显区别。第一,旅游经营企业或旅游管理部门推出的旅游线路是旅游产品的重要组成部分,其推出旅游线路的目的是向旅游者销售,而旅游者设计的旅游线路主要是为了自我旅游的需要。第二,旅游经营企业或旅游管理部门的旅游线路一般是由专门的人员设计的。通常情况下这种设计有专门的程序和要求,而且设计时要有较多的前期投入,推出后往往能获得经济和社会效益。旅游者自己设计的旅游线路通常是根据有关资料、旅游经验、经济条件及闲暇时间等随机设计的,一般不会有前期的经济投入,也不追求经济回报,更注重的是如何提高旅游体验和减少经济支出。第三,旅游经营企业或旅游管理部门推出的旅游线路内容比较全面,包含了主要的旅游景点、旅游交通工具、旅游日程及活动内容、服务标准和费用等,旅游者自己设计的旅游线路则内容相对要简单得多。第四,旅游经营企业或旅游管理部门设计的旅游线路一旦推出,很少有大的变化,除非应旅游者(主要是团队旅游者)的要求而做相应的调整,或是旅游线路的商业寿命终止。旅游者自主设计的旅游线路因为旅游者个体在经济条件、年龄、社会阅历、旅游经验、文化水平、闲暇时间等的差异较大,因而其旅游线路的差异也很大,并且有时极有可能会对一条路线做较大的调整。

(二) 旅游线路与旅游产品的关系

1. 一条旅游线路就是一个单位的旅游产品

林南枝等(2001)认为,从旅游目的地角度出发,旅游产品是指旅游经营者凭借着旅游吸引物、交通和旅游设施,向旅游者提供的用以满足其旅游活动需求的全部服务。旅游产品是个整体概念,它是由多种成分组合而成的混合体,是以服务形式表现的无形产品。具体来讲,一条旅游线路就是一个单位的旅游产品。在这条旅游线路中除了向旅游者提供各类吸引物外,还包括沿线提供的交通、住宿、餐饮等保证旅游活动顺利进行的各种设施和服务。

2. 旅游线路就是旅游产品

刘振礼等(2001)认为,旅游产品是由多个不同性质的旅游点、多种旅游交通方式、若干旅游集散地、各种接待服务设施和多种劳务等因素组成的相对固定的产品。通常也将完全相同的内涵称为"旅游线路"或"旅游路线"。团队旅游者所购买的旅游产品就是旅游商销售的旅游线路。

3. 旅游产品是旅游经历

李天元等(2002)认为,对于旅游产品,人们需要从两个层次去认识。其中一个层次是总体旅游产品,另一个层次是单项旅游产品。总体旅游产品是指以旅游目的地的活动为基础所构成的一次完整的旅游经历,而单项旅游产品一般意义上是指旅游企业所经营的设施和服务,或者说是旅游企业借助一定的设施而向旅游者提供的项目服务。从市场营销角度讲,单项旅游产品也是一种"经历"性产品,这种旅游经历是通过旅游线路实现的。

总之,旅游产品是指为满足旅游者审美和愉悦的需要,而在一定地域上被生产或开发出来以供销售的物象与劳务的总和。可以说,旅游线路就是旅游产品;反过来,旅游产品可以是一条完整的旅游线路,也可以是旅游线路中的任何一个相对独立的组成部分。旅游线路是旅游产品中一个非常重要的组成部分。

旅游线路作为旅游产品销售的实际形式,包含了多个方面的组成因素。要将多个因素有机地组合起来以适应不同游客市场,这一工作的难度是相当大的。因此,旅游线路设计的意义及技巧就显得格外重要。

(三) 旅游线路的类型

1. 空间尺度

以空间尺度来划分旅游线路,是以旅游者在旅游过程中所涉及的空间范围为依据,将旅游线路划分为远程旅游线路、中程旅游线路和近程旅游线路三种类型。

远程旅游线路是空间尺度上一种大范围的旅游线路。远程旅游线路实际上包含了三层含义,一是一次旅游所走过的路程比较远,涉及的空间范围大,从总里程讲至少要超过一千公里;二是一次旅游时间在五天以上,当然,如果旅游中使用的交通工具主要是航空的话则相应天数可少一些;三是应越过世界大洲洲际线或国境线,若是在国内旅游的话应跨过若干个省区。我们在这里所说的远程旅游线路要求同时满足上述三个条件:①旅游线路长。远程旅游线路一般一次旅游的里程长达数千公里,有些跨世界大洲的线路可能达上万公里。所以远程旅游线路的交通工具一般是速度较快也较舒适的飞机或火车,只有当时间比较宽裕或有特殊需要时才采用其他交通方式。②旅游范围大。远程旅游线路常常是跨越世界大洲或跨国的旅游,所以旅游的范围常常涉及几个洲或几个国家,即使在国内旅游,也是要涉及若干个一级行政区,旅游到达的范围大。③旅游时间长。由于远程旅游线路长,所以一次旅游所需的时间较多,少则几天,多则十几天甚至几十天。如果旅游者没有相应的闲暇时间,一般是不会选择远程旅游线路的。④旅游费用高。正是因为远程旅游线路长,涉及范围大,所需时间多,对旅游者来说,一次旅游的经费开支也大。例如我国国内远程旅游一次费用要数千元人民币。如果出国旅游,特别是到欧美一些国家旅游费用则要在万元人民币以上。能够自费进行远程旅游的旅游者需要有一定的经济实力。⑤游线路设计难度大。由于远程旅游线路有上述特点,所以在设计线路时的难度较大。进行远程旅游线路设计时不仅要考虑到食、住、行、游、购、娱等各种旅游要素的安排和衔接,还要考虑到旅游者客源地与旅游目的地之间的各种差异,如政治、经济、社会、民族、文化、自然条件特别是气候等差异。如果是出国旅游更要考虑到签证、货币、社会、文化、政治、安全等各种因素。旅游企业自主设计远程旅游线路要投入较多的人力、物力和财力,同时推出远程旅游线路的风险也较大。

中程旅游线路在空间尺度上比远程旅游线路小、比近程旅游线路大的旅游线路,其旅游线路、旅游时间、旅游范围、旅游费用等介于两者之间。可以认为一次外出旅游的里程在 200～1 000 公里之间,旅游时间在 2～5 天之间的范围的旅游属于中程旅游线路。中程旅游线路可以是越过世界大洲洲际线或国境线的旅游,也可以是在国内旅游的线路。具有以下特点:①旅游线路较长。中程旅游线路一般一次旅游的里程介于远程旅游线路和近程旅游线路之间,一般在 200～1 000 公里。中程旅游线路所采用的交通工具的选择余地更大,飞机、火车、汽车、轮船都可以。②旅游范围较大。中程旅游线路一般是在国内旅游或邻国之间的跨国旅游,旅游涉及的空间范围介于远程旅游线路和近程旅游线路之间。③旅游时间较多。中程旅游线路所需要的旅游时间也介于远程旅游线路和近程旅游线路之间,一般一次旅游所需的时间在 2～5 天。④旅游费用适中。中程旅游线路的旅游费用介于远程旅游线路和短程旅游线之间,所以中程旅游线路受到大多数旅游者的欢迎。一般中程旅游线路的设计难度不大,但在进行旅游线路设计时也要考虑到食、住、行、游、购、娱等各种旅游要素的安排和衔接,如果是国际中程旅游线路,也要考虑到旅游客源地与旅游目的地的差异和签证、货币、社会、文化、政治、安全等各种因素。旅游企业自主设计中程旅游线路投入的人力、物力和财力等要少于远程旅游线路,同时推出中程旅游线路的风险也小些。

近程旅游线路是指短时间、小范围的旅游线路。它是涉及的空间范围最小、旅游行程最短、所需时间最少的一种旅游线路,一般是以所利用交通工具在当天能往返的路程为限,所以有时也将近程旅游线路称为"一日游"。具有以下特征:①旅游线路短。近程旅游线路的长度是旅游线路中最短的,一般近程旅游线路的长度在 200 公里以内。②旅游范围小。近程旅游所涉及的范围最小,通常是在本省、本市或本县之内,近程旅游线路有时也会涉及邻国、邻省或邻市。③旅游时间少。近程旅游所需旅游时间是最少的,一般以一日游为主。所以近程旅游线路的灵活性最大,旅游者利用双休日就可完成一次近程旅游。④旅游费用低。由于近程旅游的线路短、时间少,所以在同样的标准下其所需费用最少,这也是近程旅游线路受到欢迎的原因之一。⑤旅游线路设计难度小。近程旅游的线路短、时间少,所涉及的区域范围小,通常离旅游者常年居住地较近且差异也较小。相比较而言,近程旅游线路的设计难度是最小的。

2. 运动轨迹

这里的运动轨迹是指旅游者在旅游过程中的空间移动过程。根据旅游者的运动轨迹,旅游线路可以分为周游型旅游线路、逗留型旅游线路和节点型旅游线路。

当旅游者在旅游过程中在空间留下的运动轨迹成为一条闭合环状的线路时,这样的旅游线路就称之为周游型旅游线路。也就是说,旅游者在外出旅游时,以旅游者客源地为起点,经过若干个旅游目的地后回到客源地,中间所经过的路线不重复且呈环状,这样的旅游线路就是周游型旅游线路。周游型旅游线路是旅游者在旅游过程中的行为和意愿的一种反映。周游型旅游线路具有以下特点:①旅游内容以观光游览为主。周游型旅游线路的活动内容以观光游览为主,人们常用"走马观花"来形容周游型旅游线路,线路中所包含的旅游资源类型以自然风光和具有特色的人文旅游资源等观赏型旅游资源为主。旅游者在选择中远程周游型旅游线路时,力求到级别较高的旅游点旅游,同时在一次旅游中尽可能游玩更多的高级别旅游点。所以,周游型旅游线路中的各类旅游资源的级别或知名度要高,一条线路中包含的高级别景点要多。②旅游线路呈闭合环状。一般周游型旅游线路中的旅游目的地不止一个。在设计周游型旅游线路时,要根据旅游者的行为习惯,将若干个旅游目的地串联成为环状闭合的线路,使旅游者不走或尽量少走回头路。③旅游者重复利用同一线路可能性小。观赏型旅游资源(包括自然观赏型旅游资源和人文观赏型旅游资源)在一定时间内的变化很小,在没有特殊情况下旅游者在短时间不会进行重复游览,因而同一位旅游者重复利用同一条周游型旅游线路的可能性很小。④旅游效率较高。周游型旅游线路虽然是"走马观花"式的旅游,对于旅游者来说,能够在一次旅游中游览几个旅游目的地的高级别旅游景点是很值得的。一般情况下,除了不特别计较旅游费用、时间、距离等方面成本的极少数旅游者外,其他大部分旅游者都倾向于旅程中时间、花费、距离最小化。周游型旅游线路就是一种成本最小化的旅游线路。⑤旅游效果一般。周游型旅游线路在旅游点的活动安排都比较紧凑,旅游者在旅游景点的活动时间受到限制,旅游者对旅游景点真正是"走马观花""浮光掠影",如果导游员的导游解说水平高一些,旅游者的收获可能还可以,要是遇到"半瓶水"的导游员,则旅游效果要大打折扣。另外利用周游型旅游线路的旅游者要有较多的时间花在各种交通工具上,再加上常是一天换一个住宿地,旅游者会感到十分疲劳,这也影响到旅游者的旅游体验。⑥线路设计难度较大。周游型旅游线路包含的旅游目的地多,涉及的地区或部门多,影响线路设计的制约因素多,线路设计的工作内容较多,工作量和难度都较大。要自主设计出高质量、高水平的旅游线路需要投入较多的人力物力和财力。但是设计成功的线路生命力较长,有些经典线路经久不衰。

逗留型旅游线路是指旅游者在旅游过程中不是以观光游览为主,而是以度假、休闲、探亲、休养等为主要内容的一种旅游线路。旅游者使用逗留型旅游线路时,在一次旅游过程中的旅游目的地不多,在一个旅游目的地的逗留时间相对较长。与周游型旅游线路相比,逗留型旅游线路有以下特点:①旅游内容以度假、休闲、探亲、休养等为主。旅游者利用逗留型旅游线路的主要目的不是为了观光游览,而是以度假、休闲、探亲、休养等为主。逗留型旅游线路一般所包含的旅游目的地较少,旅游者在一个旅游目的地的逗留时间较长。旅游者对目的地的知名度要求不高,但要有特色。有时旅游者会根据不同的季节与度假要求选择不同类型的旅游目的地。②旅游者重复利用同一线路的可能性较大。逗留型旅游线路的主要目的不是观光游览,而是休闲度假等,旅游者对旅游资源的类型与级别有一定的要求,但这并不是主要的。旅游者在利用逗留型旅游线路时更看重的是度假、休闲、探亲、休养等的各种安排,特别是对住、食、休闲、娱乐等方面的要求较高。旅游者如果对旅游接待设施、旅游供给能力、旅游服务水平、社会治安等各种安排及服务都满意的话,就可能重复利用同一条旅游线路。使用逗留型旅游线路的旅游者对时间的要求不是很高,一般来讲使用逗留型旅游线路的旅游者闲暇时间较多,他们会在旅游目的地逗留较长的时间。③旅游效果好。利用逗留型旅游线路的旅游者一般闲暇时间较多,他们会在旅游目的地停留较长的时间,可以省却频繁换乘交通工具和不停更换住宿地点的劳累,还可以有充裕的时间对旅游目的地的自然风光、风土人情等作比较深入细致的了解。旅游者可以是团队集体行动,也可以是单独行动,可以参加各种各样的旅游或娱乐活动,也可以得到充分放松和休息。与利用周游型旅游线路的旅游者相比,利用逗留型线路的旅游者有较大的自由度。一般情况下,利用逗留型旅游线路的旅游者的旅游体验要优于利用周游型旅游线路的旅游者。④旅游线路设计相对比较简单。与周游型旅游线路相比,逗留型旅游线路所涉及的旅游目的地及相关单位要少,交通、住宿、餐饮、旅游活动安排相对要简单一些,难度也要小一些,主要体现在各种交通工具之间的衔接要求相对较低,时间安排相对宽裕。

节点型旅游线路是指旅游者在空间的运动轨迹呈节点状,也就是旅游者以某一地点(这一地点可以是旅游者的常住地,也可以是临时住地)为中心,以放射状的线路到该地点的周围进行旅游活动。旅游者在中近程空间旅游时,就会有采用节点型旅游线路的倾向。节点型旅游线路有以下特点:①当天往返。旅游者利用节点型旅游线路时,以常住地或暂住地为中心,到周围的景区进行旅游活动,每天回到常住地或暂住地住宿。这样不仅能减少每天更换住宿地的麻烦,而且住宿时间延长可能得到更多住宿费用的优惠。②线路不长。节点型旅游线路由于是当天往返,所以旅游目的地离住宿地的距离不会太远,一般旅游线路较短,要保证在当天能返回住地。在远程旅游线路中,如果某个旅游目的地的周围有较多的旅游景点,旅游者有时也会采用节点型旅游线路。③符合旅游者心理。如果能在当天完成往返旅游的,旅游者一般不愿在外地留宿,一则花费大,二来心理上对常驻地有特殊的归属感。所以,在常住地附近的旅游应尽可能在一天之内完成游程。当旅游者在选定暂住地后,如果暂住地附近的旅游点在距离上可以保证旅游者能在一天内完成到该点的旅游时,旅游者也会采用节点型旅游线路。旅游者经长途跋涉,选定暂住地后,除非暂住地条件特别差,一般不会去耗费时间和精力去寻找更好的暂住地,这种心理也使旅游者愿意采用节点型旅游线路。

3. 组织形式

旅游者在外出旅游时会有各种组织形式,根据旅游者出游的组织形式,旅游线路可分为包价旅游线路、拼合式旅游线路、跳跃式旅游线路和自助式旅游线路。

(1)包价旅游线路是指旅游者在外出旅游时,一次性付费购买包括交通、住宿、餐饮、门票、保险、导游服务等在内的旅游产品,这种旅游产品可以认为就是由旅游企业提供的旅游线路。说简单些,就是旅游者在购买包价旅游线路后,一切旅游活动均由旅游企业安排,旅游者不用自己操心。尽管包价旅游线路在服务内容上有些差别,但其核心部分即交通、住宿、导游服务是必不可少的,其余的项目可根据旅游企业的能力或旅游者的意愿进行调整。例如一条旅游线路中可含从客源地出发至返回客源地的所有费用,也可仅包括主要的旅游费用如交通、住宿等,而其余的如餐饮、门票等由旅游者到时自己购买。包价旅游线路原先是全包价的旅游线路,随着我国旅游事业的快速发展,现已出现了全包价和部分包价的旅游线路类型:全包价旅游线路价格中包含了所有费用即交通费、住宿费、餐饮费、门票、保险费、导游费等,旅游者一次付费购买该产品后,就不用再付相关的旅游费用。部分包价旅游线路的价格中只含有部分旅游服务的价格,至于含哪些服务的价格,是在向旅游者推销旅游线路时就约定的,也有的是在旅游者购买旅游线路这个产品时和旅游企业商定的。即旅游者付费购买的服务由旅游企业提供,没有购买的服务临时由旅游者付费自行购买。

(2) 拼合式旅游线路是指在整个旅程设计中有几种分段组合线路,旅游者可以在购买时自己选择和拼合,并且在旅程中可以改变原有的选择(分段)。拼合式旅游线路的设计原理和技术要求与包价旅游线路基本上是一样的,它们的区别仅在前者有几种分段组合的线路而后者是一完整的线路。拼合式旅游线路具有以下特征:一是灵活性。拼合式旅游线路的销售比较灵活,旅游者在购买时有较大的选择余地,可以根据自己的爱好与要求来进行选择和拼合。二是可变性。旅游者在购买后,如果在途中有需要,还可以改变原来的选择,不像包价线路那样一次购买后就不能再改变。三是方便性。旅游者购买线路后的方便程度与包价线路基本相当,一旦线路购买并拼合好后,旅游企业会和包价线路一样提供比较周到的服务。

(3) 跳跃式旅游线路是指旅游企业提供的只是整个旅程中几小段线路或几大段服务,其余皆由旅游者自己设计。跳跃式旅游线路可以看成是一种半自助式的旅游线路,旅游者有较大的自由度与自主权,这种线路的设计相对要简单得多。跳跃式旅游线路的主要类型有远程跳跃式旅游线路、中程跳跃式旅游线路、近程跳跃式旅游线路等。

(4) 自助式旅游线路是指旅游者自行组织旅游活动的一种旅游线路,其线路的设计和旅游活动的实施没有旅游中介组织(如旅游企业)的介入。有别于一般旅游团旅游方式。一般旅行团受到团体的限制与成本的考虑,因此旅游方式大多不变,每到一个地方领队或导游会给游客一定的时间参观照相,然后就到下站,尽可能给游客多看一些地方。这样能符合大多数人对于旅游的要求,希望在最短的时间内看最多的东西。其实,这种旅游团的形式本身并没有问题,只是参加者必须与团体配合,所以让游客有行动处处受缚的感觉。另外,旅游团的领队出于对团体行动的统一性与安全性考虑,为避免有任何人个别行动造成团体的不便或延误,往往不愿意让团员单独行动。自助式旅游就不存在这个问题。首先,自助式旅游最大的特色就是旅游内容自主性很强。每个人都有充分的时间来享受旅游中的乐趣,行程安排得恰当的半自助式旅游,也可享受到自由自在的活动与旅游内容。其次,经费完全自我控制。自助式旅游者的旅游费用完全由自我控制,花的每一分钱都在自己掌握中。也就是说,自助式旅游是一种把钱花在自己最想花的地方的旅游方式。再次,计划性较强。旅游者从有进行自助旅游的打算起,就会开始做旅游计划。衡量自己的时间与财力,寻找想去的地方,安排行程与收集相关资料,等等。在途中每天还得张罗生活事宜及安排参观活动,这些必要的工作也需要有计划才能一一完成。

4. 旅游目的

旅游目的是旅游者出游的主要动机之一。根据旅游者的旅游目的,旅游线路可分为观光游览旅游线路、探亲访友旅游线路、休闲度假旅游线路、公务商务旅游线路、研学旅游线路等。

观光游览旅游线路是我国目前旅游线路的主要形式。观光游览旅游线路的主要特点是旅游者一般喜好周游型旅游线路,以"走马观花"的方式出游。旅游者对观光游览旅游线路的最基本要求是旅游线路中的旅游资源级别要高,旅游地与旅游者常住地的差异较大,旅游费用比较经济,等等。旅游者一般不会重复使用同一条观光游览旅游线路。

旅游者探亲访友的目的非常明确,旅游目的地也非常明确,就是亲友所在地。探亲访友旅游线路比较简单,一般是旅游常住地到其亲友的所在地,旅游线路通常是一线两点的形式。旅游者较少通过旅游企业来组织这个旅游线路,一般都是旅游者自主旅游。旅游者重复使用同一条旅游线路的可能性较大。

休闲度假旅游对旅游目的地的选择不像观光游览旅游线路那样,对旅游资源有较高的要求,旅游者对旅游费用的敏感程度也没有观光游览线路那么高,旅游目的地(旅游景点)也不要求有这么多。选择休闲度假旅游线路的旅游者追求的是旅游体验和修身养性。旅游者重复使用同一条旅游线路的可能性较大。

公务商务旅游者是一种特殊的旅游者,他们的旅游目的地一般由不得自己选择,外出旅游的时间也由不得自己做主,都是根据公务商务的需要来确定的。这种旅游者对价格并不敏感,他们追求的是行程的快捷、方便、舒适,办事的高效率等。公务商务旅游者一般不会购买旅游企业现成的旅游线路产品,他们需要旅游企业提供的主要是票务、订房等服务。现在有的旅游企业推出的会展旅游,应该属于公务商务旅游线路的组成部分。

研学旅游线路的对象是特定的,一般都是在校学生,通常由老师带队。他们的旅游目的是旅游与研学并重,有的就是以研学为主,旅游只是附加或附属的部分。研学旅游线路对于旅游目的地有增加知识的特殊要求,有时研学旅游是学习内容的组成部分。使用研学旅游线路的旅游者对于费用比较敏感,对于食住、行等要求不是太高。研学旅游线路推出的时间性较强,一般以假期为多,如寒暑假、"黄金周"等。

旅游线路的
概念与类型

(四) 旅游线路策划分类与原则

1. 旅游线路策划的分类

旅游线路设计可以分为以下四类:第一类指区域旅游规划中的线路设计,属于宏观旅游线路的构造设计,重点强调的是城市或景区之间景观的主题性联系,是区域形象与市场营销的着力点。与景区(点)相比较,这种旅游线路是依赖于城市或景区(点)分布的线型产品,通过道路实现对景点之间的有限连接,其先后顺序与连接方式可有多种不同的串联方式,自成网络式的线路体系。

第二类指景区内部的游道设计。旅游景区的旅游线路规划设计是一种微观设计,属于游览线路,在很大程度上与旅游规划和项目建设有关而与旅行社无关。这种线路是区域旅游线路中的一部分,也是相对完整的一组旅游产品。线路既要保证景区内旅游线路主题内容相对完整、特色突出,又要使整个大区或跨区域的旅游干线结构整体协调。

第三类指旅行社线路设计,属于旅游线路的市场组合设计,是旅行社生产的产品。旅行社线路设计是以市场需求为出发点,以营利为目的,在有利润空间的特定区域内根据时间、交通、景区及旅游六大要素的情况所做的经营性计划。这与旅游规划的线路设计是不同的。

第四类指旅游者自己设计的旅游线路。自助游、自驾车旅游已成为一种时尚,旅游者可根据自己的喜好随意地设计旅游线路。

2. 旅游线路策划的原则

第一,迎合市场原则。满足并符合旅游者的需求意愿和行为法则是旅游线路设计的前提,对于已经发育成熟的以市场为导向、以需求为中心的旅游市场环境中,任何没有市场意义的旅游线路产品是毫无价值的。在旅游线路设计中要根据市场需求特点和趋势不断地更新旅游线路来迎合旅游者的需要,这样才能对旅游者形成持续的吸引力。传统的旅游线路设计,仅针对团队旅游者,忽略了个体旅游者(散客)需求,虽然个体旅游者的旅游线路多由旅游者本人做出选择,但专业部门设计线路对其有直接的影响。此外,部分旅游者在购买旅游产品时,在现有的经营旅游线路中,只选择其中的一部分或一些环节,其余项目则自我服务,因此,设计搭配合理、主题突出、灵活多样、特色鲜明的游览线路,以适应客源市场多种需求,尤其是针对旅游者个性化需求的旅游线路对旅游者和旅行社都是非常重要的,虽然它给旅游线路设计带来极大的难度,但旅游线路如果失去了满足旅游者需求的功能,就失去了市场,是失败的产品。成功的旅游线路设计必须对市场需求进行充分的调研,以市场为导向,根据旅游者的需求设计出旅游线路。

第二,把握需求原则。遵循旅游者旅游心理需求特点和心理活动规律,旅游线路设计应充分掌握旅游者心理活动规律和对旅游产品的需求特点。旅游者对旅游产品的选择主要表现在两个方面:一方面表现在购买产品时追求效益最大化和成本最小化。具体来说,对于线路的需求表现为希望有尽可能多的高级别和高知名度的旅游景点(区),目的地级别越高知名度越大,对游客旅游吸引力越大,旅游线路利用率越高。例如同处西部地区的西安、昆明、成都,对国际游客而言,西安作为旅游目的地城市的知名度远高于昆明和成都,接待的国际游客人次也高于昆明和成都。另一方面表现为希望通过最小的旅游时间和成本来获取最大的旅游经历。而目的地之间行程最短是降低旅游成本最直接的手段。距离越短,耗费时间越短,交通费用越低,同时,行程短使交通时间相对减少,有利于提高游客满意度。在最短路径目标导向下,在空间上尽可能使整条线路有最便捷的走向,全程不走回头路并且能够串起较多的旅游点,还要保证线路串联旅游景点之间的个性、级别搭配合理,如果均为具有可替代性的同质旅游景点,或者均为高级别的旅游景点搭配在一起,设计缺乏必要的起伏和过渡,则在游览过程中难以激发游客积极性,游客的体能消耗较大。对于这两类景点,在进行游线设计时,应尽量使两者交错安排,以使游人的体力既有积极的支出,又有休养恢复的时间,而不至于过于劳累或过于闲静,过劳或过闲都是旅游者所不喜欢的。

第三,应对变化原则。考虑旅游景观的变化规律和旅游功能。不同的旅游景观随时间有不同的变化规律,每个旅游景点因自身的构景特征不同而各有其不同的最佳观赏时间,每个景点在不同时辰的观赏效果都是不一样的,尤其是自然景观。旅游线路设计应有利于充分展现游线上各景点的特色风貌。一般来说,主景为水景的景点以安排在清晨游览为佳,此时风平浪静,水面如镜,岸边景物倒映在水中宁静明秀。若是以观赏植物为主的景点,则以下午游览为佳。午后风起,花瓣纷飞,清香聚远,柳枝摆动,松涛万里,呈现出植物景观的“香境”“声境”和富于变化的动态美。而以山体为主的景点,一般又以傍晚游览较好。黄昏夕阳的映射,能勾勒出山峰起伏连绵的线型,山后余晖散射的云天,更加显现出山体的雄浑气势。以上仅为风景观赏的一般规律,至于每个具体的景点在何时游览效果最佳,则需要根据具体情况做具体的研究。另外,旅游景点(区)各有其不同的旅游功能,而每个旅游点的旅游功能又各有其不同的最佳发挥时间。旅游线路设计应有利于充分发挥游线上各旅游点的功能。譬如,江河湖海等天然水体浴场的主要旅游功能是让旅游者游泳,发挥天然浴场游泳功能的最佳时间当然是在午后水温升高之后。因此,如果旅游线路上有天然水城浴场之类的景点,在设计时就应当尽量将游人游览该点的时间安排在下午。而登山攀岩类参与性的活动,由于其运动量大,游人自身产热耗能多,这类活动则最好安排在上午进行,因为经过一夜的休息,上午人们的体力较好,另外,上午也比较凉爽。如果是在下午,气温升高了,加上大运动量,会使游人感觉太热、不舒适,严重的甚至出现中暑等情况。

第四,突出创新原则。旅游线路设计是旅游项目创造设计的结晶,是旅游者旅游需要的动态反映。因此,旅游线路不是一成不变的,应该不断花样翻新,唯有如此,旅游线路所反映的旅游活动项目和内容才具有强大的吸引力和持久的生命力。要使旅游线路设计具有时代感,就必须加强调查研究,及时了解开发建设的动态,了解旅游者的需求喜好和偏爱模式,适时推出新的旅游线路和项目来。在当今激烈的市场竞争中,优秀的旅游线路开发与设计,都表征着设计组织者深厚的文化涵养和底蕴、驾驭市场需求的能力和旺盛的创新灵感。

此外,旅游线路设计还要考虑如何推出具有不同的旅游时间、不同的价格档次的线路来适应和满足各种不同需求的旅游者,如何使旅游线路的运作有利于解决食、宿、行等接待工作的安排等一些实际操作上的问题。只有对上述所有方面认真研究、综合考虑,才能设计安排出比较理想的、具有最佳旅游效果的旅游路线,才能使旅游地的所有景观和各种旅游资源发挥出最大的综合效益。

旅游线路策划
的原则

(五) 旅游线路策划的方法

1."三位一体"策划设计方法

"三位一体"的方法是指在旅游线路策划设计时要考虑三位因素,即区域旅游主体、旅游客体和旅游媒体,在全面地调查、分析和评价这三个主要因素的基础上,整合策划出旅游线路方案,"一体"即整合成一体,"三位一体"的旅游线路策划设计主要分为两个阶段。

第一阶段是"三位分析"阶段,即对旅游线路策划涉及的供需双方及中间媒介三个方面——旅游主体(旅游者)、旅游客体(旅游资源)和旅游中间媒体(旅游交通、旅行社、旅游酒店和公共媒体等)进行全面的调查分析,明确旅游资源的功能定位、线路的主题定位、线路的形象定位,确保目标市场合理、旅游交通网络选择合理。

第二阶段是"整合一体化"阶段,即通过对三个调查分析结果进行一体化整合,来评估和选择最优的线路设计方案。在这个阶段可以运用两种方法开展评估分析:第一种是定性判断,根据资源状况与特色及目标市场的旅游成本因子(如旅游费用、时间和距离)、消费者偏好等现状,规划设计各种不同主题、性质和类型的旅游线路。可以运用下列三个标准来进一步修正:①是否充分发挥了地区旅游资源优势,对原有旅游线路起到了补充或升级换代的作用;②是否有利于提高旅游地的竞争能力;③是否有利于占有市场,有利于旅游地社会的进步、经济的发展和环境的改善。第二种是定量分析,其核心是准确计算各种方案所需成本和将要实现的利润,包括等概率法、最大的最小值法、最大的最大值法、乐观系数法、最小的最大后悔值法、贝叶斯法、决策树法、马尔可夫决策法和模拟决策法等。通过旅游线路把一个个孤立的景(区)点串联起来,满足旅游者的需要。当旅游者追求最短旅行时间或最低费用时,可以运用运筹学中图论的方法来设计最佳旅游线路。

2.主题旅游线路策划方法

主题旅游是指整个旅游过程都围绕着一个明确的主题而展开的一系列旅游活动,如大连旅游线路设计。大连旅游规划中,依据条件与未来发展,旅游空间功能分区是构建"一核两翼五片区"的总体空间布局,即都市极核(一核);旅顺口翼、新市区翼(两翼);东部海韵休闲观光片区、西部海韵休闲度假片区、山水林泉养生度假片区、长海休闲旅游度假片区、中部田园人文旅游片区(五片区)。围绕着"浪漫之都,时尚大连"旅游主题,规划出重点建设五大系列主题旅游产品:"浪漫之旅""时尚之旅""健康之旅""清凉之旅""文化之旅"。通过精品旅游线路有效串联,塑造"浪漫之都、时尚大连"的旅游品牌和旅游形象。

| 想一想 | 结合实际,思考旅游线路策划设计的影响因素有哪些。 |

任务 7.2　调研旅游市场供给结构

一、旅游市场

(一)旅游市场概念

什么是旅游市场?这是研究旅游市场或进行旅游市场调研所必须要弄清楚的最基本的概念。旅游市场是社会经济发展到一定程度并且旅游活动商品化、社会化的产物。但人们对旅游市场的理解因社会经济的发展和认识角度的不同而有所不同。狭义上的旅游市场是指旅游购买者与旅游企业双方买卖旅游产品的实际场所;广义上的旅游市场是指在旅游产品交换过程中所反映的各种经济行为和经济关系的总和;市场营销学意义上的旅游市场是指一定时期内,某一地区中存在的对旅游产品具有支付能力的现实和潜在购买者,即旅游需求市场或客源市场。

(二)旅游市场要素

旅游市场要素指的是能够形成旅游市场的基本要素的组合体。要形成一个旅游市场必须满足人口、购买力、购买欲望和购买权利四个基本要素,可用下式表示:

$$旅游市场 = 人口 \times 购买力 \times 购买欲望 \times 购买权利$$

1. 人口

人口是构成旅游市场的最基本的一个要素,只有旅游者的存在才能产生对于旅游活动中的食、住、行、游、购、娱等各种需求,主要体现在总人口、人口地理分布、人口构成等方面。第一,一个国家或地区总人口的多少通常决定了这个国家或地区市场规模的大小;第二,一个国家或地区的人口分布的差异很大,其消费需要、购买行为和购买心理状态及购买动机方面存在差异,这些差异会通过其消费行为而影响到旅游市场;第三,人口构成主要包括自然构成(包括年龄、性别、种族等)、社会构成(包括阶级、民族、文化程度等)、经济构成(包括行业、职业等)、地域构成(包括地区、城乡等)。

2. 购买力

购买力是指人们在购买商品或服务时所支付货币的实际能力。消费者的购买力主要是由消费者的收入水平决定的,消费者的收入水平主要有人均国民收入和人均个人收入两个指标。人均国民收入的多少标志着一个国家或地区人民生活水平和购买力水平的高低。一般来说,在人均收入水平较低时,首要考虑的是用于生存方面的物质需要,收入会用于购买基本的生活必需品用以维持生存和生活,随着人均收入水平的提高,其消费需求在满足基本生活需要的基础上逐渐向精神娱乐享受方面转化。个人收入是指消费者在一个单位时段(通常以月为单位)所得的货币收入额,包括工资和工资以外的其他收入,从总收入中扣除个人直接负担的支出部分,余下为个人可供支配收入。一个人的可自由支配收入越高,参与旅游活动的可能性越大。

3. 购买欲望

购买欲望是指消费者购买商品的动机、欲望或要求,它是由消费者的生理需要和心理需要引起的,购买欲望是消费者把潜在购买力变为现实购买力的重要条件。

4. 购买权利

购买权利是指消费者可以购买某种产品的权利。

(三) 旅游市场特点

旅游活动本身有其特殊性,与其他行业市场相比,旅游市场有以下特点:

1. 全球性

旅游市场的全球性主要是由全球范围的旅游需求与旅游供给决定的。旅游市场的全球性表现在两个方面:一方面是旅游者的旅游活动范围遍布世界各地,世界上各个国家或地区都有可能成为国际旅游市场上需求的对象;另一方面是世界各个国家或地区都在积极发展旅游业,旅游市场的旅游供给遍布全世界。

2. 异地性

旅游者主要是非当地居民,因而旅游市场通常都远离旅游产品的生产地(旅游目的地)。旅游市场的异地性特点,增加了旅游企业掌握旅游市场信息、适应市场环境、开展市场经营的难度。

3. 波动性

从长远来看,整个世界的旅游市场保持着持续发展的趋势。但这种发展不是直线发展,而是在波动中发展,特别是在短期内某一局部市场,发生的波动性可能更为明显。诸如,国际局势、突发事件和重大社会活动都可以导致旅游者的总量、构成、流量发生变化。

4. 竞争性

旅游资源的范围和分布广泛,众多的旅游企业可以据此开发出许多相同或不同种类、特点的旅游产品,满足旅游者需求,由此形成激烈的旅游市场竞争。

二、旅游市场调研及方法

(一) 旅游市场调研的概念

旅游市场调研是指运用科学的方法和手段,有目的、系统地收集、记录、整理、分析和总结与旅游市场有关的各种旅游者消费需求以及旅游营销活动的有关信息及资料,对特定的问题或突发的情况进行集中性的研究,并能为旅游经营者或企业提供客观决策依据的过程。

(二) 旅游市场调研的目的

随着世界旅游业的发展,旅游市场地理区域不断扩大,地区旅游市场营销逐步发展到全国乃至国际市场,旅游企业需要比以往更多的旅游市场信息。旅游企业必须开展系统的旅游市场调查分析,掌握旅游市场动向,以进行正确决策。旅游市场调研的目的具体体现在以下几个方面:

1. 为旅游营销决策提供依据

旅游市场调研能及时探明旅游市场需求变化的特色,掌握市场供求情况,为旅游企业编制旅游经营计划、制定科学的旅游营销决策提供依据。

2. 有效促进市场营销活动

由于环境和市场始终处于变化状态,一旦出现新情况、新问题,原定计划应适当进行修订。因此,旅游企业需要进行充分的市场调查,获取最新消息进行判断分析,以增强企业自身在市场中的竞争力。

3. 开展旅游市场预判

旅游企业通过旅游市场调查,系统、连续地收集来自市场的各类消息,并输入到旅游市场信息系统中,凭借全面、完整的旅游信息系统,开展旅游市场预判。与此同时,开发新的旅游产品和线路。

4. 减少旅游企业风险

周密的旅游市场调研可以及时掌握市场的动向,有效地防范旅游企业的经营风险。

(三) 旅游市场调研的内容

旅游市场调查的内容十分广泛,由于调查目的不同、调查时间有限,内容也并非完全一样,旅游市场调研的基本内容一般包括如下几个方面:

1. 旅游市场环境调查

旅游企业的生存与发展是以旅游市场环境为条件的,对旅游企业而言,旅游市场环境是不可控因素,旅游企业的生产与营销活动必须与之相协调和适应。

(1) 政治环境调查。了解对旅游市场起影响和制约作用的国内外政治形势以及国家旅游市场管理的有关方针政策。

(2) 法律环境调查。了解我国及客源国或地区的有关法律和法规条例,包括环境保护法、保险法、旅游法、与外国合资经营条例、出入境手续方面的规定、地区旅游管理条例等。

(3) 经济环境调查。了解我国及客源国或地区的经济特征和经济发展水平、世界旅游经济发展趋势。

(4) 科技环境调查。了解我国和世界范围内新科技的发展水平的发展趋势等。

(5) 社会文化环境调查。了解旅游目的地和客源地的价值观念、受教育程度与文化水平、职业构成与民族分布、宗教信仰与风俗习惯、社会审美观念与文化禁忌等。

(6) 地理环境调查。了解区位条件、地质历史条件、自然景观条件、气候条件、季节因素以及物产等方面信息。

2. 旅游市场需求调查

旅游市场需求是指在一定时期内、一定价格上,旅游者愿意并能够购买旅游产品的数量,即旅游者对某一旅游目的地所需求的数量。旅游需求是决定旅游市场购买力和市场规模大小的主要因素。针对旅游者的需求调查是旅游市场调查内容中最基本的部分。

(1) 旅游者规模及构成调查。了解经济发展水平与人口特征;收入与闲暇;旅游者数量与消费构成;旅游者对旅游产品的质量、价格、服务等方面的要求和意见。

(2) 旅游动机调查。旅游动机是激励旅游者产生旅游行为、达到旅游目的的内在原因。对旅游需求的调查需要了解旅游者的动机,以便有针对性地诱导和激发旅游行为,达到营销目标。

(3) 旅游行为调查。旅游行为是旅游者动机在实际旅游过程中的具体表现。旅游行为调查就是了解客源地旅游者何时旅游、何处旅游、由谁决定旅游以及怎么旅游。

3. 旅游市场供给调查

旅游供给是一定时期内为旅游市场提供的旅游产品的总量。对旅游市场供给的调查,需调查以下几个方面:

(1) 旅游吸引物(旅游资源)调查。凡是能够吸引旅游者到来并能引发游客兴趣的事物、事件或现象,均属旅游吸引物范畴,它的数量和质量决定着旅游者对旅游目的地的选择。

(2) 旅游设施调查。旅游设施是直接或间接向旅游者提供服务所凭借的物质条件,它又分为旅游服务设施和旅游基础设施两类。

(3) 可进入性调查。可进入性是指旅游者进入旅游目的地的难易程度,表现为进入游览点、服务设施和参与旅游活动所付出的时间和费用。包括交通工具、地方政府的政策及旅游经营因素、签证手续的繁简、出入境验关程序、服务效率、旅游线路的编排与组织等。

(4) 旅游服务调查。旅游服务是指旅游产品的核心,其调查内容包括售前服务、售中服务、售后服务。

(5) 旅游企业形象调查。旅游企业形象是旅游企业经营的无形资产。旅游者对旅游产品或旅游目的地的评价和态度直接影响他们的购买决策。

(6) 旅游容量调查。旅游容量作为旅游地规划管理强有力的工具。它保护环境防止其退化或遭到破坏,维持旅游景点的质量,客观上保证了旅游者在旅游地的体验质量。其调查包括旅游基本空间标准、旅游资源容量、旅游感知容量、生态容量、经济发展容量和旅游地容量等。

4. 旅游市场营销调查

现代旅游营销活动是包括商品、价格分销渠道和促销在内的营销组合活动。因此,旅游市场营销调查也应围绕着这些营销组合要素而开展。

(1) 旅游竞争状况调查。主要是竞争企业分析和竞争产品分析。竞争企业分析是指现实和潜在的竞争对手数量、市场占有率、价格推销政策、分销渠道及其他竞争策略、规模及竞争实力、所处地理位置与活动范围等。竞争产品分析是指竞争者产品的质量、数量、品种、价格、特色及有何不足之处等。

(2) 旅游产品调查。调查内容包括:旅游资源与旅游设施相结合的旅游服务,资源的品位、级别,以及旅游产品的特色、优势、风格、声誉、组合方式,提供给旅游者的优惠条件和付款方式,旅游产品的市场生命周期,旅游产品的市场占有率和销售潜力,旅游者对旅游产品的评价和接受程度,旅游者购买或接受服务的频率,旅游者对旅游产品还有哪些未体现出来的要求和意见等。

(3) 旅游价格调查。价格高低与旅游需求息息相关,应随时摸清价格变动趋势及其对旅游者的影响情况。包括:旅游产品的定价是否合理,旅游者的价格心理状态如何,旅游产品价格的供给弹性和需求弹性,各种旅游产品差价及优惠价水平是否合理,开发新的旅游产品如何定价等。

（4）旅游分销渠道调查。分销渠道的选择对旅游企业能否打开销路尽快占领市场及降低营销费用有着十分重要的作用。调查内容包括：旅游产品销售渠道的数量、分布和营销业绩，现有销售渠道是否畅通，市场上是否存在经销此类旅游产品的权威性机构，市场主要的中间商销售渠道策略实施、评估、控制和调整情况及其对本旅游产品的要求和条件等。

（5）旅游促销调查。旅游促销调查着重于促销对象、促销方法、促销投入、促销效果四个方面，包括：促销对象的类型；促销信息源选择信息发送方式与发送渠道；广告、销售促进、人员推销、公共关系等促销方式是否为促销对象所接受，并取得信赖；促销投入预算；促销宣传的内容是否符合促销范围内的需求水平、知识水平和风俗习惯；促销能引起多少人的注意及兴趣，能给目标视听者什么样的旅游产品形象，是否产生购买欲望；促销后的旅游企业销售实绩如何；等等。

（四）旅游市场调研的程序

旅游市场调研程序是指从明确旅游市场调研活动中面临的问题到旅游市场调研结束的全部过程中的工作步骤安排。一般而言，有效的旅游市场调研活动应包括以下五个基本步骤：明确问题并确立目标、制定计划、收集信息、分析信息、撰写调研报告。

1. 明确问题并确立目标

旅游市场调研的第一步，就是要求旅游市场调研人员认真地确定本次研究的问题，并据此确立调研的目标。并不是所有的市场调研人员一开始就对市场调研的目标十分清楚，因为旅游市场调研过程中出现的任何一个问题都有许多方面的因素值得研究。如果旅游市场调研人员对问题没有清楚的认识，那么在收集信息时就极有可能盲目行事，最终耗费了大量的时间和费用，却收集了大量毫无价值的信息。旅游市场调研人员应意识到，一个问题的产生并不是孤立的。

2. 制订旅游市场调研计划

旅游市场调研的第二个步骤，就是制订调研计划。在详细地制订调研计划之前，旅游市场调研人员应根据对问题产生原因的初步了解，如解决问题的紧迫性、经费来源，以及自身素质和工作经验等因素，决定是否需要进行调研，或者直接根据个人经验进行决策。在很多日常调研决策前，由于时间和经费的限制，以及决策本身并不是关系到全局的重大决策，调研人员并不一定必须获得全面而准确的信息。这种情况下，决策前不可能也没有必要做到面面俱到与清晰，此时决策者在专业领域中的丰富经验、个性，尤其是决断的勇气便十分重要，能让他们在信息不足的情况下做出良好决策。但是，企业在制定战略决策或进行较大规模的投资时，一般应针对特定的问题进行市场调研，以避免较大的决策风险。

当确定要进行旅游市场调研时，调研人员就应在明确了问题和调研目标的基础上，进一步制订旅游市场调研计划。调研人员应进行的选择和决策有：利用外部市场调研机构或本企业独立进行调研；选择资料来源；选择资料收集的方法；选择调研工具；确定抽样计划；建立调研组织并选择调研人员；编制本调研的预算；确定时间和进度。

3. 收集信息

对于大多数旅游市场调研人员来说，收集信息通常是耗时最长、花费最大，而且是最容易出错的过程。在这一阶段中,旅游市场调研人员按既定的时间、方法,针对既定的调研对象,进行实地或桌面调查,收集相关资料。在进行第一手资料收集的桌面调研过程中,旅游市场调研人员可能会发现缺乏有关资料或找不到被调查者,或被调查者拒绝合作,或者被调查者的回答带有偏见或不真实,资料收集工作难以顺利进行。因此,一切调研活动都要依靠研究人员的耐心、毅力和百折不挠的精神进行。

在信息收集过程中,旅游市场调研人员有时会发现问卷中的问题设计得并不合理,或者所有的调研人员都因计划的疏漏而遇到相同的困难。这时就要求调研组织有畅通的信息沟通渠道,以便调研组织者迅速更正错误,并将信息及时地反馈给正在实地调研的工作人员。

4. 分析信息

资料收集完毕之后,旅游研究人员应对所有的信息加以整理、筛选,保证其系统性和真实性,并从中提取适当的调查结果。旅游研究人员一般应运用恰当的统计分析方法,以便提出更多的研究结果,并得出全面且符合逻辑的结论。

5. 撰写调研报告

最后,旅游市场调研人员应给出决策者所关心的问题的答案,即旅游市场调研的结果。研究人员对调研结果的陈述不应停留在大量的统计数字、表格以及统计公式之中,而应该用清晰明了的语言和准确的数据,并以解答问题的形式展示给旅游管理人员。旅游市场调研报告是旅游市场调研活动中面临的问题进行调查研究后,将研究结果进行的书面陈述。调研报告是调研成果的体现。撰写调研报告时,应注意以阅读者为导向进行编写。研究人员在调研报告中必须明确回答旅游市场调研之初所确定的问题。不论是文字说明还是以数据表达,均应符合报告阅读者的素质。报告引用的数据均应加以复核,力求准确无误。通过对旅游市场调研全过程的介绍,我们可以看出,一次良好的旅游市场调研应符合以下标准:明确的思路,深入的分析和准确的结果,以及时间、经费的相对最小化。首先,任何一次有效的旅游市场调研必须在开始就具有清晰明确的思路,研究人员应该力求明确问题并确立研究目标。其次,依据研究目标设计资料收集的对象和方法。当收集了可靠的资料后,市场分析才有了产生准确结果的可能。面对同样的统计结果和资料,不同水平的旅游研究人员对问题的分析可能相差很大。只有对统计资料进行多种方法、多种角度的分析,旅游市场调研人员才能对市场问题的成因进行准确解释。最后,研究人员必须关注市场调研结果的价值与时间、经费是否成正比,在保证研究结果有效性的同时,要使调研时间和费用降到最低程度。

(五) 旅游市场调研的方法

调研方法的选择和技巧的运用,直接关系到旅游市场调研结果的可信度,因此调研旅游市场必须选用科学的方法。我们按照旅游市场信息资料来源将旅游市场调研方法归纳为文案调研法和实地调查法两大类。

1. 文案调研法

文案调研法又称为间接调研法,它是通过搜集旅游企业内部和外部各种现有的信息数据和情报资料,从中摘取与市场调研课题有关的内容,进行分析研究的一种调研方法。这种方法常被作为旅游市场调研的首选方法,几乎所有的调研都开始于收集现有资料。

2. 实地调研法

实地调研法又称为直接调研法,是在周密的调研设计和组织下,由调研人员直接向被调研者搜集原始资料的一种调研方法。实地调研主要有询问法、观察法和实验法。根据调研项目类型、调研的目的要求、允许的时间、调研资金及其他物质条件,可灵活选择其中某种或几种方式交叉组合运用。

(1)询问法。询问调研就是调研人员采用访谈询问的方式,向被调研者了解旅游市场情况的一种方法,又称访谈法。访谈询问成功与否,取决于被调查者是否配合、准备工作是否完善和调研人员对访谈技巧的掌握。询问调研法又可分为面谈调研法、电话调研法、邮寄调研法、留置问卷调研法等。面谈调研法是调研人员通过与被调研者面对面地交谈和提问,或者讨论获得有关信息的调查方法。电话调研法是调研人员通过电话与被调研者交谈获取资料的调查方式。邮寄调研法就是将问卷邮寄给被调研者,由被调研者根据调研表的要求填好后寄回,从而获取信息的调研方式。留置问卷调研法是调研者将调研表当面交给被调研者,说明调研意图和要求,由被调研者自行填写回答,然后由调研者按约定日期收回获取资料的一种调研方式。

(2)观察法。观察法是调研者在现场以被调研对象和事物进行直接观察或借助仪器设备进记录,以获得旅游市场信息资料的调研方法。此方法的最大特点就是被调研者并不感到正在被调研,心理干扰较少,能客观地反映被调研对象的实际行为,资料的真实性高。对车站、港口和景点的游客数量调研以及旅游商场消费行为调研有良好的效果。

(3)实验法。实验法起源于自然科学研究的实证法。它是指把调研对象置于特定的控制环境下,通过控制外来变量和检验结果差异来发现变量间的因果关系,获取信息资料的调研方式。这种方法对于研究变量之间的因果关系非常有效。由于实验法是在小规模的环境中进行实验,所以在管理上比较好控制,并且完全由客观方法得到资料,数据的可信度高,可靠性强,排除了主观的推论和臆测。

3. 网络调研法

网络调研法是指以互联网为平台,在互联网上进行调查。网络调研法最大优点是不受时空的限制,能节约大量的人力物力和财力,统计分析速度快。

任务 7.3　定制主题旅游产品与线路

一、定制主题旅游产品

(一)要点一:主题选择与设计

在定制主题旅游产品时,首先需要确定一个独特且吸引人的主题。一个好的主题应该具有以下特点:市场吸引力、创意性、可实施性,以及文化或地理独特性。市场吸引力是指主题能够吸引目标客户群体的兴趣和需求;创意性是指主题新颖、独特,能够给游客带来全新的体验;可实施性是指主题在现实中有可操作性和实施性;文化或地理独特性是指主题能够突出旅游目的地的文化或地理特色。在选择主题时,需要考虑以下几个因素:一是市场需求,对目标客户群体的兴趣爱好和需求进行深入了解,以便确定最具有吸引力的主题。例如,近年来越来越多的年轻人对户外探险和极限运动感兴趣,可以设计以"探险之旅"为主题的旅游产品。二是目的地特色,每个旅游目的地都有其独特的文化、历史和地理特点,选择与目的地特色相关的主题,可以更好地展示当地的魅力,同时增加产品的独特性和吸引力。例如,如果旅游目的地是一个著名的古城,可以选择以"历史文化之旅"为主题的旅游产品。三是竞争环境,即考虑市场上同类产品的竞争情况,如果已有许多同类型的主题产品,我们需要寻找新的创意和特色,以区别于市场上的其他产品。

在确定主题之后,需要进行详细的设计。设计应包括以下几个方面:主题标识设计、主题线路规划、主题活动策划以及主题氛围营造。主题标识设计是整个产品的视觉识别系统,需要简洁明了、易于识别;主题线路规划是根据主题需求,结合目的地实际情况,规划合理的行程安排;主题活动策划是根据主题需求,策划各种有趣的活动,提高游客的参与度和体验感;主题氛围营造则是通过各种手段,营造符合主题的氛围,让游客更好地沉浸在主题中。

(二) 要点二:目的地选择与行程规划

在确定了主题之后,需要选择适合的目的地,在这个环节应该考虑以下几个因素:目的地的地理位置和交通便利性、目的地的自然和人文景观、目的地的设施和服务以及目的地的安全和稳定性。此外,还需要考虑目的地的成本,包括住宿、餐饮、交通和活动等费用。

在选择了目的地之后,需要进行详细的行程规划,主要包括以下几个方面:时间安排、景点选择、交通安排、住宿安排、餐饮安排、活动安排、导游服务等。时间安排应根据主题需求和目的地实际情况,合理安排游览时间;景点选择根据主题选择合适的景点,确保每个景点都能充分体现主题,并满足游客的期望。例如,如果是"历史文化之旅",可以选择具有历史意义的古迹、博物馆等景点;交通安排应考虑目的地的交通状况和游客的便利性,选择合适的交通工具,确保游客能够顺利到达各个景点,还需要考虑交通工具的舒适度和安全性;住宿安排应根据游客的需求和预算,选择符合主题的住宿设施,如特色民宿、青年旅社或者具有当地特色的酒店等,并确保住宿设施的卫生和舒适度;餐饮安排应为游客提供当地特色美食和推荐餐厅,以满足不同口味的需求;活动安排应根据主题设计各种活动,如文化体验、户外探险、娱乐休闲等,以此增强游客的参与感和体验感;导游服务应安排熟悉当地文化和历史的导游,为游客提供详细生动的解说和服务,并协助安排行程和解决突发问题。此外,在规划行程时,需要考虑时间和预算的限制,合理安排行程时间,避免过于紧凑或过于松散,根据预算合理安排各项费用。

(三) 要点三:旅游服务与客户体验

在定制主题旅游产品时,关注旅游服务和客户体验至关重要。首先,在旅游服务环节应该考虑以下要素:一是根据游客需求,提供个性化的行程规划和行程安排服务,包括住宿、交通、活动等;二是提供具备专业知识和技能的导游服务,为游客提供丰富、有趣的解说和互动;三是提供接送机、门票预订、旅游保险等一站式服务,让游客享受无忧的旅行体验。其次,客户体验是评价一个旅游产品好坏的重要标准,需要注意以下要素:一是关注游客在旅行过程中的每一个细节,如提供旅游攻略、行李托运、接送服务等,这些贴心服务可以让游客感受到专业和用心;二是鼓励游客参与主题活动,与当地居民互动,如当地的民俗表演、手工艺制作等,可以增强游客的体验感、融入感和参与感;三是确保游客在旅行过程中的安全和健康,提供必要的安全措施和急救措施,并提醒游客注意个人安全问题;四是建立有效的反馈机制,及时收集和处理游客的意见和建议。不断改进产品质量和优化旅游服务,提升游客满意度;五是创造温馨、有趣的氛围,使游客在旅行中感受到愉悦和满足。此外,可以设计独特的纪念品,让游客在回忆旅行时能够重温美好的体验。

(四) 要点四:风险管理与持续改进

定制主题旅游产品面临的风险多种多样,例如目的地的政治稳定性、自然灾害、经济波动等。因此,风险管理至关重要。需要对各种可能出现的风险进行充分评估,并提前制定应对策略。同时,应定期回顾并更新风险管理策略,以确保其始终能反映当前的市场环境和企业的实际情况。当然,定制主题旅游产品也是一个持续改进的过程,需要定期收集和分析客户反馈,了解产品的优点和不足。对于产品的不足,应制订改进计划,并在下一次产品发布前进行改进。同时,关注市场趋势和竞争对手的动态,以便调整和优化产品策略。通过持续改进,主题旅游产品能更贴近市场需求,提高游客满意度。

二、定制主题旅游线路

延伸阅读

2021 年 9 月 7 日,都江堰市发布了"金风送爽·探寻醉美银杏之旅""秋趣盎然·亲子撒欢游乐之旅""一叶知秋·自然生态研学之旅""春华秋实·秋韵养生食蟹之旅"4 条秋季精品旅游线路。

【第一条线路:金风送爽·探寻醉美银杏之旅】

第一天:上午前往都江堰景区,欣赏金黄的银杏与千年古堰交相辉映;下午游览灌县古城,在南桥上感受岷江水的气势磅礴,在西街上品尝都江堰特色小吃;晚餐后打卡自拍熊猫网红地;夜宿闲在逅舍、新濠假日酒店。

第二天:上午前往石羊镇欣赏金秋银杏;下午到七里诗乡景区,游览川西音乐林盘,打卡猪圈咖啡;夜宿几度柒里民宿、亦竹小院民宿。

第三天:上午前往青城山景区,欣赏天师银杏、古树、古建筑;下午赴青城山大道,走进秋天里绝美的金色长廊;晚餐后返程。

➤ 美食推荐:龙潭湾美食街、悦熙广场美食、青城甲、王肥肠、迷迭香农庄、堰香阁、潘家饭店、川江庭院火锅、青城湾石锅系列。

➤ 住宿推荐:闲在逅舍、新濠假日、百伦酒店、心越温泉酒店、青城山尊酒店、隐秀尚庭酒店、青城湾湿地庄园、水月民宿、几度柒里、亦竹小院。

【第二条线路:秋趣盎然·亲子撒欢游乐之旅】

第一天:上午前往天马镇猕猴桃园区采摘,品尝"北纬 30 度的甜蜜";下午到"拾光山丘"追求"轻奢·有机·田园梦";夜晚在陌见山民宿入住。

第二天:上午前往成都融创文旅城,开启一站式欢乐度假之旅,畅享四季滑雪,嗨玩川蜀乐园;夕阳西下,夜游滨湖酒吧街;结束后入住融创文华、嘉华酒店。

> 美食推荐:严华食府、鲲鹏餐饮休闲庄、金胜食府、烤匠麻辣烤鱼、集渔泰式海鲜火锅、朋客音乐烤吧、御烤坊音乐餐吧。

> 住宿推荐:陌见山、向荣花里、云台水乡、暖暖远人村、林栖民宿、融创文华酒店、融创嘉华酒店、融创董悦酒店。

【第三条线路:一叶知秋·自然生态研学之旅】

第一天:上午前往熊猫乐园,体验大熊猫饲养、青少年科普教育;下午赴青城山,领略古人寄情于山水的逸趣;晚餐后入住蓝山岚民宿,欣赏建筑与自然的融合。

第二天:上午前往都江堰景区,和千年前的匠人们来一场"时空对话";下午前往灵岩山,感受古朴宁静;晚餐后可入住御垒山居酒店。

> 美食推荐:隐秀尚庭、梁鸡肉、隐谷、钟鸭子、九一堂、西街私房菜、杨柳河美食街、中山路火锅街。

> 住宿推荐:蓝山岚、卿宿青城、寻隐民宿、寻与寻宿、御垒山居酒店、希尔顿欢朋酒店。

【第四条线路:春华秋实·秋韵养生食蟹之旅】

第一天:上午前往普照寺,感受鸟鸣山幽、溪水潺潺;下午赴赵公山康养绿道,看层林尽染,美如画境;夜宿檩然温泉度假酒店。

第二天:上午前往玫瑰花溪谷,赏造型各异、色彩绚丽的菊花;下午到"蟹走天下"淡水蟹养殖基地,体验趣味钓蟹,品金秋都江堰大闸蟹,结束后返程。

> 美食推荐:乡食聚源美食街、玉堂筷乐美食街、蟹走天下、蓉城名片田园火锅、兴乐苑、伊依布舍。

> 住宿推荐:檩然温泉度假酒店、心香雅舍、青城牧歌、城外有星光、牧云青城。

(资料来源:都江堰市发布 4 条秋季精品旅游线路,《中国旅游报》)

随着游客消费观念的日益成熟,传统走马观花的旅游方式已经无法满足游客的需求,他们在出游时更加注重旅游的品质和个性,并希望获得精神上的放松、享受,以及不一样的体验和经历。与传统的旅游方式相比,主题旅游所追求的是一种内涵式的发展,更在意旅游的内容与真谛,获得身心难忘的体验,从而达到一种全新而有特色的知识性体验。主题旅游所诠释的是一种崭新的旅游方式与旅游概念,它能够给游人的身心带来强烈的精神震撼和深刻的人生感受。

开发特色的旅游线路已经成为旅行社在激烈的市场竞争中立足的手段,主题旅游线路的设计除了要有大胆的设想、好的想法和创意外,还要具有可操作性。线路本身的美好寓意+合理的线路设计=源源不断的客源。

(一) 要点一:筛选游览节点

旅游线路是联系游客和景区、联系客源地和目的地的重要环节。其中,游览节点是每条游线的核心,也是游客体验的核心。节点涵盖了景区的主要游览点,也包括餐饮、住宿、购物、娱乐等服务节点。

在游览点的筛选方面,需要遵循"有地方代表性、有唯一性特色、有强知名度"的原则。一般而来说,主题公园、文化古镇、森林公园等一般都是重点考虑的内容。

服务节点的安排方面,则主要要把握时间和距离的节奏,遵循"3 小时一顿饭,6 小时住一晚"的原则。在游客三小时内的游览体验中,需要有小的休憩节点能够停下来,以购物、拍照、活动等形式调节游览节奏与情绪;游览超过三小时,就要配套好餐饮节点;6 小时以上的游程,则要安排住宿。

(二) 要点二:链接通道

游览节点筛选出来后,则要考虑链接节点的交通通道。关于节点的链接通道,我们可以从陆路、水路、空路这三大维度去考虑,三个疏导重点分别是主次出入口、立体化通道、多元化体验。

1. 景区内部游线设计

一般将主次入口设置在临近主干路、高速出入口等便于进出的地方;游览的交通方式尽量陆路、水路和空中结合;游览交通工具力争融入本土特色、多元化,如坐上黄包车游览北京的胡同、坐着羊皮筏子游黄河等。

2. 区域型/大目的地游线设计

首选可达性高的交通枢纽城市作为基地,寻找有风景的道路、水路链接节点,尽量不重复、不走回头路。

比如以三峡大坝为特色的两坝一峡游线,推出"船去车回"的游览方式。游客由宜昌乘坐"长江三峡"系列游轮,沿长江水路坐船西行到葛洲坝、三峡人家,船观美丽宜昌沿江城市风景;抵达三斗坪港后,乘空调大巴前往游览三峡大坝,游览结束后乘大巴返回。

3. 注重时间把控

需要根据不同游客需求特点,把握好快与慢的交通节奏、游览的节奏、产品的组合节奏,在舒适的游览时间内充分让游客体验到产品的特色。

(三) 要点三:提升体验

高级的游线设计,强调游线是引导游客参与景区的体验路径,其本身就是旅游景区或者区域旅游体验的一部分。人们对周围的环境产生印象,往往来源于"五感":视觉、听觉、嗅觉、味觉和触觉。利用"五感"来提升游线的体验,能使得游线即场景、步步皆情境、片刻皆体验。例如,耐克运动公园利用视觉设计夜光跑道、日本富士山利用听觉开辟旅游音乐之路。

主题旅游线路
设计

延伸阅读1	

耐克运动公园夜光跑道

　　耐克在马尼拉的市中心打造了一个带有 LED 显示屏的运动场。荧光跑道取名为"unlimited(无限)",寓意着在跑步的过程中不断超越自己的极限。整条跑道都装有 LED 显示屏,魔幻的灯效让整个跑步过程充满着激情。根据旅游心理学规律,游客一般心情愉快的步行距离是 300 米,希望乘坐交通工具的距离为 500 米;从出发地到目的地的时间和游览时间的比例不能高于 1:1。在这条跑道上跑步,需要事先在鞋子上装上特定的传感器。当你走上跑道的那一刻,LED 屏幕上会出现一个虚拟的人物,它会跟着你一起奔跑。而它的速度会根据你设定的预期跑步时间和你的实际跑步速度来进行调整,时而快时而慢。完成一轮跑步计划后,传感器会对你的完成时间、跑速速度等数据进行分析,并将分析结果传送到系统里,以对虚拟人物的跑步速度进行调整。以此类推下去,你仿佛永远在和上一圈的自己比赛,也更明白用运动改变自己、创造精彩的意义。在国际数字艺术和科学协会主办的活动中,这个全球最有创意的训练跑道,获得了 2017 年的威比奖。在马尼拉当地,这条跑道已经成了游客必去的场所。

延伸阅读2	

日本富士山音乐之路

　　在通往富士山的盘山公路途中,有一条"音乐之路",当汽车以一定的速度通过时公路就播放音乐。很多游客专门到这里体验音乐公路。在道路建设的时候,开凿出间隔不等的小凹槽,当车辆驶过,轮胎就会和地面及凹槽摩擦,生成高低不同的音符连贯成曲,音乐就这样产生了。通常把车速保持在每小时 50 公里,就可以听见完美的音准和节奏了。汽车通过的时候轮胎与地面凹槽的摩擦会响起日本传统民谣,既达到了使车辆减速行驶的目的,又给游客们带来愉悦的心情,奇思妙想彰显出人类的智慧。

任务 7.4　核定主题旅游产品与线路价格

一、价格概述

　　在旅游市场上,旅游消费者购买旅游产品、满足旅游需求,需要支付一定的货币;旅游经营者卖出旅游产品、实现自身利益,则需要有合适的产品价格。在旅游消费者和旅游经营者的交换关系中,价格是保证交换能够顺利进行的前提条件。由于价格还是旅游宏观调控的一个重要手段,因此价格也是旅游经济运行的指示器和调节器。

（一）旅游价格的构成

旅游价格是旅游者为了满足旅游活动的需要所购买的旅游产品的价格，是旅游产品价值的货币表现形式，它是旅游产品价值、旅游市场的供求和一个国家或地区的币值三者变化的综合反映。在市场经济中，一方面旅游活动的商品化是必然结果，旅游者食、住、行、游、购、娱等需求必须通过交换活动，通过支付一定的货币量才能获得满足。另一方面，旅游经营者在向旅游者提供旅游产品时，必然要求得到相应的价格补偿，于是在旅游者与旅游经营者之间围绕着旅游产品的交换而产生了一定货币量的收支，这就是旅游价格。从旅游经营者的角度看，旅游价格又表现为向旅游者提供各种产品和服务的收费标准。研究旅游产品的价格构成，首先要区分旅游产品的存在形式。在现实的旅游市场交换中，用于交换的旅游产品主要是以两种形式存在的：一种是单项旅游产品，一种是组合旅游产品或线路旅游产品。

1. 单项旅游产品的价格构成

单项旅游产品只是旅游者在旅游活动中所要涉及的住宿、餐饮、交通、娱乐、购物等当中的某一项，无论哪一种单项旅游产品，其价格都是由成本和盈利两部分构成的。

成本是生产单位产品所需费用的总和。旅游产品的生产成本包括三部分内容：第一部分是提供旅游服务所凭借的旅游接待设施设备、交通运输工具、建筑物以及各种原材料、燃料和能源等的成本；第二部分是旅游企业从业人员的工资，它们是旅游从业人员提供劳务的价值补偿，是活劳动的耗费部分；第三部分是旅游企业的经营管理费用，是企业在生产经营活动中必须支付的一定费用。需要指出的是，旅游产品价格中的生产成本，是指生产同类型旅游产品的社会平均成本。生产同种类型旅游产品的众多企业中，由于各种各样的原因，他们所生产产品的个别劳动耗费是不一样的，导致旅游产品的价值有高有低，但在市场上，价格中的生产成本只是该产品一定时期内的社会平均成本。

盈利是旅游产品价格扣除成本的剩余部分，是旅游从业人员为社会劳动所新创造的价值部分。它包括向政府缴纳的税金、贷款利息、保险费用和旅游产品经营者的利润。税金是纳税人依法向国家纳税的金额，利润则是企业获得的收入中扣除成本、税金、贷款利息及保险费后的余额。一般情况下，利润与价格是呈正相关的，价格水平越高，企业所获得的利润就越多。

2. 线路旅游产品的价格构成

线路旅游产品或组合旅游产品是旅游经营者，特别是旅行社把多个单项旅游产品组合在一起提供给旅游者的。其价格是由购进成本加上旅行社的自身经营成本和利润构成。其中，旅行社在组合旅游产品时，用于购买各单项旅游产品的费用之和，称为旅行社的购进成本或代办费。由于这些交通费、餐饮费或住宿费是由旅行社批量代办的，所以旅行社的购进费用总是要比旅游者分别、多次购买后的总费用低。

无论是单项旅游产品，还是线路旅游产品，其价格构成本质上基本一致，都是成本与盈利之和，只是统计口径和计量部分上有所差别，这种差别在不同类型的旅游价格中也普遍存在。

(二) 旅游价格的分类

由于旅游产品价格构成的综合复杂性,因而根据不同的划分标准,旅游价格可以分为以下不同的类型。

1. 从旅游者购买旅游产品的方式划分,旅游产品价格可分为统包价格、小包价格和单项旅游价格

统包价格是指旅游者根据自己的需要,一次性购买旅行社推出的某条旅游线路的价格。小包价格是指旅游者通过旅行社购买旅游线路,但旅游者只一次性支付线路产品中的某一部分或几部分,其余部分由旅游者以零星购买的方式支付。在国际旅游中,越来越多的游客趋向选择只含机票和饭店的包价,而游览的门票、导游翻译费等则由旅游者自己视具体情况而定。旅游统包价格和小包价格是旅游者在购买旅游线路产品时发生的价格,反映的主要是旅游者与旅行社之间的一次性交换活动。其价格由三部分构成:各单项旅游产品的价格总和、旅行社的盈利和管理费。其特点首先是方便,避免了多次购买的烦琐;其次是优惠,可以享受批量购买带来的折扣。不足在于不能完全适合旅游者的需要。单项价格是旅游者不通过任何中介机构,以零星购买方式所购买的旅游产品的价格。旅游者每次购买的,只是旅游活动诸多环节中的某一项或几项单项旅游产品,如旅游者单独购买的车票的价格、客房的价格和景点门票的价格等。单项价格由旅游产品经营者的成本和盈利构成。采用单项价格支付的优点在于灵活,旅游者可以根据自己的喜好和时间安排所要购买的内容。不足在于手续烦琐,且价位较高。

2. 从旅游者活动所涉及的范围划分,旅游价格可以划分为国内旅游价格和国际旅游价格

国内旅游价格是指旅游者在本国国内旅游的价格。具体还可再细分为国内旅游包价和国内旅游单价。

国际旅游价格包括出境旅游价格和入境旅游价格。无论是出境旅游价格还是入境旅游价格,一般都包含三部分,即国际交通费用、旅游目的地国家或地区旅游产品的价格和客源国的旅游服务费。在我国,国际旅游价格的标准是针对国际旅游者制定的,国内旅游的价格标准是针对国内居民制定的。目前无论是在国内机票、火车票、景点门票,还是在饭店的入住支出上,国际旅游价格与国内旅游价格都有很大的差别。其原因与我国现阶段的经济发展水平和旅游发展状况有关,我国目前还属于发展中国家,旅游的发展也是先国际、后国内,而后才是出境,因此,国内居民的可支配收入没有海外旅游者高,旅游的意识也普遍没有海外旅游者强,决定了我国国内旅游价格暂时低于国际旅游价格。

3. 从旅游者对旅游产品的需求程度划分,旅游价格可以分为基本旅游价格和非基本旅游价格

基本旅游价格是旅游者在活动过程中必不可少的旅游需求部分的价格,主要包括住宿价格、餐饮价格、交通价格和游览价格等,是旅游者必须要进行消费支出的价格。非基本旅游价格是指旅游者在活动过程中可发生也可不发生的旅游需求部分的价格,如向旅游者提供的日用品价格、医疗美容价格和旅游纪念品价格等,旅游者支付与否、支付多少,都不会影响旅游活动的顺利进行。

划分基本旅游价格和非基本旅游价格,对旅行社具有实际的操作意义,可以帮助旅行社在组合线路产品、编排具体游览行程时明确哪些项目应当包括在内,并计算其价格,哪些项目可以由旅游者自由决定,不必计算其价格,也不纳入线路旅游产品的价格构成当中。

4. 从旅游企业的营销角度划分,旅游价格可分为两类,即旅游差价和旅游优惠价

旅游差价是指同种旅游产品,由于在时间、地点、质量和销售环节等方面的差异而引起的价格差额。同其他商品差价一样,旅游差价是产品价值的实现形式,是价值规律作用于价格的具体表现。旅游差价主要有批零差价、地区差价、季节差价和质量差价四种形式。

(1) 批零差价,是指同种旅游产品批发价格与零售价格之间的差额。任何产品在销售时,每经过一个中间环节都要耗费一定量的劳动,旅游产品也不例外。旅游产品的批零差价一般是发生在旅游批发商和旅游零售商之间。在旅游经济活动中,批发商主要负责推出旅游产品,即设计和编排旅游线路;而旅游零售商则从批发商手中购进旅游产品,再将旅游产品销售给旅游者。在这个过程当中,旅游零售商需要耗费一定的劳动,支出一定的费用,获得一定的利润,缴纳一定的税金,这些都必须计算到旅游产品的零售价中,由此形成了批发与零售之间的价格差额。该差额就是零售商卖给旅游者的旅游产品价格高于零售商从批发商处购得旅游产品价格的部分。

(2) 地区差价,是指同种旅游产品在不同地区销售所形成的价格差额。旅游地区差价的形成主要与不同地区的旅游需求有关,不同地区的旅游需求又与该地的旅游资源状况密切相关。在旅游热点地区,旅游资源一般组合较好、特色鲜明、数量丰富,旅游设施齐全,旅游综合接待能力强,对旅游者具有较大的吸引力,导致旅游产品价格较高;而旅游冷点地区,其整体旅游产品总是存在这样那样的问题,或者是旅游资源缺乏,或者是不具备交通条件,再或者是旅游环境恶劣,如此种种,致使旅游地吸引能力弱,有效需求少,旅游价格也相对较低,因而产生了旅游产品的地区差价。合理地应用旅游地区差价,能够从一定程度上缓解热点和冷点地区的供求矛盾。通过在旅游热点地区实行高价,可以控制进入该区的人数;通过在旅游冷点地区实行低价,可以吸引更多的旅游者前往消费,改变客源国或客源地区的旅游流向,促进各地区旅游业的均衡发展。

(3) 季节差价,是指同种旅游产品在不同的季节销售所形成的价格差额。旅游者的旅游活动受季节影响大,是旅游季节差价产生的主要原因,使旅游产品的销售有了淡季和旺季之分。世界上不同的国家和地区,其气候条件和自然条件并不都很相似,因而出现旅游淡旺季的时间也不一定相同。但是,不管旅游淡旺季的时间出现在什么时候,旅游经营者都要善于应用旅游季节差价,有效地调节旅游供求关系,使淡季不“淡”,旺季也不至于太过拥挤,促进旅游企业经营活动的正常进行。

(4) 质量差价,是指同类旅游产品由于质量不同而产生的价格差额。市场上的旅游产品,无论是有形的物质部分,还是无形的劳务部分,由于它们耗费的劳动量不同,满足旅游者需求的程度不同,因此它们的质量也不相同。反映在价格上,就是旅游质量差价。质优价高、质劣价低、按质论价是实行旅游质量差价必须遵循的原则。只有如此,才能维护旅游者的权益,保障旅游生产者和经营者的利益。

旅游优惠价是指旅游产品供给者在明码公布的价格基础上,给予产品购买者一定

比例折扣或优惠的价格。旅游优惠价主要有以下几种形式：

（1）销量优惠，是根据消费者购买旅游产品数量的多少而实行的优惠，具体又可分为累计折扣优惠和非累计折扣优惠。累计折扣优惠是指同一旅游者在规定时间内购买的产品超过确定的基数后，旅游产品的生产者或经营者给予他的一定的折扣优惠。非累计折扣优惠是消费者一次性购买量达到规定的要求后即刻给予的价格折扣。两种形式的优惠，目的都在于建立和巩固旅游企业与客户之间长期的买卖与合作关系，鼓励和刺激旅游者扩大购买量，增加企业利润。

（2）同业优惠，是指对同行消费者给予一定的价格优惠。如航空公司对旅行社、饭店人员的优惠；旅行社对饭店、航空公司人员的优惠；饭店集团人员入住连锁饭店的优惠等。优惠的程度或比例既可自行规定，也可互相商定，目的都是互利互惠，促进合作，保证相关企业之间业务活动的顺利进行。

（3）老客户优惠，指旅游企业对经常有业务联系的单位及老顾客给予一定的价格折扣。对名客户实行优惠，是旅游企业稳定客源、扩大销售的重要手段。给旅游消费者一定的价格折扣，有时也是为了杜绝旅游经营活动中的拖欠款现象，加快资金周转，减少资金的占用成本。

核定主题旅游
产品与线路
价格

（三）旅游价格的特点

旅游产品是不同于一般物质产品的特殊产品，因此决定了旅游价格具有不同于一般物质产品价格的特点。

1. 旅游价格的综合性

旅游价格的综合性是由旅游产品的综合性决定的，旅游产品是个综合性的概念，这种综合性体现在两个方面，一方面体现在它是由多种资源（自然资源、历史资源和人文地理资源）、设施和服务构成的组合型产品；另一方面旅游产品供给方是由众多部门组成的综合体。产品的综合性必然使价格也带有综合性的特点。

2. 旅游价格的季节性

旅游产品与一般商品不同，它不存在独立的生产过程，也不生产具体的物品，因而无法运输，也无法贮存。旅游产品的这种特殊性，决定了旅游价格不可避免地带有季节性的特点。在旅游淡季，游客的数量减少，为使不能贮存的旅游产品销售出去，必须实行季节差价，即淡季降低价格销售，甚至有时可以低于成本的价格销售，旺季时适当提价以控制无法满足的需求量，由此可见，旅游价格具有非常明显的季节性。

3. 旅游价格的垄断性

旅游产品中的文物、古迹、名胜、风景、风情等价值是难以用投入的劳动量的大小来衡量的。它们不同于一般的商品,不仅不会因为磨损而丧失其价值,相反,随着时间的流逝其价值反而越来越高。这是因为创造这种价值的古代劳动,既不可能再生产,又不可能用现代劳动弥补历史价值,因而在价格上表现为一种垄断。另外,特定旅游产品中特殊的自然条件作为该旅游产品中不可缺少的自然基础,仍具有价值,这也是因为其具有垄断性。所以,旅游产品由于其特殊的历史、社会和自然因素而使其价格具有垄断性的特点。

4. 旅游价格的高弹性

旅游价格具有明显的市场特征,即随着旅游市场的供求变化而变化。同时,由于旅游需求受到诸多不可测因素的影响,旅游者的旅游需求和旅游动机也是千变万化的,而旅游供给又具有一定的稳定性,于是这种供求之间的矛盾就造成旅游产品在不同的时间里价格差异较大,从而反映出旅游价格具有较高的价格弹性的特点。

5. 旅游价格的多重组合性

旅游价格是旅游产品一次性价值与多次性价值相统一的价格。在旅游产品中,某些旅游产品要素的价值是一次性实现的,如餐饮食品、旅游纪念品等商品一旦售出,其使用权与所有权都同时售出,即其价值的一次性实现;而某些旅游产品要素的价值则能多次性地实现,如旅游景点、旅游交通和饭店客房等均只售使用权而不售所有权,其价值可以多次重复地实现,从而形成了旅游价格的多重组合性的特点,并造成旅游产品在不同时间必然有不同的旅游价格。

(四) 定价的影响因素

1. 旅游企业的定价目标

会对旅游企业定价产生影响的因素首先是旅游企业的定价目标,这些目标不一样,旅游企业定价的结果也不相同。通常来说,旅游企业的定价目标通常有以下几种:①生存导向型目标。如果旅游企业产量过剩,或面临激烈的市场竞争,通常就会采取生存导向型定价目标。这种定价主要是为了维持企业的生存,因此通常都是以较低的价格吸引更多的旅游者。此时的旅游企业主要考虑的是高昂的固定成本是否可以被尽可能多地补偿,对于利润可能反而不怎么看重。②利润导向型目标。这种定价目标是为了获得足够的利润,一般用于旅游企业面临着较好的市场局面时。具体来说,旅游企业有利润最大化、满意利润、当期利润最大化、投资收益率等目标。③销售导向型目标。此时旅游企业的定价目标主要是把产品卖出去,具体目标又可以是获得足够的市场份额、实现销售量的最大化、保持良好的分销渠道等。为了获得足够大的销售量,旅游企业不一定非得使用低价法,有时候高价格也能起到相同的效果。④竞争导向型目标。为了在激烈的市场竞争中获胜,旅游企业在定价中也会采用不同的定价方法。通常来说,如果旅游企业的竞争能力弱,大多采取较低的价格以应对竞争;旅游企业的竞争能力强的,也可以采用较高的价格出售产品。

2. 旅游产品本身因素

旅游产品本身越有特色,越能形成垄断,其定价就可以越高,反之只能越低。在考虑旅游产品本身因素时,旅游企业可以考虑如下因素:旅游产品的独特性、出现同类产品的可能性、旅游者对旅游产品需求的价格弹性等诸多因素,旅游产品价格的高低经常与旅游目的地的形象相联系。

3. 旅游产品成本

旅游产品成本是由产品的生产过程和流通过程所花费的物质消耗和人力成本,是影响旅游产品价格最基本、最直接的因素。在制定旅游价格时,旅游企业通常需要考虑旅游产品的生产成本(包括固定成本和变动成本)、储运成本(无形产品不具有储存性,不需要考虑此项)、销售成本、机会成本等诸多成本因素。除了促销等特殊情况外,通常情况下,旅游产品的成本决定了旅游价格的下限。

4. 旅游产品的需求

这主要是与旅游者有关的各种因素。比如,旅游者是否众多,旅游者的购买能力是否强大,旅游者对价格是否敏感等。在西方经济学中,我们知道供给与需求是会相互影响的,它们双方的相互作用也会影响到旅游价格;同时,旅游需求价格弹性的相关理论也能说明旅游需求对价格的影响。

5. 旅游竞争状况

这需要考虑两种情况:一是市场竞争格局,二是竞争者的竞争能力。在西方经济学中,市场根据竞争状况可以被分为完全竞争、垄断竞争、寡头垄断、完全垄断四种类型,各种类型的市场中旅游企业可以采取的定价策略是有差异的。竞争者的竞争能力越强,旅游企业在定价方面就越要慎重;对于竞争者的价格变动,旅游企业也不能无动于衷。

6. 政府价格管制

按照政府对价格的管制程度,可以将定价方式分为政府定价、政府指导价和市场价格等几种形式。在旅游行业中,由政府定价或政府给出指导价的情况很多,政府很多时候也出台专门法律、规范和约束旅游行业中的定价行为。

7. 汇率因素

如果涉及跨国业务,旅游企业在定价中还会受到汇率变动的影响。汇率是指两国货币之间的比价,就是用一国货币单位来表示对另一国货币单位的价格。一般说来,汇率变动对旅游价格的影响主要是通过旅游产品或服务的报价形式体现出来的。

8. 通货膨胀因素

在通货膨胀的影响下,旅游企业的各类成本也可能上涨,旅游企业也会面临涨价的压力。

9. 旅游产品的生命周期

旅游产品处于不同的生命周期,其价格也往往表现出差异。通常情况下,在介绍期内旅游企业可以将产品的价格定得比较高,因为此时新产品刚上市,具有较高的垄断性;在成长期中则开始逐渐下降,因为技术、规模等原因都使旅游企业的成本下降;在成熟期旅游价格通常趋于稳定或进一步降价;衰退期的价格通常都不会太高。

二、定价程序与方法

(一) 定价的主要步骤

1. 确定定价目标

价格作为企业市场营销的重要措施,是同其他各项营销组合因素密切配合来实现企业营销目标的。为了使定价能适应企业营销目标的要求,并与其他营销组合因素配套,企业在制定价格时,首先要确定定价目标,以明确定价思路的基本走向。

2. 估算旅游产品成本

任何旅游企业在市场营销定价时都会面临着成本估算的问题,进行保本分析,通过对目标市场旅游消费者的购买行为和旅游产品成本的结构分析,从而确定一个企业可参照的最低价格,即保本价格。

3. 测定旅游市场需求

测定需求主要是分析目标市场对产品的需求数量和需求强度,预测顾客对产品定价的接受程度。如果目标市场对产品的需求数量和需求强度大,对价格的接受程度高,则对企业产品的定价较为有利。同时,市场需求又是一个可变的量,它反过来又会受到价格水平的影响。因此,在定价中,企业应根据需求弹性理论来测定产品的不同价格水平对市场需求数量和需求强度的影响,以便确定市场需求最大时消费者所能接受的价格上限,即最高价格。

4. 分析竞争

分析竞争的目的是为旅游企业产品确定一个最有竞争力的价格。对市场竞争的分析主要包括市场竞争的格局分析、主要竞争对手实力的分析、竞争对手应变态度和策略分析。一般情况下,市场竞争格局对企业有利和竞争对手实力较弱时,企业能较自主地制定自己产品的价格;如果竞争格局较为均衡或竞争对手实力与本企业相当时,企业在制定价格时应特别慎重,避免价格的对峙而形成“价格战”;如果市场竞争格局对企业不利或竞争对手实力较强时,则只能根据竞争对手的价格水平来制定本企业产品价格。另外,企业在制定和调整价格时,还应分析竞争对手的应变态度和策略。如企业价格调整后,对手可能针锋相对地调整价格,进行价格竞争,也可能不调整价格,而在营销组合的其他因素上下功夫,与企业进行非价格竞争。

5. 选定方法

旅游企业定价方法选择的根本原则是为实现企业定价目标,进而实现企业的经营目标而确定出一种最为可行的定价方法。一般来说,企业在定价时,要综合考虑成本、需求和竞争三个基本因素。而在实际定价中,由于当时所处条件和环境的差异,通常会侧重于其中一个因素,从而形成了三种类型的定价方法:成本导向定价法、需求导向定价法和竞争导向定价法。

6. 确定最终价格

旅游企业运用一定的定价方法确定出了初步价格后,还不能交付使用。因为依据每种方法制定出来的价格都有一定的片面性,因而需要在全面分析的基础上进行调整,以确定最终价格。在调整时,应从以下三个方面进行:一是将初步价格按照国家有关的方针、政策、法规的要求进行调整,使价格不与国家现行有关规定、法律相冲突;二是将初步价格按照企业市场营销组合的需要进行调整,使产品价格与营销组合的其他因素相配套;三是将初步价格依据目标市场消费心理需求进行调整,使产品价格能为消费者所接受。

(二) 定价的一般方法

旅游企业在为其产品和服务定价时通常采用的方法有成本导向定价法、需求导向定价法、竞争导向定价法。

1. 成本导向定价法

成本导向定价法是旅游定价首先需要考虑的方法。成本导向定价法指通常在产品的成本之上再多计入一定金额或者百分比,这是希望确保价格能回收成本及获得所期望的利润的一种定价方法。成本导向定价法简单直观,但是忽略了需求与供给的变化以及市场竞争的状况,没有考虑定价方法与定价目标之间的关系。成本导向定价法主要有成本加成定价法、变动成本加成定价法等。

(1) 成本加成定价法

成本加成定价法是指在产品的确认成本中按一定比例或数量加上一个标准数额的加成来确定产品的销售价格。加成比例可以基于单位成本,也可以基于销售价格。通过加成比率(R)、售价(P)和平均成本(AC)可分别得出其计算公式:

如果基于成本计算成本加成价格,则有:

$$P = AC \times (1 + R)$$

如果基于售价计算成本加成价格,则有:

$$P = AC \div (1 - R)$$

假定某饭店餐厅招牌菜的单位成本为 100 元,如果销售商希望有成本 20% 的利润,则该商品的售价为 $100 \times (1 + 20\%) = 120$ 元;如果销售商希望有售价 20% 的利润,则该商品的售价为 $100 \div (1 - 20\%) = 125$ 元。

成本导向定价法的一个有利之处在于对买方和卖方来讲都比较公平,当买方需求强烈时,卖方不利用这一有利条件谋取额外利益而仍能获得公平的投资报酬。但是成本加成定价法是"将一个固定的、惯例化的加成加在成本上",不是对任何产品都行得通,因为任何忽视产品价格弹性、市场需求、顾客认知价值和竞争态势的定价方法,都不具有普遍适用性。只有当加成价格能带来预期销量时,成本加成定价法才能发挥作用。

(2) 变动成本加成定价法

变动成本加成定价法,也称边际贡献定价法,其重点旨在考虑变动成本回收以后,尽量补偿固定成本。其基本思想就是在一特定的期间内,只考虑变动成本而不考虑固定成本或总成本来制定价格。从其基本思想我们可以看出,变动成本可以视为产品销售的最低价格,因此,产品的销售价格在单位变动成本之上还应该加上一定的单位产品贡献,这样才能使固定成本得到补偿。变动成本加成定价法通常适用于固定成本不大或者商品的市场生命周期较长而且能占领市场的条件下。当市场竞争非常激烈或销量低迷之时,企业迫于无奈也会选择此举。例如,某旅行社在旅游淡季推出一日游团体包价旅游产品,每人市内交通费 40 元、正餐费 40 元、导游服务费 20 元、门票 50 元,共计150 元。由于市场竞争激烈,又值旅游淡季,客源较少。因此,旅行社难以用 150 元的价格招揽大量的旅游消费者。在这种情况下,旅行社采用变动成本加成定价法将景区门票下调成 30 元、减少导游收入 10 元,最终将价格降为 120 元,那么该项旅行社产品的单位售价高于变动成本的 110 元,仍可获得边际贡献 10 元。这种定价法能给旅行社提供衡量销售价格的客观标准,便于旅行社掌握降价标准,开展价格竞争。只要边际贡献大于零,即旅游产品的单价大于单位成本的定价,旅行社就可以在更大范围内实行价格竞争,争取市场优势。

2. 需求导向定价法

需求导向定价法是基于不同顾客、不同时间、不同地点的需求差异和市场普遍习惯,以顾客需求和消费者感受为主要依据的定价方法。需求导向定价法包括认知价值定价法、反向定价法和需求差异定价法。

(1) 认知价值定价法

认知价值定价法是指企业根据旅游者对产品的感受价值和理解程度来制定的一种方法。旅游企业应当让旅游消费者感知到所支付的价格与得到的感知价值是相等的。该定价方法定价的关键是买主对价值的认识,其思想能与现代产品定位思想相符合。有关研究表明,顾客对价值的感知是购买决策中最关键的因素。在产品选购时,消费者将会把感受价值作为一种权衡标准,它涉及产品或服务的感知利益和感知品质,以及为获得这些利益和品质而付出的成本。感知价值可表示为:

$$感知价值＝感知利益或品质÷感知付出成本$$

从上式可以看出,在成本一定的条件下,消费者感受到的感知价值会随着感知利益或品质的增加而增加。同时应当注意的是,感知价值对消费者来说并不仅仅意味着低价格,而是应将价格与消费者的感知价值联系起来。比如人们对名贵手表的感知价值非常高,使得其价格越高的产品销量越大。

(2) 反向定价法

反向定价法也称逆向定价法,指的是旅游企业定价时不以成本为起点,而是根据消费者能够接受的最终价格,计算出自己从事经营活动的成本和利润后,从各个营销渠道进行倒推,计算出产品的价格。分销渠道中的批发商和零售商经常采用这种定价方法。

(3) 需求差异定价法

需求差异定价法指的是根据市场需求的时间差、数量差、地区差、消费水平以及心理差异等不同细分市场对同一产品采取不同的定价策略。由此在市场需求旺盛时定高价,反之则定低价。需求差异化定价不主要考虑成本,而是把顾客需求的差异化作为定价最根本的依据,比如相同区间的机票由于季节差异会制定不同的价格;景区门票价格对于学生群体、本地市民与外地游客有所不同。企业在运用这种方法的时候需要注意的是,不能引起旅游消费者的反感,要符合旅游者的效用价值评价。

3. 竞争导向定价法

在使用竞争导向定价时,旅游企业首先考虑的是竞争者价格的变化,而不考虑自己的成本或需求。当所竞争的产品间差异很小且企业所处的竞争市场优势以价格为订购决策时,竞争导向法应当是企业首先考虑的定价策略。竞争导向定价法主要包括随行就市定价法和率先定价法。

(1) 随行就市定价法

随行就市定价法也称为通行价格定价法,指的是企业根据市场上本行业的主要竞争者的价格来定价。由于这种方法可以避免在同行业内挑起价格战,因此通常中小企业会采用这种方法。但一些大企业也会根据其自身目标市场、品牌形象、营销组合中的其他因素,制定一些稍微高于或低于同行业竞争者的价格。

随行就市定价法的优点在于其简单性,不依赖需求曲线、价格弹性和产品的成本,也不会对整个行业价格系统造成较大破坏,不会扰乱行业内现有的均衡。随行就市定价法反映了行业的集体智慧,既能保证适当的收益,又有利于协调同行业的发展。需要注意的是,实行随行就市定价法时,市场上价格竞争减弱,非价格竞争成为重要的竞争手段。如旅游企业通过服务、信誉、付款条件、广告宣传、销售渠道等开展竞争活动,常常比价格竞争更具有隐蔽性和竞争力。这种方法易造成企业的故步自封和一成不变。

（2）率先定价法

率先定价法是一种主动竞争法,是旅游目的地与旅游企业根据市场竞争状况,结合自身实力,率先打破市场原有价格格局,制定具有竞争力的产品价格的方法。旅游企业自行制定价格后,在对外报价时先于同行报出,率先拥有占领市场的有力武器,也就拥有了竞争取胜的基础。这种定价方法一般为实力雄厚或旅游产品具有鲜明特色的旅游企业所采用。

三、定价基本策略

(一) 心理定价策略

心理定价策略是旅游企业根据消费者对价格的心理反应特征,制定出对产品销售有利的价格,同时也提高消费者的购买满意度。常见的心理定价策略主要有如下几种:

1. 尾数定价策略

尾数定价策略是指企业定价时有意保留产品价格的角分尾数,制定一个不同于整数的价格。例如,企业可以把2元的一件产品定价为1.99元或1.95元等。这种定价策略是针对消费者求便宜的心理而制定的。1.99元虽然与2元没有多少差距,但看上去1.99元要便宜得多。另外,对于精明的消费者来说,保留角分,可以让他们认为产品的价格是精确计算出来的,从而增加他们对价格的信任感。尾数定价策略通常适用于价格比较便宜的旅游产品。另外,消费者购物求吉利的心理,是近年来企业采用尾数定价策略的另一原因。如中国人喜欢价格以"8""6"数字结尾,美国人喜欢以"9"作尾数等。旅游企业可以根据不同民族和地区人们的喜好,灵活确定价格的尾数。

2. 整数定价策略

整数定价策略是旅游企业有意识地将产品的价格制定成整数,对角分忽略不计。这种策略是针对消费者追求高质量的心理而设计的,适用于价格比较昂贵的产品,如旅游商品中的一些玉器、工艺品以及高星级酒店的客房等。例如租金为500美元一天的豪华套房,其价格就不宜改为495美元。因为,对于质量明显较好的产品,消费者不会在意角、分等零头上的差异,而且零数的出现反而会让消费者对产品的质量有所怀疑,动摇其购买的决心。

3. 声望定价策略

声望定价策略是指旅游企业对具有较高知名度和较高信誉的旅游产品制定高价。

这种策略主要是针对消费者显示优越感的心理而制定的,适用于那些经营时间比较长、在同行中声望较高、口碑较好的产品。例如,在本地区享有盛誉的老字号饭店,游客选择入住,更多的是要表明自己的地位,显示自己的优越感。因此,饭店管理人员对客房制定高价,是合乎顾客要求的。如果价格下降,反而会让客人无所适从。

4. 习惯定价策略

习惯定价策略是指某些旅游产品在长期的买卖过程中已经形成了为消费者所默认的价格,旅游企业对这类产品定价时,价格水平应该稳定在消费者的默认值范围内。这种定价策略主要针对的是旅游者在购物上的心理惯性和心理倾向,适用于旅游需求弹性较大、经营时间较长、较稳定的产品。例如长期经营的老饭店,无论是为了应对市场竞争,还是由于经营成本的增加或降低,企业都应按照消费者的习惯价格来定价,而不宜轻易变更,以免引起老顾客的反感和转移。若原材料的价格上涨,饭店可压缩规定的服务内容,或适当减少餐饮分量,但不能提高单位产品价格,以取得顾客信任;若原材料价格不变或下降,企业为了扩大销售,一般也不宜采取降价措施,而是要通过增加服务项目,提高服务水平和产品创新等措施,去赢得更多的客户。

(二) 折扣定价策略

折扣定价策略是旅游企业在产品的交易过程中,保持产品的基本标价不变,而通过对实际价格的调整,把一部分利润转让给消费者,鼓励消费者购买,并以此来扩大产品销售量,维持市场占有率。折扣定价策略主要有如下几种:

1. 数量折扣策略

这是指旅游产品的生产经营企业,为了鼓励旅游产品购买者大量购买,对购买的数量给予一定的折扣。具体又分为累计数量折扣和非累计数量折扣。

(1) 累计数量折扣,是指在一定时间内,旅游产品的购买者的购买总数超过一定数额时,旅游企业按购买总数给予一定的折扣。一般情况下随着旅游者的购买数量增多,折扣随之增大。这种定价策略可以通过鼓励消费者多次重复购买,稳定市场客源。有些情况下,企业对达到数量折扣要求的消费者并不给予低价,而是给予一定数量的免费产品,这种现象在旅馆业、酒店业中比较多见。

(2) 非累计数量折扣,是指旅游企业规定旅游产品购买者每次购买达到一定数量或购买多种产品达到一定的金额时所给予的价格折扣。一次性购买数量越多,折扣就越大。采用这种定价策略能刺激旅游者大量购买,增加盈利,同时减少交易次数与时间,节约人力、物力开支,降低企业交易成本。

2. 季节折扣策略

季节折扣策略是指旅游企业在经营过程中,在产品销售淡季时给予旅游者一定的价格折扣。旅游产品经营的季节性很强,采用季节性折扣策略可以刺激旅游者的消费欲望,使旅游企业的设施和服务在淡季时能被充分利用,有利于旅游企业的常规经营。在西方国家中,很多饭店不仅在旅游淡季采用打折的降价策略,而且在周末、周初以及当空房数增多时也采用折扣降价策略,以吸引家庭度假旅游者。使用季节折扣策略要注意,折扣价格的最低优惠度一般不应低于旅游产品的成本,尤其是变动成本。

3. 同业折扣策略

同业折扣策略又称功能折扣策略或交易折扣策略,是旅游产品生产企业针对各类旅游中间商在市场经营中的不同作用,给予不同的价格折扣。同业折扣策略,实际上是生产企业对中间商在市场销售中所发挥的功能,给予一定报酬和奖励,有利于稳定旅游产品的销售渠道。例如,希尔顿公司规定,向旅游批发商只收取净房价,如果旅游批发商代替团队订房,那么公司给予旅游批发商的价格将比一般的团队价格低15%。同业折扣策略的实施,客观上会降低企业的平均价格水平,如果旅游企业要保证盈利,就要确认因价格下调而带来的销售收入,能够弥补价格下降所直接造成的经济损失。

4. 现金折扣策略

现金折扣又称付款期限折扣,是旅游企业对现金交易或按期付款的旅游产品购买者给予价格折扣。企业采用这种定价策略,目的是鼓励旅游消费者提前付款,以便尽快收回资金,加速资金周转。此外,给旅游消费者的现金折扣率一般要高于同期银行贷款利率。

(三) 招徕定价策略

招徕定价策略是旅游企业有意制定特殊的低价,发挥促销导向作用,吸引潜在的旅游消费者,从整体上提高企业的销售收入,增加盈利。具体又分为亏损价格策略和特殊价格策略。

1. 亏损价格策略

采用这种价格策略的旅游企业会在自己的产品结构中,把某些产品或服务的价格定得很低,甚至亏损,以价格低廉迎合旅游者的"求廉"心态而招徕顾客,借机带动和扩大其他产品的销售。例如,某些旅游购物经销商店会把店中的几种物品价格定得很低,吸引旅游者前来消费,进而带动对其他产品的销售。这样,即使部分物品是不赚钱的,商店也可以从其他物品的价格和销量中得到补偿并取得盈利。

2. 特殊价格策略

这是指旅游企业在某些节日和季节或在本地区举行特殊活动的时候,适度降低旅游产品或服务的价格以吸引旅游者,招揽生意,增加销售。这种定价策略往往在旅游淡季时受到企业的重视。一般来说,采用这种策略必须要有相应的广告宣传配合,才可能将这一特殊事件和信息传递给广大的旅游消费者。

(四) 新产品定价策略

1. 撇脂定价策略

撇脂定价策略是一种高价格策略,适用于特色鲜明、垄断性强、其他企业在短期内难以仿制或开发的旅游新产品。采用这一策略的旅游企业,应把新产品的价格在可行的范围内制定得尽可能高,以便迅速收回投资,取得丰厚利润。

撇脂定价策略的优点在于:可以使企业迅速收回投资,短期内实现利润最大化;可以为后期降价竞争创造条件,当竞争者涌入市场时,企业有足够的价值空间来降低价格,掌握竞争的主动权,稳定市场占有率;可以控制一定的需求量,避免新产品投入市场初期,由于供给能力不足而给经营带来困难。

该策略的不足在于：高价如果不被消费者接受，产品的销路就会受影响，导致投资难以收回；高价厚利容易招致竞争对手增多，加大经营难度。因此，撇脂定价策略一般只能是一种短期策略，不宜长久使用。

2. 渗透定价策略

渗透定价策略是一种低价格策略，定价的核心是薄利多销，适用于产品刚刚推出，急需打开销路，以及产品稳定成长，期望尽快提高市场占有率的情况。

渗透定价策略的优点在于：能够迅速打开新产品的市场销路，增加产品销售量；低价格能够有效阻止竞争者进入市场，保证企业长期地占领市场。不足之处在于：本利回收周期长；价格变动余地小，难以应对在短期内骤然出现的竞争或需求的较大变化；不利于产品品牌形象的树立。

3. 满意定价策略

满意定价策略是一种折中策略，价格水平居于撇脂定价策略与渗透定价策略之间，旅游企业一般是按行业平均利润和价格水平来制定价格。这种定价策略兼顾了供给者与需求者双方的利益，既能使企业有稳定的收入，又能使消费者满意，产生稳定的购买者，因而各方面都会满意。但是采用此种策略也有不足之处：由于产品的定价是被动地适应市场，而不是积极主动地参与市场竞争，因此可能使企业难以灵活地适应瞬息万变的市场状况。

四、价格变动与调整

旅游企业处于一个不断变化的市场营销环境之中。商品价格制定之后，因为客观环境和市场情况的变化，为了求得生存和发展，企业往往会对现行的价格进行适当的调整。影响企业调价的因素可能来自企业内部，也可能来自企业外部。如果企业利用其自身的产品或成本优势，为了先发制人，取得竞争的主动权，主动调整价格，则称为主动调价；相反，如果企业因为原材料价格上涨而导致成本上升、宏观政策法令的出台或应付竞争对手的调价，不得不进行的调价，则称为被动调价。总之，不管是主动调价还是被动调价，其形式不外乎降价与提价两种。

（一）发动降价

当市场出现以下两种情况时，旅游企业必须降价。一种情况是生产能力过剩。旅游企业需要更多的生意，但却无法通过加大营销力度、改进产品或其他方法得到。正像这几年航空公司、饭店、汽车出租公司、餐厅的举措一样，由于竞争越来越激烈，生产能力过剩，他们争相利用低价格来争夺仅有的市场份额。另一种情况是企业降价是想以更低的成本来占领市场，或者希望通过降价来获得市场份额并降低成本。不管是从使成本低于竞争对手，还是夺取市场份额的愿望出发，企业都会通过销售量的扩大而进一步降低成本。

此外，降价方法如果掌握不好，容易陷入其他困境，因此在发动降价策略时需注意以下问题。第一，品质认同感降低，中间商、同行竞争者的各种反应可能会使其降价时给旅游者、中间商一种不好的感觉，认为产品的质量变低了，或者产品过时了、经营困难、偿债压力大、产品卖不出去才降价。第二，市场份额低的困境并未改变，出于买涨不买跌的心理，消费者可能会观望等待进一步的降价。降价策略能够赢得市场份额却得不到消费者的忠诚,今后他们可能转向价格更低的企业,从而导致销售量不升反降。第三,引发价格战,竞争者为了争夺市场份额会制定更低的价格,从而引发价格战。例如,新马泰旅游线路很多旅行社曾经打出零团费、负团费的招牌,一时间东南亚出境游市场价格混乱无序,品质大大降低,最后在行业主管部门的干预下才有所好转。

(二)发动提价

从消费者角度而言,对企业的降价会很高兴,但却难以接受企业提高商品的价格。然而对于企业来说,虽然提价可能会导致竞争力下降,引起消费者不满,遭到经销商抱怨,但是一次成功的提价却能使企业的利润大大增加。所以只要有机会,企业就会采用适当的提价策略。企业发动提价主要有以下几种情况:(1)生产经营成本上升,这是提价的主要原因。因为当价格不变时,成本的上升会导致利润下降,所以当发生通货膨胀、物价普遍上涨、原材料成本上升或者生产管理费用提高时,企业为了保证利润不被降低,其重要手段就是采取提价策略;(2)产品供不应求,当产品需求转旺,产品供不应求而企业扩张规模受限时,旅游企业适当提价可以使企业获得更多利润,同时也可以抑制需求。目前看来,在黄金周的旅游高峰期,各种旅游酒店和旅游景区会出现游客井喷现象,此时经营者可适当调高价格;(3)利用顾客心理,创造优质效应,充分利用顾客"一分钱一分货"的心理,使消费者产生高价优质的心理定式,提升企业及产品的知名度和美誉度。

因此,在运用降价策略时,需要把握以下几种方法:一是把握好提价时机。提价要讲究时机,并就相关原因向旅游者做好解释工作。二是使用价格自动调整的相关法规条款并进行公示,确保信息公开、透明。三是通过改变结算方法、减少折扣等方式间接提价。四是提价初期,通过赠送服务项目或办理会员卡等方式进行平稳过渡。

任务7.5　宣传推广主题旅游产品与线路

成功的主题宣传营销活动离不开成功的宣传推广,鲜明而独特的主题也需要富有创意的宣传活动来支持。

一、确定鲜明的主题形象宣传口号

主题形象的宣传口号务必要突出重点,彰显个性,宣扬优势,在文字表达上力求准确、简洁,通俗易懂,具有一定的美感,以增强感染力,提高吸引力。例如深圳华侨城的四个主题公园:锦绣中华微缩景区——一步迈进历史,一日游遍全国,是中国历史文化的集聚地;中国民俗文化村——二十四个村寨,五十六族风情,展现中国丰富多彩的民族文化;世界之窗——你给我一天,我给你一个世界,世界风情展示的舞台;欢乐谷——中国现代主题乐园,一个欢乐的海洋。这些宣传口号,给人一种朗朗上口、清新的感觉。由这些宣传口号便可以对可能获得的感受产生美好的联想,进而可能产生实际的旅游行动。相反,如果宣传用语平平淡淡,就不能留下印象,更不要说会产生什么美好的联想,这种宣传就没有实际的效果。

二、挖掘富有地域特色的宣传主题活动

主题活动的开展有利于演绎文化，深化主题。以活动来促进宣传，以宣传来带动活动。主题活动的开展可以结合季节性的特点来进行，也可以根据特定的节假日来进行，同时还可以充分利用社会热点，在一定程度上引起公众的关注。例如，实施"国际周庄"战略的周庄，作为 2006 年杭州世界休闲博览会分会场，精心组织了一系列文化旅游主题活动贯穿全年。其中包括茶文化月、全福庙会、水上活动月、暑期夏令营、民俗节庆月、水乡美食节、水乡传统婚典、万三酒文化展示、民曲民风展示等，让游客在领略"小桥、流水、人家"秀美风光的同时感受江南水乡文化的无穷魅力，体验浓郁的民俗风情，推动了周庄旅游朝着打造国际休闲度假胜地的目标健康发展。

主题活动并不是一般的促销活动，而是围绕特定的主题这个活动的灵魂来体现出企业品牌的诉求和定位。

项目小结

旅游产品与线路定制是一项理性的思维活动，它基于详实的市场调查，始于创意形成，经过创意筛选、市场分析和定位、概念成型和市场可行性分析，为产品开发和线路定制做好先导工作。旅游产品与线路定制的创意可源于旅游资源、旅游需求、竞争者、内部来源、分销商与供应商等多个方面。面对多项创意方案，可通过对产品与线路创意是否符合企业的战略目标、是否保护和促进企业的核心业务、是否强化了企业与重要客源的联系、是否更有效地利用了现有资源、是否提高了现有产品组合的竞争力等方面的判断进行创意筛选。然后通过明确类别、功能、特色、目标市场、性价比、与竞争对手的差异六个方面为定位。在创意和定位的基础上把产品概念具体化，确定核心价值、功能与市场需求的匹配关系，设计产品与线路的具体内容，确定产品与线路最适宜的上市时间和最有利的销售渠道，明确开发程序。最后，通过对销售前景、盈利能力、竞争能力、开发能力、资源保障等方面的预测和估算判断产品与线路的市场可行性。

讨论与思考

1. 基于旅游产品的概念，结合实际就旅游产品特性谈谈个人看法。
2. 旅游产品与线路的特点对旅游产品与线路策划提出了什么特殊的要求？
3. 市场供需关系对旅游产品与线路的竞争力有什么影响？

项目测验

一、名词解释

1. 定制旅游
2. 旅游产品
3. 市场可行性分析
4. 旅游价格
5. 旅游线路

二、填空题

1. 旅游新产品可分为全新产品和_____。

2. 旅游产品策略有产品组合策略和_____。

3. 旅游产品的层次构成有配套产品、衍生产品、_____、_____。

4. 旅游产品组合类型选择有_____、_____、多市场单一产品线型、单一市场单一产品线型。

5. 旅游线路设计的原则_____、独一无二、合理性。

三、选择题

1. 随着电影《非诚勿扰》开播以后,西溪湿地旅游资源被挖掘,为适合周末旅游市场,旅行社推出杭州西溪湿地二日游产品,这是_____的结果。

　　A. 市场推动　　　　B. 资源推动　　　　C. 头脑风暴　　　　D. 政府推动

2. 旅游产品的组成要素中,_____能为旅游者提供由常住地到旅游目的地的往返服务及在旅游区内的往返服务。

　　A. 旅游游览产品　　　　　　　　　　　B. 旅游交通产品

　　C. 旅游娱乐产品　　　　　　　　　　　D. 旅游住宿产品

3. "我到北京上大学"属于国内少见的有较高市场影响力的_____。

　　A. 观光旅游产品　　　　　　　　　　　B. 休闲旅游产品

　　C. 度假旅游产品　　　　　　　　　　　D. 专项旅游产品

4. 市场可行性分析涉及_____等方面。

　　A. 产品市场前景　　B. 销售前景　　　　C. 竞争态势　　　　D. 价格

　　E. 内部条件

5. 按照旅游产品的功能,可以将其划分为_____等。

　　A. 观光游憩旅游产品　　　　　　　　　B. 休闲度假旅游产品

　　C. 文化娱乐旅游产品　　　　　　　　　D. 商贸购物旅游产品

四、简答题

1. 简述创意筛选的原则。

2. 简述旅游产品的特点。

3. 举例说明旅游产品组合策略的选择。

4. 简述旅游线路设计内容、一般程序与开发原则。

5. 请根据市场细分的标准以及老年旅游市场的特点,阐述你对康养旅游产品的开发思路。

扩展技能训练

目前,国内各大旅游景区经常会接待各类具有特定需求的旅游消费者或旅游专业团队。如何在有限的时间内,根据其特有的需求,更多、更好地体验到景区产品的独有价值或组合特点,是景区提升知名度、美誉度以及营造良好发展环境的关键。请以杭州西溪国家湿地公园为例,制定专项旅游线路产品和线路,具体任务要求如下:

任务1:3月20日,小雨,4—10℃,上午10:00—11:00,某省政府分管旅游的副省长将在省市旅游局等相关政府部门领导的陪同下考察西溪国家湿地公园,考察团约 20 人,重点将考察西溪国家湿地公园自一期开业以来经营管理、招商引资、转型升级等方面的内容。请据此设计专项旅游产品和线路。

任务 2:4 月 3 日,晴,10—20℃,上午 9:30—下午 16:00,国家某部委领导人携家人到西溪国家湿地公园观赏游玩,共 6 人(含 1 名 8 岁小孩),将在园内用中餐。请据此设计专项旅游产品和线路。

任务 3:4 月 20—21 日,阴有小雨,10—18℃,共两天,由上海某旅行社带团到西溪国家湿地公园,该团主要成员为某大型国企的中高层管理人员,到访的主要目的是商务会议、休闲游憩与观光(即 20 日上午接团,下午开会,晚上活动;21 日全天休闲观光)。请据此设计专项旅游产品和线路。

任务 4:5 月 15 日,晴,17—27℃,上午 9:30—11:00,国家生态环境部、省生态环境厅等相关领导、专家一行共 15 人将到西溪国家湿地公园考察,主要任务是考察西溪国家湿地公园在环境治理、生物保护、游客管理等方面的内容。请据此设计专项旅游产品和线路。

任务 5:6 月 1 日,阴,15—25℃,上午 8:30—下午 16:00,杭州市某幼儿园组织了约 100 名游客的亲子团,主要任务是亲子互动、科普游乐与观赏。请据此设计专项旅游产品和线路。

任务 6:7 月 20 日,晴,28—35℃,下午 14:30—16:30,某在建湿地公园的相关管理人员共 10 人来西溪国家湿地公园考察取经,主要任务是环境整治、规划设计、项目建设、经营管理等方面的内容。请据此设计专项旅游线路产品和线路。

任务 7:9 月 10 日,多云,24—32℃,上午 9:00—下午 15:30,江苏苏州某旅行社将带领一批 40 人的中学教师团到西溪国家湿地公园观赏游玩。请据此设计专项旅游产品和线路。

任务 8:10 月 20 日,阴,10—18℃,上午 9:00—下午 13:30,上海某旅行社将带领一批 40 人的退休干部团到西溪国家湿地公园观赏游玩。请据此设计专项旅游产品和线路。

第三篇

专项
实践篇

【情景案例】

习近平总书记再访安吉余村

2020 年 3 月 30 日,习近平总书记在浙江省安吉县余村考察。

如今,生态环境和可持续发展能力已成为一个国家和地区综合竞争力的重要组成部分。绿色发展、生态优先不仅是全球发展的共识,也早已引领着建设美丽中国每一个扎实的步伐。行进在我国经济由高速增长阶段转向高质量发展阶段过程中,必须更加重视转变发展方式,培育壮大环保产业等绿色产业,为经济增长提供重要新动能。

站在实现全面建成小康社会的进程中,生态环境质量直接影响全面小康的成色,直接关系着人民群众对全面小康的认可度和满意度。

"让良好生态环境成为人民生活的增长点、成为经济社会持续健康发展的支撑点、成为展现我国良好形象的发力点",习近平言语殷殷,昭示绿色发展的未来。

马克思、恩格斯认为,人类在同自然的互动中生产、生活、发展,人类善待自然,自然也会馈赠人类,但"如果说人靠科学和创造性天才征服了自然力,那么自然力也对人进行报复"。

人与自然是一种共生关系。党的十九大提出人与自然和谐共生的现代化,倡导牢固树立社会主义生态文明观,推动形成人与自然和谐发展的现代化建设新格局。

"要做到人与自然和谐,天人合一,不要试图征服老天爷。""只要勤劳肯干,守着绿水青山一定能收获金山银山。"……在总书记心中,人不负绿,绿定不负人。

❓想一想:乡村旅游为什么成为现代旅游的一种发展趋势?)

【项目导学】

通过本项目的学习与实践,主要期望提升学习者如下的素质能力、知识结构与专业能力:

素质能力目标

➤ 能逐步提升创新思维能力,共建共享共帮旅游产业提质发展;

➤ 能培养保护环境、绿色生态的可持续发展意识;

➤ 能提高认识,坚定旅游振兴乡村的信念与决心,把发展乡村旅游作为义不容辞的历史使命责任。

知识结构目标

➤ 了解乡村旅游策划的含义、产生、发展阶段与理论基础;

➤ 理解乡村旅游的调查、策划要素及运营管理知识;

➤ 掌握未来乡村旅游策划的发展趋势。

专业能力目标

➤ 培养乡村旅游策划的实践应用能力;

➤ 联系实际培养对乡村旅游地进行调研的能力;

➤ 根据调研培养对乡村旅游项目进行策划、运营和管理的能力。

【任务发布】

请选择某一乡村旅游主体,进行乡村旅游策划设计。

任务8.1　认识乡村旅游

一、乡村旅游的概念

(一)乡村旅游起源

1. 国外乡村旅游发展

有关国外乡村旅游的起源,一种说法是乡村旅游起源于 1855 年的法国,当时法国巴黎的贵族组织到郊区乡村度假旅游,他们品尝野味、乘坐独木舟、欣赏游鱼飞鸟、学习养蜂,与当地农民同吃同住。这些活动使他们重新认识了大自然的价值,加强了城乡居民之间的交往,增强了城乡居民的友谊;另一种说法是乡村旅游起源于 1865 年的意大利,意大利成立了"农业与旅游全国协会",专门介绍城市居民到乡村休闲旅游。纵观国际乡村旅游规划发展的过程,大致可以分为三个阶段:

19 世纪中期到 20 世纪前期的萌芽——兴起阶段:城市人开始认识农业旅游价值并参与了乡村农业旅游,如法国、意大利;

20 世纪中期到 20 世纪 80 年代的观光——发展阶段:乡村观光农业发展形成农业和旅游相结合的新产业,如西班牙、日本、美国;

20 世纪 80 年代后的度假——提高阶段:观光农业由观光功能向休闲、度假、体验、环保多功能扩展,如日本、奥地利、澳大利亚。

2. 国内乡村旅游发展

我国乡村旅游萌芽于 20 世纪 50 年代,当时为外事接待的需要,在山东省安丘市石家庄村率先开展了乡村旅游活动;20 世纪 80 年代后期,改革开放较早的深圳首先开办了荔枝节,主要目的是为了招商引资,随后又开办了采摘园,取得了较好的效益,于是各地纷纷效仿开办各具特色的观光农业项目;同时期,杭州富阳新沙岛是国内最早推出"农家乐"旅游形式的地方,时任国务委员的谷牧为其写下"农家乐,旅游者也乐"题词,奠定了新沙岛作为国内"农家乐"发源地的地位。古法取水、手工做纸、采桑养蚕、手工织布、插秧种田……这些在新沙岛村民眼中最普通的事,吸引了 30 多个国家的游客前来参观、体验。

回顾二十多年来全国乡村旅游的发展经历,大体分三个阶段:

(1) 20 世纪 80 年代初期,农村改革率先突破,特别是乡镇企业异军突起,开辟了农村由单一农业向农、工、商、游多元发展的道路。我国的乡村旅游开始崭露头角,发展较快的江浙地区部分农村,作为先进典型接待了大量的国内外各方人士,以及境外团队。

(2) 20 世纪 90 年代开始,越来越多的农业资源得到开发利用,村镇得以扬名,农民从中受益,企业有利可图,旅游规模壮大,一些村镇开始兴办旅游企业。1998 年,国家旅游局推出"华夏城乡游",提出"吃农家饭、住农家院、做农家活、看农家景、享农家乐"的口号,有力推动了我国乡村旅游业的发展;1999 年国家旅游局推出"生态旅游年",全国各地抓住新机遇充分利用和保护乡村生态环境,开展乡村农业生态旅游,进一步促进了我国乡村旅游业的发展。

(3) 进入 21 世纪以来,农村发展的外部环境、农业生产经营方式、农村经济社会结构、农民就业和收入结构等都发生了重大而深刻的变化,农村的发展进入了一个新的阶段。2002 年,国家旅游局确定创建全国工农业旅游示范点后,乡村旅游产品在我国得以正名,被正式列为旅游产业的一部分,同时推出"民间艺术游"。凡是全国农业旅游示范点的村民,每年来自旅游的收入快速增长,农民就地搞旅游服务,不离土、不离乡,幸福指数高。实践证明,乡村旅游迅速成长为我国旅游产业和农村经济发展新的增长点,靠旅游建设社会主义新农村已走出了一条重要的成功之路。

至此,中国乡村旅游已经进入前所未有的发展时期,乡村旅游市场也出现了空前繁荣。目前我国乡村旅游发展势头更是良好,呈现出欣欣向荣的景象,乡村旅游的发展速度较快,各种农业观光园、农家乐、采摘节等乡村旅游形式在各地大量涌现。总的来说乡村旅游在空间布局上主要分布于都市郊区、远离客源的景区、革命老区、少数民族自治区、陆地边境等欠发达地区。

(二) 乡村旅游组成

英国的 Bramwell and Lane(1994)认为,乡村旅游不仅是基于农业的旅游活动,而且是一个多层面的旅游活动,它除了包括基于农业的假日旅游外,还包括特殊兴趣的自然旅游,生态旅游,在假日步行、登山和骑马等活动,探险、运动和健康旅游,打猎和钓鱼,教育性的旅游,文化与传统旅游,以及一些区域的民俗旅游活动。

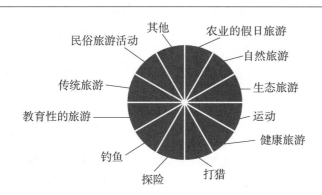

图 8-1

乡村旅游组成

（三）乡村旅游概念体系的构建

乡村旅游的概念体系应该由主体需求、客体供给、目标需求三个部分构成，这样才能完整诠释乡村旅游的含义。

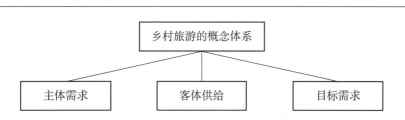

图 8-2

乡村旅游的
概念体系

主体需求：乡村旅游兴起的原因归纳起来有两种，一是市场的需求，旅游者有逃避城市污染、回归自然、体验乡土气息生活的需求；二是农村经济发展的要求，乡村旅游是农业向多样化经营转化的最佳形式，尤其是在农业不景气的地区，乡村旅游恰恰是为了解决农业收入无法满足农民生活需求问题。我国的乡村旅游正是在市场需求的促动下，在农业发展急需调整产业结构时，为了寻找新的经济增长点应运而生。

客体供给：第一，乡村旅游开发必须以"乡村性"和"可持续发展"为准则。根植于乡村世界的乡村性是吸引旅游者进行乡村旅游的基础，是界定乡村旅游概念的最重要的标准。乡村旅游的开发必须以可持续发展为理念，农村经济的发展目标是朝着生态农业可持续发展方向前进的，决定了以农村经济为基础的乡村旅游要走可持续发展道路。第二，乡村旅游的发展空间指乡村旅游活动必须在农村进行。乡村旅游是相对于城市而言的，但绝非仅仅是旅游地域方面的不同。只有发生在农村的且具有乡村性特点的旅游活动才是乡村旅游。第三，乡村旅游资源包括乡村地区的自然资源、人文资源和社会资源。第四，乡村旅游产品是在乡村的空间和资源的基础上形成的。

目标需求：乡村旅游是农业与旅游业即第一产业与第二产业的良好结合。从旅游业角度看，它是一种旅游产品，可以满足旅游者需求，提高旅游开发主体的经济效益，调整旅游产品市场结构；从农业角度看，它促进了农产品生产，调整了产业结构；从旅游业和农业相结合的角度看，可以使贫困乡村脱贫致富，达到"开发一方景区，繁荣一方经济，致富一方百姓"的效果。但是，总的看来，都追求经济、政治、文化、社会、生态文明的协调统一发展。

综上所述，乡村旅游的定义归纳为：乡村旅游是以远离都市的乡野地区为目的地，以乡村特有的自然和人文景观为吸引物,以城镇居民为主要目标市场,通过满足旅游者休闲、求知和回归自然等需求而获取经济、社会效益和环境效益的一种旅游方式。

二、乡村旅游的特点及开发

当前,在国际旅游界被普遍认同的观点是:乡村旅游应包括如下几个特征:

● 位于城市之外的乡村地区;

● 具有乡村特性的旅游活动;

● 社会结构和文化具有传统的、形态相对稳定(变化缓慢)的乡土特征。

由此可见,乡村旅游的本质可概括为:农业属性、生态属性和乡村规模属性。乡村地区与城市相区别的景观、民俗文化、生活方式一系列内容,即专属于乡村的"乡村性"构成了乡村度假的基础与独特卖点,乡村性是乡村区别于城市的根本属性。乡村性可以从乡村景观、乡村产业和乡村文化的角度去把握,乡村性具体体现在如下几个方面:乡村景观——自然环境、乡村民居建筑聚落结构、农田、林地、河塘水系、果园菜地等;乡村产业——乡村农业、林业、牧业、渔业、场镇集市贸易等;乡村文化——乡村当地居民的生活传统、风俗、民间传说、乡村生活与生产技艺、各种节庆、宗教、历史文化等。

(一) 独特的活动对象

乡村地域广大辽阔,旅游资源种类多样,除了田园风光之外,还有浓郁的乡风民俗、风土人情,加上受工业化影响较小,多数地区仍保持相对自然的风貌,对许多城市居民而言,古朴的村舍、作坊、农事劳作形态、鲜活的农副产品等,都是稀罕的旅游资源,对他们产生较强烈的吸引力。这种在特定地域所形成的乡村旅游,具有"古、始、真、土"的特点,拥有城镇无可比拟的贴近自然的优势,为游客回归自然、返璞归真提供了优越条件。

(二) 分散的时空结构

我国的乡村旅游资源,上下五千年,十里不同俗,且大多以自然风貌、劳作形态、农家生活和传统习俗为主,受季节和气候的影响较大。因此乡村旅游时间的可变性、地域的分散性,可以满足游客多方面的需求。

(三) 参与的主体行为

乡村旅游不仅指单一的观光游览项目和活动,还包括观光、娱乐、康疗、民俗、科考、访祖等在内的多功能、复合型旅游活动。乡村旅游能够让游客体验乡村民风民俗、农家生活和劳作形式,在劳动的欢快之余,购得满意的农副产品和民间工艺品。

(四) 高品位的文化层次

乡村文化属于民间文化,我国乡村绚丽多彩的民间文化具有悠久历史和丰富内涵,致使乡村旅游在文化层次上具有高品位的特点。由于乡村社区的这种"浓厚的区域本位主义和家乡观念特色的非规范性",使民间文化具有深刻的淳朴性和诡秘性,对于城市游客来说,具有极大的诱惑力和吸引力。

(五) 可持续的旅游发展

由于现代乡村旅游融乡村自然意象、文化意象和现代科技于一体,旅游发展与农业生产于一体和城市旅游与乡村旅游于一体,因而是可持续旅游。

三、乡村旅游主要类型

我国现代旅游业快速发展,逐步走过了"大众型观光旅游""健康休闲旅游"和"高品

质度假旅游"三个时期,乡村旅游也不例外,因此我们大致将其分为下列几种类型:

(一) 观光型乡村旅游

观光型乡村旅游属于大众旅游,这是指以优美的乡村绿色景观和田园风光及独特的农业生产过程作为旅游吸引物,吸引城市居民前往参观、参与、购物和游玩。它主要有传统型和科技型两种形式。

1. 传统型乡村观光旅游

对久居城市,特别是大城市的青少年而言,许多人并不了解现代的农村。"到乡村去走走看看,哪怕就是半天一天的工夫也行!"这是很多人的愿望,也催生了传统型乡村观光旅游市场的诞生,传统型乡村观光旅游占用的时间不多,花费也不大,从一开始就占据了极大的市场份额且长盛不衰。传统型乡村观光旅游常常以农家乐(包括周边的花圃果园和农田)为平台,以不为都市人所熟悉的农业生产过程(特色农产品生产过程)和独具特色的农家乡村美食为卖点。观光型乡村旅游产品要想具有长久的生命力必须突出特色,需要充分利用当地独特的旅游资源优势以塑造特色产品。澳大利亚将当地的葡萄酒产业优势与旅游业有机结合,开发出葡萄酒旅游,允许旅游者游览参观葡萄园、酿酒厂和产酒地区等景点,并且还可以参加包括制酒、品酒、尝酒、健身、美食、购物等一系列娱乐活动。村庄自驾旅游是现代人喜爱的一种旅游休闲方式,每年有无数游客到远离城市的偏远村庄,住进条件简陋的农舍,带孩子参观农庄果园,感受乡村原汁原味的生活。

2. 科技型乡村观光旅游

主要是利用现代高科技手段建立小型的农、林、牧生产基地,既可以生产农副产品,又给旅游者提供了游览的场所。新加坡将高科技农业与旅游相结合,兴建了十个农业科技公园。农业公园内应用最新科学技术管理,各种设施造型艺术化,合理安排作物种植,精心布局娱乐场所。养鱼池由配有循环处理系统的"水道"组成,菜园由造型新颖的栽培池组成,里面种上各种蔬菜由计算机控制养分,田间林荫大道的两边也种上了各种瓜果。2022 年 1 月,江苏无锡新吴区与先正达集团达成农村地区战略合作,建设"未来农场",将立足产业示范、数字农业、物联设备、科普研学特色,建设涵盖物联网技术、现代农业科技科普、农事劳作体验的青少年研学和劳动教育基地,为全市中小学校构建劳动实践活动课程体系,打造全市范围内具备一定规模的校外农耕文化课堂示范提供有力支撑;项目还将重点打造独具特色的美丽乡村,丰富鸿山省级旅游度假区现有文旅融合内涵,塑造出新的休闲农业、观光农业网红点。

(二) 健康休闲型乡村旅游

乡村的大尺度空间、新鲜的空气、良好的生态环境等因素对长期蜗居在城市特别是大城市的市民而言具有无法抗拒的魅力。休闲型乡村旅游指以乡村旅游资源为载体,以形式多样的参与性旅游活动为主要内容,以满足游客休闲娱乐、身心健康、自我发展等需求为目的的旅游类型。休闲型乡村旅游与观光型乡村旅游的最大区别在于它主要满足旅游者的健康、娱乐、放松、享受等高层次需求,因此在产品特色上更加突出休闲度假主题,服务内容以康体、休闲、娱乐为主,产品表现形式更加强调创新、互动以及知识性。它主要包括三种类型:休闲娱乐型、康体疗养型、自我发展型。

1. 休闲娱乐型乡村旅游

休闲娱乐型乡村旅游是现代都市人为了缓解工作、生活压力,利用节假日外出,使精神和身体放松的一种较高层次的旅游形式,娱乐需求成为旅游者基本的旅游需求之一。国外在开发乡村旅游时,积极开发娱乐性强、互动性大、表现形式新颖的休闲娱乐项目以满足游客多层次需求。浙江素有鱼米之乡之称,各地积极建设农场,用富有诗情画意的田园风光和各种具有特色的服务设施开发"务农旅游",旅游者可以自由参观园内的农作物,亲自参与劳务活动,现场采摘农作物并做成美味佳肴。

2. 康体疗养型乡村旅游

随着旅游者越来越关注旅游产品的医疗保健功能,国外许多乡村旅游目的地有针对性地强化了其产品的医疗保健功能,开发诸如体检、按摩、理疗等与健康相关的乡村度假项目。这不仅能够满足游客的健康需求,而且能为其带来不菲的利润回报。例如古巴的医疗旅游、日本的温泉旅游、法国的森林旅游、西班牙的海滨旅游等都以旅游服务项目的医疗保健功能而闻名,而中国的"旅游＋中医药"也前景可期。

3. 自我发展型乡村旅游

自我发展型乡村旅游是乡村度假地为旅游者提供一个轻松舒适的学习环境,通过团队合作交流、自主探索学习等方式,让游客在没有任何压力的情况下学习新知识、熟练新技能,既享受了轻松的休闲,又学习到了知识。各农场、牧场旅游不仅能使游客欣赏美丽的田园风光、体验乡村生活的乐趣,而且在专人授课的农场学校能够学到很多农业知识。这种兼有娱乐和教育培训意义的参与式的乡村旅游形式深受旅游者欢迎,成为乡村旅游的发展趋势。

(三) 度假乡村旅游

乡村文化旅游是以乡村民俗、乡村民族风情以及传统民族文化为主题,将乡村旅游与文化旅游紧密结合的旅游类型。它有助于深度挖掘乡村旅游产品的文化内涵,满足旅游者文化旅游需求,提升产品档次。匈牙利开发的乡村文化旅游产品使游人在领略匈牙利田园风光的同时,在乡村野店、山歌牧笛、乡间野味中感受到丰富多彩的民俗风情,欣赏充满情趣的文化艺术并体味着几千年历史淀积下来的民族文化。中国在文旅融合背景下,各地更是开发满足游客多种文化需求的文化旅游线路,很多就是以乡村旅游产品为重要组成部分。

(四) 复合型乡村旅游

从乡村旅游资源的利用方面看,如果目标区域内的乡村旅游资源丰度高、种类多,既有传统的田园风光、特色鲜明的原乡聚落,还有较浓郁的乡土民俗、历史文化背景等,那么在这种区域便有利于发掘与开发出一系列多元化、多层次的乡村旅游产品出来,在这种旅游目的地展开的旅游活动便被称为复合型乡村旅游。崇州市凤鸣陆海天府乡村文化旅游目的地具备一定的景观空间尺度,背倚大山,面向平原,既有参天大树围合的深山古刹,也有阡陌纵横的锦绣田园,更有民间的动人传说等,成功开发后能满足各种层次的旅游消费者需求。因此,我们说它是一种比较典型的复合型乡村旅游目的地的范例。

四、乡村旅游发展案例

安吉县,隶属浙江省湖州市。位于长三角腹地。天目山脉自西南入境,分东西两支环抱县境两侧,呈三面环山,中间凹陷,东北开口的"畚箕形"的辐聚状盆地地形。地势西南高、东北低。属亚热带海洋性季风气候。县域面积 1886 平方公里,下辖 4 个街道、8 个镇、3 个乡。

安吉县建县于汉中平二年(185 年),取《诗经》"安且吉兮"之意得名,是古越国重要的活动地和秦三十六郡之一的古鄣郡郡治所在地。涌现了南朝梁文学家吴均、三国东吴大将朱然、近现代艺术大师吴昌硕、著名林学家陈嵘、画家诸乐三等名家。2005 年,时任浙江省委书记习近平在安吉提出了"绿水青山就是金山银山"的科学论断,安吉是"绿水青山就是金山银山"理念的发源地。安吉是国家全域旅游示范区、全国投资潜力百强县、全国乡村治理体系建设试点单位、国家新型工业化产业示范基地、中国夏季休闲百佳县。

2020 年,安吉县实现地区生产总值 487.1 亿元,增长 4.3%,增幅全市第一。2021 年 11 月,浙江省林业局公布了浙江省竹产业数字化应用场景建设试点县(市、区)名单,安吉县成功入选。

乡村旅游

任务 8.2　调查乡村旅游发展条件

以浙江省安吉县为例,根据其开发建设方案,对其乡村旅游项目调查进行分析。

一、资源条件

(一) 旅游资源条件丰厚

旅游资源是旅游策划的基础性条件,安吉被誉为"都市后花园",有世界上散生、混生竹种最齐全的安吉竹博园,园内的中国竹子博物馆收录了人类五六千年的竹文化史,有"竹类大观园"之称。亚洲第一的天荒坪抽水蓄能电站雄伟壮观;《卧虎藏龙》《像雾像雨又像风》外景拍摄地中国大竹海;森林公园灵峰寺千年古刹钟鼓悠扬;黄浦江源龙王山无限风光在巅峰。

安吉文化底蕴深厚。人文景观独特,古迹较多,安吉为著名书法大家吴昌硕故里,被誉为昌硕文化之乡。县内有其故居、衣冠冢和十年耕读的"芜园",县城建有吴昌硕纪念馆和昌硕公园,并有遗址文化、上古文化、邮驿文化、孝文化、影视文化,特色鲜明,内涵深刻,具有独特的产品特色和吸引力。灵峰山脚的灵峰山公园古木参天,始建于五代的灵峰寺在其景区内,是千年古刹,香火鼎盛。独松关、灵芝塔、运鸿塔、奉宪禁碑、安城古城墙、古城遗址等古迹均有源远历史。

现代农业及服务业兴起。灵峰度假区、影视基地、千亩梅园、万亩水栀子种植示范基地等旅游项目的建设,丰富了安吉休闲旅游产业的类型,能够更好带动三产。

二、乡村旅游现状

(一) 基础设施日趋完善

安吉县地处长三角经济圈几何中心,是杭州都市经济圈重要的西北节点,属于两大经济圈中的紧密型城市。安吉构建了通用机场、内河港口、2+2高速高铁大交通格局，建设全域美丽公路环线总里程达1440千米，"四好农村路"成为全国样板。截至目前，安吉县已经建成了11个农村公路驿站以及201青山、205大溪、306杭垓3个省道公路驿站，为农路公路自驾游提供服务，为乡村经营夯实基础。杭长高速二期实现全程通车和申嘉湖高速西延工程建设，形成了到杭湖0.5小时、到沪宁1.5小时的快捷交通网络。随着商合杭高速铁的建成，安吉与杭州的时空距离也进一步缩短，真正实现与杭州的同城发展。

(二) 旅游服务配套设施逐步完善

近年来，安吉县旅游服务配套设施逐步完善。目前，全县有多个国家4A级景区、2个江南高山滑雪场、1个通用航空机场，引进和建成JW万豪、悦榕庄、地中海俱乐部、阿丽拉、温德姆等一批国际一线品牌酒店。积极拓展旅游资源，加快旅游项目建设，以灵峰旅游度假区为核心，大力推进县域中部25千米高端休闲产业带建设，目前该条产业带上共有重大休闲旅游项目22个，其中产业类项目19个，公共设施类项目3个，打造形成了高端休闲项目的集聚地、样板区。安吉有凯蒂猫家园、欢乐风暴水上乐园、浙江省自然博物院等为代表的一批重大项目；安吉近700家农家乐、以花间堂为代表的乡村精品度假酒店和山川乡乡域4A级景区支撑起了别具特色的乡村度假旅游产品体系；在"旅游+"方面，江南天池景区、乌毡帽酒业、祖名豆制品、惊雷笋业等一批特色工业旅游产品走向市场。

(三) 旅游品牌效应日趋凸显

近年来，安吉县围绕休闲度假主题，"中国亲子旅游第一县""国际乡村生活示范地"两大品牌逐步打响。先后荣获全国首个"生态县"、联合国"人居奖"唯一获得县、全国首个"休闲农业与乡村旅游示范县""国家乡村旅游度假实验区""国家旅游标准化示范县"等荣誉，中国竹乡、中国白茶之乡、中国大竹海等品牌享誉海内外。安吉县旅游整体形象得到全面提升，旅游目的地建设不断加快。

三、区位分析

安吉县，地处浙江西北部，是杭州市经济圈重要的西北节点。安吉县为湖州市下辖县，北靠天目山、沪宁杭，东邻湖州市德清县，南接余杭区、临安市，西与安徽宁国市、广德县交界，北连长兴县。全县交通以公路为主，境内有04、11、12、13四条省道及杭长高速，三小时交通圈包含了上海、南京、衢州等地，开通商合杭高铁安吉站。安吉县生态环境优美宜居，是全国著名的竹乡与生态县，植被覆盖率75%，森林覆盖率71%。良好的区位条件、自然资源，丰富的文化底蕴和城市内涵，使得安吉在长三角区域的休闲旅游中占据重要地位。安吉县是国家首个生态县、全国生态文明建设试点县、省级旅游综合改革示范点，是全国联合国"人居奖"唯一获得县，旅游产业发展兴旺。

安吉县的休闲旅游在近十几年得到了蓬勃发展，是全省首批旅游经济综合改革试点示范县。自2005年习近平同志在安吉发表"绿水青山就是金山银山"重要讲话至今，安吉在"两山"重要思想指导下，先后创建了一系列的载体举措引领全域旅游示范性发展，并成功入选国家文化和旅游部首批国家全域旅游示范区。美丽乡村成功建设的经验，也使安吉县受到学术界的关注。安吉旅游在近十年都得到了较好的发展，安吉县以优雅竹城、风情小镇、美丽乡村为抓手,层层推进,城、镇、村三级联动,走出了一条城乡统筹发展,城镇建设与生态文明融合发展的路子。

四、市场分析

(一) 省内

特别是自 2020 年以来,省内游和自驾游成为家庭游、商务游的优选。"乡村周边游""省内游"有消费低、旅途时间短的优点,越来越受到消费者青睐。安吉交通便利,非常适合省内周末或者是小长假前往。

(二) 长三角区域

锁定湖州本地、上海、杭州、南京为核心的长三角区域,依托基地特色文化资源,导入休闲度假业态,针对长三角都市客群休闲需求,构建以休闲度假为核心需求的综合化乡村旅游度假区。

(三) 国内国际

美丽安吉紧紧围绕"一带一路"倡议,以旅游业为纽带,增强国际交流与合作。安吉拥有多项国际化荣誉,在国内国外市场上,无论从品质、管理还是游客的体验度,都具备较高水平。它不仅在量上超越了很多地区,在乡村旅游的运营分类上也走在世界前列。未来,中国安吉,无论是在发展战略上,还是旅游品牌打造上,都将有巨大市场。

任务 8.3　策划乡村旅游项目与产品

以浙江省安吉县为例,根据其开发建设方案,对其乡村旅游项目策划进行分析。

一、主题定位

(一) 愿景

安吉乡村愿景在建设"美丽乡村"的基础上,打造乡村旅游度假天堂,以良好的生态、醇厚文化、田园意境为重要卖点,以"开发大项目、完善大环境、建设大市场"为思路,通过对鄣吴镇川西古村落、递铺街道双一村、灵峰街道等为内核的乡村旅游度假目的地体系建设,构建"国际乡村旅游度假旅游目的地"。

(二) 形象定位

安吉旅游形象定位为"美丽乡村·安居安吉"。

美丽乡村:符合现在大众对安吉的总体品牌印象,容易为大众接受;

安居安吉:"居"字突出居住,突出乡村居住、乡村生活,引导乡村度假,安居安吉,引导游客来安吉享受宁静、安乐的乡村度假生活。

(三) 市场定位

1. 客源市场定位

核心市场:以湖州、上海、杭州、南京为核心代表的长三角客群,日韩客群;

拓展市场:经济较发达城市客群;

机会市场:全国级国际游客市场;

2. 专项市场定位:高端度假客群、养生养老客群、文化探秘客群、家庭休闲客群、商务会议客群。

(四) 发展模式

依托安吉乡村旅游发展现状,以良好的生态环境为发展基底,以产业融合为导向,提出1+X安吉乡村旅游创新发展模式,完善乡村+文化、体育、度假、养生、生态……以产业融合提升内力,带动相关产业结构升级为产业集聚营造空间,在安吉打造多个乡村旅游度假产业集聚区。

表8-1

安吉发展模式

模式	开发思路
01 水产养殖型开发模式	垂钓+河鲜+滨水(+山野)+度假村
02 畜禽养殖型开发模式	水禽养殖类:水禽特色餐饮+水乡休闲度假 旱禽养殖类:旱禽餐饮+山岗地休闲度假 畜牧养殖类:依托草场,打造乡村休闲牧场
03 果蔬种植型开发模式	依托大规模果园和蔬菜地,水果采摘+绿色蔬菜餐饮,打造"生态餐厅""果园休闲"
04 科技农业型开发模式	内部:参观内容和活动组织 外部:周边的试验田和乡村田园整合,田野休闲,即"科技园+山野休闲"整合开发
05 花卉苗木型开发模式	花木景观+休闲活动+度假设施
06 滨水度假型开发模式	水上活动+滨水休闲(+陆地休闲)+度假村
07 陆地生态型开发模式	"生态环境+康体休闲+度假设施" "生态环境+康体休闲+社区接待"
08 田园农家乐开发模式	融乡村田园观光、农事休闲、农家接待的综合开发
09 名村名镇型开发模式	依托特殊建筑文化、名人名士、历史事件、历史遗址等旅游吸引物,开发文化观光体验型旅游产品

二、空间分布

构建安吉乡村旅游空间结构:两带四区多组团。通过对乡村旅游要素的整合,因地制宜形成六个重点乡村旅游产业集聚区,主题明确各异,以点带面带动安吉乡村旅游的进一步发展

现代休闲农业旅游区:

安吉北部片区,地势平坦,农业用地集中,经济作物物种丰富,农业资源优势明显,建议结合农业打造安吉大尺度的现代休闲农业旅游区。

乡村文化体验旅游区:

鄣吴镇的昌硕文化在安吉县独树一帜,有孝丰镇毗邻鄣吴,孝文化资源有待强力挖掘,尚书圩凭借尚书文化,乡村旅游发展已初具规模,将三个片区打包,在良好生态的基础上,主推安吉乡村文化体验旅游。

黄浦江源乡村运动旅游区:

安吉南部山脉绵延,杭垓镇更是八山一水一分田,地形丰富多变,杭垓、报福、章村三乡镇生态环境绝佳,是自然岩壁攀爬、溪降和溯溪的理想场所,建议三乡镇依托地形优势,以户外体育运动为主导,联动发展打造安吉户外运动基地。

大竹海乡村度假旅游区：

凭借中国大竹海自身品牌效应，利于导入客群，天荒坪旅游资源禀赋，有强大的市场客群，山川乡精品酒店和民宿众多，为发展乡村度假提供良好的基础配套，上墅乡的国际慢城和高山有机农业为乡村旅游发展提供依托，将三个片区资源整合，打造安吉乡村度假旅游核心区。

三、项目策划

（一）产品体系

安吉乡村旅游开发形成集 4 大旅游产品、11 大旅游业态的安吉国际乡村度假。

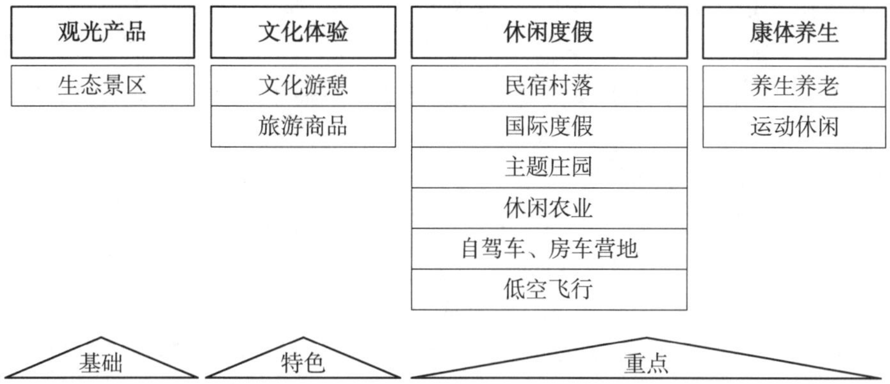

观光产品	文化体验	休闲度假	康体养生
生态景区	文化游憩	民宿村落	养生养老
	旅游商品	国际度假	运动休闲
		主题庄园	
		休闲农业	
		自驾车、房车营地	
		低空飞行	

基础　　特色　　重点

图 8 - 3　安吉乡村旅游产品体系

（二）业态

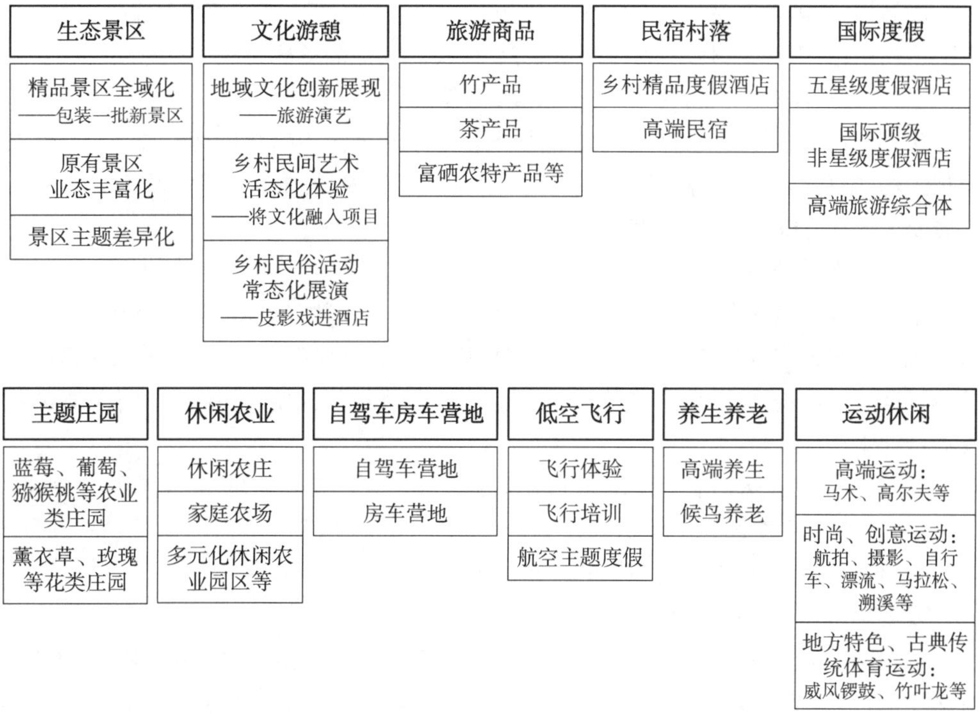

生态景区	文化游憩	旅游商品	民宿村落	国际度假
精品景区全域化——包装一批新景区	地域文化创新展现——旅游演艺	竹产品	乡村精品度假酒店	五星级度假酒店
原有景区业态丰富化	乡村民间艺术活态化体验——将文化融入项目	茶产品	高端民宿	国际顶级非星级度假酒店
景区主题差异化	乡村民俗活动常态化展演——皮影戏进酒店	富硒农特产品等		高端旅游综合体

主题庄园	休闲农业	自驾车房车营地	低空飞行	养生养老	运动休闲
蓝莓、葡萄、猕猴桃等农业类庄园	休闲农庄	自驾车营地	飞行体验	高端养生	高端运动：马术、高尔夫等
薰衣草、玫瑰等花类庄园	家庭农场	房车营地	飞行培训	候鸟养老	时尚、创意运动：航拍、摄影、自行车、漂流、马拉松、溯溪等
	多元化休闲农业园区等		航空主题度假		地方特色、古典传统体育运动：威风锣鼓、竹叶龙等

图 8 - 4　安吉乡村旅游的业态

依托安吉特色,打造精品民宿、乡村精品酒店、乡村精品庄园、家庭农场、乡村自驾车露营、乡村户外运动六大类新业态。

1. 乡村精品民宿

跨越"农家乐"旅游红海,进入乡村"民宿游"蓝海,融合民间美食、民间风俗、传统音乐、舞蹈、戏剧、美术、技艺、医药等,转变农家乐经济为民宿经济,让游客不仅住在乡村,还能足不出户体验到有趣、有料、多元的乡村文化。

2. 乡村精品酒店

以高端度假体验为特色,以酒店为主体进行产品开发,融合亲子乐园、白茶馆、养生休闲会所,通过养生膳房、养生理疗、骑行俱乐部、茶道体验馆、戏剧、美术、技艺、医药等,让游客在山野间领略到另一种高端精致的生活。

3. 乡村精品庄园

围绕某一具有竞争力的核心主导产业,开发主题度假产品,构建"度假+核心产业"全程体验。

4. 家庭农场

以家庭为单位,借助社会资本,对承包地进行特色经营,给游客提供全过程、全天候参与,享受做地道农民的乡村度假体验。

5. 乡村自驾车露营

以自驾露营基地为单位,借助社会资本,对承包地进行特色经营,与国际积极接轨,通过房车、帐篷、木屋、野餐、休闲健身,迎接需求旺盛的自驾游客群,让游客体验住在原生的大自然,感受乡村户外运动、野营体验。

6. 乡村户外运动

产品构成:运动产品+乡村旅游

运动产品:现代、古代、国际流行、地方传统类运动产品整合包装

乡村旅游:体验乡村特色的文化、饮食、住宿等

建立产业基金,引进民间资本发展体育休闲产业,通过主题化山地户外运动场和拓展训练场(骑马、射箭、滑索、飞椅、露营、攀岩、爬绳、蹦床、射击),探索将农村从生产空间转变为运动、休闲和消费空间。

(三) 旅游产业集聚区

根据安吉环境和资源分布特色,构建天子湖现代休闲牧场旅游产业集聚区、郸吴乡村文化体验旅游产业集聚区、溪龙-梅溪乡村旅游产业集聚区、灵峰山乡村旅游度假产业集聚区、董岭乡村候鸟度假旅游产业集聚区、山川乡村旅游度假旅游产业集聚区六大旅游产业集聚区。

1. 天子湖现代休闲农场旅游产业集聚区——打造华东最大的产权式农场度假地

依托资源:区位交通、现代农业产业

针对客群:以家庭客群为主的长三角都市人

发展思路:安吉田园度假新区

以田园大地景观为核心,以休闲产业为发展方向,依托北部片区地势平坦、农业用地集中的优势,发展现代农业,融合天子湖现代工业园,导入现代农业、户外休闲、会议

度假和通用航空等产业,力求打造高品质、高层次、综合型生态休闲度假旅游模式。

重点项目:

天子湖现代休闲农场群

天子湖通航小镇

项目一:天子湖现代休闲农场群

打造国家级农业休闲公园,创造不同于安吉南部乡村旅游秀美山水的,以大农业、大农场、大庄园、大地艺术、空地一体化休闲度假为特色的乡村旅游新景观、新体验,空间落位于高禹村、高庄村,核心业态为规模农业、休闲农业、花海观光、休闲度假、乡村露营。

项目二:天子湖通航小镇

以航空小镇建设整合通用航空制造业、服务业以及旅游业,打造全省通航产业和航空旅游高地,空间落位于高庄村,核心业态为通用航空本体产业、航空旅游(飞行体验、空中游览、空中交通、航空文化体验、飞行表演)、飞行培训(私照、商照)、休闲度假(航空主题酒店、会所)。

2. 郼吴乡村文化体验旅游产业集聚区——乡村文化集中体验区

依托资源:郼吴镇的乡村环境、乡村文化

针对客群:中高端度假客、高端商务客

发展思路:安吉乡村度假后发新高地

商合杭高铁、申嘉湖高速以及省道升级等区域交通环境的改善,将彻底改变郼吴镇的区位交通条件,规划郼吴镇以其独特的文化优势(吴昌硕书画文化)、手工业优势(制扇)和乡村环境优势,在“十三五”期间打造成为安吉乡村度假的后发新高地。

重点项目:

郼吴——中国扇子小镇(古村落、精品民宿、扇子、书画艺术)

玉华——高端民宿村

民乐——环大河口水库精品民宿带

“秀山美地”度假庄园

山地马拉松国际健身公园

项目一:郼吴——中国扇子小镇

以郼吴村百年古村落、穿村小溪、微型创意文化馆为基底,导入精品民宿、文化体验、休闲业态,打造竹扇书画艺术民宿古村落,空间落位于郼吴村,建筑风格为江南古村特有的徽派建筑风格,核心业态为古村体验、精品民宿、中外扇子艺术创意工坊群、微型创意地方文化馆群、茶吧酒吧书画吧等休闲业态群。

项目二:玉华——高端民宿村

以龙亭坞绝美的山地幽谷环境和美丽乡村为依托,打造高端民宿度假村,吃健康食物、饮醇美山泉,体味特色文化,空间落位于玉华村龙亭坞,核心业态为高端民宿、康体养生、婚庆摄影、休闲运动。

项目三:民乐——环大河口水库精品民宿带

凭借依山傍水、绿荫环抱的幽雅环境,以乡村生活为主题,打造融传统风格与现代设施于一体的滨水民宿度假区,空间落位于民乐村环大河口水库区域,核心业态为精品民宿、山地健身运动。

项目四:"秀山美地"度假庄园

以秀美山地1500亩农业(蔬菜)基地为依托,导入休闲和度假业态,打造农业庄园主题的亲子度假龙头品牌,空间落位于郹吴村秀美山地农业基地,核心业态为休闲农业、农产品精深加工、家庭亲子、儿童游乐、休闲度假。

3. 灵峰山乡村旅游度假产业集聚区——乡村度假核心区

依托资源:区位交通、山水灵峰横山坞3A级景区、周边大项目

针对客群:家庭客群、高端客群

发展思路:安吉乡村度假核心示范区

依托在建的港中旅旅游综合体等高能级休闲度假项目带来的高消费人群,以及山水灵峰的品牌效应,创新提供旅游市场所需要的个性化、主题化、体验化的休闲度假产品,联动农业、商贸、文化、手工业,做大乡村度假产业,提供全系列度假产品和优质配套服务。

重点项目:

山水灵峰——横山坞3A级景区发展转型(休闲农业、儿童游乐、家庭亲子、康体养身、休闲度假)

(艺术家)民宿村落群

高端艺术品国际交易中心

灵峰度假区国际骑行公园

项目一:山水灵峰——横山坞3A级景区发展转型

打造安吉最大亲子互动乐园和最具个性特色的休闲度假中心,引领安吉景区从自然生态观光地到休闲地,再到度假地的转变,空间落位于山水灵峰——横山坞景区,核心业态为农业休闲、儿童游乐、家庭亲子互动、康体健身、民宿休闲度假。

项目二:(艺术家)民宿村落群

引进艺术家、都市创意人群、顶级民宿企业等经营主体,打造安吉最具文艺气息的艺术民宿村和乡村创客地,空间落位于横山坞村、剑山村、大竹园村,核心业态为主题民宿、乡村文创。

项目三:高端艺术品国际交易中心

打造集艺术品(书画)销售、拍卖,艺术衍生品、复制品制作集聚区,建设湖州文旅产业融合示范区,空间落位于横山坞村、高式熊艺术馆,核心业态为国际文化交流活动(书画)、文化艺术产品版权保护和交易(书画)、文化艺术产品品牌标准和规则制定、文化金融产品创新的示范区。

项目四:灵峰度假区国际骑行公园

按照国际骑行公园标准建成环灵峰山绿道系统,打造四季美景,连通各大板块,提供公共空间,创造惬意慢生活和度假区新亮点,空间落位于灵峰度假区梅灵路等,核心业态为绿道体验、自行车马拉松等公路休闲运动。

4. 董岭乡村候鸟度假旅游产业集聚区——乡村养生核心区

依托资源：高海拔、高负氧离子、高山蔬菜、天然避暑地

针对客群：长三角城市集群中的老年客群

发展思路：将董岭村提升发展作为样板，打造安吉高山避暑度假地系列产品，统一推向市场

依托董岭独特的自然生态环境，对现有的农家乐进行整合改造，完善养老度假的硬件基础设施，保留当地乡村特色，针对银发市场客群积极发展休闲度假、健康乐龄产业，为老年客群打造安吉最美、最安全、最舒适、最具本土特色的候鸟度假社区。

重点项目：

农家乐改造

颐乐学院

社区医院

项目一：农家乐改造

新增适老功能设计，体验人性化生活，让董岭乡村候鸟度假基地比家更舒适，软硬实力兼备，打造成具有国际一流的水准的候鸟度假示范区，引领安吉县的乡村候鸟度假产业和养老度假产业，空间落位于董岭村，核心重点为农家乐使用功能升级。

项目二：颐乐学院

引入颐乐学院，整合空间打造户外生态公园，开展各项活动，丰富度假生活，感受邻里文化，提升度假品质，空间落位于董岭村，核心产品为养生俱乐部、艺术笔会、影院、休闲中心。

项目三：社区医院

与安吉县医院合作，导入医疗资源成立社区医院，提供基础医疗保障，让董岭乡村候鸟度假基地像家一样安心，空间落位于董岭村，核心产品中医理疗会所、基础门诊、体检中心、24 小时健康管家。

5. 山川乡村旅游度假旅游产业集聚区——乡村度假品牌区

依托资源："浪漫山川"乡域 4A 级景区、乡村精品度假酒店群（精品民宿）

针对客群：高端度假客群、家庭客群、自驾客群

发展思路：将整个山川乡作为一个乡村旅游度假区，打造以精品民宿为特色的国际乡村度假集聚示范区

按照高端、生态、精致、特色的休闲度假要求，做出全面细致可操作的民宿产业发展规划，统筹区内民宿发展和布局。强化旅游配套项目和设施建设，实现多个民宿连结成片以及公共活动与私密活动并行兼顾。最终建成具有国际影响力的民宿度假板块。

重点项目：

山地公园

养生坊

山川乡村民俗活动/传统文化活动体验中心

项目一：山地公园

以开放式山地公园为纽带串联精品民宿，成立户外俱乐部，提供度假户外交流场所

和平台,空间落位于船村、大里村,核心产品为山地公园、户外亲子乐园。

项目二:养生坊

通过休闲会所和养生膳房,完善度假区的高端休闲配套,赏安吉之美、品安吉之味,开启山川乡村养身之旅,空间落位于船村、大里村、九亩村,核心产品为养生休闲会所、养生膳房。

项目三:传统文化活动体验中心

民俗民风融入民宿度假板块强化地域归属感,打造最具安吉本土特色的度假集群,空间落位于船村、九亩村,核心产品为传统文化活动体验园、亲子乐园、民俗体验馆。

6. 溪龙——梅溪乡村旅游产业集聚区——中国最美田园生活休闲区

依托资源:依托大面积种植农业及万亩茶园的田园风光

针对客群:以家庭客群为主的长三角都市人

发展思路:庄园/农场式乡村度假体验区

重点突出白茶文化,以茶林田园为生态基底,引入新田园主义和休闲经济、体验经济等理念,积极发展休闲度假、文化创意、健康乐龄产业,构建完整的田园生活产业链,打造田园生活综合体打造最具风情的安吉乡村旅游界面。

重点项目:

白茶生态观光基地

白茶博物馆

精品度假酒店

田园度假农场

项目一:白茶生态观光基地

以国外庄园发展模式为创意蓝本,植入庄园文化;以安吉万亩茶田为载体,白茶养生体验为特色,打造集高端住宿、餐饮、休闲娱乐、养生度假、观光等多功能于一体的安吉白茶庄园,空间落位于黄杜村,核心产品为茶田观光基地、中式养生 SPA、白茶会所。

项目二:白茶博物馆

依托白茶之乡的品牌延伸白茶产业链,打造安吉白茶博物馆,导入习俗体验、茶艺表演、茶事活动,形成观茶、采茶、制茶、品茶、购茶等产业,实现茶旅一体化,打造中国体验白茶文化的重要窗口,空间落位于溪龙村,核心产品为白茶博物馆、文化展示馆、茶艺工坊。

项目三:精品度假酒店

依托梅溪镇丰富的水网资源和田园风光,形成"田园风光＋高端度假"的发展模式,打造高端度假目的地吸引客群反哺旅游业发展,空间落位为石龙村,核心产品为精品酒店、红酒会所、跑马场。

项目四:田园度假农场

依托梅溪镇良好自然风光重点针对亲子家庭,走"风情农场＋休闲度假"发展模式,与电商合作以会员制的方式打造"城市农夫"田园梦想项目,导入农场观光休闲、生活体验、科普教育等多功能于一体的都市乡村乐园,空间落位于板桥村,核心产品为田园"城市农夫"、田园木屋。

任务8.4　运营与管理乡村旅游

一、乡村旅游投资模式

乡村旅游的发展虽然是以当地自然资源、农业资源、农业市场及当地民俗为基础,但是在第一产业的培育过程中、第三产业的景点建设中与之相配套的基础设施建设与服务设施建设、后期的市场营销等过程中,都需要一定的资金,甚至可以说资金的投入在很大程度上影响着乡村旅游的发展。然而作为农民而言,自身的积累有限,只靠单个的农户不可能有更多资金投入。因此资金问题也成为目前乡村旅游发展中的重要问题。近年来随着旅游市场的不断发展,社会经济水平不断提高,激发了旅游经济的活力,各方投资旅游业的热情不断高涨。再加上国家各项政策对生态旅游、乡村旅游的支持与引导,城乡一体化建设的进程加快,越来越多的投资者把目光逐渐投向了乡村旅游业。根据不同的投融资渠道即旅游资金的来源方式和环节把乡村旅游的投资模式分为以下四种:农户自主投资、政府主导投资、外来投资和合作经营。

(一) 农户自主投资

农户自主投资是指农民个体或集体直接或间接地参与乡村旅游的生产和经营活动,并由此获得相应的收益。《国务院关于投资体制改革的决定》中明确规定了各主体的自主投资地位实施"谁投资、谁决策、谁收益、谁承担风险"的原则。自主投资政策的实施极大地带动了乡村旅游自主投资的发展。2015年国务院办公厅发布《国务院办公厅关于进一步促进旅游投资和消费的若干意见》(以下简称《意见》)。《意见》指出,开展百万乡村旅游创客行动,大力推进乡村旅游扶贫,各个省市区也配套出台了支持农民返乡创业或者自主创业的政策支持,这无疑将大大提高农民对乡村旅游自主投资的热情。

(二) 政府主导投资

乡村旅游的发展资金来源渠道虽然具有多样化的特征,但在资金来源总量中,国家投资扶持仍然是最主要的来源渠道,尤其是旅游设施的完善、基础设施的建设、经营管理的规范、市场秩序的维护、行业标准的确立、区域的统一规划等这些工作都主要由政府来支持和推动。国家或地方政府为了给本国或本地区农村经济发展注入新的活力,在政府规划指导下采取各种措施给予乡村旅游开发积极的引导和支持,这也是相当多的国家和地区发展乡村旅游初始阶段采取的主要模式,即把乡村旅游作为政治任务或公益事业来发展,把社会效益(如扶贫、增加就业等)放在经济效益之上,其典型特征就是政府参与规划、经营、管理与推销等活动。发展乡村旅游被视为脱贫致富的主要途径和首要目标。政府的旅游投资主要是为了满足整个社会旅游发展的需要。政府的旅游投资仍然起着非常重要的作用。

(三) 外来投资

有实力的旅游企业(旅行社、饭店)与具有一定旅游资源或者产业基础的乡村合作共同,进行大型产业园区的发展或旅游景点的开发。这种方式把城市旅游企业的资金、市场和经营管理人才,与乡村中的景观资源、人力资源和物产资源结合起来,适合开发中型或大型旅游景区和度假村,是城乡结合、旅游支农的一种新形式。但是外来投资的资金注入面临的最大问题是旅游企业与当地农牧民的利益分割问题。由于旅游企业是直接从事旅游产品生产和供应的基本单位,因而旅游投资的目的是根据旅游市场供求状况和旅游消费特点选择旅游投资项目,并投入一定的资金以获取应有的经济效益。一般来说外来企业往往把追求最大限度的盈利放在首位,而当地农牧民又往往看重自身的眼前利益。平衡外来企业与当地农、牧民的双方利益,包括双方的长远利益与眼前利益的关系,是调动双方积极性实现"双赢"、长期合作的关键。由于旅游经营与分配的决策权在于外来企业,因此在这方面外来企业处于主导地位。

(四) 合作经营

合作经营是指由多个投资主体共同对某一旅游项目进行投资的形式,可以是多家企业联合投资,也可以是企业和个人合作投资。以乡、村为单位或若干家庭和个人自愿集资、出劳力,组成产权明确,资产、责任与利益相关联的联合开发、自主经营的旅游景区,和企业乡、村的历史文化资源,可以成为集体的资产。这种体制的开发经营资金较丰厚、人力资源较丰富。股份合作制是一种具有集体所有制性质的企业形式,实现了资金、人力和智力的结合,具有一定的规模和实力,是引导农民共同致富的有效形式。目前乡村居民对于乡村旅游的发展投资形式有多种,可以是资金投资也可以是土地投资,还可以是劳动投资,这里的劳动投入主要是进行服务性的工作,即表演、管理、服务等。针对这些投资要素进行组织,可以建立一家股份合作有限公司,将整个乡村旅游的投资额划分成等额股份,社区居民按投资大小享有股份。对于土地与劳动的估价,在遵循市价的基础上由全体投资人集体决定投资构成,可以是"公司+社区+社区居民",也可以是"公司+社区居民",或者"政府+社区居民""协会+社区居民"等形式。至于社区居民总的投资比例,需要根据总投资额来定,因为居民的资金投资有限,必须首先在满足资金的前提下,才能将劳动与土地折股。农民作为投资者,其回报主要是从乡村旅游发展的利益中分红,既为投资就必然会有风险存在,所以为了保障居民的投资利益回报,企业和政府必须努力使乡村旅游朝着良好的态势发展,只有这样才能激发居民的积极性,使他们的投资利益最大化。股份合作有限公司具体运营模式可以是投资企业管理,也可以外聘管理公司管理,这两种运营体制都可以让管理与运营直面市场,而不会为政府经营体制弊端及社区居民管理水平相对落后所制约,投资人作为股东享有监督权与利益分配权,而以劳动作为投资的居民,他们无权进行其他活动,只能为公司服务,完成公司指定的任务。对于以土地或资金投资入股或者不是投资人的居民,可以在公司允许的前提下经营其他内容。股份合作制公司发展到一定阶段后可以向股份有限公司转化。

二、乡村旅游经营管理的模式

随着乡村旅游的不断发展,其开发模式也呈现出多元化。一般来说,乡村旅游经营管理的模式是根据旅游资源和客源市场来确定的,不同的资源禀赋和地域客源市场经营管理的模式也不一样。模式是否科学合理决定着旅游资源与客源市场的对接度,直接影响着乡村旅游可持续发展。

(一) "农户+农户"模式

这是乡村旅游初期阶段的经营模式。在远离市场的乡村,农民对企业介入乡村旅游开发普遍有一定的顾虑,甚至还有抵触情绪,多数农户不愿把有限的资金或土地交给公司来经营,生怕有什么闪失,使其"陷"进去。他们更相信那些"示范户",在这些山村里,通常是"开拓户"首先开发乡村旅游,获得了成功,在他们的示范带动下,农户们纷纷加入旅游接待的行列,并从中学习经验和技术,在短暂的磨合下形成"农户+农户"的乡村旅游开发模式。这种模式通常投入较少,接待量有限,但乡村文化保留得最真实,游客花费少,还能体验到最真的本地习俗和文化。但受管理水平和资金投入的影响,通常旅游的带动效应有限,在当前乡村旅游竞争加剧的情况下,这种模式具有"短平快"优势,他们善于学习别人的经验,汲取别人的教训,因其势单力薄规模有限,往往注重揣摩、迎合游客心理,服务极具个性化。例如,北京平谷金海湖镇红石门村农户自发搞民俗旅游,接待条件一般,但其真诚的个性化服务让游客动容。

(二)"公司+农户"模式

这一模式通过吸纳当地农民参与乡村旅游的经营与管理,在开发浓厚的乡村旅游资源时充分利用农户闲置的资产、富余的劳动力、丰富的农事活动,丰富旅游活动的同时,通过引进旅游公司的管理,对农户的接待服务进行规范,避免因不良竞争而损害游客的利益。

农户乐于接受管理,投资商与农户和谐共处体现出该管理模式的特色和先进性。

(三)"公司+社区+农户"模式

这一模式是"公司+农户"模式的延伸,社区(如村委会)搭起桥梁,公司先与当地社区进行合作,再通过社区组织农户参与乡村旅游。公司一般不与农户直接合作,所接触的是社区,但农户接待服务、参与旅游开发,则要经过公司的专业培训,并制定相关的规定,以规范农户的行为,保证接待服务水平,保障公司、农户和游客的利益。此模式通过社区链接,便于公司与农户协调、沟通,利于克服公司与农户因利益分配产生的矛盾,同时社区还可对公司起到一定的监督作用,保证乡村旅游正规、有序发展。

(四)公司制模式

这一模式的特点是发展进入快、起点层次高、开发有规模,如果思路对头、经营科学,可以使乡村旅游开发迅速走上有序化发展的道路。广西兴安县开发的"乡里乐"和"忘忧谷"两个旅游点品牌响亮,主要是经营管理起点较高,一开始就实行公司制经营管理,如位于广西壮族自治区兴安县的"忘忧谷",就是由当地农民注册成立的"瑶苑旅游开发公司"经营管理的,而"乡里乐"则由3个农民集资注册成立的"乡里乐休闲山庄公司"开发经营。

公司制模式比较适合乡村旅游初期阶段。随着农民的关注与参与,这种利益主体是公司的模式将难以适应未来乡村旅游发展的趋势,农民作为乡村旅游参与主体,其积极性是不容忽视的,而采用公司制模式,农民很难从旅游收入中获得应有的利益,仅是靠提升农产品附加值获得收益,因此协调好公司和农户之间的关系是公司制未来发展需要着力解决的问题。

(五)股份制模式

这一模式主要是通过采取合作的形式,合理开发旅游资源,按照各自的股份获得相应的收益。为了合理开发旅游资源,保护乡村旅游的生态环境,根据旅游资源的产权,将乡村旅游资源界定为国家产权、乡村集体产权、村民小组产权和农户个人产权四种产权。主体在开发上采取国家、集体和农户个体合作的方式进行,这样把旅游资源、特殊技术、劳动力转化成股本,收效一般按股份分红与按劳分红相结合进行,股份合作制经营通过土地、技术、劳动等形式参与。

通过股金分红支付股东的股利分配,这样国家、集体和个人均可在乡村旅游开发中按照自己的股份获得相应的收益,实现社区参与的深层次转变。通过"股份制"来进行乡村旅游开发,不仅明确了产权关系,广泛吸收了各方面资金、物力、技术等生产要素,而且把社区居民的责、权、利有机结合起来,形成与企业风险共担、利益均沾的机制,引导居民自觉参与他们赖以生存的生态资源的保护,保证乡村旅游上规模、上档次的良性发展。

(六)"政府＋公司＋农村旅游协会＋旅行社"模式

这是当前比较常见而且能把效益发挥到最大化的一种经营模式。其特点是充分发挥旅游产业链中各环节的优势,通过合理分享利益,避免了过度商业化,既保护了本土文化,又增强了当地居民的自豪感,不仅推进了农村产业结构的调整,也为旅游可持续发展奠定了基础。此模式各级职责分明,有利于激发各自潜能,形成"一盘棋"思想。具体来讲,政府负责乡村旅游的规划和基础设施建设,优化发展环境;乡村旅游公司负责经营管理和商业运作;农民旅游协会负责组织村民参与地方戏的表演、导演、工艺品的制作、提供住宿餐饮等,并负责维护和修缮各自的传统民居,协调公司与农民的利益,旅行社负责开拓市场、组织客源。

(七)"政府＋公司＋农户"模式

从目前一些地区乡村旅游发展现状来看,这一模式的实质是政府引导下的"公司＋农户"。就是在乡村旅游开发中,由县、乡各级政府和旅游主管部门,按市场需求和全县旅游总体规划,确定开发地点、内容和时间,发动当地村民动手实施开发。开发过程中,政府和旅游部门进行必要的指导和引导,由当地村民或村民与外来投资者一起承建。乡村旅游开发有限责任公司旅游经营管理按企业运作,利润由村民(乡村旅游资源所有者)和外来投资者按一定比例分成。除此以外,村民们还可以通过为游客提供住宿、餐饮等服务而获取收益。这个模式一是减少了政府对旅游开发的投入,二是使当地居民真正得到了实惠,三是减少了旅游管理部门的管理难度,因而是一种切实可行的乡村旅游经营模式。

(八)个体农庄模式

个体农庄模式是以规模农业个体户发展起来的,以"旅游个体户"的形式出现,通过对自己经营的农牧果场进行改造和旅游项目建设,使之成为一个有着完整意义的旅游景区,能完成旅游接待和服务工作。通过个体农庄的发展,吸纳附近闲散劳动力,通过手工艺、表演、服务、生产等形式,形成以点带面的发展模式,个体农庄这种农业生产经营模式可以把农业家庭分散经营集中起来,形成一定规模,并按照现代工业的经验管理方式运作,实行企业化管理、专业化生产、一体化经营、市场化竞争,使小生产和大市场成功对接,这种形式是先富帮后富最终走向共同富裕的体现。

旅游经营模式的选择不是一蹴而就的,而是一个综合决策的过程。我们在发展乡村旅游时,选择何种模式,还需要特别注意以下问题:第一,乡村旅游经营模式的综合运用问题;第二,乡村旅游经营模式运用过程中的因地制宜问题;第三,乡村旅游经营模式运用过程中的动态协调问题;第四,有效保证社区居民充分参与的问题;第五,充分利用"外力",并保持乡村旅游的"原味"问题;第六,乡村旅游经营模式的选择与乡村旅游的可持续发展问题。

项目小结

如今,远离城市、远离污染、远离竞争、回归自然、寻找轻松休闲的生活成为社会的主旋律。因此城市居民前往乡村探古访幽和度假旅游,成为中外游客普遍的选择之一。乡村旅游以具有乡村性的自然和人文客体为旅游吸引物,依托农村区域的优美景观、自然环境、建筑和文化等资源,在传统农村休闲游和农业体验游的基础上,拓展开发会务度假、休闲娱乐等项目的新兴旅游方式。乡村旅游作为一个新兴的旅游形式,受到了社会各界的广泛关注。随着乡村旅游发展的不断深入,如何更有效地开发乡村旅游越来越受到重视,乡村旅游的开发理论研究也会得到不断地深化,而乡村旅游策划的重点是调查乡村旅游的发展条件,提出项目与产品开发思路,因地制宜进行运营和管理,确保乡村旅游的可持续发展。

讨论与思考

1. 你认为乡村旅游策划应如何进行前期的调查分析?
2. 谈谈根据不同乡村旅游资源可以策划哪些项目和产品?

项目测验

一、名词解释

1. 乡村旅游
2. 科技型乡村观光旅游
3. 康体疗养型乡村旅游
4. 复合型乡村旅游
5. "公司＋社区＋农户"乡村旅游经营管理模式

二、填空题

1. 观光型乡村旅游有_____和_____两种形式。

2. 我国乡村旅游萌芽于_____,当时为外事接待的需要,在山东省安丘市石家庄村率先开展了乡村旅游活动。

3. _____是现代都市人为了缓解工作、生活压力,利用节假日外出,使精神和身体放松的一种较高层次的旅游形式,娱乐需求成为旅游者基本的旅游需求之一。国外在开发乡村旅游时,积极开发娱乐性强、互动性大、表现形式新颖的休闲娱乐项目以满足游客多层次需求。

4. _____是以规模农业个体户发展起来,以"旅游个体户"的形式出现,通过对自己经营的农牧果场进行改造和旅游项目建设,使之成为一个有着完整意义的旅游景区,能完成旅游接待和服务工作。

三、选择题

1. 乡村旅游的特点有(　　)。

A. 农业属性　　　　　　　　　　　　B. 生态属性

C. 乡村规模属性　　　　　　　　　　D. 城市规模属性

2. 乡村旅游主要类型有(　　)。

A. 观光型乡村旅游　　　　　　　　　B. 健康休闲型乡村旅游

C. 度假乡村旅游　　　　　　　　　　D. 复合型乡村旅游

3. 以下哪些属于乡村旅游投资模式?(　　)

A. 农户自主投资　　　　　　　　　　B. 政府主导投资

C. 外来投资　　　　　　　　　　　　D. 合作经营

4. 以下哪些属于乡村旅游经营管理的模式?(　　)

A. "农户＋农户"模式　　　　　　　　B. "公司＋农户"模式

C. "公司＋社区＋农户"模式　　　　　D. 公司制模式

E. 股份制模式

四、简答题

1. 安吉乡村旅游开发模式有哪些?

2. 安吉乡村旅游运营可以运用哪种经营管理模式?

3. 乡村旅游如何实现可持续发展?

扩展技能训练

请选择一个乡村旅游策划案例,分析其发展条件、项目与产品、运营和管理模式,同时提出优化和整改意见。

参考文献

1. 贾荣. 乡村旅游经营与管理[M]. 北京:北京理工大学出版社,2016.

2. 史云,张锐. 乡村旅游经营与管理[M]. 石家庄:河北科学技术出版社,2018.

【情景案例】

大力发展红色旅游,更好吸引年轻人目光

文化和旅游部数据显示,从 2004 年到 2019 年,每年参与红色旅游的人次从 1.4 亿增长到 14.1 亿。2021 年是中国共产党成立 100 周年,红色旅游更为火热。多部门联合推出"建党百年红色旅游百条精品线路",各地整合红色旅游资源,重新修缮纪念馆、博物馆、名人旧居等,迎接全国各地的游客。

近年来,红色旅游的受欢迎程度不断攀升,呈现年轻化、亲子化趋势,尤其是 1997 年到 2012 年之间出生的"Z 世代"游客数量增长明显,成为红色旅游主要消费群体。通过打卡红色景区、体悟红色历史、感受红色文化,年轻人的民族自豪感和文化自信得到进一步提升,红色旅游的影响力、感染力持续增强。

红色旅游是红色文化的生动展现。革命老区、红色故居、烈士陵园、历史场馆等重大事件、重大活动和重要人物事迹的历史文化遗存,蕴含着丰富的历史价值、时代元素、地域特色和精神气质,承载着党的光辉历史和优良传统,历久而弥新,是讲述红色故事、开展红色教育的实景课堂。要更好发展红色旅游,使更多人了解可歌可泣的英雄故事和感天动地的伟人事迹,让红色文化释放出更强大的感召力和凝聚力。

红色旅游也可以时尚潮流。红色旅游之所以越来越吸引年轻人的关注和参与,除了本身的独特魅力,还在于其在发展中与时俱进,能够针对年轻群体的喜好和兴趣,呈现年轻人喜闻乐见的表现手法和体验方式。如李大钊故居针对年轻人设计不同版本的讲解词,北大红楼将《新青年》上的文章电子化,瑞金中央革命根据地纪念馆打造 720 度沉浸式体验。还有很多红色景区充分发挥自身优势,将数字信息技术融入红色旅游项目,找准红色旅游与年轻人的契合点,激发年轻人到红色景区走一走、看一看的兴趣与热情。

红色旅游不是一般的旅游产品,而是更加突出教育功能。要通过宣传革命先烈坚如磐石的信念、百折不挠的意志、视死如归的坚贞、不畏牺牲的风范、艰苦奋斗的作风,引导年轻人树立正确的世界观、人生观、价值观,培育起把历史重任扛在肩上的思想认识与行动自觉,为实现中华民族伟大复兴接续奋斗。

❷ 想一想:大力发展红色旅游的意义是什么?

【项目导学】

通过本项目的学习与实践,主要期望提升学习者如下的素质能力、知识结构与专业能力:

素质能力目标

➤ 能逐步提升创新思维能力,以学增智,开拓视野;

➤ 能铭记红色历史,坚定继承和发扬革命传统,弘扬以爱国主义为核心的民族精神;

➤ 能遵守客观规律与科学精神,诚实守信,履行道德准则和行为规范,对红色旅游资源作出客观、公正、科学、合理的评价。

知识结构目标

➤ 了解红色旅游的概念、特点和科学内涵;

➤ 掌握红色旅游的资源分类、要素策划的知识;

➤ 掌握未来红色旅游策划的发展趋势。

专业能力目标

➤ 能深入挖掘、梳理、分类红色旅游资源;

➤ 能联系实际进行调研、策划、运营红色旅游项目;

➤ 能够设计具有特色的红色旅游线路、节庆产品等。

任务 9.1　认识红色旅游

一、红色旅游概述

(一)红色旅游的概念

20 世纪六七十年代游客瞻仰革命圣地的热潮是最早的红色旅游活动,到了 2000 年,"红色旅游"被正式提出,并受到学术界和旅游行业的重视。因此,红色旅游本质上是红色文化与旅游产业相互结合的一种旅游活动类型。特别是自 2004 年以来,党中央、国务院从加强和改进新时期思想道德建设、弘扬革命传统、促进老区经济社会发展、巩固党的执政地位的战略高度,做出发展红色旅游的重大决定,红色旅游成为当前中国旅游的一大热点。在新形势、新格局下,红色旅游在继承弘扬红色基因的革命精神,进行共产主义信仰的宣传教育,提高文化自信,增强民族认同感,促进民族繁荣复兴等方面具有重要的推动作用。目前对于红色旅游,我国主要有以下几种权威性的概念。

中共中央办公厅、国务院办公厅于 2004 年底印发《2004—2010 年全国红色旅游发展规划纲要》,对红色旅游给出了如下的定义:"红色旅游是指以革命纪念地、纪念物及其所承载的革命精神为吸引物,组织接待旅游者进行参观游览,实现学习革命历史知识、接受革命传统教育和振奋精神、放松身心、增加阅历的旅游活动。"

中共中央宣传部对红色旅游的定义是,"红色旅游主要是指以中国共产党领导人民在革命和战争时期建树丰功伟绩所形成的纪念地、标志物为载体,以其所承载的革命历史、革命事迹和革命精神为内涵,组织接待旅游者开展缅怀学习、参观游览的主题性旅游活动"。

在红色旅游研究的早期,学者们将红色旅游的概念仅局限于 1921 年到 1949 年间中国共产党领导的革命斗争中所留存的遗址旅游。随着红色旅游各个方面相关研究的持续进行,红色旅游的概念也在时间空间上持续扩大。时间上,红色旅游的范畴扩展到 1840 年鸦片战争以来的具有爱国主义精神,以国家繁荣和民族复兴过程中所形成的纪念物和纪念地为吸引点所进行的游览体验等活动。在空间上,由原来的单一遗迹旅游发展为以红色为主题的观光旅游、休闲旅游、体验旅游、教育旅游、乡村旅游、文化旅游等多种旅游产品的融合。红色旅游所表示的是将我们党带领人民在革命与战争年代形成的不朽功绩所产生的纪念地、代表物为载体,把它所承担的革命传统、事迹与精神作为内涵,吸引容纳游客进行缅怀学习、观光游览的主体性旅游活动;从广义的角度来讲涵盖着以迎合历史趋势、弘扬民族精神的革命遗址与精神所进行的旅游活动。

(二) 红色旅游的特点

中国红色旅游是弘扬革命精神、颂扬中华传统文化的新型旅游形式,对于加强全民思想政治教育,促进革命老区和红色旅游区经济快速发展有着重要意义。红色旅游是旅游业的新芽。在国家政策的引导、推动和市场需求的驱动下,近年来红色旅游蓬勃发展。红色旅游不同于其他旅游活动,它具有鲜明的特点,包括以下几方面:

1. 教育性突出

突出的教育性是红色旅游的重要功能,这是红色旅游区别于其他旅游产品的根本特征。进行爱国主义教育和优秀革命传统传承是红色旅游的一个重要功能。中国社会经济快速发展,随着生活水平不断提高,人们的价值观受到多元文化冲击,红色文化认同不强,个人主义倾向严重,集体观念和社会利益不被重视,享乐主义开始滋生,生活方式向往奢靡享乐。红色旅游是通过了解革命前辈和先烈顽强抗争、舍生取义的感人事迹,可以更好地继承和发扬老一辈革命家不畏个人得失、艰苦奋斗的伟大精神的一种活动。

2. 时代性特殊

雷召海在《红色旅游理论梳理与实践建议》(2005)中认为红色旅游是在红色资源基础上迅速发展起来的一种精神文化行为,主要是指中国共产党在土地革命战争时期、抗日战争和领导人民群众的解放战争遗留下来的资源,如革命纪念地、纪念馆、纪念物等遗迹以及其所承载的革命精神。可见,红色资源是时代的产物,因而红色旅游也具有鲜明的时代特征,开展红色旅游活动可以使游客了解中国这段特殊时期人民的抗争史,从而缅怀先烈,铭记历史,珍爱和平。

3. 主导性强烈

红色旅游具有强烈的政治色彩,受政府政策和措施的影响较大。革命历史遗址是历史的载体,承担着革命传统教育作用,具有发扬民族精神和保存民族记忆的功能。大力发展红色旅游不仅是对革命前辈和抗战烈士的纪念和缅怀,更是要从以爱国主义为核心的伟大民族精神和抗战精神中汲取力量,从而担负起中华民族复兴的伟大重任。近年来,政府推出的系列政策进一步推动了红色旅游的发展。1994 年,颁布了《爱国主义教育实施纲要》;随后确定了首批百个爱国主义教育基地;近年来,中宣部又进一步公布了百个爱国主义教育示范基地,推出了第二批全国爱国主义教育示范基地等,这些措施客观上促进了红色旅游的升温。

(三) 红色旅游的内涵

红色旅游是"红色"和"旅游"的有机结合。其中,"红色"是内涵,"旅游"是形式。发展红色旅游有利于保护和利用革命历史文化遗产,强化爱国主义和革命传统教育,促进革命老区经济社会发展,也为旅游业培育了新的发展模式和消费市场,能创造巨大的经济效益和社会效益。

1. 历史内涵

革命文物承载党和人民英勇奋斗的光荣历史,记载中国革命的伟大历程和感人事迹,是党和国家的宝贵财富。发展红色旅游,能促进革命历史文化遗产的保护和利用,让更多的人了解中国共产党和中国人民的革命历史和奋斗过程,重新认识革命历史文化遗产的价值。

2. 精神内涵

中国共产党在领导人民争取民族独立、国家解放的奋斗历程中,形成的井冈山精神、延安精神、西柏坡精神、太行精神等,是伟大民族精神在革命斗争中的传承、锤炼和升华,是优良革命传统的集中体现。革命战争年代需要这些精神,实现中华民族的伟大复兴更需要这些精神。

3. 政治内涵

通过红色旅游进行爱国主义教育、革命传统教育,弘扬以爱国主义为核心的伟大民族精神,提高思想政治素质,特别是对青少年进行热爱党、热爱祖国、热爱社会主义的教育,能进一步坚定他们在党的领导下,走可持续发展的中国特色社会主义道路、实现中华民族伟大复兴的理想和信念。

4. 经济内涵

通过发展红色旅游,促进革命老区基础设施建设,带动革命老区关联产业发展和当地人民就业,提高当地人民生活水平,推进老区经济社会协调发展,培育旅游业新的增长点。

二、红色旅游资源

(一) 实物资源

红色旅游的实物资源一般由纪念地、旧址、遗址、纪念碑、陵园、故居、纪念馆、历史遗产等组成;从规模上讲,小到一间房舍、一个物品,大到一个战役遗址、一个景区;从时间跨度上讲,有历时数年、几十年的旧址、遗址,也有突发的瞬间形成的战斗、战役和纪念地。

1. "旧址"类资源

"旧址"类资源是指我们党在近一个世纪的奋斗历程中经历过的重要会议会址、伟人故里以及党、政、军驻地、指挥部等。这类资源的共性是红色旅游内涵丰富,时间跨度较长。如中共"一大"旧址、韶山毛泽东同志故居、井冈山革命根据地旧址等。

2. "遗址"类资源

"遗址"类资源主要是指战役、战斗、惨案、重要事件的发生地等。这类资源的共性是时间跨度较短,承载的内容浓缩性强。如平型关大捷遗址、南京大屠杀遗址、山西大同万人坑遗址等。

3. "祭奠"类资源

"祭奠"类资源包括烈士陵园、革命公墓、纪念馆(博物馆)、纪念碑、雕塑性建筑等。这类资源的共性是后建性突出,资料文物存量多,观瞻性鲜明。如井冈山红军烈士墓、天安门人民英雄纪念碑、西柏坡纪念馆等。

红色旅游

(二) 非实物资源

革命先辈和英模人物、革命口号和革命精神、英雄事迹、纪念日等非实物资源也是红色旅游资源的重要组成部分。如红色长征故事、井冈山精神、烈士纪念日等。这类资源要深入挖掘、详细调查,丰富精神内涵,创新表现形式,不断增强时代性和现实感,讲好红色故事,增强红色文化的吸引力。

三、红色旅游的社会意义和价值

红色旅游是以中国共产党领导人民在革命和战争时期建树丰功伟绩所形成的纪念地、标志物为载体,以其所承载的革命历史、革命事迹和革命精神为内涵,组织接待旅游者开展缅怀学习、参观游览的主题性旅游活动。通过红色旅游让人们重温激情岁月,感受祖国变化,激励人们发扬光荣革命传统,弘扬爱国主义精神,激发我们振兴民族、建设祖国的热情,更使我们深刻理解历史和人民是怎样选择了中国共产党,怎样选择了社会主义制度,也帮助我们形成正确的世界观、人生观、价值观,树立拥护共产党领导,走社会主义道路的坚定信念。

(一) 有助于推进爱国主义教育

开展红色旅游,是爱国主义教育和革命传统教育的好形式。游客可以通过参观学习,了解中国共产党发展壮大的光辉历史,缅怀革命先烈的丰功伟绩,在思想受到洗礼、心灵产生触动的同时,铭记革命历史、传承革命传统、激发爱国热情、振奋民族精神,引导广大人民群众热爱党、热爱祖国、热爱社会主义。

(二) 有助于促进思想道德建设

红色旅游将老一辈革命家艰苦奋斗的精神发扬光大,弘扬中华传统美德,为社会主义现代化建设提供强大的精神动力,使全国人民始终保持昂扬向上的精神风貌,丰富了我国思想道德教育的形式,加强了公民道德建设,提高了全社会道德水平。

(三) 有助于提升人们的荣辱观

红色旅游以独特的价值对人们树立社会主义荣辱观起着重要的作用。遍布全国各地的红色旅游区都蕴涵着丰富的革命精神和厚重的历史文化内涵,每一处革命遗迹、每一件珍贵文物都折射出革命先辈的崇高理想、坚定信念和高尚品质,这对人们树立正确的理想信念,养成良好的道德品质和文明行为有推动作用。

(四) 有助于培养人们的民族精神

中国革命史是中国历史的重要组成部分,中国革命精神是中华民族精神的重要组成部分,也是中华民族优秀文化传统的生动体现。革命历史文化遗产是中华民族宝贵的精神财富,具有丰富的历史内涵和人文价值。中国共产党领导人民在长期的革命斗争中形成的各种革命精神是对中华民族精神的传承和丰富。

(五) 有助于培育当代优秀青年

红色旅游是开拓当代青年思想视野、传承优良精神文化的一种创新性方式。因此,充分发挥红色旅游的教育功能,以达到人民群众缅怀前人、教育今人、激励后人的效果。红色旅游不仅是一种旅游产品,更是一项有着深远教育意义的文化工程。

四、红色旅游开发模式

(一) 传统型

传统型开发模式是指旅游目的地以游览观光为主,规划开发各类具有革命意义、历史意义以及教育意义的纪念馆、博览馆、故居等,主要通过图文讲解、橱窗陈列来展示革命战争年代的历史、遗迹和文物。该模式一般用于红色旅游早期开发,通过静态展示红色旅游资源传递红色知识,宣传红色文化,具有较强的集中性和教育性。典型代表:中国人民抗日战争纪念馆。中国人民抗日战争纪念馆位于北京,该馆全面反映了中国人民抗日战争的历史,属于国家一级博物馆、全国百家红色旅游经典景区。场馆内设有三个综合馆、三个专题馆和一个半景画馆,通过历史图片和实物、文物、油画、景观、雕塑、幻影成像、影视片以及文字材料进行展示。

(二) 体验型

体验型开发模式是一种物质性与非物质性红色旅游资源相结合的开发方法,主要分为红色演出、主题公园、游客与景区互动型。

1. 红色演出

红色演出模式指通过改编红色故事,创作剧目,利用现代化手段,来重演或歌颂相关事迹,以红色演出方式发展红色旅游,打造地域红色旅游品牌。典型代表:延安保育院大型红色历史舞台剧《延安保育院》。该舞台剧取材于延安革命时期,党中央为哺育和培养革命下一代创办幼儿教育机构的历史故事,以延安保育院这个鲜为人知的历史视角,真实而艺术地反映了保育员阿姨和孩子们的学习生活情况,通过真实故事的演绎,展现红色精神。

2. 主题公园

主题公园模式指以红色文化作为主题,弘扬红色精神,整个公园的景观设计、活动空间和游玩项目都围绕着红色主题。该开发模式具有文化展示、娱乐休闲、文化教育、游览休闲等功能。典型代表:金华红军长征博览城。金华红军长征博览城以红军长征为主题,以长征路线为景观设计主线,展示长征时期沿途各地景观,体现长征重大事件和重大战役以及红军将士英勇业绩,是集红色旅游、传统教育、休闲娱乐与军事题材影视拍摄等多功能于一体的特大综合性旅游景区。

3. 游客与景区互动型

此类型指以游客参与为核心,利用生动形象的方式来还原历史事件,提升参与者对红色文化的认知,弘扬爱国主义精神。该模式主要用于丰富旅游景区的娱乐性、体验感、教育性,从而增加游客在景区的停留时间。典型代表:瑞金"十送红军"情景剧。活动先后推出"十送红军"等 19 个与游客互动的情景剧表演,让游客穿红军军装,自由选择想扮演的革命角色,经历红色革命情景,让历史活跃起来,让文化深入人心,从而丰富游客体验。

(三) 互补型

为了增强红色旅游资源的吸引力和特色,许多红色旅游景区整合开发了周边其他旅游资源,从本地特色出发,打造富有地方特色的旅游开发模式,如红古结合、红绿结合,丰富本地的旅游产品种类,通过提供差异化的旅游产品来增强市场竞争力,吸引游客眼球。典型代表:井冈山风景区。井冈山是国家级自然保护区、全国著名红色旅游景区、世界生物圈保护区,井冈山在发展过程中整合当地的自然山水等旅游资源,以红色资源为核心,同时依托周边较为优越的自然环境,在红色旅游发展的同时拉动其他旅游业态整体发展。

(四) 节庆型

节庆开发模式指以红色景观为内容、红色旅游为主题、红色文化为内涵、红色精神为吸引点,以旅游节庆为媒介,用红色节庆做旅游文章。各革命纪念地可利用其独特的红色文化,举办相关的节庆活动。典型代表:中国(湖南)红色旅游文化节。中国(湖南)红色旅游文化节连续举办了 15 届,由政府主导,每年都吸引了大量游客参加,已经成为当地的一个红色旅游品牌,在获得巨大收益的同时,也提升了地方的知名度。

(五) 系统型

红色旅游联动开发模式具体是指在一定的红色区域范围内,各革命纪念地和遗址保护区打破各自的行政区划界线,根据红色旅游资源的内容关联性和地理空间的紧密性,进行区域间联合与协作,主要是通过市场和资源的共享,以及各自红色旅游产品的差异性开发形成整合优势,共同采用同一种目的地形象和创新性营销手段参与竞争,从而增强区域间红色旅游的整体吸引力,实现各旅游地的综合效益和可持续发展。

红色旅游联动开发模式涉及的"八要素"分别是产业、产品、形象、营销、市场、资源、地域和管理。产业方面的联动,大多是在红色旅游地原有旅游业和农业的基础上,结合工业及一些第三产业形成较为完善稳定的产业链条,发挥产业持久的自发性动力。产品方面,首先充分挖掘、开发适用的产品类型,其次在有条件实行联动的地区,可以进行产品类型的差异化设计,避免同质类产品的竞争和重复。除了"求异",也需要"求合",利用联动中的联合作用,产品方面进行相互的宣传,进一步促进联动宣传、联动发展的作用。形象联动的内容,主要针对视觉识别、理念识别和行为识别,在红色旅游地原有的感知形象基础上融合一些具有地区性特征的红色元素,使游客们对于某一地区的形象感知具有特定印象。营销联动则可以首先构建红色营销共享网络系统,结合各地区、各景点的营销方案,通过营销各个途径的共享、串联、联结,达到营销的成本最优化和效果最大化。市场联动方面,主要是对于现有的国内外红色旅游景区的客群进行调查分析,进而了解客群需求,挖掘潜在客群。资源联动方面,在对各种资源进行调查、保护、评价和开发的支持之下,将红色旅游资源与文化资源、生态资源等各方面资源进行整合,形成有机统一的涵盖多资源的特色红色旅游产品。地域联合的途径,不仅包括同一革命老区之内的多景点的区域联合,也可以将地区扩大至跨市、跨省的不同主题景区之间的联动,加强各红色旅游地之间的紧密联系,同时也可以为游客提供多样的旅游体验,并加深其对相关红色文化的认识,在意识层面达到教育的初始目的,促进形成区域旅游一体化建设。管理联动层面,可以充分发挥多主体的作用,除了政府管理之外,企业、原住民甚至游客也可以参与到旅游地的管理之中,形成自管理的良好格局,充分发挥企业的自由性、原住民的主观能动性及游客的深入体验性。

（六）社区参与型

红色旅游景区的社区参与模式是指在景区包含了不同组织结构的社区单元,以社区多元化的文化背景和宜人的自然环境为基础,从而增强红色景区的整体吸引力。而红色旅游景区的社区参与模式需要包括三个阶段的内容:第一步,对红色旅游资源地的社区进行实地调研,收集当地居民对于红色旅游开发的民情民意,通过民意测试的结果进行分析;第二步,发挥居民的主观能动性,积极推动社区居民参与红色旅游景区的环境保护、培训教育和营销管理等工作,加强其"主人翁"意识;第三步,进行红色旅游发展的利益分配,在政府和相关专家的引导之下,实现多方面的利益分配,包括经济利益、社会利益和就业等。社区是旅游目的地增长管理中特有的重要因素。学者们认为,公众参与是作为政治行动已经可以修正有关社会历史变迁和环境保护等方面的现有制度及规划,社区居民应最大限度地参与到当地的旅游管理和实际发展之中,进而实现社区的社会利益最大化。

任务9.2　调研红色旅游发展条件

以余姚梁弄镇为例,在对其进行红色旅游策划前首先对该景区发展红色旅游的条件进行分析。梁弄镇是全国重点镇、全国文明镇、浙江省历史文化名镇,浙江省和宁波市的中心镇,位于浙东四明山北麓,姚江之南,它东接鹿亭乡,南邻大岚镇,西北与绍兴市上虞区接壤。是杭州—绍兴—宁波—舟山黄金旅游线上的一个颇有特色的城镇。梁弄历史悠久,灵秀的山水和丰富的物产铸就了这片土地的文化底蕴。梁弄为道教第九洞天,素有"洞天福地"之称,有许多美丽的传说。梁弄风光旖旎,古迹众多。

一、区位条件

（一）地理区位

宁波市四明山梁弄镇自然生态条件优越,旅游资源丰富,气候宜人,民风淳朴,风景秀丽,是余姚市旅游总体规划"一头两翼"之一翼,地位举足轻重。抗日战争时期,以余姚梁弄为中心的浙东抗日根据地是全国著名的十九个抗日根据地之一,在 2005 年年初,被确定为全国一百个红色旅游经典景区之一。四明山位于浙江省东部的宁绍地区,梁弄镇为浙江省宁波市余姚市辖镇,位于浙东四明山麓。省道浒溪线纵贯全境,南连奉化溪口风景区,北出十多公里与沪杭甬高速公路相连,距杭州萧山国际机场 80 公里,距宁波国际机场仅 40 公里。

（二）客源区位条件

周围沪、杭、绍、甬、台、金等地区经济发达,旅游需求巨大,较容易接受类似健康休闲、返璞归真的旅游方式,这也正是浙东古村落亟待开发的原因。国内很多地方的古村落资源和历史底蕴并不差,但是正是缺少周边这样的旅游大环境——一个周边都是潜力消费者的旅游环境。梁弄正是处于这样的旅游环境中,周边地区城市化水平高,对乡村旅游、文化旅游有需求的人多,这是区位优势。杭州湾大桥开通后,为浙东地区的发展提供了新的契机。浙东地区在上海两小时交通圈内,能使一大批上海乃至国外游客更方便地来到浙东旅游,这也在一定程度上给浙东古村落带来了客源,对浙东古村落来说是难得的机遇。

二、社会经济条件

(一) 社会情况

梁弄镇横坎头村位于风光旖旎的余姚市四明湖畔,有农户 871 户、2 473 人,其中党员 161 人,村域面积 7.3 平方千米,是宁波市全面小康建设示范村、宁波市"四型"先进村党组织、余姚市"五好"党组织和余姚市文明村。以横坎头村为中心的宁波市浙东(四明山)抗日根据地旧址被中宣部、国家发改委、原国家旅游局等部门联合命名为全国 100 个红色旅游经典景区之一。

(二) 经济情况

浙江省宁波市余姚梁弄镇横坎头村有着"浙东小延安"之称,位于梁弄镇区以南 2 公里处。梁弄镇大力发展旅游产业,通过"提升红色旅游景区、发展高端度假旅游、引进会议培训机构、举办农事节庆活动、开发徒步旅游线路"等途径,全力打造特色旅游小镇,形成了具有"红色历史文化、绿色生态文化、古色历史文化、土色乡土文化"为特色的旅游产品,并被评为浙江省旅游强镇。梁弄镇围绕习近平总书记提出的"要把梁弄建设成为全国革命老区全面奔小康样板镇"的指示精神,深入实施"会议教育培训中心、特色产业发展基地、宜居宜游风情小镇"建设,全镇经济社会各项事业保持了健康发展的良好局面。

横坎头村拥有深厚的红色文化底蕴,并借此开发红色旅游。随着横坎头村变得越来越好,大量村民归乡创业。横坎头村红色旅游的辐射效应和社会影响已经显现。浙江省公布的数据显示,2017 年梁弄镇共接待游客 120 万人次,旅游收入超过 2 亿元。下一步将积极打造横坎头村 3A 级景区村庄、四明山抗日根据地旧址群 4A 级旅游景区。如今,横坎头村已经成为浙江省"全面小康示范村"、余姚市"新农村电气化建设示范村"。

(三) 当地政策

2018 年 2 月,习近平总书记给梁弄镇横坎头村全体党员回信,对 15 年来当地发展红色旅游,利用绿色资源,壮大特色农业,使乡亲们生活不断改善的做法,表示充分肯定。此后,横坎头村牢记总书记"全国革命老区全面奔小康样板镇"的殷切期望,坚持"绿水青山就是金山银山"理念,实施全域土地综合整治与生态修复,把资源优势转化为经济优势。"农业立村、工业稳村、旅游兴村、民主治村"的总体思路成就了革命老区新时期村级治理的一个现代化样本。

三、旅游资源现状

横坎头村内有中共浙东区党委旧址、浙东行政公署、浙东抗日军政干校、浙东银行、浙东报社等旧址,享有"浙东红村"之称,还有红岗劲松、横坎头村半山樱桃基地等。

(一) 知名度

梁弄镇自然生态条件优越,旅游资源丰富,是余姚市旅游总体规划"一头两翼"之一翼,地位举足轻重,2005 年年初,被确定为全国一百个红色旅游经典景区之一。境内以四明湖、白水冲瀑布为代表的山水风光与五桂楼、孙子秀墓、羊额古道、四明湖革命烈士纪念碑、浙东区党委旧址、新四军浙东游击队旧址等一批人文景观交相辉映,使梁弄拥有了得天独厚的旅游产业发展优势。

(二) 客流量

横坎头村红色旅游的辐射效应和社会影响已经显现。浙江省旅游局公布的数据显示,2017 年梁弄镇共接待游客 120 万人次,旅游收入超过 2 亿元。下一步将积极打造横坎头村 3A 级景区村庄、四明山抗日根据地旧址群 4A 级旅游景区。

(三) 重要景点

1. 浙东革命根据地纪念馆

浙东革命根据地纪念馆位于余姚市梁弄镇横坎头村,借址于省级文物保护单位中共浙东区委旧址内。以四明山为中心的浙东革命根据地,是抗日战争时期全国十九个根据地之一,解放战争时期南方七个游击战争根据地之一。旧址为晚清建筑,木构三合院,正楼西向七间,重檐硬山顶。2005 年,浙东四明山抗日根据地旧址被党和国家列为全国重点建设的百个"红色旅游经典景区",被共青团浙江省委、浙江省旅游局命名为"浙江省百万青少年红色之旅经典景区"。2006 年 5 月,被国务院确定为第六批全国重点文物保护单位,同年 10 月又被省委组织部命名为浙江省党员教育培训基地,2008 年被中共浙江省委、浙江省人民政府命名为爱国主义教育基地。2011 年被评为国家 AAA 级旅游景区。

图 9-1

浙东革命根据地纪念馆

2. 浙东行政公署旧址

浙东(四明山)抗日根据地旧址群位于余姚市梁弄镇,整个景区完整保留了根据地党、政、军、经、文、卫、工等各类元素,是全国为数不多的系统保留各类遗址遗迹的抗日根据地。其主体包括浙东区党委旧址、浙东行政公署旧址、新四军浙东游击纵队司令部旧址、浙东抗日军政干校旧址、《新浙东报》社旧址、浙东银行旧址、谭启龙旧居、浙东敌后各界临时代表大会旧址等多处旧址遗迹。2005年重新修缮,于2006年5月1日正式开放。已成为全国重点文物保护单位,全国十大红色旅游景点之一。2009年浙东抗日根据地旧址群被命名"浙江省廉政文化教育基地"。

图 9-2

浙东行政公署
旧址

3. 谭启龙同志旧居

谭启龙旧居是1943年谭启龙来到横坎头村驻地之后的寓所,主要是谭启龙和夫人严永洁生活场所,其中谭启龙和严永洁的第二个儿子就在此出生。旧居建筑面积180平方米,为木构两层小楼,每层三开间,总面积约两百八十平方米,其形制在浙东地区也十分常见。旧居建筑修缮,按照修旧如旧的原则进行设计和施工,陈列布展以史实为依据,布展形式尽量诗化、活化,使陈列兼具真实性和可看性。

图 9-3

谭启龙同志
旧居

4. 百果园

梁弄百果园,位于梁弄镇西南2公里,距浙东区党委旧址群仅200米,交通便捷,乡镇网络公路纵横贯穿中心区,并与浒溪省道连接,距余姚 20 公里。百果园有樱桃、蓝莓、桑果、水蜜桃、柿子、枣子、南方苹果、无花果等 10 多类水果,近百个品种。

　　梁弄樱桃以个大、味甜、色艳著称,已有 100 多年历史,经南京农业大学专家评定,其品质属国家最优质的樱桃之一。桑果是余姚范围内最大的订单基地和循环利用现代农业示范基地之一。在百果园,赏四明风光,尝应时果蔬,品瀑布绿茶,度田园生活。

图 9-4

梁弄百果园

　　5. 梁弄大糕一条街

　　"梁弄大糕一条街"位于余姚市四明路,沿路设置标志牌、大糕文化雕塑,并统一 30 余家商户的灯箱广告牌等,让传统美食产业化,助推老区经济发展。梁弄大糕是梁弄镇独有的特色传统美食,精选五谷天然食材,传承百年手工技法,回归绿色健康生活。原料为大米、豇豆、白糖等,距今已有三百多年的历史,是当地人给亲朋好友的传统赠礼。2012 年,梁弄大糕被列入宁波市级非物质文化遗产名录。2014 年,梁弄镇阿桥大糕被《舌尖上的中国第二季》收录。梁弄大糕以外形美观、香甜柔糯、百尝不厌,赢得了众人的口碑。大糕其外形方正,雪白的大糕上面有可食用红粉印的"恭喜发财""吉祥如意""福禄寿囍"等不同的字样,使大糕红白分明,色彩鲜艳,既增添了美感,又增加了观者的食欲。

图 9-5

梁弄大糕
一条街

6. 横坎头村

梁弄镇横坎头村位于风光旖旎的余姚市四明湖畔,是宁波市全面小康建设示范村、宁波市"四型"先进村党组织、余姚市"五好"党组织和余姚市文明村。以横坎头村为中心的宁波市浙东(四明山)抗日根据地旧址被中宣部、国家发改委、原国家旅游局等部门联合命名为全国100个红色旅游经典景区之一。横坎头村拥有"浙东红村"之称,曾是全国十九个抗日根据地之一——浙东(四明山)抗日根据地的指挥中心。横坎头村拥有深厚的红色文化底蕴,大力发展红色旅游。2018年共接待70万人次游客。随着横坎头村变得越来越好,大量村民归乡创业。如今,横坎头村已经成为浙江省"全面小康示范村"、余姚市"新农村电气化建设示范村"。

图 9-6

横坎头村

7. 正蒙街

正蒙街是余姚市旅游部门与梁弄镇共同建设的农家乐风情一条街,融民俗文化特色于一体。虽是仿古建筑,但街两旁屋檐山墙错落,特色店铺、山乡美食汇聚一起……一股古风扑面而来;位于正蒙街的百年老校"正蒙学堂",仿似讲述着悠悠历史;而老街的石板路,古板墙,虽斑驳却精美,透露着江南山乡的生活习俗以及山乡人物的文风雅韵。

图 9-7

正蒙街

8. 四明山国家森林公园

四明山国家森林公园位于浙江省东部四明山腹地的余姚、海曙、奉化、嵊州、上虞五市区,呈东西向狭长形分布,总面积 6 665 公顷,省道浒溪线穿境而过。林区内古木参天,千峰竞翠,湖泊连绵,奇岩众多,生态旅游独呈风采。有植物近千种,主要动物 106 种。有常绿阔叶林、柳杉长廊、金钱松林、柏木林、黄山松林、四明山红枫之乡-万亩红枫林和各种鸟类景观等。主要景点有黄宗羲纪念馆、仰天湖、商量岗、深秀谷、鹁鸪岩水帘洞等。

图 9-8

四明山国家
森林公园

9. 白水冲

白水冲又称瀑布岭,在余姚市区南 30 公里,梁弄镇南四公里的白水山上。山有瀑布,瀑下有潭。飞瀑注壑,奔腾澎湃,雾露沾人。有潺湲洞,洞下为过云岩。环境清幽,景色秀丽。当地所产之茶称"瀑布茶",香味清隽。白水山又名白山,因传说中有白公在此修炼得道而名。山上有冶山、屏风、石屋、云根四峰,石屋峰怪石嶙峋,峭壁悬崖;云根峰苍翠夺目,流泉生辉。两峰之间,一帘飞瀑从 53 米的高处飞泻而下,形若白龙飞天,声若沉雷震地,蔚为壮观,这就是白水飞瀑,俗称白水冲。历代诗人对此瀑歌吟甚多,描绘都非常形象生动,如元代赵澹山称之为:"玉龙吼山山为开,悬涛迸出翻崔嵬。回风便可作飞雨,共听万窍鸣惊雷。"明代沈明臣也留下了"潺湲吹古雪,倒卷入银河"的诗句。

图 9-9

白水冲

10. 羊额古道

羊额古道,建于南宋嘉定年间,已有 800 年的历史,一直为梁弄南通大岚之要道,有

"天梯"之称。现存的羊额古道,北始于溅水岩电站,南通大岚夏家岭,总长约 3 公里,比原先缩短了约 2 公里。

图 9 - 10

羊额古道

11. 四明山革命烈士纪念碑

坐落在余姚市梁弄镇西侧的狮子山上,为纪念抗日战争、解放战争中,为人民解放事业英勇牺牲的革命烈士而建。碑面有郭沫若题的"革命烈士永垂不朽"八个金色大字。四明山革命烈士纪念碑于 1994 年 4 月被国务院批准、民政部公布为全国重点烈士纪念建筑物保护单位,1996 年 2 月被浙江省委宣传部公布为浙江省爱国主义教育基地。

图 9 - 11

四明山革命
烈士纪念碑

12. 横坎头村新时代文明实践地

梁弄镇横坎头村新时代文明实践站总建筑面积约 4 700 平方米。主要由小剧场、展示馆及文化服务区域三部分组成。小剧场建筑面积约 650 平方米,可容纳近 300 人就座;展示馆分为南馆和北馆,南馆主要内容是村情展示,北馆预设主要功能为 4D 影院等体验区;文化服务区域总体包括 we 志愿服务站、道德评议室、宣讲教室、春泥计划活动室、文体排练室、书画室等。

图 9 – 12

横坎头村新
时代文明
实践基地

任务 9.3 策划红色旅游产品

红色旅游产品的发展要通过营造良好的政策环境,改善基础设施,完善产品体系,以市场为导向,对旅游资源进行深层次挖掘,提升产品内涵。在条件允许的地区,红色旅游产品的发展可以与城市休闲旅游、文化旅游等相结合,通过挖掘原有红色旅游资源的文脉,结合周边资源的开发和环境的改善,使之呈现多样化发展,满足不同层次旅游消费者的需要。以四明山梁弄镇为例,根据其开发建设方案,以"重走红色革命路,品味姚江山水情"为主题,策划宁波余姚四明山红色旅游产品。

一、总体思路

2020 年是决胜全面小康、决战脱贫攻坚之年,2021 年是建党一百周年,中华民族千百年来为之奋斗的梦想终将成真。小康承载初心,小康属于人民。2003 年 1 月 29 日至30 日,习近平同志在担任浙江省委书记、省人大常委会主任后首次来甬,就专程来到四明山革命老区——余姚梁弄镇学习考察。他强调,要饮水思源,艰苦奋斗,励精图治,开拓进取,发扬老区优良传统,加快老区开发建设。梁弄人民牢记总书记的嘱托,甩开膀子加油干,全力打造"红色旅游名镇、历史文化古镇、会展教育重镇、特色农业强镇、智慧宜居小镇",走出了一条"红色引领、绿色发展"的全面小康之路。本次红色旅游创意策划案,以余姚梁弄镇为中心展开,为了让更多人来到红色景区,近距离感受红色文化,由此我们开展创新设计红色旅游路线和旅游产品开发,吸引大众走进红色旅游景区、继承和发扬红色精神,为推动中华民族伟大复兴凝聚强大的精神动力。

本次策划主要针对宁波余姚红色旅游线路设计,针对不同人群进行个性化定制。"重走红色革命路,品味姚江山水情",不一样的红色旅游就此开始。

二、目的和意义

(一)爱国主义教育

相约宁波余姚,醉看中国红。爱国主义教育是指树立热爱祖国并为之献身的思想教育。艰苦奋斗、辛勤劳动,不断丰富和发展中华民族的物质文化财富;反对民族分裂和国家分裂,维护各民族的联合、团结和国家的统一。本次红色旅游策划,将爱国融入旅途当中,在"浙东延安"的梁弄,在"抗日名山"的四明山,踏寻着红色革命足迹,品味烈士之魂,人在旅途中,革命历史,革命精神记心中。传播红色文化,有利于培养青少年的爱国之心。了解祖国的灿烂文化,伟大成就,培养民族自尊心和自豪感。鼓励青少年勿忘国耻,自强不息。

(二) 红色旅游带动绿色发展

按照习近平总书记的指示,继续发扬红色精神,继承好红色基因,在乡村振兴的道路上撸起袖子加油干。通过践行"绿水青山就是金山银山"的理念,发挥绿色资源优势。在壮大特色农业的基础上,建农家乐,办民宿,吸引了大批的游客前来观光体验。利用浙东(四明山)抗日根据地旧址景区和老一辈革命者的红色故事资源盘活红色旅游。沿途的红色景点,体会革命先辈的艰苦历程。品味山水情,不忘革命路。

三、旅游线路

红色旅游线路设计的内容涉及"食、住、行、游、购、娱"各要素和各环节,每个要素和环节紧紧相扣、密切配合。本次线路主要关于宁波余姚红色旅游线路设计。将革命历史、革命传统和革命精神通过旅游传输给广大人民群众。根据旅游时间不同,有针对性地描述了一日游、二日游与三日游。本旅游产品包括谭启龙、何克希故居,以及新四军浙东游击纵队军史陈列馆等古建筑,白房青瓦,一片祥和。四明山风景优美,有着"第二庐山"之称,林深茂密,青山碧水,各种鸟兽出没其间。绿色无污染的猕猴桃、樱桃、蓝莓,带你感受采摘带来的快乐。印着"不忘初心 牢记使命"的梁弄大糕,带你感受舌尖上的梁弄。白水冲瀑布清澈见底,百岁山的秘密就在其中。

(一) 一日游

四明山浙东抗日根据地(游客服务中心→浙东行政公署旧址、军政干校旧址→梁弄红色电台→中共浙东区委旧址→谭启龙旧居→浙东银行旧址、《浙东日报》报社旧址→何克希将军纪念室→新四军浙东游击纵队军史陈列馆→游客中心)→午餐→横坎头村新时代文明实践站→百果园→梁弄大糕一条街→返程

(二) 二日游

D1:横坎头村新时代文明实践站→红色主题公园→午餐→四明山浙东抗日根据地(新四军浙东游击纵队军史陈列馆→何克希将军纪念室→浙东银行旧址、《浙东日报》报社旧址→谭启龙旧居→中共浙东区委旧址→梁弄红色电台→浙东行政公署旧址、军政干校旧址)→百丈岗水库→晚餐→住宿:蝶来紫溪原舍(每周一、三晚 19:00—21:00 蝶来紫溪原舍音乐喷泉)

D2:白水冲瀑布→百岁山工厂→午餐→四明山革命烈士纪念碑→正蒙学堂旧址→梁弄大糕一条街→返程

(三) 三日游

D1:新四军后方医院旧址→鹿亭中村→午餐→白鹿狮峰观景台→晚餐(香泉湾山庄)→住宿:香泉湾山庄

D2:香泉湾山庄自由活动→午餐(香泉湾山庄)→芝林浙东小九寨→晚餐→住宿:蝶来紫溪原舍(每周一、三晚 19:00—21:00 蝶来紫溪原舍音乐喷泉)

D3：四明山浙东抗日根据地（新四军浙东游击纵队军史陈列馆→何克希将军纪念室→浙东银行旧址、《浙东日报》报社旧址→谭启龙旧居→中共浙东区委旧址→梁弄红色电台→浙东行政公署旧址、军政干校旧址）→午餐→四明湖→返程

（四）研学旅游路线

研学路线主要面向中小学群体，研学即研究性学习，又称探究式科学教育，是以学生为中心的指导教育法。

路线：集合点→王阳明故居→午餐→横坎头村梁弄→余姚四明山革命烈士纪念碑→返程

（五）老年旅游路线

老年旅游团出游目的以游览观光为主，对安全要求高，注重"经济"旅游，一般行程较轻松、体力消耗小。

路线：集合点→浙东抗日根据地旧址群→午餐→欣赏姚剧→晚餐→姚江游船→返程

（六）党员考察路线

以红色景点为主要路线，重拾当年峥嵘岁月的红色印记，品味代代相传的红色基因在新梁弄建设道路上发挥的特殊功效。

路线：余姚四明山革命烈士纪念碑→横坎头村新时代文明实践站→午餐（横坎头村农家）→浙东（四明山）抗日根据地旧址群→返程

想一想　　针对其他的旅游细分市场，应该如何进行红色旅游线路设计？

四、食宿推荐

（一）餐饮

1. 特色餐饮

余姚地方菜、农家菜、红色餐饮（红军餐、忆苦思甜饭等）。

图 9-13

2. 地方小吃

梁弄大糕（非物质文化遗产）、豆酥糖（非物质文化遗产）、乌馒头等。

图 9-14

(二) 住宿

1. 蝶来紫溪原舍

余姚蝶来紫溪原舍位于梁弄镇横坎头村,依托梁弄得天独厚的优美环境及深厚的红色文化底蕴,致力于打造红色革命文化主题风格的民宿标杆。温润、悉心、质朴、自在。拥有 39 间格调优雅、宽敞舒适的客房及套房。

图 9-15

2. 香泉湾山庄

香泉湾山庄位于鹿亭乡香泉湾路 1 号,设有 38 间主题客房。这里不仅有别具诗韵的香泉湾景观、风格各异的山庄别墅、会议中心,还有山洞酒吧、山洞禅修室、山野特色美味等,都是山庄的特色。

图 9-16

五、节庆活动

(一)已有活动

1. 感受"五彩梁弄",乐享"缤纷童年"活动

活动以"走进五彩梁弄"为主题,志愿者陪伴"留守儿童"实地走访参观了机器人峰会、集约部落、百岁山、浙东革命根据地等地,先后参观游玩了机器人主题公园、46 个由 70 多个废旧海运集装箱搭建而成的"集约部落",风格各异、装修精致的主题房间,还来到"机器换人"的浙江百岁山食品饮料有限公司,实地参观了生产车间,认真聆听了车间负责人的介绍,大家纷纷感叹强大的科技力量,最后来到浙东(四明山)抗日根据地旧址群景区,通过志愿者们介绍和讲解,让"留守儿童"充分感受了红色梁弄的革命传统文化,亲身感受了梁弄"红""绿""古""金""蓝"的独特魅力。

图 9-17

2. "跑起来,随风追果香"定向越野赛在梁弄举行

选手们从横坎头村出发,途经湖东、横路、汪巷、岭头等梁弄镇主要的樱桃产区,经过四明山山门、正蒙街、红色梁弄雕塑等景点,分为 6 条线路,每条线路需有 20 名队员参加。各队队员在队长带领下,完成每个既定点位的报到打卡任务,最终返回红色古村横坎头村。本次活动的挑战性与趣味性并存,在寻找樱园的同时,也领略了梁弄镇的湖光山色。协会共有 5 支队伍 100 余人参与了此次活动。活动以定向运动的方式,向社会各界传达梁弄樱桃成熟及分布的信息,弘扬农行余姚市支行"面向三农,服务城乡"的企业使命,宣传梁弄镇樱桃各大产区、基地及旅游景点、民宿等相关设施,进一步提升了红色梁弄的知名度。

图 9-18

(二) 可举办活动

1. "走进红色遗址　传承红色基因"中小学社会实践活动

可针对中小学生开展红色主题的社会实践活动,具体安排如下:

早上抵达横坎头村更换军服(衣服、裤子、腰带、帽子、背包),穿上军服切身感受军装的魅力,体会作为一名军人的使命和责任。随后参观中共浙东区委旧址、浙东区行政公署旧址、浙东抗日军政干校旧址、《新浙东报》报社旧址、浙东银行旧址、谭启龙故居等红色景区景点。以中共浙东区委旧址内的油画作品为基础,在红色主题公园内开展"红色四明"油画创作比赛并评优颁奖。

下午前往横坎头村新时代文明实践站,在报告厅内组织进行"不忘初心、牢记使命"主题教育党课。邀请党校老师前来讲授,通过学习,深刻领会"不忘初心、牢记使命"的深层含义。随后观看一部红色电影,感受抗战时期的峥嵘岁月,体会现在的幸福生活是先烈们用鲜血和生命换来的。最后在红村生活体验馆体验竹编、陶艺、磨豆浆,亦可在梁弄大糕作坊体验制作大糕,亲手制作一份"不忘初心、牢记使命"的大糕。

图 9 - 19

2. "革命精神永垂不朽"主题活动

为缅怀革命先烈,对游客进行革命传统教育和爱国主义教育、培养爱国主义精神和大无畏的革命精神、祭奠烈士英魂,激发爱国主义荣誉感、继承和发扬革命先烈的不败精神,可开展"革命精神永垂不朽"主题活动。通过寻找参加过抗日战争的老兵、老首长,或烈士遗属、已故或已无法亲自接受采访老首长的亲属等,讲述他们自身经历,使英雄人物从教科书中真正走入大家心中。

任务9.4　运营与管理红色旅游

一、红色旅游融合发展的模式

"红"是文化内涵、精神气质,"旅"是呈现形式、外在表现。革命老区拥有天然的生态资源,丰富的历史人文资源、红色资源,在发展旅游业上具有得天独厚的条件。革命老区发展旅游业特别是红色旅游不仅能加快革命老区的跨越发展,还能促进老区群众脱贫致富奔小康,是绿水青山转变为金山银山的渠道。梁弄通过政府积极引导,将这些资源优势逐渐转换为以革命传统教育、休闲度假、采摘娱乐为主题的旅游优势,并不断延伸旅游产业链条,融合其他各类涉旅资源实现共同发展、优势互补,推动形成旅游与红色教育融合、旅游和红色文化融合、旅游和绿色农业融合、旅游和特色加工融合、旅游和度假休闲融合等模式,较好地满足了人民群众新需求、经济社会发展新需要,走出了一条具有当地特色、红色特征的发展新路子。

(一)"红色旅游+教育培训"融合模式

星星之火可以燎原,补足精神之"钙",筑牢红色根基。传承红色基因是革命遗址最根本的任务。梁弄立足于红色资源优势,依托浙江省委党校四明山分校、浙江四明山干部学院、中小学生素质教育实践基地等,组织开展了以党员、干部、学生为主要对象的教育培训。全镇全年接待会议培训人员达到15万人次,直接经营收入1.65亿元。

(二)"红色旅游+绿色农业"融合模式

推进老区建设的关键是发展经济,推动集体经济增收,富裕农民。首先,是抓好"旅游+绿色农业"融合,立足于当地的生态优势,发展天然绿色的生态农业。在这方面,梁弄实行"一村一品"的模式,成功打造樱桃园、杨梅园、百果园、古茶园、盆景园的"梁弄五园"。在此基础上,还加速推进现代农业的规模化发展,引进工商资本3500万元,建成四明湖现代农业示范园,吸引了周边城市的游客前来采摘游玩。目前,该镇每年在观光农业旅游方面就有超过7000万元的收入。其次,是抓好旅游和特色加工的融合,让旅游地特色产品转换为旅游商品。通过对非物质文化遗产梁弄大糕保护和开发,让许多当地老百姓实现家门口创业就业。

(三)"红色旅游+特色民宿"融合模式

此外,梁弄镇针对环境问题,强力推进五水共治、村庄环境整治提升、污水管网铺设改造、涉污企业搬迁等工程,创成浙江省美丽乡村示范乡镇,所有17个村均创成余姚市美丽村庄。同时,梁弄还通过组建旅游投资公司集中经营、引进社会资本下乡上山、当地居民自建等方式,开发了一批精品民宿、特色餐饮、体验式旅游和养生康居项目,满足了不同消费群体的多元化需求。此外,梁弄红色旅游、乡村观光农业旅游的蓬勃发展,也为发展农家乐、民宿等创造了良好的机遇,带来了大量流量。目前,全镇农家乐经营户52家,平均年营业收入超过50万元。

二、国内红色旅游景区经营管理案例

(一)湖南韶山旅游区经营管理分析

韶山是毛泽东的故乡,中国四大革命纪念地之一。韶山旅游区就是以毛泽东故居

为核心,保留与新建了一批文化与自然旅游景点,是国家5A级旅游风景区、全国爱国主义教育示范基地,年接待海内外游客100万人次以上。韶山旅游区不仅是近城风景区,且距离宁乡花明楼刘少奇纪念馆、湘潭乌石彭德怀纪念馆都不到1小时车程。因此区域内,已构建起韶山—花明楼—乌石"红色金三角"的伟人故里旅游区。

1. 管理模式

韶山旅游的管理主体有韶山管理局、韶山市政府和韶山村居民。管理局由中共湖南省委派驻,正厅级,下辖故居和滴水洞两个核心景区,包括故居、纪念馆、毛氏宗祠、铜像广场等重要景点及相关企事业单位,负责韶山纪念地和风景区的宣传、接待、建设、保护、管理工作。韶山市政府为处级单位,由两大下属机构对韶山景区进行管理:韶山市旅游局和韶山市城区景区执法局。

2. 景区产品

韶山拥有7大景区82个旅游景点,既有人文类观光产品(毛泽东故居、毛泽东铜像、毛泽东纪念馆、毛泽东遗物馆等),又有自然类观光产品(韶峰、滴水洞、黑石寨等)。旅游体验产品丰富,让游客"体验"红色之旅,感受、学习红色精神,开展"中国红色之旅——百万共产党员韶山行""百万自驾车韶山行"等活动,"毛泽东成长之路""二十世纪三大伟人故里行"等旅行线路,以及《日出韶山》旅游演艺节目等。

3. 营销特色

节事营销:韶山旅游区推出各类红色节事活动来吸引游客。比如,为纪念毛泽东诞辰而开展中国(湖南)红色旅游文化节。该活动从2004年开始,不断融合地方特色产业和游客偏好,成为湖南红色旅游的重要活动之一和全国知名的旅游节会品牌活动。

区域联合营销:韶山旅游区不仅与附近红色旅游景区(花明楼、乌石)合作,打造了中国伟人故乡的"金三角"旅游,更积极与省内其他著名旅游景区合作,讲求红与绿(自然旅游资源)结合、红与古(历史文化资源)结合、红与俗(民俗、地域特色)结合,推出旅游线路设计,例如"张家界—凤凰—韶山"五日游的线路设计就受到了欢迎。

(二)重庆"红岩联线"经营管理分析

"红岩联线"将重庆市分散的革命文化资源整合、串联成线,形成全市革命文化整体合力,是重庆红色旅游的典型代表。这条以歌乐山革命烈士纪念馆、红岩革命纪念馆、中国民主党派历史陈列馆以及其余20多个红色景点为依托的"红岩联线",固定资产在2013年已达近5亿元。统计数据显示,2012年"十一"期间,"红岩联线"每天接待游客6万人以上,而在建党90周年的2011年,同期接待游客人数则超过10万人。

1. 管理模式

"红岩联线"的管理机构是重庆市文化局下属的重庆红岩联线文化发展管理中心(正局级单位,原为重庆红岩革命历史博物馆,是全国首个运用创新模式整合地区红色资源的政府事业单位)。该中心由产业机构、业务机构和组织机构三部分组成。除组织机构由地方财政拨款外,其他机构均实现市场化运作,运作资金为门票和服务收入,自负盈亏。同时,产业机构和业务机构之间是合作、承包与发包、设备共享、资源共用的关系。组织机构内部的管理模式也正朝着市场化运作转变,如分配制度、奖惩制度和岗位设置。

2. 景区产品

红色旅游景点:"红岩联线"覆盖了市内沙坪坝、渝中两区,整合了包括磁器口、歌乐山烈士陵园、红岩革命纪念馆、上清寺、新华日报营业部旧址、周公馆等的红色旅游景点。江津陈独秀旧居纪念馆、赖家桥郭沫若旧居,开县刘伯承纪念馆等均纳入周边区县的红色旅游计划。依托以上资源设计了十余条主题游览线路和一个夜游项目(夜游白公馆、渣滓洞),充分发挥"联线"经营的资源优势。"红岩联线"目前主要由实体馆和红岩文化产业集团两部分组成。红岩产业集团共有 8 家公司,分别负责研究开发、技术开发、展览设计、创意策划、旅游接待等业务。

门票收费:自 2008 年起,"红岩联线"下属 13 个红色旅游景点(红岩村陈列总馆、渣滓洞、白公馆、梅园、烈士墓陈列总馆、红岩魂广场、曾家岩、桂园、八路军办事处旧址、冯玉祥旧居、郭沫若旧居、抗战教育博物馆、松林坡)免费向公众开放。这 13 个景点每年平均拥有 200 多万人次参观游客,门票收入 2 000 多万元。实行免费开放后,由中央财政补助 80%的门票损失,地方财政补助 20%。同时,13 个红色景点实行人流量限制,每个景点人流量每小时不超过 500 人,13 个景点每小时人流量不超过 6 500 人。

3. 营销特色

"把展送上门":红岩联线管理中心(红岩博物馆)藏品 10 万件,珍贵可移动文物3 120 件(套);先后整合文物遗址 53 处(本体 32 处,附属 21 处),对外免费开放 33 处(本体 18 处,附属 15 处),其中 4 批全国重点文物保护单位,1 批国家级抗战纪念遗址,1 批国家级烈士纪念设施,1 批重庆市文物保护单位,主要职责为保护红岩革命历史文化遗址,研究发掘革命历史文化资源,宣传弘扬红岩精神,传播革命历史和科学文化知识,每年接待观众 600 余万人次。巡展以《红岩魂——白公馆、渣滓洞革命先烈斗争事迹展览》为名,以照片、实物和模型为主,包括集中营全景沙盘模型、军统集中营中美合作所成立的历史背景、刑具模型等七部分。同时,以红岩联线文化管理中心主任厉华为核心的"红岩魂"报告团在全国各地持续巡演。巡展、报告会和红岩书刊、音像资料,构成烈士陵园"红岩魂"的三大特色内容。随着展览内容的不断丰富、表现形式的不断创新,《红岩魂》也走向报告展演剧的形式。

"红岩文化圈":为了提高竞争力,"红岩联线"提出"1142"等发展战略。"1142"即指1 个中心馆、10 个卫星馆、40 个区县红岩文化室和 20 个室外业务拓展点。除了传统的推介宣传,"红岩联线"还在区县和大中小学分别建立"红岩文化室"和"红岩班",提供书籍和展览服务。

优化自身资源:"红岩联线"不仅对外承揽展览设计的项目,同时编辑出版了 23 种书刊资料、3 种音像制品,制作发行了 1 部电视剧、1 部专题片和 1 套明信片,加强自身品牌的宣传推广。

(三) 江西井冈山经营管理分析

国家 5A 级旅游景区、国家级自然保护区、全国红色旅游景区、世界生物圈保护区,其中,井冈山—北武夷山(武夷山拓展项目)已被联合国教科文组织正式列入世界遗产预备名录,它是集人文景观、自然风光和高山田园为一体的山岳型风景旅游。2012 年累计实现吸引 306.1 万人次,其中外国游客达到 5.25 万人次,实现旅游收入 19.32 亿元,其中门票就占了 1 亿多元。

1. 管理模式

中共井冈山管理局工作委员会、井冈山管理局分别为吉安市委、市政府派出机构,规格为副厅级,机关设在井冈山茨坪。井冈山管理局的主要职责是:承办重大的接待任务;负责井冈山旅游业的统一管理、规划、开发和建设;保护井冈山的自然环境、人文环境和革命历史遗迹;负责景区公共设施建设,审查监督各种建设项目。井冈山管理局现辖 4 个行政机构:接待办公室、旅游管理处、办公室、政治处;辖 4 个事业单位:井冈山国家级自然保护区管理局、井冈山革命博物馆、井冈山风景名胜区管理局、门票管理处。全部为处级行政级别的单位。此外,下辖 2 家企业:井冈山旅游发展总公司、井冈山旅游发展股份有限公司。现有正式干部职工 4 000 多人,党员 600 多人。

2. 旅游产品

拥有丰富的"红绿"旅游资源,共含 11 大景区、76 处景点、460 多个景物景观,面积近 260 平方千米,大部分景点景区分布都相对集中,且各个景区之间都有较好的衔接。若干景区都是人文和自然景观的相互融合,既有红色旅游资源,又有日出、云海、高山田园等绿色旅游资源。

精神旅游产品:中国井冈山干部学院、全国青少年革命传统教育基地、"井冈山精神"培训课、野外拓展训练项目、军体特训营等体验式旅游产品,它们不仅平衡了旅游淡旺季,更满足了不同人群的旅游需求,吸引着干部、青少年和各阶层人走进井冈山,学习红色文化,净化心灵。

3. 营销特色

成立井冈山精神研究会:编著出版了《天下第一山》等书籍;推出了以井冈山斗争史为主的《岁月井冈山》红色歌舞晚会;编排了《八角楼的灯光》等传统歌舞节目;搜集制作了井冈山斗争图片展;推出了"吃一顿红米饭、唱一首红军歌、走一趟红军路、读一本红军书、听一堂传统课、扫一次烈士墓"的"六个一"革命传统教育等的营销活动。同时,通过在全国范围内进行"井冈山精神大型展览"巡回展和举办旅游文化节的方式深入宣传。

采用多种艺术形式和媒介进行创意营销:推出全国旅游景区首部 3D 形象宣传片的《境界·井冈山》、大型实景演出《井冈山》、中国首部红色音乐电影《井冈恋歌》、音乐电视片《井冈颂》等。

多渠道大范围地宣传井冈山的红色旅游:多次邀请全国知名网络媒体进山采风,抢占网络宣传的有利平台。随着市场的做大做强,井冈山的风光短片已在纽约时报广场上进行播放,营销宣传范围已经扩大到国外。旅游促销小分队深入大江南北、长城内外进行深层次宣传。

项目小结

发展红色旅游是党中央的重大决策,也是各级党委、政府推进社会主义先进文化发展的重要内容。近现代以来,革命老区以及老区人民,为党领导的中国革命作出过重大牺牲与贡献。党和国家十分重视革命老区的发展,近年来陆续颁布有关革命老区发展的相关政策。革命老区应当充分利用自身的资源,大力发展特色产业,实现革命老区的转型升级,达到脱贫致富的目的。红色旅游是革命老区共同拥有的资源。在开发的过程中,必须践行旅游与教育相结合的原则,整合旅游资源,创新旅游形式,走一条红色旅游的发展之路。革命老区应当扮演好传承红色基因、弘扬红色精神的角色,因地制宜、精准定位找准全面小康的路径,自强不息、与时俱进形成全面小康的动力。革命老区要坚持创新发展、协调发展、绿色发展、开放发展,拓展革命老区脱贫致富新空间,并成为新时代的区域经济高地。红色旅游的发展已经进入市场化时代,旅游目的地众多,旅游形式较为固定。在旅游经济的热潮之下,如何突出红色旅游的独特优势,把握最新的政治机遇,将红色旅游与乡村振兴战略相结合,探索出具有一定范围适用性的开发模式,已经成为乡村振兴探路者们不断探索的目标。

讨论与思考

1. 试述红色旅游的概念与含义。
2. 红色旅游有着怎样的发展趋势?

项目测验

一、名词解释

1. 红色旅游
2. 互补型红色旅游
3. 红色主题公园
4. "遗址"类资源
5. 体验型红色旅游
6. 红色旅游联动开发"八要素"

二、填空题

1. 突出的_____是红色旅游的重要功能,是红色旅游区别于其他旅游产品的根本特征。

2. 烈士陵园、革命公墓、纪念馆_____、纪念碑、雕塑性建筑等属于_____资源。

3. 中国人民抗日战争纪念馆是_____红色旅游开发模式的代表。

三、选择题

1. 以下哪些属于红色旅游的内涵?(　　　　)

A. 历史内涵　　　　B. 精神内涵　　　　C. 经济内涵　　　　D. 政治内涵

2. 以下哪些属于非实物红色旅游资源?(　　　　)

A. 英模人物　　　　B. 革命口号　　　　C. 英雄事迹　　　　D. 战争遗迹

3. 红色演出属于何种红色旅游开发模式?(　　　　)

A. 传统型　　　　B. 体验型　　　　C. 互补型　　　　D. 系统型

4. 以下哪些属于红色旅游细分市场?(　　　)

A. 一日游　　　　　B. 研学游　　　　　C. 政务考察游　　　　D. 自驾游

5. 以下哪些属于余姚梁弄镇的红色景点?(　　　)

A. 浙东(四明山)抗日根据地旧址群

B. 谭启龙同志旧居

C. 百果园

D. 四明山国家森林公园

四、简答题

1. 红色旅游有哪些特点?

2. 红色旅游的实物资源包括哪些?

3. 发展红色旅游有何社会意义和价值?

4. 红色旅游有哪些融合发展的模式?

5. 近年来,红色旅游蓬勃发展,背后的原因是什么?

扩展技能训练

选择一处红色旅游景点,罗列主要环境与资源,并提出未来可重点开展的策划思路或方向。

参考文献

1. 余姚市四明山革命老区治水促"三提升"　全力打造绿色发展新名片[J]. 宁波通讯,2018(24):2—3.

2. 刘建平,王昕伟. 依托红色旅游推进革命老区精准扶贫的主要路径探析[J]. 文化软实力,2018,3(01):66—70.

3. 张凌云,朱莉蓉.红色旅游概论[M].北京:旅游教育出版社.2014.

【情景案例】

中国美丽海岛——嵊泗列岛

嵊泗,是浙江陆域面积最小的县区,却有着最大的海域面积,两项面积之差达到百倍以上。从海洋大县走向海洋强县,借"海"发力,让诸多小岛前所未有地紧密相连,离岛·微城·慢生活,吸引游客纷至沓来。

2019 年 8 月,《浙江省海岛大花园建设规划》出台;2020 年 3 月,《浙江省十大海岛公园建设三年行动计划(2020—2022 年)》出台。海岛公园建设没有先例可循,没有经验可鉴,嵊泗提出了"地域的再生",其核心是通过文化再生、产业再生,实现地域的再生。"再生"目的是通过做好生态保护、岛城更新、全域旅游三篇文章,"以点带面"实现跨海岛的资源整合,打开海岛公园建设新局面,推进美丽海岛再升级。

【项目导学】

从世界范围来看,海洋旅游不仅历史悠久,在现代旅游业中更是扮演着重要角色,有着巨大的发展潜力。海洋旅游业与海洋石油、海洋工程并列为海洋经济三大新兴产业。海洋经济在国民经济中的比例日益加大,中国拥有的海洋国土面积是 299.7 万平方千米,"蓝色国土"成为我国可持续发展重要战略资源。海洋旅游业是海洋文化含量较高的经济产业,在海洋经济中的重要性日渐凸显。它在适应现代休闲需求的同时也在创造着需求,不仅提供产品和服务,更用新型体验化产品制造有益的休闲方式,提高闲暇时间生活质量,并催生出许多迎合该需求的旅游新业态。基于休闲体验化与生活化新理念,海洋旅游不再是行路观光赏景之事,而是一种集知识性、娱乐性、参与性、休闲性、体验性于一体的高端旅游活动。如何开发海洋旅游资源,促进海洋旅游业向着"广度与深度"发展,走可持续发展之路,是旅游业正面临的问题。

通过本项目的学习与实践,主要期望提升学习者的素质能力、知识结构与专业能力:

素质能力目标

➤ 具备良好的职业道德和职业意识,具有吃苦耐劳、敬业乐业的良好品质;

➤ 具备良好的思想道德品质,具有可持续发展意识;

➤ 具有自我学习、与人交流合作、数字应用以及信息处理能力;

➤ 具备对事物的敏锐观测力,敢于想象、善于想象,敢于创新。

知识结构目标

➤ 了解海洋旅游、海洋旅游资源的概念;

➤ 了解海洋旅游的特点、功能与开发模式;

➤ 掌握海洋旅游利益相关者的管理内容和保障体系的构成;

➤ 掌握海洋旅游市场的概念及其特征,海洋旅游需求的基本特征;

➤ 掌握海洋旅游项目的组织与调研、旅游产品体系及构成。

专业能力目标

➤ 能组织策划适合不同目标群体的海洋旅游产品;

➤ 能正确认识海洋旅游资源的特点,开展滨海休闲旅游区开发、海岛旅游项目策划与经营;

➤ 能挖掘海洋文化内涵,整合海洋文化旅游资源,提升策划营销宣传能力。

任务 10.1　认识海洋旅游

一、海洋旅游的内涵

海洋旅游与我国海洋旅游业发展的具体实际有关,我国海洋旅游资源主要在沿海地区的海滩和陆地等开发与利用。目前,海洋旅游的发展涉及多个领域问题,对国家领土安全也具有一定影响,在近几年的发展过程中,我国南部多个地区逐渐形成了独具当地特色的海洋经济发展模式,其中区域海洋旅游的发展已趋向成熟,对我国经济的整体影响不断增加。因此,海洋旅游是一定社会背景下,以海洋等地理优势作为主要方面的条件,满足人们精神和物质方面的需求所展开的娱乐度假等活动。海洋旅游不仅包括基础的海洋旅游观光,还包括与海洋相关的多种多样的旅游形式。海洋旅游的重点是借助海洋旅游场所,形成综合的旅游形式。游艇旅游和邮轮旅游,也是当前海洋旅游当中一项非常重要的组成部分。

二、海洋旅游资源的分类

通过对旅游资源进行合理分类,能够更好地认识旅游资源、利用旅游资源,做好旅游资源开发和规划,从而避免旅游资源的浪费和破坏。根据世界旅游组织的旅游资源分类原则,海洋旅游资源的分类可以划分为两个层次:按照海洋旅游资源的属性来划分,形成海洋旅游资源禀赋谱;按照海洋旅游活动的属性划分,形成海洋游憩活动谱。

(一) 海洋旅游资源的属性

从广义上可以划分为海洋自然旅游资源、海洋人文旅游资源。根据《旅游资源分类、调查与评价》(GB/T18972—2017)框架,对海洋自然旅游资源和海洋人文旅游资源进行主类、亚类和基本类型的划分,其中,海洋自然旅游资源包括地貌、气象气候、水体、生物等旅游资源。海洋人文旅游资源包括古遗迹、古建筑、海洋城市、宗教信仰、民风民俗、海洋文学艺术、海洋科学知识等旅游资源。

(二) 海洋旅游活动的属性

根据人类海洋旅游活动所依托海洋空间环境的差异,分为海岸带旅游、海岛旅游、远海旅游、深海旅游、海洋专题旅游。而这五种活动所指向的旅游吸引物,在理论上都可以被称为海洋旅游资源。如海岸带旅游指向的基岩、砂质、淤泥质、生物、人工五种生态系统及衍生出来的珊瑚礁子系统、红树林子系统、海浪子系统、沿海滩涂子系统等;海岛旅游指向的火山岛、大陆岛、堆积岛、人工岛、生物岛等,都可以成为海洋旅游资源。

三、海洋旅游开发的模式

当前,国内海洋旅游开发模式可以归纳为六种:特色风情渔村模式、海洋旅游产业园模式、海洋主题公园集群模式、滨海旅游度假区模式、邮轮游艇基地模式、综合海岛开发模式。

(一) 特色风情渔村模式

现代渔港不仅沿袭了传统渔港的捕鱼养殖功能,同时开辟了一种新型的海洋旅游形式——特色渔村风情体验。从旅游发展历程来看,旅游发展一般要经历"观光游—休闲游—度假游—体验游"四个阶段,而体验游是人类旅游心理需求的最高境界,和渔夫拉网捕鱼、看渔妇织网晒网、品美味海鲜的旅游方式吸引着越来越多的游客参与其中,海滩篝火晚会、喊渔家号子、跳渔家秧歌等旅游活动使游客告别了单纯的赶海观光、踏浪逐沙活动,体验了传统旅游所没有的乐趣。特色风情渔村模式是我国海洋旅游业的重要模式之一,此类项目适用于旅游资源丰富、具有较大市场依托、区域为 3—5 平方千米的滨海渔港。

(二) 海洋旅游产业园模式

提到产业园,首先联想到的是以制造业为主体的工业化发展模式,而这里所提到的海洋旅游产业园则完全不同,这是一片以发展海洋旅游产业为目标的热土,以游客、工作人员幸福快乐为目标的港湾,也是联系海洋旅游业与其他产业共同发展的平台,更多强调的是产业融合,不是单纯的海洋旅游,而是涉及文化、体育、金融、科研等众多行业,是海洋众多主题功能的融合。以海洋生物产业园为例,其中可以包含国内外知名海洋生物企业、海洋生物研究所等生产科研机构,也可以包含以海洋生物为主题的博物馆或展览馆、海洋生物主题酒店等娱乐休闲项目。我国现已具备建设海洋旅游产业园的基础,此类项目对旅游资源要求相对较低,比较适用于 1—3 平方千米的临海地区开发试用。

(三)海洋主题公园集群模式

海洋主题公园是现代旅游业在旅游资源开发过程中所孕育的新的旅游吸引物,是集诸多娱乐内容、休闲要素和服务接待设施于一体的综合性旅游目的地。它以强烈的个性、普遍的适宜性吸引各个层次的游客,以其高门票、高消费、重游率高等特点吸引投资者。例如,昆士兰的黄金海岸,拥有着众多富有趣味的主题乐园,每年吸引着一千多万的游客到此游览,既可以体验各种刺激的娱乐活动,也可以在天堂农庄体验澳洲最原始的生活方式,各类游客在此得到不同的需求满足。作为开发完善的景区,黄金海岸为不同消费水平的游客提供了完善的吃、住、行、游、购、娱服务与设施,成为景区经济的重要增长点。此类项目投资较大,应具备完善的服务配套设施,适用于 1 平方千米的滨海地区。

(四)滨海旅游度假区模式

滨海旅游度假区模式于 20 世纪 80 年代引进我国并被广泛应用,至今已较为成熟。成熟的滨海旅游度假区除了需要适合滨海旅游的旅游娱乐设施外,还需包含与之相关的餐饮、住宿、交通以及购物等基础配套设施。美国的新泽西海洋城便是这一模式的典型代表,它位于美国东部新泽西角的南部,距亚特兰大 20 分钟车程,费城 70 分钟,纽约 2 个小时。虽然没有明显的滨海旅游资源优势,但通过资源整合、聚向营销等一系列开发营销手段,成了美国著名的家庭度假胜地,创造了滨海旅游度假区的奇迹。此类项目仍是我国海洋旅游发展的重点,适用于面积为 5—10 平方千米的滨海地区,且对区位、交通和市场等有较高要求。

(五)邮轮、游艇基地模式

随着市场产品的不断丰富、开发者的不断增加以及游客旅游需求的不断提高,邮轮、游艇旅游已具有一定量的游客,且平均消费水平远远高于传统旅游模式。它包含传统的邮轮观光、游艇体验,现在很多私密的聚会、会议也趋向于在邮轮上、游艇俱乐部举行。同时,它的兴起与发展也带动了海洋第二产业的快速发展。邮轮、游艇建造基地承担起邮轮、游艇的生产、维修与保养工作;码头的建设决定着其接待规模、接待水平等。丹麦的埃斯比约作为北欧最著名的渔港、远洋港、集装箱港,也是发达的邮轮、游艇基地,每年运载游客 35 万人,结合其他海洋旅游资源,每年接待游客量多达 200 万人。游轮、游艇基地至今尚未成为可独自生存的旅游项目,需借助其他旅游项目的开发,作为景区资源整合中的一部分,占地约 1 平方千米。

(六)综合海岛开发模式

传统的海岛旅游无外乎海岛观光、休闲度假等,而新兴的海岛综合开发完全颠覆了人们的观念,开创了集观光度假、购物休闲、娱乐表演、主题乐园、养生 SPA 为一体的度假模式。新加坡的圣淘沙本是一个占地 390 公顷的小渔村,后经过多次改造成为现在国际闻名的家庭度假海岛。它在原有的风景秀美的海滨风光基础上,策划出一系列的度假娱乐项目,水上运动、主题乐园、音乐喷泉、高尔夫球场、各式表演等满足了不同消费水平游客的娱乐需求;节庆大道为时尚人士提供购物的好去处;养生 ESPA、特色美食等让游客的身心和味蕾得到最大震撼;专为儿童打造的儿童俱乐部和名胜世界,使圣淘沙成为大人和儿童的度假胜地。

任务 10.2　调查海洋旅游发展条件

一、宏观背景分析

(一) 全域旅游时代

2015 年,国家启动开展"国家全域旅游示范区"创建,目的在于推动旅游业由"景区旅游"向"全域旅游"发展模式转变,推动旅游业创新、协调、绿色、开放、共享发展,促进旅游业转型升级、提质增效,构建新型旅游发展格局。2016 年 1 月 29 日,《全域旅游大有可为》中提到"推进全域旅游是我国新阶段旅游发展战略的再定位,是一场具有深远意义的变革"。2017 年 3 月 5 日,"全域旅游"首次写入政府工作报告,报告中明确表示:大力发展"全域旅游"是 2017 年重点工作任务之一。2017 年 6 月 12 日,国家文化与旅游部发布《全域旅游示范区创建工作导则》,为全域旅游示范区创建工作提供行动指南,要求创建单位要按照"九个转变、十个突破、八个防止"的总要求,落实好"八方面任务"。浙江省积极响应国家文旅部的战略要求,在创建国家全域旅游示范区的基础上,出台了《浙江省全域旅游示范县(市、区)创建工作指南》,对全域旅游示范区创建提出浙江省的标准要求,在新一轮的省级全域旅游示范县(区)创建名单中,嵊泗县榜上有名。

嵊泗县通过全域旅游示范县的创建,首先迎合当下旅游景区概念泛化的整体发展趋势,突破单一景区、景点旅游的概念范畴,将旅游功能与城市、乡村发展要素进行有机结合,形成嵊泗新视野下的旅游发展的突破口。全域旅游示范县创建过程中,以《导则》为要求,有利于突出旅游要素的多元化打造,有助于整个区域发展目标的确定,通过资源要素的梳理,有利于强化形成契合"离岛·微城·慢生活"城市气质的旅游产品,通过完善整个旅游产品体系以及配套服务体系,实现整个嵊泗县域旅游品质特色的提升。

(二) 湾区经济时代

由上海、苏州、无锡、南通、嘉兴、杭州、绍兴、宁波、舟山 9 城组成的杭州湾大湾区经济带,2017 年 GDP 总量达 98 800 亿元,是世界级的湾区经济带。结合浙江"大湾区、大花园、大通道和大都市区"四大建设,以及浙江自贸试验区的建设,杭州湾经济区将建成为全国现代化建设新样板、全球新金融革命的重要策源地、长三角区域创新发展的新引擎。杭州湾大湾区作为全国经济最为发达、旅游产业最为成熟的区域,国内游客数、旅游收入等产业数据突出,整体实力居全国之首,强劲的旅游消费市场将使其成为最有潜力的海岛旅游度假区。嵊泗面向繁忙的太平洋主航道、背倚中国大陆最具活力的长三角经济圈,依托宁波舟山港全球第一大港优势,顺势而为,蓄势而发,努力成为服务于连接"一带一路"、长江经济带(舟山江海联运服务中心)、中国(浙江)自由贸易试验区、舟山群岛新区、浙江省海洋经济发展示范区等五大国家战略的重要支点。

(三) 海洋旅游时代

国内海洋旅游处于上升通道,市场需求强烈。2016 年全国滨海旅游业产值约为12 047 亿元,同比增长 10.8%,国内旅游收入达到 39 390 亿元,同比增长 15.2%。从绝对量看,我国的海洋旅游产值约占整个旅游业产值的 30%,对标其他旅游发达国家海洋旅游产值占 60%左右的数据,我国海洋旅游还有超万亿的增长空间,发展潜力无穷。

"东扩"海洋旅游战略推动海岛旅游发展,海洋旅游向万亿产业挺进。浙江省人民政府《关于加快培育旅游业成为万亿产业的实施意见》提出"东扩"海洋旅游,以舟山群岛新区建设国家海洋经济发展示范区为引擎,实施海洋旅游五年行动计划,积极推进邮轮、游艇、休闲度假岛、海洋禅修和海洋探险等高端旅游产品开发,建设一批特色海洋旅游区,培育一批特色休闲旅游岛和特色渔村,形成多元化的浙江海洋旅游精品线路。嵊泗县以"离岛·微城·慢生活"为主题,成为中国海岛旅游典范,正在进一步突破海岛旅游发展中的问题与瓶颈,提升嵊泗旅游的核心竞争力,构建全域化旅游产业格局,以旅游发展助推城镇化建设,引领产业融合发展。

二、发展现状分析

(一) 区位分析

1. 地理区位

嵊泗县地处我国 1.8 万公里海岸线的中心,东陲领海的前沿、长三角经济圈最东部、浙江省舟山群岛的北部,扼长江、钱塘江出海口之要冲,是国内外海轮进出长江口的必经之地。其包括泗礁、黄龙、花鸟、绿华、嵊山、枸杞、大洋山、小洋山等多个岛屿,东临太平洋,南与岱山的大、小衢山遥遥相对,西侧小洋山依托东海大桥连接上海。

2. 交通区位

目前进入嵊泗主要依靠洋山沈家湾码头和定海三江码头以高速客轮或者车客渡等海运方式,也有直升机和水上飞机等高端服务,初步形成了立体的海、空交通体系。嵊泗距离舟山本岛约 2.5 小时船程,距离上海约 3 小时车船程,距离杭州约 4.5 小时车船程,距离宁波约 4 小时车客渡,海岛的半封闭性为慢生活度假旅游提供了氛围和条件。

3. 旅游区位

长三角城市群是"一带一路"与长江经济带的重要交汇地带,在中国国家现代化建设大局和全方位开放格局中具有举足轻重的战略地位,是中国参与国际竞争的重要平台、经济社会发展的重要引擎。嵊泗县毗邻核心城市上海,受长三角地区辐射效应影响显著,凭借自身资源禀赋,依托长三角城市群之间便捷的交通网络,是城市居民海岛度假的最佳去处之一。

嵊泗县地处上海自贸区与浙江自贸区之间。自贸区通过建立"负面清单"管理模式,立足国内、面向国际,在投资开放性、贸易便利性、金融要素流动性和功能集成化等方面不断优化,同时大力推进各项业务的创新改革。两大自贸区将为嵊泗提供国际高端客源,同时也提供了各类产业转型的经验借鉴。

(二) 资源情况

1. 自然资源

嵊泗是生态绿岛,生态环境良好,素有"海外仙山"美誉,2016 年嵊泗正式获批国家级海洋生态文明示范区,也是浙江省唯一列入第二批国家级海洋生态文明示范区名单的海岛县。县域内由西至东,海水透明度逐级提升,以嵊山枸杞海域最佳,同时随季节变化,清浑交替,春季多雾、夏季碧海、秋冬多浑,四季海景皆不同,有较高的观赏价值。境内岛屿耸立,礁岩棋布,形态幻化多样,共有岛屿 404 个,无人岛众多。各岛都分布有优良的海滩,沙滩总长度达 10 多公里。其中以泗礁岛上的基湖沙滩和南长涂沙滩最为著名,各长达 2 000 米以上。奇石以小洋山、黄龙岛最为集中,可谓千岩竞秀,令人叹为观止,尤以黄龙元宝石最为出名。各岛东南侧基岩海岸,受海水侵蚀,多形成海蚀崖,落差高,奇险无比,尤以嵊山东崖绝壁、六井潭、和尚套最为出名。海蚀洞发育良好,以泗礁本岛龙眼鼻洞、花鸟岛穿心洞、磨幽坑洞、绑猪洞为典型代表。

2. 文化资源

嵊泗的文化底蕴源远流长,有着悠久的历史和深厚的文化渊源。嵊泗历史上曾是海上丝绸之路的重要节点,也是中国沿海重要的军事要塞。可以看到许多历史遗迹和文化景观,如古城墙、古建筑、古碑刻等,这些都是嵊泗文化的重要组成部分。嵊泗的民俗文化也非常丰富多彩,如嵊泗民间艺术、嵊泗民俗习惯等,都是嵊泗文化的重要体现。可以欣赏到许多传统的民俗表演,如龙舟竞渡、舞狮、踩高跷等,让人感受到浓郁的地方风情和文化气息。

表 10-1

在"离岛、微城、慢生活"大背景下,凸显嵊泗海洋文化特色,着重应用海洋文化、海洋渔俗文化,并适当表现宗教、民俗文化,展现嵊泗多元的人文魅力。		
淳美清新的慢生活文化	慢活、慢游、慢养。亲近自然,顺应自然的健康生活状态。	十里金滩慢生活度假;花鸟、嵊山、枸杞慢节奏的乡村生活方式;五渔村慢食文化区;菜园慢生活、慢养中心。
独具风韵的海洋文化	东海唯一的碧蓝海域,海水洁净度高,海水温度适宜海底生活多样性丰富。	嵊山枸杞海上牧场;南长涂、基湖海滨浴场;花鸟、嵊山枸杞海滨浴场。
特色显著的民俗文化	渔村民俗文化浓郁,地方特色显著。	渔家乐、插地藏香、六月六浆浴、鱼骨鸟、鱼灯、绳结、渔家剪纸、船饰文化。
内涵深厚的的宗教文化	大悲山观音道场。	千年古刹灵音禅寺。
风味绝佳的饮食文化	海域盛产黄鱼、贻贝、蟹、牡蛎、海螺、紫菜等海产品。	咸菜大汤黄鱼、咸菜萝卜烧带鱼、虎头鱼豆腐汤。
悠久灿烂的历史文化	嵊泗列岛虽偏垂东海一隅,但深受吴越文化辐射,又因特殊地理环境影响,形成了独特的海洋非物质文化遗产。	黄家台遗址;古代海上交通重地,古航运史丰富:郑和下西洋与嵊泗海上交通、鉴真东渡、清朝后期英国入侵嵊泗海道;近代战争遗址遗迹众多,保存良好:鱼雷洞、田岙"万人坑"。上海吴淞口门户,航标灯塔众多,历史悠久:花鸟灯塔。
名人文化	嵊泗的壮丽山海景观,常有名人应景抒情,留下摩崖石刻,流传至今。	黄龙的"东海云龙"、枸杞的"山海奇观"、大洋圣姑礁上的"群贤毕至"、"海宇澄清"石刻等。

3. 渔业资源

所在乡镇	渔农村社区村名称	村庄内部及周边旅游资源
菜园镇	青沙社区村	金青跨海大桥、剑门激流、嵊泗中心渔港
	小关岙村	小关岙沙滩、海上盆景、插旗揽胜、火焰丽礁、花鱼礁、门峡小山
	关岙村	旗杆幻礁
	马迹村	古炮台遗址、马迹山矿砂中转站、马迹山沙滩、城门岩头
	石柱社区村	石柱渔家乐、龙眼鼻洞、天悦湾滨海度假区、南长涂浴场
	高场湾社区村	南长涂浴场、天悦湾度假酒店、海景湾渔家乐、龙眼山
	基湖社区村	基湖老外街、基湖浴场、里外小山、非诚勿扰、双拥公园
	金平社区村	嵊泗中心渔港、金青跨海大桥、剑门激流、金平海鲜大排档、小金鸡、金鸡天后宫
	绿华社区村	绿华风电场、绿华港务灯塔、馒头群礁、东海第一桥、绿华海崖、外轮锚地
嵊山镇	箱子岙社区	嵊山渔港、后头湾村、双人石、福善禅寺、东海海鲜、西洋湾落日、东海海鲜
	陈钱山社区村	嵊山渔港、东海海鲜
	泗州塘社区村	嵊山渔港、蒋纪周烈士纪念碑、东海海鲜、东崖绝壁、夫妻峰
	壁下社区村	——
洋山镇	滩浒社区村	——
五龙乡	会城社区村	灵鼠戏海、左岸公路、会城岙沙滩、北朝阳沙滩、六井潭
	边礁社区村	和尚套、边礁岙沙滩
	黄沙社区村	沙艺术仓库、鱼雷洞、黄沙渔家乐、黄沙岙沙滩
	田岙社区村	田岙渔家乐、田岙沙滩、万人坑、大悲极顶、灵音禅寺、海洋文化陈列馆、鉴真东渡泊船处
花鸟乡	花鸟社区村	花鸟手作街、南岙沙滩、佛手石、大圣望海、登基石、穿心洞、望夫石、磨坑洞、绑猪洞
	灯塔社区村	花鸟灯塔、古树、官帽、雾露峰峦、极顶风光
枸杞乡	龙泉社区村	贻贝制品、海上牧场、
	干斜社区村	贻贝制品、海上牧场、老虎石
	里西社区村	贻贝制品、海上牧场
	奇观社区村	三大王沙滩、蛟龙出水、山海奇观石刻、枸杞南部绝壁
	东昇社区村	乌纱碑、小西天、小西天石刻
黄龙乡	南港社区村	南港沙滩、积庆禅寺、渔绳结、赤膊山
	北岙村	黄龙黄沙岙沙滩、黄龙吐烟
	大岙村	瀚海风情石刻、大岙沙滩
	峙岙村	元宝石、东海云龙石刻、孔明冠、乌龟礁

表 10 - 2

嵊泗作为海岛型城市,除了众多的旅游资源以外,嵊泗自身的特征要素主要体现在:

(1) 海:全县99%面积为海洋,是长三角区域少有的季节性蓝海区域,尤其是东部马鞍列岛区域。

(2) 岛:嵊泗打造"全国第一岛城",全县有着404个大小岛屿,是全国14个海岛县之一,其中有住人岛14个。

(3) 渔:嵊泗是中国十大重点渔业县之一,地处著名的舟山渔场中心,渔产品资源丰富,被称为"东海鱼仓"和"海上牧场",有全国的群众性一级渔港——嵊山渔港。

(4) 港:有上海国际航运中心深水港区——洋山港区,是上海国际航运中心的集装箱深水枢纽港区,也是上海港参与国际竞争的核心港区。

(三) 旅游发展情况

嵊泗县域内旅游资源丰富,种类繁多,目前著名的景点景区有:泗礁本岛的基湖沙滩、南长涂沙滩、大悲山景区、六井潭-和尚套、花鸟岛的花鸟灯塔、枸杞岛的山海奇观摩崖石刻、洋山的圣姑礁、小梅山景区等,同时尚有大量的海域、海岛有待开发。

嵊泗县拥有宾馆80多家,包括天悦湾度假酒店、非诚勿扰酒店、丰华国际大酒店、天悦湾滨海度假区等一系列中高端酒店设施;同时也配套了一批青年旅社、大众旅店等大众化住宿接待设施。县域内合计有渔家民宿819家,共有客房7 857间,床位15 487张,包含星级农家乐118家,其中三星96家,四星19家,五星3家。渔家民宿品质也在旅游发展的同时同步提升,从满足大众需求到走精品线路、主题路线,涌现出如阡陌、思想家、三不客栈、玛塔客栈等精品民宿。在餐饮接待上,逐步形成以鱼、虾、蟹等海鲜为主要食材,以星级餐厅、连锁餐饮、海鲜排档、渔家餐馆、小吃夜市等为主的高端到大众化的餐饮接待设施,同时旅游业的火爆也催生了咖啡馆、酒吧、寿司店等休闲商业业态。

在旅游购物方面,嵊泗地处舟山渔港内,海产丰富。传统海鲜产品依旧是游客购物的首选,其他旅游产品(如渔俗纪念品等)开发相对滞后。同时各类海鲜产品的季节变化明显,如春季的带鱼、清明与中秋前后的小海鲜、春夏之交的鲳鱼和虾蛄、秋季的虾、冬季的梭子蟹、黄鱼和鳗鱼等更是别具一番风味。嵊泗的旅游购物依旧以个体零售为主,商业综合体较少,仅航海广场、基湖老外街两处滨海主题商街。

在智慧旅游建设方面,首先,已建成嵊泗旅游微信公众号、嵊泗旅游新浪微博、嵊泗旅游腾讯微博、嵊泗旅游网、嵊泗交通旅游App、嵊泗旅游百度直达号和嵊泗旅游护照微信(服务号)、嵊泗旅游"今日头条"号等自媒体平台,包含离岛交通线路、嵊泗旅游攻略、住宿餐饮推荐等内容。其次,完成花鸟岛旅游服务中心、民宿区、灯塔区、候船室、步行街、沙滩广场等处WLAN建设,覆盖26个点;完成基湖景区、黄沙岙渔家乐、大悲山等监控点设施。

(四) 旅游市场分析

2019年,嵊泗接待国内外游客497.6万人次,实现旅游收入70.1亿元,旅游接待人次、旅游总收入年增长率均保持在15%以上,发展势头迅猛。从蜂窝网、携程等网络游记、评论中,更多的是感叹山海景观的壮丽、渔家海鲜的鲜美、渔民的淳朴。但也不乏吐槽类评论,如黑车宰客乱叫价格、景区性价比低、沙滩不干净、管理不完善等。

　　调查数据表明,江浙沪地区的游客占到了嵊泗旅游客源的近九成。从长三角旅游市场来看,长三角地区的国内旅游人数约占全国的三分之一,旅游收入约占全国的60%,上海、江苏、浙江三地旅游总收入历年来均名列全国第 2、5、6 位,整体实力稳居全国之首。嵊泗的海岛风光对于上海和许多内陆城市的居民来说具有很强的吸引力。目前,由于长假期有限,长三角区域的游客多以短途出游为主,因此,区域内游客是嵊泗最主要的客源市场。

　　从消费者敏感要素来看,长三角游客除了对"产品新颖与设施完备"有较高要求,对品质及服务要求更高,"节庆活动、产品更新"会提高消费者重访率,大型表演或夜间庆典活动使过夜率明显增加。偏好入住整洁规范且性价比更高的经济型连锁酒店。

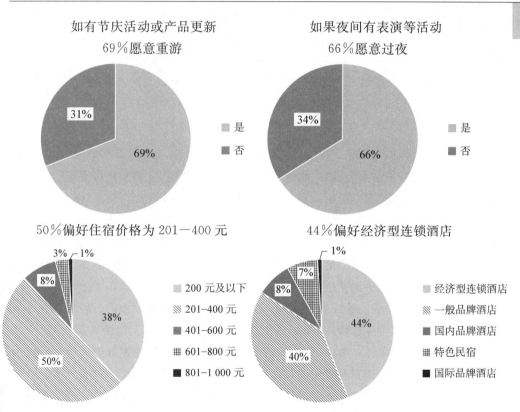

图 10-1

　　在出行习惯方面,长三角居民更偏向于自驾自由行,与朋友同事结伴出游,对于品质较好的景区/景点大部分会重游,在旅游花费方面比较敏感,开销处于中低水平,在注重品质休闲的同时整体花销水平一般。

图 10-2

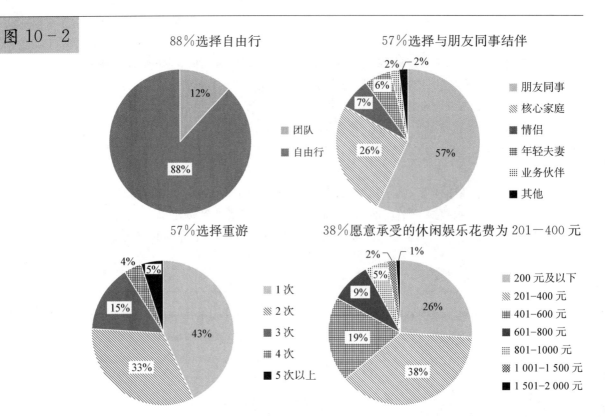

随着长三角区域一体化进程的推进,便捷的交通网络以及私家车的普及,以家庭为单位的休闲度假游成为热点,特色酒店、地方美食、乡村风俗、古镇文化等有别于传统自然观光景区的特色旅游、专项旅游目的地迅速崛起,如浙江的德清、桐庐、桐乡、千岛湖等一系列体验性强、休闲氛围好的度假型产品市场认可度高,市场需求旺盛。一大波以年轻人为代表的"吃货""自拍党"对于旅游的目的地选择不再是 A 级景区、景点,而是很大程度追寻网络的热点,他们更关注的是地方美食的特色和休闲的氛围,更注重格调和品位,这使得区域旅游格局发生了很大改变。

江浙沪短途游是嵊泗旅游的主力军。嵊泗县目前主要客源以上海、浙江、江苏等城市居民为主,合计占游客总数的 90%(其中浙江游客约为 30%;上海游客约为 35%;江苏游客约为 25%),同时一般以周末、节假日的短途游居多;其他客源市场(以福建、山东、安徽、河南等为主)得到有效拓展,游客数量占总数比例提升到近 10%。中青年人为主,职业多样化。从年龄特征来看,来嵊泗旅游的游客集中在 15—64 岁,占到了所有游客的 94%,其中 25—44 岁这一年龄段的游客占比最高,达到了 65.5%。从职业特征来看,企事业管理人员所占比例最高,其次依次是科技文教、学生、工人、公务员、离退休人员以及其他群体。从旅游方式来看,个人或亲朋结伴出行所占的比例最高,达到57.1%,自驾游达到 15.4%,旅行社组织 14.8%,单位组织 10%,总体来看,自由行所占的比例比较高,达到了七成以上。从来嵊泗的旅游目的来看,以观光游览和休闲度假占比最高,分别达到了 47.5%和 63%;从对游客具有吸引力的内容来看,选择海岛风光的占到了 63.3%,选择海鲜美食的占到了 52%,其次依次是渔村风情、气候、海钓等,这说明海岛风光和海鲜美食对游客具有较强的吸引力。

从资源禀赋的共性、交通影响因素、旅游产品和游线组织导向等要素,选取规划区周边已具备一定影响力、有较大游客市场的景区,分析景区对规划区的影响。嵊泗县地处东海前陲,远离大陆,以山海景观、海岛渔耕为主的资源禀赋得天独厚,沿海内陆难以复制。随着国内居民生活水平的提升,人们对于旅游环境的要求越来越高,度假旅游需求越发强烈,加之航空公司的机票折扣的竞争以及国内旅游市场的诟病(宰客、服务欠缺、配套不完善等),使得更多的游客选择出国游,尤其是价廉物美、海水清澈、旅游市场成熟又具地域特色的东南亚地区。

(五) 基础配套设施现状

1. 交通条件

航空交通:嵊泗已开通普陀-泗礁、普陀-花鸟的两条直升机航线,以及普陀-泗礁、金山-泗礁两条水上飞机航线。

水运交通:嵊泗陆岛交通和岛际交通以水运为主,合计开通水运航线 12 条,连接县域内的 13 处客运码头,其中沈家湾码头与李柱山码头主要服务于陆岛交通航线,其余 11 处码头服务于岛际交通。

岛内道路:除花鸟乡灯塔村的通村道路正在建设外,嵊泗县内各主要岛屿(泗礁、花鸟、嵊山、枸杞、大洋山、小洋山等)连接城区、镇区、集镇区、客运码头、景区、乡村的交通网络框架基本建成,同时部分临近岛屿依托连岛大桥相互相连,如嵊山岛与枸杞岛依托三礁江大桥连接,东西绿华依托东海第一桥连接。

慢行系统:嵊泗县已完成绿道专项规划的编制,正在分期建设实施中。目前已经完成建设的绿道为泗礁本岛内的碧海路、李五线部分路段、田会线、青石线,大洋山的环岛路(大岙-客运码头)、府西路。其中碧海路沿线为步行木栈道,其余为自行车道。

公共交通:泗礁本岛内,由城区公交、城乡公交、旅游专线、出租车、租赁汽车、公共自行车组成的多元化公共交通体系已经初步建设完成,目前设有城区公交线路 4 条,城乡公交线路 6 条,旅游公交专线 1 条。同时旅游公交专线设置景区联票,售价 105 元,包含和尚套和六井潭两大景点,但由于两大景区间相距较远,景区间还设有免费公交接送,联票销售额较小。

其他岛屿均没有设置公交线路。嵊山、枸杞、大洋山岛公共交通主要依靠出租车,花鸟岛公共交通主要依赖旅游观光车。

2. 市政、环卫基础

供水设施:嵊泗县各乡镇主岛已基本完成供水管网的铺设,除花鸟乡采用地下水、小洋山采用大陆直引水作为主要水源外,其他各乡镇主岛均建有自来水厂和海水淡化厂。

污水处理设施:嵊泗县各重要旅游乡镇主岛已完成截污纳管、雨污分流相关工程建设。城市污水处理系统完成升级改造,渔农村污水处理工程也已完成建设,城乡生活污水集中处理率达到 86.2%。

电力电信设施:随着多端柔性直流输电工程等电力项目相继投产,多线保障、多岛备用、整体环路的海岛供电保障体系基本形成。各乡镇内均已搭建手机信号基站,广播电视网络不断完善,农村有线广播普及率达到 100%,数字电视覆盖率 90.7%。

燃气设施:嵊泗县燃气依旧以瓶装液化石油气为主,且以村或社区为单位设置供应点。泗礁和小洋山的天然气利用工程项目正在有序建设中。

垃圾分类收集处理:嵊泗县内各乡镇主岛垃圾收集运送采用"户集、村收、乡镇运"的模式,按照"易腐垃圾、可回收物、其他垃圾、有害垃圾"进行分类。民宿、餐饮发达村或区域以"可回收物、其他垃圾、有害垃圾"分类后,由设立在各区域内的垃圾中转站集中收集后运往垃圾处理场分类处理。

旅游公厕:参照 A 级旅游厕所建设要求,重点对主要景区、重要游线、交通集散点的厕所进行建设,目前已改建 30 处,新建 4 处。同时 2018 年新建 20 座,改建 30 座旅游公厕。

(六) 全民休闲时代

2020 年我国国内生产总值 15.571 万亿美元,比上年增长 2.3%,其中天津、北京、上海、江苏、浙江、福建、内蒙古、广东、山东等 9 个省份人均 GDP 超过 1 万美元,全国已经进入全民休闲度假的时代。根据世界旅游发展经验,人均 GDP 达到 5000 美元时,全民度假时代就会来临,而杭州湾大湾区中 8 个城市的人均 GDP 全部超过 1.5 万美元,最高是苏州 2.4 万美元,最低为嘉兴 1.23 万美元,杭州湾大湾区中产阶级的占比高,并且呈现快速增长的趋势,中产家庭的快速崛起,为旅游消费升级提供了有力的支撑,游客更加注重出游的品质、体验与性价比。

浙江省政府出台《进一步促进旅游投资和消费的若干意见》,明确要求把职工带薪休假制度纳入各机关企事业单位重要工作制度,鼓励企业按规定发放旅游消费券或旅游休闲补贴,将职工旅游休闲作为奖励和福利措施。同时,鼓励机关、团体、企事业单位合理安排职工休假时间,根据实际情况和个人意愿,将带薪年休假分段灵活安排,与法定假日、传统节日等相连接。鼓励有条件的地方和单位依法优化调整作息安排,职工可将周五下午和周末结合,为外出休闲度假创造有利条件。即"2.5"个"周末日"逐步推广实施,可有效增加居民周末游览半径,提高周末旅游经济总量。

"省内外疗休养"政策为填补旅游淡季市场提供契机。2015 年 2 月,浙江省发布《关于加强浙江省职工疗休养管理工作的意见》,启动时长五天、费用不高于 400 元/人·天限额标准的疗休养旅游。同时在《关于加强浙江省职工疗休养管理工作的意见》的补充意见中明确要求疗养地应选择在浙江省内,并向优秀员工、一线员工倾斜。2018 年,浙总工发〔2018〕24 号《关于调整和完善职工疗休养政策的通知》,要求在立足本省开展活动的同时,各基层单位可组织部分职工赴对口支援(帮扶、合作)省、自治区和沪、苏、皖、闽、赣 5 个周边省(市)开展跨省疗休养活动。这一市场停留时间长、客源稳定、受淡旺季影响较少的特点,对填补嵊泗旅游淡季市场将起到明显作用。

任务 10.3　策划海洋旅游项目与产品

一、总体思路

充分结合对嵊泗的形象认知要素,根据嵊泗海岛地理分布,通过分析各个区块海岛的资源特征以及发展基础,强化现有要素特征,将"岛、渔、海、港"要素充分与片区发展主题相结合,打造主题鲜明的旅游板块,形成错位发展:中部以泗礁、黄龙为主的岛群,主要结合嵊泗"岛城"的城市服务功能打造的"岛生活"为主题的旅游板块;东部嵊山、枸杞作为配套相对较为完善的区块,以嵊山渔港功能以及枸杞的养殖功能为特色,突出"渔生活"的主题;花鸟、绿华、壁下区块以众多分散小岛为依托,考虑自身空间和资源的限制要素,重点突出其"蓝海属性",强调海洋的功能性以及体验为特色,打造"海生活"主题旅游板块;西部以大、小洋山为主的岛群分布,主要以小洋山的港口功能为特色,形成"港生活"为主题的旅游板块。

二、空间布局

结合主题策划,根据各个区块自身产业以及资源要素,规划形成四大旅游板块:

(一) 岛生活(泗礁、黄龙)

岛生活示范区主要以"离岛·微城·慢生活"为主题,塑造典型岛城生活氛围。结合中心城区良好的服务配套和商业支撑,同时依托本岛的空间优势、交通条件、渔村资源、旅游配套服务基础等发展要素,通过城市功能与旅游功能的紧密结合,进一步完善交通组织、商业配套、旅游配套、基础设施、景观风貌、旅游产品等功能,突出岛城功能的辐射。强调海岛慢生活氛围的营造,打造嵊泗海岛旅游的枢纽,形成度假资源要素集中的综合性旅游目的地。

(二) 渔生活(嵊山、枸杞)

结合嵊山渔港的产业功能以及枸杞大面积的贻贝养殖功能,结合岛屿周边的蓝海景观要素,依托百年渔镇风情和海上牧场文化为主的"旅游＋"多产业融合发展模式,通过镇区、村落、沙滩等资源要素的利用提升,打造百年渔场、蓝海牧岛、嵊泗海岛渔生活的体验区,集贻贝第六产业融合、渔村度假休闲的综合性海岛乡村旅游目的地。

(三) 海生活(花鸟、绿华、壁下、大盘)

结合区块典型的相对独立的海岛景观特征以及远离大陆的时空距离要素,以海岛度假、海上运动体验、海钓体验、海上游览等功能为主导,依托花鸟、绿华以及东库岛景观要素资源,壁下、大盘岛的海钓资源,打造集高端、复古风情等多样化的岛居生活以及游艇、徒步、婚庆、水上运动、海钓运动体验、度假休闲等功能的综合性高端海岛度假旅游目的地。

(四) 港生活(大、小洋山)

结合洋山港现代化港区风貌,展现海洋经济门户的文化内涵,突出小洋山国际港口的现代产业特征以及自贸区的商贸特征,打造集小洋山港口旅游、自贸区商贸旅游的现代"旅游＋港口"旅游融合发展模式。同时以大洋山打造乐活岛为主题,以小洋山港口景观为背景,通过旅游产品强化,打造集运动健身、乐活运动体验、渔村观光休闲的海岛乡村旅游目的地。

三、产品策划

(一) 旅游产品谱系

以市场为导向,建立在嵊泗资源属性、市场需求、资源空间集聚、空间布局等综合分析的基础上,按照国家旅游产品谱系设计标准,将嵊泗旅游产品分为四大类型:观光型、休闲度假型、专项旅游类和特种旅游类。

(二) 旅游产品开发

嵊泗多年来的旅游发展,形成了"离岛·微城·慢生活"为品牌的旅游产品系列。虽然海岛度假旅游功能有所发展,但是符合现代旅游需求的度假旅游产品、会议旅游产品的供应不足,产品类型与丰富多彩的旅游资源不相称,与国内外多样化的市场需求不适应。龙头产品需要品牌提升,一般旅游产品需要多样化、多层次发展,重点在以下三个方面加以提升:

1. 构建"立体化"的旅游产品体系

陆上:开发海岛游、渔村游、军旅游、美食游、微城游、港口游、景区游等产品。

海上:发展海上餐饮、海上休闲(游轮观光、水上游乐)、海上运动(海钓、游泳、潜水)等项目。

空中:发展滑翔运动、热气球空中观光、直升机观光等旅游项目。

2. 开发"活力四季"旅游精品系列

开发四季皆宜的产品(如会议、演艺、室内体育、摄影、写生、吃海鲜等季节性产品)以及亲水性运动、滨海度假等精品系列。

3. 打造夜游旅游产品

夜游项目在国内已渐渐发展起来,许多城市开辟"夜光经济"。嵊泗应大力开展夜表演、夜休闲等夜间旅游产品,成为其旅游度假休闲功能的重要支撑。

(三) 全时旅游重点产品策划

1. 夜游产品创新策划

开发思路:目前嵊泗旅游产品主要以白天海岛生态观光、休闲度假、文化娱乐、海洋运动体验等为主,日落到深夜时间段的夜间旅游产品是嵊泗产品体系的短板,游客在嵊泗夜间缺少具有休闲性、娱乐性、趣味性的旅游活动。

2. 冬季旅游产品创新策划

嵊泗生态风光优美、景色宜人。但由于舟山所在纬度与气候因素,冬季气候寒冷、海岛海风天气现象等原因,旅游产品主要集中在春季到秋季(即5月—10月),冬季则一直处于旅游淡季。通过打造嵊泗冬季旅游产品延长嵊泗旅游"火爆链",完善产品结构、丰富旅游业态,增加旅游的经济收入。

3. 事件旅游产品策划

嵊泗以全球视野打造国际性旅游目的地,打造嵊泗文化庆典旅游、文化娱乐事件旅游、商贸及会展旅游、体育赛事旅游、科学教育事件旅游、休闲事件旅游、政治事件旅游、私人事件旅游等八大分类,打造以各类事件为核心吸引物的独特旅游产品。组织嵊泗国际乐活论坛、嵊泗海岛摄影艺术节、嵊泗佛缘禅修节、嵊泗海味美食节、嵊泗夏季浮潜节、嵊泗慢生活避暑节、嵊泗海岛影视节等节庆赛事。节会赛事不但可以吸引更多的游客,也是集中进行品牌推广、旅游商品展示、本土特色文化展示的最佳时机。继续举办和提升已有节会赛事,增加更具影响力和地方特色的节会赛事,助力嵊泗国际知名旅游胜地品牌的推广。

任务 10.4　运营与管理海洋旅游

一、人才强旅

加快培养适应市场需求的旅游行政管理人才、经营管理人才、旅游专业技能人才、导游人才、海岛旅游专业人才，形成结构合理、素质优良的人才队伍体系。打造创新人才培养平台，实施"1234"旅游人才计划，培养和引进 10 名海岛旅游规划、饭店管理、旅行社营销等中高层管理人才，培育海岛民宿、旅游电商、旅游商品设计等 20 名"旅游创客"，建立 3 个紧密型校企合作基地，培养旅游专业学生 400 名。制定全县旅游从业人员培训计划，用三年时间实现全员轮训。针对旅游从业者举办全域旅游专题研究班，加强全域旅游理论与案例学习。加强导游队伍管理，每年评选一批金牌导游员。支持职业学院提高办学质量，培养高素质实用型旅游专业人才。

二、窗口营销

致力于打造品牌形象。坚持旅游搭台、经济唱戏，持续办好海岛乐活论坛、节庆活动，提高嵊泗的知名度。把"离岛·微城·慢生活"作为嵊泗整体形象品牌，在各类经贸、文化、体育、旅游等重大活动中统一使用，提升嵊泗海岛旅游的国际知名度和影响力。按照国际一流标准，加快建设大、小洋山、花鸟岛、嵊山-枸杞岛等一批旅游示范海岛，打造嵊泗海岛旅游金名片。

实施精准营销。开展"浙江人游嵊泗列岛""上海人游嵊泗列岛"等活动，巩固江浙沪闽一级客源市场，拓展粤赣皖豫二级客源市场，开辟长江沿线、京津冀等潜在客源市场。加强旅游与民航的联合促销，有计划、有重点合作开发旅游精品航线，组织季节性包机，进一步挖掘航空旅游的市场潜力；组织"千名老外免费游嵊泗"等活动，积极拓展入境旅游市场。继续办好重大节庆活动，推广体验性、个性化的海岛定制旅游产品，开发特色休闲产品和线路，有效破解旅游淡旺季问题。创新营销方式，大力发展 O2O、B2C 等电子商务，深度推进与 OTA 企业合作。

三、精准招商

依托嵊泗群岛海岛资源，强化陆海统筹，建设一批空间集聚、产业集群、功能集成的旅游平台，成为旅游产业的重要支撑。继续加强对外招商，完善旅游招商项目库，开展定向招商、精准招商。针对国内外旅游知名企业、品牌投资商，重点招引游轮游艇、海洋主题游乐、运动竞技、健康养生、精品度假酒店、海岛民宿等休闲度假项目。

推动金融机构与旅游企业对接与合作。为旅游企业和金融行业之间搭建桥梁，实现旅游项目与银行、企业对接，实现金融业助推旅游业大发展。金融机构要大力扶持符合服务产业导向的新建、扩建、改建旅游项目，优先安排贷款资金。积极探索发行旅游产业债券，整合现有彩票资源，为旅游产业发展建立新的融资渠道。

建立以专业投融资机构为基本构架的投融资平台。设立旅游专业金融机构，如旅游金融财务公司或信托投资公司、融资担保公司等，随着旅游开发项目大型化、集约化，旅游投资的规模将相应增大，单一的投资商往往难以完成整个项目投资，通过上述专业金融机构为基本构架的投融资平台，可以提升规模投资能力和投资效益。

综合运用多种投融资工具,引导社会资本跟进。一是利用资产抵押的方式向银行借款。开发商可在对旅游资源进行开发时使用土地使用权、开发经营权、未来门票或其他收费权抵押借款;二是将旅游项目打包,通过信托凭证,向社会集资,进行信托融资;三是通过私募资本进行融资;四是采用BOT(建设—经营—转让)模式将整体项目进行融资;五是充分利用国家鼓励政策,进行政策支持型的信贷融资,包括旅游国债项目、扶贫基金支持、生态保护项目、文物保护项目等。

引入民营资本投资,助推旅游发展新局面。逐步推进景区经营企业化、景区运作市场化、市场主体多元化,增强发展活力。鼓励非企业性的国有旅游景点通过拍卖、竞标等方式出让开发权和经营权,变换经营主体,盘活旅游资源。通过改组、改制、控股、联合重组等形式,组建专业化的旅游集团,不断壮大民营旅游企业规模。

四、服务升级

提升区域公共服务,将完善公共服务体系作为重点篇章。要坚持以问题导向和游客需求为指引,大力推进"互联网+旅游",加快完善旅游基础设施,全面构建高品质、人性化、全覆盖的旅游公共服务体系,让游客游得放心、游得开心、游得舒心。推进区域智慧旅游发展,利用互联网便捷打造"互联网+旅游";打造水陆空三种交通工具转接,提升游客交通出行质量;完善旅游厕所、停车场、旅游咨询服务、自驾车营地等旅游公共设施,提升旅游服务质量及游客出行体验。增强市民便民惠民服务,增强人民群众的获得感,实现旅游发展成果主客共享,促进人与旅游、自然与旅游、社会与旅游的和谐发展。

提高旅游管理干部队伍素质,凝聚旅游发展合力。发展全域旅游对旅游管理干部队伍提出了更高要求。各级旅游管理干部应自觉适应改革发展需要,着力提高素质、增强本领,做到真抓实干、高度负责,深入开展全域旅游转型发展各项工作,以思想统一破除行为偏差、促进部门协调,营造勠力同心、协作配合的全域旅游发展氛围。

提高旅游从业人员素质,升级旅游消费体验。游客身心愉悦、享受良好旅游体验,不仅需要优质的旅游产品,而且需要优质的旅游服务。随着旅游消费需求的不断升级,旅游过程中的每个环节与细节都会影响游客的旅游体验。这就要求景区既为游客提供丰富、新颖、体验式、互动式的旅游产品,又为游客提供积极健康、热情周到、充满正能量的旅游服务。为此,必须加强对旅游从业人员的管理和培训,形成严谨规范的培训和上岗机制,建立公开透明的保障和退出机制,完善科学有效的激励和竞争机制,全面提高旅游从业人员素质。同时,坚决清除旅游潜规则,切实维护旅游消费者权益,避免旅游消费纠纷,杜绝旅游安全隐患。

提高全民旅游素养,树立嵊泗旅游良好形象。我国已迎来大众旅游时代,掀起全民旅游热潮。但仍有游客存在不文明行为,损害国人形象。改善国民旅游形象,需要大力培育和弘扬社会主义核心价值观,强化"人人都是旅游形象大使"的文明旅游意识和自律意识。同时,要加强对游客的教育和监督,引导游客把文明旅游内化为价值取向、外化为行为准则,形成思想情感上的认知认同,进而营造人人共建、人人共享的良好旅游环境。

项目小结

海岛旅游策划是在海岛旅游资源调查和评价的基础上,以发展海岛旅游业为目的,以市场需求为导向,有组织有计划地对海岛旅游资源加以利用,发挥、改善和提高海岛旅游资源对旅游者吸引力的综合性技术经济工程。第一,海岛旅游策划要以资源调查和评价为基础,发展海岛旅游业,就要了解作为海岛旅游业供给基础的海岛旅游资源的类型、结构、数量和质量特征、资源等级、地理赋存状况及保护、利用和发展现状等,从而确定海岛旅游策划的方向。第二,海岛旅游策划的目的就是发展海岛旅游业。发展海岛旅游业可以扩大海岛就业、调整海岛产业结构、促进海岛经济发展甚至可以保护海岛的生态环境。因此,科学合理地开发利用海岛旅游资源,发掘和提高海岛旅游吸引力,主要目的就是为旅游业服务,从而促进海岛其他效益的提高。第三,海岛旅游策划要以市场需求为导向。在策划之前,需要认真研究海岛旅游市场,根据市场需求状况,开发利用市场需求大、能够畅销的海岛旅游产品,科学处理好海岛旅游资源与海岛旅游产品以及海岛旅游市场的关系,提高市场竞争力。第四,海岛旅游策划是一项综合性工程,海岛旅游策划不仅涉及对海岛旅游资源的开发,还有海岛交通、海岛基础设施和服务接待设施等建设,甚至还会涉及管理机构的建立、经营机制、人力资源开发等内容。就开发效益而言,不能只考虑海岛旅游经济效益的大小,而应同时分析论证开发所带来的海岛社会效益和海岛环境效益,三大效益要综合考虑,同时兼顾。

讨论与思考

1. 浙江省发展海洋旅游有哪些发展优势?

2. 沿海旅游目的地城市如何更好地加快和促进以"旅游＋海洋"为主题的旅游产品与线路开发?

项目小测验

一、名词解释

1. 海洋旅游

2. 海洋旅游资源

3. 海洋旅游产品

4. 海洋主题公园

5. 滨海旅游度假区

二、填空题

1. 海洋旅游市场调研方法有_____、间接调研两种方法。

2. 海洋旅游市场非全面调研分为_____、_____、_____三种形式。

3. 海洋旅游形象公关传播要做到行之有效,必须注意适宜的公关时机、针对的公关对象、_____。

4. _____、_____、品牌管理属于海洋旅游市场品牌营销策略。

5. 现代海洋开发的三大海洋产业是指_____、海洋水产业、海洋交通运输业。

三、选择题

1. 我国面积最大的岛屿是（   ）。

A. 海南岛   B. 台湾岛   C. 崇明岛   D. 金门岛

2. 渤海海峡中最大的岛是（   ）。

A. 南长山岛   B. 砣矶岛   C. 北长山岛   D. 大钦岛

3. "有道是十里银滩美，可比起这二十里椰林画廊，就小巫见大巫了！"这句话描述的是（   ）的景观。

A. 亚龙湾   B. 三亚湾   C. 大东海   D. 海棠湾

4. 每年临高县都会进行盛大的渔民节，唱渔歌"哩哩美"，参加这样的活动属于（   ）。

A. 海洋风光游   B. 海洋生态游   C. 海洋文化游   D. 海洋度假休闲游

5. 钱塘江河口的杭州湾属于（   ）。

A. 生物海岸   B. 山地丘陵海岸   C. 砂砾质海岸   D. 平原海岸

四、简答题

1. 请从客源市场与交通角度，评价海南岛旅游资源开发状况。

2. 简述海洋旅游市场形象设计思路。

3. 简述礁湖成为滨海旅游度假最优区域的原因。

4. 结合舟山群岛旅游发展实际，试述舟山海洋旅游市场形象传播。

5. 结合国内外邮轮发展现状，简要谈谈舟山发展邮轮旅游母港的可行性。

扩展技能训练

任务 1：平潭综合实验区，为福建省辖行政管理区，位于福建省东部，与台湾隔海相望，是祖国大陆距离台湾岛最近的地方。平潭具有丰富的自然旅游资源和独具特色的人文旅游资源，素有中国"马尔代夫"之称，是福建省第一大岛，中国第五大岛。2016年，国务院批准《平潭国际旅游岛建设方案》，将平潭发展定位为国际知名旅游目的地、两岸共同家园和对外开放重要窗口，平潭被赋予综合实验区、自贸试验区、国际旅游岛三大发展战略任务。请梳理平潭全域旅游资源及现状，策划平潭国际旅游岛的文旅目的地。

任务 2：大陈岛位于台州市椒江区东部，由上大陈、下大陈、一江山、竹屿、洋旗等 29个岛屿及 83 座岛礁组成，素有"东海明珠"之称。大陈岛是国家一级渔港、国家级海洋牧场示范区、中央团校党性教育基地、全国海钓竞赛基地、中国帆板帆船高水平人才基地，是全国唯一的红色海岛旅游景区。请梳理平潭全域旅游资源及现状，策划大陈岛红色海岛旅游目的地。

【情景案例】

大运河是杭州的"城之命脉"，孕育滋养了杭州城市千年发展

2020 年 12 月，大运河国家文化公园（杭州段）建设全面集中开工。这又是杭州对大运河的一次创新实践，将会重构一座遗产城市的未来生活方式。

杭州地处京杭大运河最南端，也是浙东运河的发端。大运河杭州段穿城而过，总长 110 余公里，包括 11 个遗产点段。大运河杭州段作为一处活态大型线性遗产，至今仍发挥交通航运、水利行洪、旅游景观等功能，是杭州的"城之命脉"。

近年来，习近平总书记多次对大运河作出重要指示，要求保护好、传承好、利用好大运河这一祖先留给我们的宝贵遗产，要古为今用，深入挖掘以大运河为核心的历史文化资源。

为更好地保护、传承、利用大运河的历史文化资源，杭州市以符合当代审美的现代城市理念，对大运河（杭州段）沿线 11 处遗产点段，各级文物保护点，约 10 万平方米工业遗存做出科学评估，进行严格保护。

2020 年 12 月 15 日，杭州市委十二届十一次全体（扩大）会议指出，要精心打造大城北等城市重点功能区块，加快建设大运河国家文化公园，着力打造国际运河文化示范城市。在前期运河综保工作的基础上，以大城北 3.5 平方千米示范区为主要抓手，大运河国家文化公园（杭州段）建设正在加快推进。

杭州市运河集团相关负责人表示，此次集中开工的项目共 16 个，包括 5 个重点文化标杆项目，分别是京杭大运河博物院、小河公园、大运河杭钢工业旧址综保项目、大城北中央景观大道、大运河滨水公共空间，将在保留历史元素的基础上实行保护和改造，以千年运河历史、百年工业遗存为内涵，力求在保护好、传承好、利用好大运河这一祖先留给我们的宝贵遗产的同时，为市民和游客创造更丰富多彩的文化生活空间。按照"生态优先，文化先导，产业主导，市场运作"的保护与开发理念，"活态传承千年运河文脉，人性化营造山水自然生态景观，让大运河杭州段真正成为'人民的运河，游客的运河'"。

在项目建设过程中，将引导数字经济等知识密集型高端产业培育与发展，促进产城融合，营建一个具有未来感的城市空间，以符合当代生产、生活需求理念，导入公园绿地、游艇码头、旅游休闲、TOD 综合体、博物院和剧院等对标世界一流，打造构建全新的、与时代一脉相承的城市空间与文化生态。

杭州市运河集团将紧紧围绕"数智杭州·宜居天堂"发展导向，抓住"亚运会、大都市、现代化"重要窗口期，凝聚共识，深谋实干，落实好全会精神，加快建设大运河国家文化公园，着力打造国际运河文化示范城市，努力把美好蓝图转化为生动实景，确保"十四五"开好局起好步。

❓想一想：习近平总书记为什么多次指示要保护好、传承好、利用好大运河？大运河应该如何发展文化旅游？

【项目导学】

通过本项目的学习与实践,主要期望提升学习者如下的素质能力、知识结构与专业能力:

素质能力目标

➤ 能逐步养成持续学习的习惯,开阔眼界,具备文化视野和文化素养;

➤ 能逐步感悟旅游与文化的交融,坚定文化自信,增强民族自豪感,具备向国际传播、弘扬中华文化的能力;

➤ 能与团队成员积极协作,大胆创新,合力完成文化旅游策划。

知识结构目标

➤ 了解文化旅游的相关概念和内涵;

➤ 掌握文化旅游的发展条件;

➤ 熟悉文化旅游项目的运营及管理模式。

专业能力目标

➤ 能够从实际出发,对文化旅游目的地进行全面、深入的调研;

➤ 能够深入挖掘地方文化旅游元素,开展文化旅游项目策划;

➤ 能够整合资源,设计文化旅游的特色线路。

任务 11.1　认识文化旅游

一、文化旅游的基本概念

文化旅游的概念最早产生于 20 世纪 70 年代的美国,80 年代开始在欧洲流行。1985 年,联合国世界旅游组织对"文化旅游"进行了定义。广义定义认为"文化旅游"包括旅游地的所有方面,包括旅游地的文化历史遗产、生活方式乃至于思想;狭义定义则从旅游者的心理出发,认为"文化旅游"是"人们出于文化动机而产生的旅游行为,包括研学旅行、表演艺术、宗教朝圣等各类具体的文化事件旅行"。

文化旅游是在文化产业和旅游产业融合发展背景下产生的概念,是旅游产业和文化产业的重要组成部分,是以文化为基础,为实现人们旅游文化需求体验的一种新的旅游模式。

二、文化和旅游的关系

(一)文化是旅游的灵魂

1. 文化是旅游资源的魅力所在

不少的文化资源只要稍加开发就可以成为富有吸引力的旅游产品。大量的人文旅游资源都具有丰富而深邃的文化内涵,旅游工作者要善于开发、利用,游客要善于发现、欣赏和感悟,当然所有这些都要求游客和旅游工作者具备较高的文化素养。

2. 文化是旅游业兴旺发达的内在源泉

2016 年,习近平总书记在中国文联十大、中国作协九大开幕式上指出:"文化是一个国家、一个民族的灵魂。历史和现实都表明,一个抛弃了或者背叛了自己历史文化的民族,不仅不可能发展起来,而且很可能上演一幕幕历史悲剧。文化自信,是更基础、更广泛、更深厚的自信,是更基本、更深沉、更持久的力量。坚定文化自信,是事关国运兴衰、事关文化安全、事关民族精神独立性的大问题。"在文化旅游发展中,更加要强调文化自信,充分挖掘中国特色的文化资源,进行文化基因解码,在开展旅游活动的同时,做好文化的宣传。

3. 文化交流是旅游业实现社会效益与经济效益的重要途径

就社会效益而言,文化交流可以开阔眼界、增长见识、增进了解、加强沟通、提升友谊;就经济效益而言,文化交流可以获得更多的信息流、资金流和人才流,有利于促进客源地和目的地提高经济效益。

(二) 旅游是挖掘文化内涵和实现文化功能的载体

应该说,缺乏文化内涵的旅游是没有灵魂的旅游,缺乏文化品位的旅游产品很难有吸引力和生命力。旅游是实现文化教化功能与娱乐功能的载体,是挖掘文化、优化文化、丰富文化和保护文化的有效途径。

1. 旅游业的发展有利于挖掘文化

随着旅游业的快速发展,人们对文化与旅游关系理解的不断深入,文化已经成了旅游业竞相追逐、竞相挖掘的对象。云南的丽江古城和"香格里拉"、湖南的凤凰古城和芙蓉镇等,都是通过特殊文化的发掘而赢得广大游客的青睐。可见,旅游业发展有利于挖掘文化。

2. 旅游业的发展有利于丰富文化

旅游业是一个极富创造性的行业,其创造的核心是文化品位的不断提升、文化内涵的不断深化和文化底蕴的不断丰富。世界各地,包括中国的许多城市,之所以在旅游业中占有一席之地,很大程度上是因为对文化的挖掘。如在20世纪80年代之前,深圳还是一个荒凉的小渔村,可以说是一片"文化沙漠",然而经历改革开放后40多年的建设和发展,深圳建起了令世人瞩目的人文景观(锦绣中华、中华民族村、世界之窗等),已成为中国主题公园潮流的领跑者之一。

3. 旅游业的发展有利于保护文化

旅游资源的开发过程,也是对文化进行抢救的过程。对旅游项目的开发,一定要注意文化的渗透和保护。为了更好地开发和保护一些重要的、特殊的文化,为了更好地对国内外游客开放设施,政府往往会投入巨资对一些旅游资源进行修葺和保护,如我国藏族建筑的瑰宝——拉萨的布达拉宫等文化遗产。

(三) 旅游的发展离不开文化的保护、挖掘和市场开发

1. 保护文化资源,就是保护旅游资源

从长远来看,必须坚持文化资源"在合理利用中得到保护,在有效保护中加以利用"的原则,绝不能因为追求眼前利益而损害文化资源。可以说,保护文化资源,就是保护旅游资源。

2. 挖掘文化资源,就是挖掘旅游资源

实践证明,独具魅力的文化资源,一定会赢得游客的青睐。所以,对旅游资源的开发,必须首先进行深入、系统的调研和发掘,明确其中的文化内涵,做好文化资源的遴选和保护工作,以便保护和挖掘文化,形成旅游资源的独特魅力。所以,挖掘文化资源,就是挖掘旅游资源。

3. 抓住文化市场,就是开发旅游市场

把握好文化与旅游融合发展的总体战略部署,鼓励多元化资金投入和多元化经营,做强做大一批具有竞争力的企业。开发者应善于研究旅游市场,把握好旅游者求新求异与求美求知的结合点、休闲娱乐与文化需求的结合点。可以说,文化抓住了旅游,就使得文化的市场价值和消费作用更加明显,经济效益更为突出;旅游抓住了文化,就使得旅游更有内涵,更有品位,更有魅力。

> **想一想** 如何在旅游项目中体现中国传统文化?

三、文化旅游的主要业态

(一) 文化遗产旅游

文化遗产旅游是 20 世纪 90 年代以来国际旅游市场中最流行、最重要且增长最快的旅游形式,是文化旅游的主要表现形式之一,涉及基于文化遗产地、文物及博物馆、非物质文化遗产(非遗)等各类文化遗产开展的旅游活动,是建设"文化强国",满足"人民日益增长的美好生活需要"的重要途径。

文化遗产包括物质文化遗产和非物质文化遗产。其中,物质文化遗产包括文物(从历史、艺术和科学角度看具有突出的普遍价值的建筑物、碑雕和碑画、具有考古性质成分或结构、铭文、窑洞以及联合体)、建筑物(从历史、艺术和科学角度看,在建筑式样、分布均匀或与环境景色结合方面,具有突出的普遍价值的单立或连续的建筑群)和遗址(从历史、审美、人种学或人类学角度看具有突出的普遍价值的人类工程或自然与人联合工程以及考古地址等地方)。非物质文化遗产的概念包括传统口头文学以及作为其载体的语言,传统美术、书法、音乐、舞蹈、戏剧、曲艺和杂技,传统技艺、医药和历法,传统礼仪、节庆等民俗,传统体育和游艺,以及其他非物质文化遗产。

> **想一想** 如何利用非物质文化遗产来发展文化旅游?

(二) 民俗文化旅游

民俗即民间风俗习惯,是广大劳动人民所创造的民间文化,包括饮食、服饰、居住、节日、民间歌舞等各方面的民俗风情。民俗文化作为一个地区、一个民族悠久历史文化发展的结晶,是当地人民风土人情的反映,具有浓厚的地域特色,蕴含着极其丰富的社会内容。民俗文化旅游是以保护民俗文化为重点,以弘扬民俗文化为目标,将地方的民俗文化全方位、多角度、原真性地呈现给游客,激发人们对传统民俗文化的保护和传承意识,坚定文化自信和民族自信。游客在民俗文化旅游中,不仅要观览,更要参与、体验旅游地人民的真实生活内容。

（三）主题公园旅游

主题公园是现代旅游业在旅游资源的开发过程中所孕育产生的新的旅游吸引物，通常指围绕特定主题而规划建造的，集合诸多环境、游乐设施、表演等内容的综合性休闲娱乐场所。主题公园起于欧洲，兴于美国。国内的主题公园在 20 世纪 80 年代初现雏形，在此后的 40 年间发展迅猛，不仅有迪士尼、环球影城等国外引进项目，更有华侨城、长隆、海昌、宋城、华强方特等知名国内品牌。随着国内主题公园的快速开发建设，中国主题公园游客总量已超 2 亿人次，成为世界最大的主题娱乐市场。主题公园以特定文化旅游主题，为游客有偿提供休闲体验、文化娱乐产品和服务，充分利用情境和互动体验，为游客创造旅游价值。其中，特色文化是核心竞争力，主题体验是核心吸引力。

（四）文化旅游演艺

"白天逛景区、晚上看演出"逐渐成为年轻游客的主流行程安排。中国演出行业协会数据显示，2023 年上半年，旅游演艺演出 6.84 万场，票房收入 70.55 亿元，观众 3 911.93 万人次，文化旅游演艺正在蓬勃发展。相较于一般的剧场演出，文旅演艺更多主动挖掘利用地方文化，积极包装、宣推发力，充分利用高新技术为游客带去沉浸式、互动式的观演体验，是融文化性、艺术性、民族性、独特性于一体的视觉盛宴，不仅是旅游景区文化传播的载体，更是提升品牌形象、获取旅游效益的有效方式。《宋城千古情》在内容创作上充分挖掘杭州的历史文化，通过歌剧、舞剧、话剧、越剧等多种形式，同时加入杂技、影视、武打等元素，把美丽的传说牵引了出来，把感人的史实挖掘了出来，把动人的情感演绎了出来，最终收获了巨大的经济效益和社会效益。

文化旅游

任务 11.2　调查文化旅游的发展条件

以京杭大运河杭州段（运河景区）为例，在对其进行文化旅游策划前，首先对该景区发展文化旅游的条件进行分析。

一、区位条件

（一）地理区位

京杭大运河杭州段是京杭大运河的最南端，北起余杭塘栖，南至钱塘江，全长约 39 公里，贯穿杭州市余杭、拱墅、下城、江干四个城区。京杭大运河杭州段（运河景区）位于京杭大运河杭州段，南起武林门码头，北至石祥路，南北长约 7.3 千米，东西宽约 500 米至 1 000 米不等，面积为 4.1 平方千米，包含两岸开放式历史文化街区、博物馆和工业遗存改造园区的线性水陆空间，形成以"三街四园"为主的旅游休闲街园区核心吸引物。景区地理位置优越，距离萧山国际机场 29 公里，高铁站 6 公里，航空、铁路、公路、水路等进入交通条件良好。

(二) 客源区位条件

杭州地处长江三角洲南翼,是知名的旅游城市。长三角一体化发展上升为国家战略后,杭州联合长三角城市共塑文旅品牌、共拓旅游市场,相继在多个国家和地区开展联合推介,成效显著。京杭大运河杭州段(运河景区)的一级客源市场为省内及长江三角洲城市游客,二级市场为国内其他地区游客,三级市场为入境游客。此外,近两年本地人游本地的趋势也十分明显。

二、资源条件

(一) 文化遗产资源

京杭大运河(杭州段)是中国大运河延续使用时间最长的河段之一,具有极高的历史、科学和人文价值。大运河(杭州段)文化遗产涵盖 2 个遗产区,包括江南运河和浙东运河。杭州列入"中国大运河"世界文化遗产的河道总长约 110 公里,有杭州塘(南段)、上塘河、杭州中河、龙山河、西兴运河等 5 个遗产河段和广济桥、拱宸桥、桥西历史街区、富义仓、凤山水城门遗址、西兴过塘行码头等 6 个遗产点,共 11 个遗产点段,沿线遍布各级各类历史文化遗产,遗产资源位居全国同类城市前列。

(二) 文化资源

距今已有 2 500 年历史的中国大运河是一条文化之河,是中华的文脉。作为世界文化遗产的京杭大运河,孕育了漕运文化、水利文化、商事文化、民俗文化等多种文化形态,既是一种文化符号,也是一种文脉传承,更是一种生活方式,至今仍散发勃勃生机。

(三) 生态资源

2006 年,时任浙江省委书记的习近平同志在杭州考察运河综保工程时就指出,要把运河真正打造成具有时代特征、杭州特色的景观河、生态河。十多年来,杭州市坚持"一张蓝图绘到底",积极践行"绿水青山就是金山银山"发展理念,坚持清淤与截污、引水与排水、净化与绿化结合,大力实施运河生态发展轴、运河沿岸景观带建设工程,沟通河网水系,加强水体、景观综合整治,并率先推行"河长制"。同时,建设滨河通道,逐步构建起运河沿岸以"水"与"绿"为主元素的沿河开放生态空间廊道,使运河成为纵贯杭州城市的"生态轴"。在全市生态文明建设的持续推进下,大运河(杭州段)各断面水质达到 Ⅱ—Ⅳ 类水体,运河沿岸呈现了水清岸绿的生态美景。

(四) 其他资源

京杭大运河(杭州段)旅游资源丰富,历史街区、传统村落、百年老店、工业遗存众多,沿岸的博物馆、纪念馆、文化馆质量较高,可游览性强,正在推进的滨水景观带、游步道、驿站、运河公园、产业园区等工程,将为京杭大运河(杭州段)的发展带来新的机遇。

三、社会经济条件

对于杭州来说,京杭大运河不仅是"世之瑰宝",更是"城之命脉"。流淌了千余年的大运河见证了杭州的成长与变迁,奠定了城市格局、繁荣了城市文化。大运河(杭州段)包括江南运河(杭州段)、浙东运河(杭州段)及其故道、复线等河道,目前仍发挥着航运、水利、行洪等功能。早在 2003 年,杭州就成立了京杭运河(杭州段)综合保护委员会。2006 年中国大运河开始申遗,同时保护工作被提到了极重要的高度,杭州针对大运河的综合保护管理和周边生态环境治理,开展了条例编制、生态修复、依法保护、科普等一系列措施。2015 年《杭州市大运河世界文化遗产保护条例》编制工作正式启动,2017 年《条例》实施后,杭州运河 110 公里分为 11 个遗产点段进行"分类分段分级保护管理",大运河的环境治理也从水环境整治,延伸到有效衔接国土空间、水利建设、城乡规划等多方面的"综合保护"。

二十年过去,大运河重新焕发生机。优美的生态环境,浓厚的文化底蕴,大运河对国内外游客的吸引力越来越强。2023 年春节期间,京杭大运河杭州景区的水上游船和巴士客流量,同比上年上升了 458%。

《大运河文化保护传承利用规划纲要》《长城、大运河、长征国家文化公园建设方案》《大运河文化和旅游融合发展规划》等文件都提出要通过文旅融合等方式,推动大运河文化保护传承利用,为京杭大运河(杭州段)的文旅融合发展提质增效带来了新契机,指明了新方向。

任务 11.3　策划文化旅游的项目和产品

人类的旅游有自身的规律,现代旅游业的发展也遵循着这个规律,文化基因是推动文化旅游发展的最重要动力。比如日本游客非常喜欢到中国苏州旅游,吸引他们前往苏州的一个重要原因是几乎每个日本人从小就在课本中读到了中国唐代诗人张继的《枫桥夜泊》这首诗:"月落乌啼霜满天,江枫渔火对愁眠。姑苏城外寒山寺,夜半钟声到客船。"正是这首诗让日本游客对"姑苏城""寒山寺"十分向往,他们到苏州去是想接受一次文化旅游的洗礼。由此可见,在策划文化旅游产品时,最重要的是去挖掘文化内涵、让文化和旅游紧密结合在一起,同时要深入挖掘历史、文化的知识,让游客在浏览美景、欣赏艺术的同时能够在心灵上受到文化的滋养。

一、策划文化和旅游项目的策略

将文化和旅游融合发展,将文化的灵魂赋予旅游,让更多的经营者和游客感受到文化旅游的魅力,在策划文化旅游项目时可以采取以下策略:

(一) 将文化创意植入旅游产品

文化创意产业兴起后,类似的产品设计、产品理念、产品创意都可以和文化旅游相结合,国内做得最成功的案例就是北京故宫,北京故宫设计了一系列具有故宫元素的产品,有故宫图案的手机壳,正大光明充电器、电脑包、鼠标垫、翠玉白菜阳伞、朝珠耳机等。文创产品满足了游客对旅游目的地文化体验的需求,带动了旅游产品的销售,这些文创产品也延长了旅游的体验感,让很多没有去过故宫的人也能体验故宫的文化魅力,充满了对故宫的向往。故宫博物院深入挖掘丰富的明清皇家文化元素,将故宫的历史建筑、文物以及背后的故事,用特别受年轻人欢迎的方式,创作出了众多的文创产品。故宫的文创产品一方面拉近了普通游客和故宫之间的距离,另一方面也宣传了故宫的历史和文化,极大促进了故宫的文化旅游。在策划文化旅游产品的时候,就应该考虑挖掘文化元素,创作一批文化创意产品,避免旅游产品千篇一律。

（二）文化旅游发展要契合国家政策

在《国务院关于加快发展旅游业的意见》中,特别强调了要"丰富旅游文化内涵": "把提升文化内涵贯穿到吃住行游购娱各环节和旅游业发展全过程。旅游开发建设要加强自然文化遗产保护,深挖文化内涵,普及科学知识。旅游商品要提高文化创意水平,旅游餐饮要突出文化特色,旅游经营服务要体现人文特质。要发挥文化资源优势,推出具有地方特色和民族特色的演艺、节庆等文化旅游产品。充分利用博物馆、纪念馆、体育场馆等设施,开展多种形式的文体旅游活动。集中力量塑造中国国家旅游整体形象,提升文化软实力。"

政府的政策和意见为文化旅游发展指引了方向,同时也会在财政上予以支持,所以在设计和策划旅游项目的时候,一定要把政策因素充分考虑。把文化内涵贯穿到所有旅游要素,就意味着先要挖掘这些文化内涵,广泛宣传文化、历史知识。

以京杭大运河为例,中国大运河申请进入世界文化遗产目录,提升了运河在国内外的知名度和美誉度,这条最早开凿的人工运河让国际游客叹为观止,运河不是单一地看运河风光,而是去了解运河背后的历史和人文故事。在京杭运河杭州段,为了更好地宣传运河文化,专门成立了杭州首家民俗艺术馆——运河社,这里展示的都是中国民俗风情画家吴理人的作品。吴理人先后出版了《钱塘里巷风情》《运河杭州风情》《运河南端市井荟》等一系列运河文化读物,他用一年多的时间创作了《京杭大运河民俗风情全景图》,被誉为"画说运河第一人",他用自己的画笔记录了杭州的民俗风情和运河遗韵。在吴理人民俗艺术馆不但,可以欣赏名画名作,还可以选购和运河文化相关的民俗画、明信片、折扇、丝绸、抱枕等创意产品。吴理人每个月还会举办一场公益教学课堂,让更多的小朋友能够深入了解运河文化。吴理人民俗艺术馆就是文化和旅游融合的一个典范。首先,吴理人是一个文化名人,他创作了很多和运河相关的书籍和绘画,可以让很多游客通过这些文学作品和绘画作品了解运河的文化、运河的历史,看到运河风光背后的文化内涵。其次,艺术馆将文化创意融入了运河纪念品的设计之中,为游客提供了文创产品,游客可以通过这些纪念品了解运河文化,送给亲朋好友,还可以广泛地传播运河文化,让更多的游客渴望了解运河相关的历史和文化,推动运河文化旅游发展。最后,艺术馆还举办公益教学课堂,可以进一步向小朋友宣传文化知识,培养小朋友对运河文化的兴趣,拓宽他们的知识面,将来他们也会成为文化旅游的爱好者。

（三）以文化活动和节事活动为载体带动文化旅游

文化活动和节事活动是在挖掘当地文化元素的基础上策划的项目,可以在短时间内吸引媒体的关注,对旅游目的地进行集中宣传,大量的人流、物流和现金流会聚集到旅游目的地,是策划文化旅游的一个重要抓手。

以京杭运河杭州段为例,中国大运河庙会已经在杭州连续举办了七届,节庆活动吸引了本地市民、外地游客前来购物、娱乐、品尝美食,是运河畔最成功的、最受欢迎的活动。庙会是我国集市贸易形式之一,杭州的运河庙会由来已久,特别是在古代货物的运输主要通过水路,运河举办庙会就有得天独厚的优势,但由于各种原因,运河庙会中断了很长时间。杭州为了更好地宣传运河文化,发展文化旅游,从 2014 年开始,连续七年举办了中国大运河庙会。运河庙会代表一条历史悠久的河,载着历史悠久的文化,在运河畔演绎着一出最传统的庙会。运河庙会策划了民间艺术表演、传统集市、耍杂技、踩高跷、舞狮等一系列活动,这些活动能为游客带来非同一般的感受,大家聚集在一起,体验运河的传统习俗。运河庙会是一次文化的盛会,激发了游客对运河传统习俗的兴趣,也是一次传统民间艺术的展示,让游客可以近距离地观看表演。中国大运河庙会的成功举办,吸引了游客,宣传了运河文化,收到了很好的效果。节事活动是发展文化旅游的重要载体,也是当地市民和游客喜闻乐见的一种方式。

(四)策划文化旅游产品要利用好公共服务场馆

策划文化旅游产品需要依托博物馆、艺术馆、图书馆、民俗馆等公共服务场馆来策划相关的旅游线路和旅游产品。以京杭大运河杭州段为例,在拱宸桥附近有中国京杭大运河博物馆、中国扇博物馆、中国刀剪剑博物馆、中国伞博物馆,这一系列的国字号博物馆是宣传文化旅游的最好场所,旅行社可以把运河旅游和博物馆的游览结合起来,运河沿线的博物馆也在不定期举办一些活动,让游客能够参与其中,感受运河文化的魅力。

(五)依托传统历史文化街区设计文化旅游产品

历史文化街区是指文物古迹比较集中,能够完整体现传统风貌和地方特色的街区,历史街区一般具有传统的建筑、艺术馆、博物馆等,可以让游客体验某一历史时期的风土人情。文化是历史街区的灵魂所在,也是文化旅游的最佳旅游目的地之一,文化旅游线路可以依托这些历史文化街区来设计,让游客沉浸其中,一边欣赏风景,一边了解传统文化。

在京杭大运河拱宸桥附近有小河直街历史文化街区、桥西历史文化街区和大兜路历史文化街区,保留了运河传统的建筑形态,融合了很多运河文化的元素。以桥西历史文化街区为例,这里保留了清末民初地方建设的风貌和市井的氛围,将原来的厂房改建成了博物馆,在桥西历史街区中就有三个博物馆,还把杭州著名的中药店引入街区,成为传统中医特色街区。桥西历史街区有博物馆、艺术馆、书店、传统美食、手工艺体验馆等一系列文化旅游的配套设施,是运河文化旅游的重要载体。游客到了杭州,可以坐游船到拱宸桥,在桥西历史街区逛国字号的博物馆、在手工艺体验馆制作工艺品、在运河畔品尝传统美食、在艺术馆购买文创产品,还可以住在历史街区的民宿里,体验运河人家的生活。历史文化街区是文化旅游的重要载体,文化旅游项目和产品要尽可能和历史文化街区、古村、古镇等进行融合,突出文化特色。

策划文化和旅游项目的策略

二、结合京杭大运河杭州段的文化旅游进行分析

京杭大运河,是世界上开凿最早、最古老的人工大运河,与长城齐名,是流动着的、

重要的人类文明遗产。习近平总书记高度重视大运河保护建设工作,在浙江工作期间,曾乘船视察京杭运河杭州段,作出了"希望杭州能再接再厉,继续做好运河综保工作,使杭州的经济和自然环境和谐发展"的重要指示。2017 年 2 月,习近平总书记在北京通州考察时作出了"要深入挖掘以大运河为核心的历史文化资源"的重要批示。2017 年 6 月,习近平总书记又作出了"大运河是祖先留给我们的宝贵遗产,是流动的文化,要统筹保护好、传承好、利用好"的重要指示。习近平总书记的这些指示为大运河文化带建设指明了方向,有利于推动大运河文化的有效传承。

京杭大运河(杭州段)不断完善各项配套设施,发展文化旅游。2012 年,京杭大运河(杭州段)成为 4A 级景区。2014 年 6 月 22 日,中国大运河项目被正式列入《世界遗产名录》,也标志着运河的文化旅游得到了世界的认可。

京杭大运河(杭州段)已形成了一条以运河景观为核心主轴,以历史街区、文化园区、博物馆群、遗产遗迹为重要节点的文化休闲体验长廊和水上旅游黄金线。景区核心范围为"三大街区、四大园区"及博物馆群。"三大街区"包括:桥西历史文化街区、小河直街历史文化街区和大兜路历史文化街区;"四大园区"是:运河天地、运河天地文化艺术园区、浙窑公园和富义仓;博物馆群包括:中国伞博物馆、中国扇博物馆、中国刀剪剑博物馆、手工艺活态馆和中国杭州工艺美术博物馆。

(一) 桥西历史文化街区

桥西历史文化街区保留了晚清至民国时期的风貌,是能真实反映杭州运河历史风貌的街区。文化是街区的灵魂所在,桥西历史文化街区的突出特点是"传统"两字。目前保留下来的不仅有近现代工业发展过程中的生产厂房、生产工具,同时还有部分非物质形态的内容,如生产生活方式、饮食、礼仪、民俗等。这些历史文化的遗产集中反映了特定时期城市的民居、民俗、传统商业,近代工业等传统文化和历史底蕴。杭州对这些厂房进行了改造,建造了中国扇博物馆、中国伞博物馆、中国刀剪剑博物馆和中国杭州工艺美术博物馆,形成了一个博物馆群,是杭州市民和外地游客到运河游玩必去的打卡地点。每个博物馆每周都会举办一些文化类活动,也是游客体验文化活动的重要途径。桥西历史文化街区还有晓风书屋、吴理人民俗艺术馆、运河码头等。在桥西历史街区可以设计博物馆文化之旅,线路围绕着四大博物馆展开,在民俗艺术馆购买旅游纪念品,在运河码头坐水上巴士或游船可以到武林广场。

桥西历史街区线路设计的思路:拱宸桥上领略运河两岸美景,到四大博物馆欣赏工艺品,吴理人民俗艺术馆购买运河特色产品,坐游船夜游运河。

(二) 小河直街历史文化街区

小河直街是近代典型的江南水乡民居。早在南宋时期,小河地区就是杭州物资集散地,河、路转运地和物资储备地。到了清朝的中晚期,这里开始重新发展,餐饮业、百货业等渐渐兴起。明末清初,河埠码头逐渐兴旺起来,除了当时全市最大的孵坊,以及酒作坊、打铁店、盐铺、碾米店等各行各业都在小河直街开设店铺。作为最有价值的历史信息,这一阶段的小河直街所留存下来的传统民居建筑和商铺建筑,也是重要的文化元素。

小河民居作为清末民初所建的典型的水乡民居,属运河商埠文化,即一河两街格局,面街一楼为商铺,二楼为居所,是下店上宅的典型。小河直街以其独特的地理环境和人文风情,吸引游客体验往昔时光。小河直街曾开设永达木行,在 20 世纪 30 年代建起了青砖黑瓦的西式小楼,现在是杭州市历史保护建筑"姚宅",这一建筑在小河直街显得特别另类,主人姚鑫淼是当时小河地区的首富,经营木材生意,游客可以在这里追忆往昔岁月,体验民国的风情。小河直街有一家方增昌酱园,用古法制酱,是游客购物和体验传统工艺的景点。小河直街还有茶楼、特色面馆、咖啡馆以及一系列和运河相关的文创小店。小河直街文化旅游策划思路是慢生活体验运河旧时风情,领略运河水乡民居。

小河直街文化旅游的线路设计思路:坐水上巴士到小河直街码头,上岸欣赏水乡民居,在小河沿岸的茶楼品西湖龙井,在桥头面馆品尝杭州特色排骨面,在方增昌酱园了解古法制酱的流程,购买运河特色文创产品,在"姚宅"追忆民国时光。小河直街的旅游线路以休闲和体验为主,结合运河商埠文化,欣赏水乡建筑,体验民国风情。

(三)大兜路历史文化街区

民国时期刊物《杭州通》中记载:"大兜乃湖墅之一小地名,亦为拱埠往来城市之要口。"沿途有国家丝绸仓库、丝绸码头。现今的大兜路在民国时期由北向南包括河塍上、仁和仓和大兜路三段。河塍上名字起源于乾隆年间,疏浚运河,积土为塍,可以行人,故惯称此路为河塍上,有湖墅八景之一的"河塍晚翠"。在大兜路上有一座官办粮仓——富义仓,距今有上百年的历史,和北京的南新仓并称为"天下粮仓"。现在富义仓已经被改造成一个艺术中心,经常举办各类艺术活动。香积寺寺名由宋真宗所赐,是运河附近的寺院,有"运河第一香"之称。2009 年杭州重建了香积寺,大兜路也有一些与禅文化相关的店铺。1952 年,杭州市人民政府为筹建浙江省丝绸公司,在大兜路建造了国家厂丝储备仓库,2004 年 5 月,这个仓库被列入杭州市第一批历史建筑保护名录。为了更快发展文化旅游,这座仓库被重新改造,变身成为全国首家丝绸文化主题酒店,提升了大兜路历史街区的业态,成为文化和旅游融合发展的典范。杭州市还聘请钢琴大师郎朗为大运河代言,郎朗艺术中心也落户大兜路历史文化街区,为街区增添了艺术的氛围。大兜路历史文化街区通过仓库的改造、香积寺的重建、艺术中心的落户等,将文化和旅游融为一体,让游客欣赏运河美景的同时,可以体验禅文化的乐趣。

大兜路历史文化街区线路设计思路:坐游船在香积寺码头登岸,到香积寺祈福,乐享禅文化,富义仓感受"天下粮仓"的无限风光,观看艺术类的展览,郎朗艺术中心欣赏交响乐,在丝绸主题酒店品味下午茶,感受运河慢生活。

任务 11.4 运营与管理文化旅游

一、文化旅游吸引物的构建

旅游吸引物是区域成为目的地的前提和关键,文化旅游的吸引物更应该在"文化"上做文章,提高文化旅游吸引物的知名度,吸引游客前来旅游。例如,京杭大运河杭州段是世界文化遗产,能进入世界文化遗产名录的在国际上都有知名度。运河畔还有博物馆、艺术馆、文创商店等一系列宣传运河文化的配套设施。还需进一步宣传运河文化旅游,提升运河文化旅游的美誉度。

二、文化旅游管理的构建

文化旅游有政府主管的也有企业运营的,政府主管的文旅项目更多强调公益性和文化的弘扬,企业运营的文旅项目既要注重文化性又要考虑盈利状况。目的地的管理是一个系统有机的管理,涉及整体旅游环境、旅游要素配置、旅游规划、旅游营销的全面管理。杭州专门成立了运河集团负责京杭运河杭州主城区段沿岸的土地开发利用、公共配套设施建设、项目建设和运营管理,承担运河整治和开发的资金保障,重点发展以旅游休闲、文化创意产业为主的现代服务业。运河集团是一家国有企业,可以整合很多政府资源,做好运河沿岸土地开发和项目运营,把获得的利润投入运河文化旅游、休闲旅游的项目开发。这一管理模式保证了运河项目的资金投入和持续开发,为运河文化旅游的可持续发展奠定了基础。

三、文化旅游营销系统的构建

旅游目的地的营销系统包括四大要素:品牌及目的地旅游形象,旅游线路开发,旅行社、网络、自助渠道,公关广告活动促销。文化旅游目的地更加要注重品牌、文化形象的传播,通过书籍、杂志、网络等渠道宣传和目的地相关的文化历史知识,激发游客的兴趣。同时,还要拓宽营销渠道和客源地的推广。京杭运河杭州段有专门的公众号、网站、宣传片,还有一系列和运河文化相关的书籍、杂志,不定期举办运河文化艺术展示、运河文化论坛,这些都推动了运河文化旅游的传播,收到了良好的效果。

项目小结

文化和旅游产业是国民经济中的重要组成部分,是关联度较高的产业集群。大力发展文化旅游产业,增强文化旅游产业整体实力和竞争力,是满足人民日益增长的文化需求,提高人民生活质量的迫切要求。在全球化的时代,人类面临很多共同的问题,都需要通过广泛的文化沟通和合作来寻求答案。文化旅游是文化沟通的一个重要途径。自古流传至今的大量节庆活动、戏曲表演、民间艺术、传统手工艺等,都对游客有着强烈的吸引力。文化旅游的发展离不开文化元素的挖掘,这就需要旅游专业的学生、旅游经营者、旅行者不断地学习旅游相关的文化知识,全方位地了解风情背后的"故事"。文化旅游项目的地开发和管理都离不开政府层面的顶层设计,离不开政府层面的规划指导。发展文化旅游是一个多方协作的过程,文化旅游会让旅游业的发展更加具有可持续性,也是旅游业盈利的一个重要项目。在文化和旅游融合发展的背景下,文化旅游的未来不可限量。

讨论与思考

1. 文化旅游发现主要依托哪些文化元素?

2. 请通过互联网查阅政府出台的发展文化和旅游的政策,思考政府发展文化旅游的主要载体是什么?

3. 如何宣传和推广京杭大运河的文化旅游?

项目小测验

一、名词解释

1. 文化旅游

2. 文化遗产旅游

3. 文化旅游演艺

4. 历史文化街区

5. 旅游吸引物

6. 运河文化

二、填空题

1. 缺乏_____的旅游是没有灵魂的旅游,缺乏_____的旅游产品很难有吸引力和生命力。

2. _____作为一个地区、一个民族悠久历史文化发展的结晶,是当地人民风土人情的反映,具有浓厚的地域特色,蕴含着极其丰富的社会内容。

3. 京杭大运河_____桥西历史文化街区有晚清至民国时期的风貌,是能真实反映杭州运河历史风貌的街区,策划应重点突出_____二字。

三、选择题

1. 主题公园的核心竞争力是(　　)。

A. 特色文化　　　　B. 娱乐设施　　　　C. 购物体验　　　　D. 夜间活动

2. 公共服务场馆包括(　　)。

A. 博物馆　　　　　B. 艺术馆　　　　　C. 图书馆　　　　　D. 民俗馆

3. 距今有上百年的历史,和北京的南新仓并称为"天下粮仓"的是(　　)。

A. 富义仓　　　　　B. 富粮仓　　　　　C. 粮义仓　　　　　D. 北新仓

4. 俗称"运河第一香"的是(　　)。

A. 拱宸桥　　　　　B. 香里巷子　　　　C. 香水铺　　　　　D. 香积寺

5. 目的地的管理是一个系统有机的管理,涉及以下哪些内容?(　　)

A. 整体旅游环境　　B. 旅游要素配置　　C. 旅游规划　　　　D. 旅游营销

四、简答题

1. 简述文化和旅游的关系。

2. 文化旅游的主要业态有哪些?

3. 非物质文化遗产包括哪些?

4. 旅游目的地的营销系统包括哪四大要素?

5. 文化旅游开发的基础是什么?

扩展技能训练

以你的家乡为例,可以策划哪些文化旅游项目? 如果你是这个项目的旅游经营者,可以设计哪些文化旅游线路?

参考文献

1. 艾伦·法伊奥,等. 旅游吸引物管理:新的方向[M]. 郭英之,主译. 大连:东北财经大学出版社,2005.

2. 查尔斯·R. 格德纳,等. 旅游学(第 12 版)[M]. 李天元,等译. 北京:中国人民大学出版社,2014.

3. 靳斌,王孟璟. 文化旅游项目策划与管理[M]. 北京:中国国际广播出版社,2023.

【情景案例】

我国发布《冰雪旅游发展行动计划》助力三亿人上冰雪

"到 2023 年,推动冰雪旅游形成较为合理的空间布局和较为均衡的产业结构,助力 2022 北京冬奥会和实现'带动三亿人参与冰雪运动'"——这是 2021 年 2 月发布的《冰雪旅游发展行动计划(2021—2023 年)》提出的发展目标。

记者从文化和旅游部获悉,在 2022 年北京冬奥会迎来倒计时一周年之际,文化和旅游部、国家发展改革委、国家体育总局联合发布此份行动计划,旨在加大冰雪旅游产品供给,推动冰雪旅游高质量发展,更好地满足人民群众冰雪旅游消费需求,助力构建新发展格局。当前,冰雪旅游已成为践行"冰天雪地也是金山银山"理念的示范产业。行动计划明确提出,推动冰雪主题旅游度假区和景区建设,建设一批冰雪主题 A 级旅游景区,引导以冰雪旅游为主的度假区和 A 级旅游景区探索发展夏季服务业态。同时,将推出一批国家级、省级滑雪旅游度假地。鼓励各地开发冰雪旅游主题精品线路,建设冰雪旅游基地。以 2022 年北京冬奥会为契机,大力拓展冰雪竞赛表演市场,推动乡村冰雪旅游发展。

据悉,行动计划鼓励具备条件的旅游景区举办群众性特色冰雪体育活动,引导人民群众养成参与冰雪运动的习惯。支持形式多样的冰雪主题文艺创作,培育并扩大冰雪旅游消费人口。行动计划提出,未来将促进冰雪旅游与文化、教育、装备制造、科技等融合。深入挖掘各地传统冰雪文化资源,加强冰雪文化相关非物质文化遗产保护和利用,推进冰雪运动进校园活动;培育一批具有较高知名度和影响力的冰雪装备器材制造企业;大力发展"互联网＋冰雪旅游",推动冰雪旅游与大数据、物联网、云计算、5G 等新技术结合。

❓想一想:为何文化和旅游部如此重视冰雪旅游产业的发展?北京冬奥会的举办对我国冰雪旅游发展有何影响?

【项目导学】

通过本项目的学习与实践,主要期望提升学生如下的素质能力、知识结构与专业能力:

素质能力目标

➤ 能逐步提升举一反三的实践应用能力;

➤ 能树立"以人为本"的项目与设施策划理念;

➤ 能逐步形成生态优先与可持续发展意识。

知识结构目标

➤ 了解冰雪旅游的概念与发展历程;

➤ 理解旅游策划的分类及特征;

➤ 理解冰雪旅游发展存在的问题与短板。

专业能力目标

➤ 能基于实际条件进行不同类型冰雪旅游目的地的综合调研;

➤ 能对不同类型冰雪旅游目的地的项目和设施进行策划;

➤ 能开展不同类型冰雪旅游目的地的评估分析;

➤ 能进行不同类型冰雪旅游目的地的运营管理。

【任务发布】

任务 12.1 认识冰雪旅游

一、冰雪旅游的概念及特征

(一) 冰雪旅游的概念

冰雪旅游属于生态旅游范畴。"生态旅游"这一术语,是由世界自然保护联盟(IUCN)于 1983 年首先提出,1993 年国际生态旅游协会把其定义为:具有保护自然环境和维护当地人民生活双重责任的旅游活动。生态旅游是以有特色的生态环境为主要景观的旅游,是以可持续发展为理念,以保护生态环境为前提,以统筹人与自然和谐发展为准则,并依托良好的自然生态环境和独特的人文生态系统,采取生态友好方式,开展的生态体验、生态教育、生态认知并获得心身愉悦的旅游方式。冰雪旅游是生态旅游的类型之一,是以冰雪气候旅游资源为主要的旅游吸引物,体验冰雪文化内涵的所有旅游活动形式的总称,是一项极具参与性、体验性和刺激性的旅游产品。

(二) 冰雪旅游的特征

1. 参与体验性

冰雪旅游具有极强的参与性。这一特点一方面是由冰雪旅游的起源决定,对冰雪资源的开发利用最早是源自古老民族的日常活动;另一方面是由游客的旅游需求决定,在寒冷的冬季,仅仅是静态地观赏冰雪美景是不够的,游客们更期望能够参与冰雪运动,在冰天雪地里痛快酣畅地玩上一把。

2. 地域性

冰雪旅游的开发对资源具有较强的依赖性,必须同时具备寒冷的气候条件和适宜的地形条件。而冰雪资源的形成和保存受地理位置的影响非常大。世界范围内,冰雪资源主要分布在纬度40度以上的范围内,当纬度到达60度时,则进入寒带地区,气候十分严寒,不适合开发休闲性的旅游项目,所以,开发冰雪旅游项目最合适的纬度在40~50度,在这个范围内,冬季持续时间长,全天在零摄氏度以下。而在这些地区也不是处处都可以开发冰雪旅游项目,只有冬季降水量大、地形地貌适合、交通便利的地区才适宜开发冰雪旅游,如瑞士巴涅市、法国纪尧姆市、新西兰皇后镇、奥地利达米尔斯等均是世界知名的冰雪旅游目的地。我国拥有此优势的地区主要有黑龙江省、吉林省和辽宁省北部等。

3. 季节性

适合开展冰雪旅游的中高纬度地区开展冰雪旅游有很强的季节性,这些地区虽然冬季漫长,但能全面开展冰雪旅游的时段仅在11月至次年1月,这段时间也是一年中开展冰雪旅游的最佳时期。由于冰雪旅游有明显的季节性,所以在开展冰雪旅游的地区,游客数量和旅游收入也会随季节波动,给旅游接待和管理带来巨大的挑战:在旺季旅游接待压力巨大;在淡季大量资源闲置,造成巨大的浪费。

4. 健身性

滑雪运动是冰雪旅游的重要组成部分。参加体育活动,可以锻炼身体、消除疲劳、增进健康。对于长期居住和工作在城市里的人们,可以调节快节奏工作带来的压力,有助于摆脱生活的单调与烦恼。在得天独厚的冰雪环境中锻炼身体,既增强了人们的御寒能力、提高体质和健康,还可达到放松心情、调节生理和健身休闲的目的。

二、冰雪旅游产品的类型

(一) 观光类冰雪旅游产品

观光类冰雪旅游产品主要是指冰雪艺术景观旅游产品、冰雪自然景观旅游产品、冰雪人文景观旅游产品。具体包括冰雕、冰灯、冰瀑、雪雕、冰挂、雪景、雾凇、雪松、冰河、冰溶景观、林海雪原、冰雪园艺等。

1. 冰雕(展)

以冰为原材料按照具体的需求分为装饰冰雕、注酒冰雕、婚礼冰雕、冰雕容器、冰雕酒吧、节日冰雕等多种形式。国内较为出名的有每年一次的哈尔滨冰雕节、冰雕大赛等。

2. 冰灯(展/会)

冰灯融冰雕艺术和灯光艺术为一体,分为室内冰灯展和室外冰灯展,例如地坛冰灯展是常年室内冰灯展,它融合了中外雕塑艺术的精华,展出面积约1500平方米,共有作品30余组,100余件。作品有反映中国传统民间故事的十二生肖、东北三宝、五谷丰登等冰雕、作品,以及小朋友喜欢的童话故事人物,白雪公主和七个小矮人、猴子捞月亮等冰雕精品,还有著名的天安门城楼、华表异国风情、欧陆情缘等冰建筑,非常特别的是还有南方冬天难得一见的树挂、冰凌等东北自然冰雪风光。又如哈尔滨冰灯节,在公园展出,旅游者除了可以参观一年一度的冰灯节外,还可以加入东北令人目不暇接的各类雪上活动,如乘冰帆、打冰橇、溜冰、滑雪或参加冰上婚礼、冰雪文艺晚会等。

3. 冰瀑

瀑布在寒冷季节凝结成美丽的冰瀑,例如北京京都第一瀑布在冬季凝结为冰瀑,还有四川九寨沟冰瀑、辽宁龙潭冰瀑等。

4. 雪雕(展)

雪雕,又称雪塑,是把用雪制成的雪坯经过雕刻,塑造出的立体造型艺术,与冰灯、冰雕并称冰雪雕塑艺术。压缩的雪坯有硬度,可以雕刻,加上雪有黏度,又可堆塑,使雪塑既有石雕的粗犷敦厚风格,又有牙雕的细腻圆润特点,形式厚重,空间感强,银白圣洁,富有光泽,雅俗共赏。尽管雪雕的寿命和其他雕塑作品相比十分短暂,但雪雕作品要比石雕、泥雕更有灵气,哈尔滨举办的第十四届雪博会用雪 4 万立方米,第十五届用雪 4.5 万立方米,作品已增至 400 多件。到了 2004 年的第十六届,用雪已达 9 万立方米,多于前两届的总和,另增加了 5 万立方米的冰景,展出面积也由上一届的 35 万平方米扩至 90 万平方米,并且埋电缆,拉电线,安灯具,夜晚也对游人开放。

5. 冰挂雾凇

雾凇俗称树挂,是北方冬季可以见到的一种类似霜降的自然现象,是一种冰雪美景。它是雾中无数零摄氏度以下而尚未结冰的雾滴随风在树枝等物体上不断积聚冻粘的结果,表现为白色不透明的粒状结构沉积物。雾凇现象在我国北方是很普遍的,在南方高山地区也很常见,只要雾中有过冷却水滴就可形成。例如吉林的雾凇,号称中国四大自然奇观之一,每年都吸引几万中外游客远道而来。

(二)运动休闲类冰雪旅游产品

运动休闲类冰雪旅游产品是指在冰雪旅游中能使旅游者既参加体育健身活动,又休闲娱乐的旅游产品。旅游者能够亲身体验和感受冰雪旅游活动的快乐,满足其运动健身的心理需要。如滑雪旅游、冬季森林探险旅游、冰雪游戏、攀冰等。

1. 冰上竞技运动项目

冰上竞技运动项目主要包括速度滑冰、短道速滑、花样滑冰、冰球、雪橇运动,以及冰车、冰上溜石、冰壶等运动项目。其中冰壶、冰球、短道速滑、花样滑冰等是冬奥会的比赛项目,而且中国健儿在这几项上都处在世界一流水平。

2. 雪上竞技运动项目

雪上竞技运动项目主要包括单板滑雪、双板滑雪、自由式滑雪、高山滑雪、越野滑雪、跳台滑雪、飞雪、花样滑雪、特技滑雪、雪上芭蕾、技巧速降、带翅滑雪、多项滑雪、森林滑雪等。

3. 其他运动休闲类项目

其他运动休闲类项目主要指的是除竞技运动项目之外的冰雪运动项目,如攀冰、冰上风火轮、登雪山、仿真滑雪、仿真溜冰、滑雪机、雪地足球、冰钓、冬泳等。其中,冬泳已经成了哈尔滨一道亮丽的冬季旅游风景线。

(三)节庆类冰雪旅游产品

举办节庆是景区提高自身知名度和吸引力的重要方式,结合各地民俗而打造的冰雪旅游节庆活动,更是为冰雪旅游拓展了更广阔的市场。目前和冰雪旅游相关的节庆有冰雕节、冰灯节、雾凇节、冰钓节、滑雪节、冬捕节等。

（四）赛事类冰雪旅游产品

赛事类冰雪旅游产品包括专业赛事类和民间赛事类冰雪旅游产品。旅游目的地或者景区通过举办各类专业赛事，既可以提高旅游目的地或者景区相关的基础设施建设和知名度，也为游客进行冰雪旅游活动提供了良好的平台。例如，在哈尔滨举办的第24届世界大学生冬季运动会，有多项赛事在亚布力滑雪场进行。

1. 专业赛事

滑雪类比赛：自由式滑雪空中技巧世界杯赛、瓦萨国际越野滑雪赛、高山滑雪、越野滑雪、单板追逐赛、冬季两项赛等。冰上运动比赛：花滑锦标赛、速度滑冰、短道速滑、花样滑冰、冰球、掷冰壶等。

2. 趣味赛事

常见的趣味赛事有穿越冰池趣味赛、堆雪人大赛、雪橇大赛、"雪花小姐"选拔赛、雪雕比赛、冰上拔河、推爬犁、雪地投准、雪地套圈、冰雪嘉年华、冰上风火轮等。趣味赛事相对简单，危险系数小，对专业化程度要求不高，适合大众游客。各种各样的趣味赛事可以使旅游者在享受冰雪乐趣的同时挑战自我。

（五）民俗游乐类冰雪旅游产品

民俗游乐类冰雪旅游产品是指具有浓厚的民族特色的冰雪体育产品。民俗传统冰雪旅游产品与一般的旅游产品相比，呈现出民族性、历史性、地域性、文化性融于一体的特点。它反映出一种独特的冰雪文化，是长期历史文化发展的结晶，与当地的风土人情、生活习惯、宗教信仰等密切相关。如满族人喜欢的冬季活动抽冰猴、滑冰车、拉爬犁、冰上踢石球等，达斡尔族的打冰嘎溜，锡伯族的蹬冰滑子、撑冰车，赫哲族的滑雪、狗拉雪橇，鄂伦春族的精骑善射、森林狩猎，这些风格各异的民族文化，构成了一幅多彩的民族风情画，为开展民俗游乐类冰雪旅游提供了丰富的资源。

（六）休闲演艺类冰雪旅游产品

休闲演艺类冰雪旅游产品是一种附属型产品，使冰雪旅游活动变得更加丰富多彩和休闲雅致，对增添冰雪旅游活动的氛围和情趣有重要意义，是一种基本的又有待挖掘和创新的冰雪旅游产品类型。包括冰雪文艺演出、冰上舞蹈、冰上体操、冰上模特秀、冰雪驯兽等。例如冰雪节开幕的以冰雪为主题的文艺演出，包括冰上舞蹈如冰上芭蕾、冰上交际舞等。

（七）其他体验类

随着休闲旅游的兴起，冰雪旅游也开始冲破传统的冰雪观光演绎新的体验方式，如：冬季采摘、雪地温泉、冰雪酒店、冰雪博物馆、冰雪高尔夫、雪上飞碟、雪地射箭、雪按摩等。

冰雪旅游产品
的类型

三、冰雪旅游的发展

(一) 冰雪旅游的源起

冰雪旅游最早产生于寒地民族,是一项古老运动,是随着寒冷地区人们生产生活活动发展演进而来的。滑雪滑冰是早期人类在冰天雪地环境下进行狩猎或渔猎活动中逐渐形成的一种特殊生产生活方式和地域习俗。2006 年,中国专家和阿勒泰先后在阿勒泰市和北京人民大会堂向世人发布了《阿勒泰宣言》,宣告"人类滑雪从中国·新疆·阿勒泰地区起源"。2015 年,中国专家与阿勒泰又经过多年的策划、筹备,在阿勒泰组织了一届世界规模最大、参与国最多、载入世界滑雪历史文化史册的国际盛会。会议期间,18 个国家几十位专家学者,根据中国专家的研究路径,经过实地考察和论证,达成共识,夯实了中国阿勒泰人类滑雪起源地的国际地位。

4 000 多年以前,北欧、乌拉尔山脉、西伯利亚和亚细亚等地部落人群也已开始利用木制滑雪板"骑木而行","以木为马,雪上逐鹿"进行狩猎活动。虽然人类最早的冰上运动可追溯到新石器时代,但相比于滑雪运动,冰上运动可考证的发展历史稍晚于滑雪运动。冰上运动起源于 10 世纪初的荷兰,人们利用木头和骨头制作的"滑木"(冰刀)进行冰上交通和狩猎活动。《新唐书》记载"拔野古······乘木逐鹿冰上",表明唐代我国北方少数民族也已开始运用木制冰刀开展狩猎活动。千年以降,运用木马(包括雪地滑行的"踏板"和冰上滑行的"乌拉划子")、冰床、爬犁(雪橇)等冰雪交通工具,借助人力或动物等开展狩猎渔猎、交通运输活动,成为寒冷地区民族最具地域特色的生产生活方式之一。

随着社会的发展,原本主要作为生产生活辅助手段存在的冰雪活动,基于特定的文化群体,在生产劳动、交通运输、日常生活、人际交往、休闲娱乐等方面,逐渐形成和演变为具有民族特色和地域特征,以娱乐休闲为主、以体育竞技为辅的冰雪民俗。如北欧越野滑雪、俄罗斯冰水沐浴、日本东北地区"雪洞节"水神祭祀、中国满族萨满教雪祭和女子雪地走、达斡尔族肯古楞滑雪和格日德贝凿冰叉鱼等。因为历史、经济、文化等诸多原因,传统冰雪民俗活动有的逐渐衰落或消亡,有的则历久弥新并世代传承。如欧美地区的越野滑雪、滑冰、"冰上曲棍球"等逐渐发展演变为现代意义上的冰雪体育竞技项目;中国东北地区吃"冻食"、看冰灯、堆雪人、抽冰尜、坐爬犁以及冬捕民俗等,则因为与人们生产生活的高度契合以及简单易行等原因而得以延续传承。

(二) 18 世纪中后期—20 世纪中期

从 18 世纪中后期到 20 世纪中期,冰雪文化发展到欧美国家,冰雪运动竞技全面发展,并影响俄罗斯、日本、韩国和中国等国家,开始进入冰雪运动竞技阶段。第一次产业革命后,近现代意义上的旅游产业在西方开始出现并不断发展,冰雪文化的内涵和外延也发生了较大转变。冰雪活动开始从冰雪休闲娱乐向冰雪运动竞技过渡,冰雪娱乐活动逐渐演变为冰雪竞技体育项目,并开始向专项化方向发展,细分出包括冬季两项、高山滑雪、跳台滑雪、速度滑冰、花样滑冰、冰壶和冰球等在内的诸多冰雪竞技比赛项目。1924 年法国夏蒙尼冬季奥运会的举办,标志着以欧美国家冰雪运动竞技为主流的冬奥文化成为冰雪文化的重要标签并延续至今。

(三) 20 世纪 50 年代至今

20 世纪 50 年代以来,随着社会发展和人们经济文化水平的提高,现代意义上的大众旅游业在全球范围内发展壮大。以冬奥会为代表的冰雪文化开始与现代旅游业融合发展,世界冰雪运动开始向竞技化、旅游化、产业化、大众化快速发展。以冰雪运动竞技、冰雪度假和冰雪节庆为支撑,集运动、娱乐、度假、观光、商务为一体的现代冰雪旅游得以实现跨越式发展。冰雪文化进入以冰雪旅游为主体,集冰雪旅游、冰雪赛事、冰雪运动培训、冰雪营销及冰雪装备于一体的冰雪旅游产业全面发展阶段。经过近70年的发展,冰雪旅游在推动地域旅游、体育、经济、政治以及文化等领域发展上发挥着越来越重要的作用,多元化发展的冰雪旅游经济态势开始呈现。

(四) 国外冰雪旅游发展概况

国外的冰雪旅游发展主要集中于欧洲、北美、东亚三大区域。另外,基于优越的自然条件,在非洲北部、南非以及南美洲西部的安第斯山脉也有滑雪场的零星分布。

欧美地区是冰雪旅游开发历史最为悠久的地区,经过上百年的发展,这里形成了许多著名的冰雪旅游胜地。这些冰雪旅游胜地拥有良好的资源条件、灿烂的民族文化和优美的自然风景,举办过很多重要的世界性冰雪体育赛事,同时也是世界冰雪体育用品的销售中心。欧美地区已经建立并形成了庞大而完善的冰雪旅游产业体系。众多优势因素使欧美冰雪旅游占据了世界冰雪旅游市场的大半江山。如加拿大不列颠哥伦比亚省的惠斯勒、瑞士的圣莫里茨、美国科罗拉多州特勒里德等,都是世界著名的冬季旅游和运动的场所。

亚洲的日本、韩国和太平洋地区是世界冰雪旅游阵营中的一股新生力量。这些地区借助优越的自然条件和广阔的客源市场,以先进的旅游开发理念为指导,以开发高水准的度假旅游为主要目标,坚持走现代化的冰雪旅游发展之路。

(五) 中国冰雪旅游发展概况

中国真正意义上的冰雪旅游起步较晚。1963年,中国台湾地区率先成立滑雪协会,先后多次参加冬季奥运会,并建成"合欢山东峰"至"松雪楼"的滑雪场,供滑雪爱好者学习和训练。每年元月至2月滑雪季节,这些滑雪场成为滑雪爱好者的聚会场所。

1985年,哈尔滨市创办首届冰雪节并大获成功,标志着中国冰雪旅游正式拉开序幕。随着1996年亚洲冬季运动会在哈尔滨召开,滑雪旅游开始升温。1998年黑龙江省的首届滑雪节,推动中国滑雪旅游进入蓬勃发展阶段。

近年来,以冰雪艺术、体育赛事、群体娱乐、商务度假、经贸洽谈为主题的冰雪旅游节庆活动越来越多,除著名的哈尔滨国际冰雪节外,河北、四川、北京、内蒙古等省、市、自治区也相继推出了内容丰富的冰雪节庆活动。中国旅游研究院发布的《中国冰雪旅游发展报告(2024)》显示,中国冰雪旅游实现跨越式发展,2022—2023年冰雪季中国冰雪休闲旅游人数为3.12亿人次,冰雪休闲旅游收入3490亿元,连续两个冰雪季实现了超过3亿人次的市场规模(2021—2022年我国冰雪休闲旅游人数为3.12亿人次),预计2023—2024年冰雪季我国冰雪休闲旅游人数有望首次超过4亿人次,我国冰雪休闲旅游收入有望达到5500亿元。

(六) 中国冰雪旅游发展存在的问题

中国的冰雪旅游作为一项新兴的旅游形式受到越来越多的关注,冰雪旅游在中国旅游市场上正日益凸显其重要性。目前,中国已经形成以东北地区为中心,包括内蒙古、新疆、北京、河北、四川、湖南等地在内的全国冰雪旅游发展格局。但是,中国的冰雪旅游业还存在着诸如产业结构不合理、整体效益低下等诸多问题。

1. 开发过于依赖自然资源和气候条件

目前,中国的冰雪旅游开发形成了以东北地区为主体,西部地区以及东南沿海地区迅速发展的态势。东北地区依托其地理优势和自然资源,冰雪旅游开发在规模和影响程度上"独占鳌头",是典型的资源导向型旅游目的地,以北京郊县及相邻的河北北部为代表的华北地区近几年也依托其地理优势和优质服务成为主要的冰雪旅游目的地。我国西部的内蒙古、新疆、四川等地冰雪资源条件很好,近几年来,这些地区的发展潜力也已经崭露头角。相比较而言,冰雪资源不够优越的地区只有部分城市兴建了人工冰雪旅游场所。

2. 盲目开发现象普遍,对环境破坏严重

《中国滑雪产业白皮书(2022—2023)》显示,截至 2022 年底,我国滑冰场地数量达到 1576 家。不管有没有客源市场,经济条件如何,已有几十个城市纷纷举办冰雪节。一些滑雪场规模小,档次低,设施简陋,功能不全,交通基础设施不配套,严重破坏了当地的自然环境,不少滑雪场还存在重复建设和急功近利等问题。

建滑雪场首先要有雪,造雪是辅助条件,并且要有足够的水资源,大型滑雪场开发资金高达数亿元人民币,建设期也长达数年。但一些地区滥伐森林资源开发滑雪道,造雪量达到了百分之百;有的滑雪场就建在裸露的黄土地上,滑雪道长度有的不足百米,使用期最短的才十几天;春季冰雪融化了,污水横流;有的城市招商不管回报,只要上规模就行,经营企业就用垃圾填充,外面铺点冰雪,节庆一过,垃圾遍地,臭气熏天。

3. 旅游消费内容单一

据调查,在国内冰雪旅游消费中,持续上升的只是门票、吃、住等刚性消费,交通、娱乐、休闲等边际效益较高的消费因素却没有表现出明显的增长,尤其是消费潜力较大的"购"和"娱"最为薄弱。以滑雪场为例,其利润来源主要是滑雪场地及设施、滑雪器材、装备的出租以及滑雪技术的传授等所带来的直接经济效益,而与游客息息相关的旅游纪念品、滑雪度假村的娱乐休闲设施以及相关的交通、信息等消费并没有被挖掘出来,而这些都是滑雪产业的重要利润来源。

4. 产品和产业链开发深度不足

总体上看,国内冰雪旅游产品内容缺乏创新,科技含量低,文化内涵不突出,精品少。游客非常希望能够欣赏到冰雪旅游与本地特色文化结合的产品,通过冰雪产品来了解旅游客源地和旅游目的地之间的文化差异。目前国内各地冰雪旅游项目差异性不大,尤其是东北地区,由于在历史上有延续性,在文化上有相近性,其产品的开发就容易趋于雷同。

许多企业投资冰雪旅游仅局限于滑雪场,而与冰雪旅游产业相关的旅游商品市场和冰雪旅游服务设施市场的开发则很不深入,在冰雪旅游用品和装备品生产上不能满足市场需求,尚未形成真正的产业链。冰雪旅游商品存在着供给不充分的问题,冰雪旅游装备几乎全部依赖进口,冰雪旅游服务设施的供给质量比较低,缺乏完善的商服体系。

5. 相关法律法规亟待完善

冰雪旅游是一项危险性较大的旅游项目。以滑雪旅游为例,因天气寒冷造成的冻伤、因雪场拥挤造成的意外事故、因雪场基础设施和导滑员的失误等造成的旅游安全投诉和赔偿纠纷等问题时有发生。在我国,还没有专门的冰雪旅游法规,大多数冰雪旅游安全问题都依照《中华人民共和国消费者权益保护法》《中华人民共和国合同法》《旅行社管理条例》《旅行社管理条例实施细则》《导游人员管理条例》《旅游安全管理暂行办法》《旅游安全管理暂行办法实施细则》《重大旅游安全事故报告制度试行办法》《重大旅游安全事故处理程序试行办法》等相关的旅游法律、行政法规来裁决。专门的冰雪旅游法规的颁布势在必行。

四、冰雪旅游策划实践案例介绍

(一) 雪乡国家森林公园概况

黑龙江雪乡国家森林公园始建于 1999 年,是国家 AAAA 级旅游风景区。位于黑龙江省牡丹江市海林市西南部大海林林业局施业区内,地处"龙江三巨擘"首峰老秃顶子山下,隶属黑龙江省森工总局大海林林业局。距哈尔滨 260 公里,牡丹江 160 公里,距长汀镇 105 公里,总面积 185 899.71 公顷。

黑龙江雪乡国家森林公园形成了两线、五景区、三十余个景点的多功能旅游体系,有春攀岩、夏漂流、秋赏五花山、冬咏雪的四季风光旅游线路。森林公园内的雪乡旅游风景区因贝加尔湖冷空气与日本海暖湿气流在此频繁交汇,以及山高林密的小气候影响,造就了这里"夏无三日晴,冬雪漫林间"的奇特小气候,每年十月开始降雪至次年四月,雪期长达 7 个月,积雪厚度可达 2 米左右。美轮美奂的独特冰雪世界也吸引了众多旅游爱好者、摄影爱好者、电视剧组来此拍摄创作。

2001 年大海林林业局独特的旅游资源被国家林业局批准为"雪乡国家森林公园";2010 年被黑龙江省评选为黑龙江 100 个最值得去的地方;2010 年 10 月被原国家旅游局批准为 AAAA 级旅游风景区;2012 年 9 月被原国家林业局森林公园管理办公室、原国家林业局森林公园保护与发展中心评为"最具影响力森林公园"。

(二) 主要景点

1. 雪乡旅游风景区

雪乡旅游风景区位于黑龙江省牡丹江市西南部(行政区位置属吉林省延边朝鲜族自治州敦化市),黑龙江大海林重点国有林管理局施业区内,地处长白山脉张广才岭与老爷岭的交汇处,原为大海林林业局双峰林场场部。这里的雪量大、雪质黏、雪期长,特殊的地理位置和气候条件使雪乡的雪资源得天独厚。

2. 原始森林

这里的原始森林总面积 297 公顷,林木蓄积 10 万立方米,树高平均 30 米,最高达 35 米,平均胸径 80 厘米,平均树龄 400 年,最长可达 1 000 年以上,通幽栈道 6.6 公里,环河栈道 1.6 公里,沿途有"三结义""毛主席纪念堂献木遗迹""祭神台""清风寨"等景观,其中以原始林双星瀑布最为引人注目,该瀑布宽达 11 米,落差达 3.5 米,相隔 60 米。

3. 海浪河

海浪河是牡丹江最大的支流,发源于中国雪乡所在地老秃顶子山和大秃顶子山,全长 120 公里;河流两岸植被葱郁,水量充沛。河水清澈见底,游鱼可数,是漂流和垂钓的理想去处。太平沟旅游风景区作为海浪河源头漂的首发站,吸引了众多户外爱好者前来游玩探险。

4. 云龙山

云龙山海拔 1 672 米,位于太平沟景区北部。峰顶平坦如盘,南北长 800 米,东西宽 350 米,南坡陡峭,北坡与其他山峰相连,东西两面可攀登。东坡有一片无林地带,石砌如墙,上附苔原,寸草皆无,犹如"石海"波浪起伏,汪洋浩瀚,气势磅礴。

5. 太平沟景区

太平沟景区海浪山庄自驾基地位于大双旅游公路 77 公里处,是一处功能设施完备的旅游综合服务区,基地设有餐饮服务区、休闲服务区、特色商业区、停车场、加油站、汽配所等服务设施。可以让驾车疲惫的游客得到良好的服务与休闲环境,自驾基地的餐饮服务区,有农家菜、铁锅炖、自助烧烤、冷饮吧等;停车场面积 2 500 平方米,可容纳大小车辆 120 辆,同时拥有完备的汽配服务场所 24 小时为游客提供服务;特色商业区经销的都是本地最有特色的纯天然绿色食品山木耳、蜂蜜、林蛙、猴头等,各种应季山野菜应有尽有。

太平沟红松原始林风景区坐落于大海林局太平沟林场,面积 297 公顷,属高寒深山区,林场施业区面积 27 404 公顷,1953 年建场以来,累计为新中国生产木材 300 余万立方米,在 1976 年 11 月 24 日,毛主席纪念堂奠基仪式结束后,承担了建造毛主席纪念堂的木材采伐任务,接到任务后,局领导高度重视,亲自到太平沟林场安排督促工作,由 30 人精干力量组成了采伐突击队,对每棵树进行了严格的挑选。这些朴实的林业工人带着满腔的对毛主席的崇敬,化悲痛为力量,顶着星星上班,披着一身月光回家,战冰雪,斗严寒,渴了吃口雪,饿了啃一口冻得梆硬梆硬的馒头,连续奋战了 7 天,终于完成了采伐胸径达 60 厘米左右、树高 28 米的 300 立方米的红松采伐任务,并及时运送到林业局贮木场,经再次挑选后运到了北京毛主席纪念堂工地,对此中共中央颁发了带有毛主席纪念堂图案的奖状。毛主席纪念堂的建成汇聚了林业工人的心血、汗水和对伟大领袖毛主席的无限敬仰之情,也是林业工人的骄傲。

6. "八一"滑雪场

"八一"滑雪场始建于 1958 年,50 多年来解放军"八一"滑雪队一直把这里作为冬季训练基地,这个滑雪场是中国较早而且也十分著名的高山滑雪场,高山雪道 900 多米,越野雪道 20 多公里,这里曾经为中国培养了像王锦芬、于淑梅等一大批优秀滑雪运动员。

7. 二浪河

二浪河旅游风景区位于亚雪公路 31 公里处,距黑龙江第一高峰老秃顶子山 24 公里,距林业局所在地 70 公里,距中国雪乡 43 公里,距亚布力滑雪场 40 公里。1976 年林业局为全面开发深山区,决定建立二浪河林场,场址设在二道海浪河主流 18 公里,并以二道海浪河名取名为二浪河林场。

8. 梦幻家园

梦幻家园位于雪乡棒槌山脚下,占地 7 000 平方米。梦幻家园是关东风情的馆驿客栈,是当年影视剧组拍摄影视剧遗留的房屋,外部依然保留着原貌。

9. 雪乡滑雪场

雪乡滑雪场主要提供滑雪、马拉爬犁、狗拉爬犁、雪圈等雪上游乐项目。滑雪场设有 850 米高山雪道、魔毯、吊椅、拖牵等专业滑雪设施并提供教练指导。

任务 12.2　调查冰雪旅游的发展条件

以雪乡国家森林公园为例,在对其进行冰雪旅游策划前首先对该景区发展冰雪旅游的条件进行分析评估。

一、资源条件

(一) 冰雪资源

景区的冰雪风光独具魅力,雪量大、雪质黏、雪期长,特殊的地理位置和气候条件使雪乡的雪资源得天独厚。由于受老秃顶子山、大秃顶子山、云龙山三座高山阻隔,北上的日本海暖湿气流与南下的贝加尔湖冷空气在此频繁交汇,形成了降雪丰富的独特小气候。每年十月开始降雪至次年四月,降雪期长达 7 个月。年平均降雪量 2.6 米,最高近 4 米。雪乡的雪质地黏软,积雪随物具形,浑然天成,千姿百态,宛如童话世界。因此,雪乡的雪资源被专家学者誉为中国乃至亚洲最好的。瑞士滑雪设计专家Christophe(克里斯托夫)把雪乡比作中国的达沃斯,并称这里的雪可以与欧洲的阿尔卑斯山相媲美,是国内独一无二的赏雪、娱雪胜地。

(二) 水域资源

景区内水域资源丰沛,施业区内河网密布,十余条溪流汇集而成牡丹江最大的支流——海浪河。海浪河发源于林业局施业区内的老秃顶子和大秃顶子山,境内流长约120 公里,分大海浪河、二道海浪河两大干流。年均流量 32 立方米/秒,平均每公里落差为 6 米。河水轻柔跌宕,清澈、透明、甘甜。两岸植物郁郁葱葱,是全国为数不多的未被污染河流之一。海浪河水流急缓不一,水产丰富,是赏溪、漂流、垂钓的绝佳去处。

(三) 林木资源

景区内森林覆盖率高达 93.77%,主要树种以白松为主,约占 60%,素有“白松故乡”之称。林海中红松、鱼鳞松、冷杉、樟子松经冬不凋,青杨、白桦高耸挺拔,还分布有黄菠萝、紫椴、水曲柳、胡桃楸、山槐等国家一、二级保护植物。特别是太平沟旅游风景区内的原始森林极具特色,是目前保存面积最大、资源保护最为完好的一处天然红松原始森林。原始林总面积达 297 公顷,林木蓄积 10 万立方米,树高平均 30 米,最高达 35米。平均胸径 0.8 米,最大 1.6 米。平均树龄 400 多年,最长可达 1 000 年以上,如此规模在东北地区罕见。林内有野生动物 40 多种,植物近百种,是科考、避暑、溯溪探险、宿营野炊、动植物观赏和森林浴场的理想去处。

(四) 高山资源

景区西南部为张广才岭主脉,西北部为老爷岭余脉,高山众多,超过 1 000 米海拔的山峰三十余座。其中海拔超过 1 600 米的就有三座,分别是老秃顶子山、大秃顶子山和平顶山。2009 年,做旅游总体规划时专家建议把现有老秃顶子山、大秃顶子山、平顶山应改为具有文化底蕴的玉鼎山、仙翁山、云龙山。其中主峰玉鼎峰原名老秃顶子山,海拔 1 687 米,是黑龙江第一高峰。仙翁山原名大秃顶子山,海拔 1 679 米。云龙山原名平顶山,海拔 1 672 米,云龙山东坡有一座城墙碴子,《牡丹江旅游资源》一书认为这是古代城墙,它究竟是何朝、何人所筑现在还是个谜,有人推测它可能是渤海国为防止外敌入侵而修筑的高山据点。这三座高山相互拱卫,并称为"龙江三巨擘",是登山爱好者的首选之地,也是森林观光、科研考察等活动的最佳去处。

(五) 其他资源

景区内旅游资源富集,尚待开发或还在研讨的资源很多,二道沟线青云山、新林和大海林局海源、海浪曾发现抗联密营遗址多处,曾出土过苏联红军时期的残旧电台、子弹、枪械物件以及解放战争时期剿匪的历史遗迹等。正在准备筹建的滨河旅游集合区、红岩云山寺庙和要开发的两水一电工程,也为未来的雪乡旅游产业发展带来巨大商机。

二、区位条件

(一) 交通区位条件

景区位于经济较为发达的黑龙江南部经济圈内,铁路、公路、航空等交通四通八达,"哈尔滨—凤凰山—雪乡"生态旅游白金线已于 2005 年正式建成通车,2011 年依山傍谷而建的亚雪公路开通后,不仅交通便捷,沿途罕见的雾凇雪挂奇观更是令人叹为观止,成为独具特色的旅游景观大道。便捷的航空、铁路、公路等综合交通条件良好,可以使游人顺畅而方便地进入雪乡国家森林公园。

(二) 客源区位条件

景区的客源市场主要是省内牡丹江、佳木斯、哈尔滨及周边村镇居民和冰雪资源较为稀缺的南方客,景区东距牡丹江市约 174 公里,西距哈尔滨市约 260 公里。哈尔滨市作为中国东北地区经济、文化、旅游中心城市,可直飞中国各大中城市及沿海开放城市,还开通了通往日本、韩国等国家和地区的国际航线,为外省游客前往雪乡提供了便捷条件,同时随着省内交通条件的改善,省内及周边居民进入雪乡也十分便捷。

三、社会经济条件分析

国家除了继续东北老工业基地振兴等经济政策外,推动旅游业发展、加强国企改革等措施的实施,必将带动黑龙江省各著名景区,特别是牡丹江地区的知名景区的发展。在国家大力发展旅游业的政策指导下,黑龙江省根据自身资源环境优势,将冰雪旅游森林生态作为全省旅游业的重点主攻方向来发展,大力度对旅游地基础设施进行投资建设,形成了极为良好的社会政策境和投资环境,对雪乡景区的旅游发展非常重要。

雪乡国家森林公园所在地大海林林业局始建于 1948 年,隶属于黑龙江省森工总局,建局 70 多年来,累计为国家生产商品材 2 429 万立方米,为国家经济建设作出了重要贡献。2018 年,全局完成生产总值 21.6 亿元,实现利润 288 万元,上缴利税 4 000 万元。目前,全局有林业人口 36 372 人,林业总户数 16 783 户,企业在册职工 4 424 人,职工年平均工资 41 812 元/人,林区人均年收入 23 211 元/人。

大海林林业局先后出台了一系列扶持旅游业发展的政策,并在财税、土地、林地、文化、交通、旅游纪念品开发等方面给予旅游企业、职工群众重点扶持,先后投入近亿元逐步完善森林公园景区的各项服务设施,开发特色旅游项目,倾力打造雪乡旅游精粹品牌,以冰雪文化为龙头的四季旅游产业目前已成为大海林林区发展的支柱产业之一。

四、项目策划建设条件

1. 气象条件

景区地处温带大陆性季风气候区,受大陆性季风和海洋性气候的双重影响,冬长夏短,四季变化悬殊,年平均气温 2℃,极端气温分别为 34℃和－32℃,无霜期 85—125 d。年平均降水量 500～1 000 mm,年降雪日数为 68 d,积雪期超 130 d,积雪平均厚度为 30～60 cm。区内的老秃顶、平顶山海拔高度都在 1 600 m 以上,由于山高林密,云量丰厚,夏季多雨,冬季多雪,形成独特的雪乡山区小气候。10 月初开始降雪,多集中在 12 月至次年的 1、2 月份,地面积雪厚度最大可达 1.5～2.0 m。

2. 生态环境条件

区域内生态环境质量良好,环境容量空间较大,区域内山峦起伏、河流密布、土质肥沃、林木茂密,是无污染的天然生态佳境。特别是为规范管理,林业局成立了森林公园管理部门,制定了森林公园管理办法,十分重视科学合理地对自然生态环境的保护和开发建设,迁出了核心景区内的大部分居民,加大了对核心景区的保护力度,使景区内的生态环境质量得到保护和优化,对实现生态旅游业的可持续发展起着积极的作用,是开展生态旅游活动的极佳之地。

3. 地质地貌条件

景区属"长白山熔岩高原中山区"。地貌受地质第四纪新构造运动及内陆沉积影响,由西向东相间形成了中山、低山、低山丘陵 3 种不同的地貌类型,地势西北高,东南低,从西北向东南倾斜,构成高山、谷壑的复杂地表形态,平均海拔在 500—1 100 米之间,全区地形起伏变化较大,山势较陡。最高峰老秃顶子,海拔 1 686.9 米,西北部为中山区,海拔多在 1 000 米以上,地形起伏较大,地势高耸,山峦重叠一般坡度为 15°～25°。东南部为平缓开阔地带,多低山和丘陵地,地势较缓。

4. 土壤条件

景区内的土壤为暗棕壤,占总面积的 94%,其次还有少量的草甸土、沼泽土和棕色森林土。土壤呈微酸性,从山麓至山顶随着海拔的升高呈现沼泽土、草甸土、暗棕壤、棕色针叶林土,呈带状垂直分布。

5. 水文条件

景区内水源来自地表水和地下水。地表水由河谷径流组成,以大海浪河为主流,同时还分布有支流、沟溪 30 多条,以及两大山泉,构成森林公园密布的水系网。人工水利建筑有位于兴农林场的小型水库,集水面积约 50 000 平方米。

景区内的水系属牡丹江水系,地处牡丹江的主要支流——海浪河的中上游。海浪河在公园境内呈东南流向,流长 120 公里,有支流 26 条,流域面积 2 700 平方公里。海浪河河床最宽处达 86 米,最窄处仅有 20 米,平均河宽 40 米,平均水深 2 米,年平均流量为 32.5 立方米/秒。河床为基岩构成,以古岩层、硅质板岩组成,河水清澈见底、甘甜醇和、无污染。二道海浪河是大海浪河的一条最大支流,分布有支流 5 条。

景区内有两大泉眼,其中"冰心泉"汇水面积 30 平方米,水深约 20 米,泉水终年不冻、冬暖夏凉,水质透明清澈、甘甜爽口;"清茶馆泉"汇水面积约 13 平方米,水深约 30 米,泉水饮时有如清茶,清心爽口。

大海林林区地下水分为基岩裂隙潜水和松散沉积物孔隙潜水两大类。基岩裂隙潜水,地下水位埋藏深度一般在几十米,水质良好,主要分布在西部中山区、中部低山区;松散沉积物孔隙潜水,在大海林林区分布较为广泛,地下水位埋藏深度小于 15 米,易于成井,且出水量较大,水质较好。

6. 基础设施条件

(1)交通服务设施

2012 年新建面积 300 平方米的亚雪公路休憩驿站;2013 年在景区选址建设两处倒站车换乘站,用于游客倒站车换乘及等候;2014 年牡丹江方向山门、五常方向山门、亚雪方向山门、太平沟景区山门、停车场、游客服务中心升级改造。

(2)供暖工程

2012 年 8 月雪乡景区居民集中供热建设,实现景区集中供热,供热面积 80 000 平方米;2013 年 10 月对雪乡景区公共设施进行供热建设。

(3)给排水工程

景区内各管理区分布在各林场以及社区等地,较为分散,没有形成集中管网给排水,有的林场还没有通上自来水,还采用水井取水,水质、水量难以得到保障,同时,未形成一套完整的排水系统,无污水处理设备,排水系统多为明渠排水、排水沟排水等。

(4)供电工程

大海林林业局范围内的供电是由牡丹江供电公司和哈尔滨供电公司共同承担,基本上做到无特殊情况都能全天供电,但是供电成本较高。

(5)电信网络

目前景区内电信网络已基本上全境覆盖,信号良好。

五、市场需求

1. 省内市场

根据中国城市居民出游和出行距离的关系研究表明,80％的出游市场集中在距城市 500 公里的范围内,随着人民生活水平的不断提高,周边出行的旅游需求日趋旺盛。在雪乡景区方圆 500 公里的范围内,集中了黑龙江省除黑河以外的所有大中城市,区域人口数量庞大,省内客源市场开发潜力极大。

2. 国内市场

我国地域辽阔,历史悠久,人口众多,地域风情、田园风光、自然风貌、历史文化、民族民俗、南北城乡等旅游资源特征相差悬殊,因此形成了旅游资源市场相互吸引的态势,东北地区以其四季分明的气候特征、得天独厚的冰雪资源及典型的寒温带森林植被、优良的生态环境吸引着越来越多的南方游客及港澳台地区的游客。随着大众旅游迅猛发展和国内居民收入水平的不断提高,国内旅游市场更加广阔,将为雪乡景区提供最具潜力的远程客源市场。携程预订数据显示,2023 年 11 月 1 日—2023 年 12 月 31 日,我国冰雪旅游客源地的前十位城市是北京、上海、哈尔滨、沈阳、长春、大连、天津、石家庄、成都、深圳,其中,北京、哈尔滨、沈阳、长春等既是目的地也是客源地,此外,上海、成都、深圳等南方城市向北冰雪旅游的趋势明显,随着新冰雪季的发展,"南客北上"现象将更趋明显。

3. 国际市场

旅游业已发展成为当今世界最大的经济产业,作为现代文明社会标志之一的旅游已经成为现代人日常生活不可或缺的组成部分,人们外出旅行,特别是洲际旅行的条件不断得到改善。雪乡景区在建设之初就以其大冰雪、大森林、群峰、河流等雪乡公园特有的资源打造独一无二的中国冰雪品牌,将会吸引更多的国际旅游客源。

任务 12.3　策划冰雪旅游的项目与产品

以雪乡国家森林公园为例,根据其开发建设方案,对其旅游项目策划进行分析。

一、主题定位

根据其开发建设方案,雪乡国家森林公园主题定位为:中国雪乡,梦中的童话世界、生态优越的国家森林公园。

二、功能分区

(一) 功能分区原则

功能分区应依据雪乡森林公园景观资源的地域分布、空间关系和内在联系进行合理区划,形成合理、完善而又有自身特点的整体布局,应遵循下列原则:

1. 有利于保护和改善雪乡国家森林公园的生态环境,妥善处理开发利用与保护之间、游览与生产和服务及生活等诸多方面之间的关系;

2. 从森林公园的全局出发,统一安排,充分合理利用地域空间,因地制宜地满足森林公园多种功能需要;

3. 在充分分析各种功能特点及其相互关系的基础上,合理组织各种功能分区,充分考虑游览路线和项目的组织设计,使其相互配合、协调发展,构成一个有机整体;

4. 立足可持续发展观,考虑建设期内完成建设任务和为今后发展留有余地。

(二) 功能分区

按照《国家级森林公园总体规划规范》(LY/T2005—2012)的要求,根据分区原则和雪乡国家森林公园的地形地貌、资源分布等实际情况,结合周边景区的发展情况,采用景区与功能区相结合的方式,划分为核心景观区、一般游憩区、管理服务区、生态保育区四大功能区。

表 12-1 雪乡国家森林公园功能区

功能区	面积(公顷)	百分比(%)
核心景观区	30 564.95	16.44
一般游憩区	123 059.52	66.19
管理服务区	1 062.32	0.57
生态保育区	31 212.92	16.80
合计	185 899.71	100.00

1. 核心景观区

包括太平沟林场、柳河林场、七峰林场、兴农林场部分施业区范围,面积约为30 564.95公顷。该区域内拥有珍贵的森林景观风景资源,须进行严格保护。在核心景观区,除了必要的保护、解说、游览、休憩和安全、环卫、景区管护站等设施以外,不得建设住宿、餐饮、购物、娱乐等设施。功能定位为:生态观光与生态保护。

2. 一般游憩区

包括海源林场、海浪林场、永安林场、太平沟林场、柳河林场、七峰林场、前进林场、兴农林场、青坪经营所、梨树沟经营所、红星经营所、长汀经营所施业区范围,面积约为123 059.52公顷。

3. 管理服务区

管理服务区分别设置在海源林场、海浪林场、前进林场、永安林场、太平沟林场、柳河林场、七峰林场、兴农林场、青坪经营所、梨树沟经营所、长汀经营所等场部所在区域,管理服务占地面积为1 062.32公顷。功能定位为:接待服务与景区管理。

4. 生态保育区

包括海浪林场、前进林场、兴农林场、青坪经营所、梨树沟经营所、长汀经营所施业区范围,面积约为31 212.92公顷。规划期内生态保育区以生态保护修复为主,基本不进行开发建设,也不对游客开放。

三、项目与设施策划

(一)项目策划

1. 雪乡旅游风景区

项目1:森林小火车

为了减少车辆进入景区对环境的产生污染,方便游客景区内部换乘车辆,计划在景区内部新建森林小火车或轨道观光车,森林小火车起点为亚布力山门,终点为白松景区白松车,总长度11.6公里,占地面积6公顷。森林火车轨道采用0.75米窄轨,机车采用蒸汽火车,停靠站3座,建筑面积分别为1 000平方米,小火车车间车库建筑面积1 700平方米,停靠站为2层,砌体结构,仿木外观。

项目2:羊草山观光栈道

观光栈道起点羊草山游客服务中心,依托羊草山主峰险峻地形和特色高山景观,规划新建总长度为2 500米的环形观光栈道,沿途建设观景平台3座,每座平台面积30平方米,垃圾箱250个,指示牌20个等基础设施,丰富游客体验,让人感受羊草山雄峻、险要地形,深化登山体验。

2. 二龙山景区

项目1:二龙山影视基地

二龙山影视基地坐落于雪乡风景区西南20公里处,始建于1999年,占地2.8公顷。规划对雪乡景区二龙山影视城进行升级改造,修复破旧影视房屋,补充影视景物,增加游乐项目和游客互动节目,将其打造成独具东北特色的大型影视基地。

项目2:二龙山冰雪欢乐谷

利用二龙山影视城对面空闲区域及河流、养鱼池等资源新建一处占地面积8万平方米的大型冰雪欢乐谷,此冰雪欢乐谷规划拥有五个冰雪乐园,提供的产品既有互动性强的冰雪娱乐项目,包括 600 米冰雪大滑梯、极地大漂移、冰上碰碰车、雪地香蕉船、雪地摩托、冰壶、马拉雪橇、狗拉雪橇等,同时建有观赏性强的冰雕、冰灯、冰岩等各项游乐设施,动静结合,老少咸宜。

3. 白松车站景区

项目 1:冰雪文化体验区(艺术宫)

冰雪文化体验区(艺术宫)占地面积 5 公顷,以冰雪资源承载冰雪文化,打造高端冰雪艺术"大都会",计划新建跨河文化桥 1 座,长度 20 米,为石拱桥;新建冰雪文化广场 1 000 平方米;新建冰雪艺术馆,占地面积 5 000 平方米,建筑面积约 10 000 平方米,为地上二层,框架结构,仿木外观;新建艺术家工坊共 10 间,每栋 150 平方米,为一层,砌体结构,仿木外观;新建其他相关游客服务设施 8 000 平方米,均为一层,砌体结构,仿木外观。

项目 2:奇幻童话园

奇幻童话园占地面积 5 公顷,通过高科技建设 5D 童话体验馆,给游客身临场景般的震撼体验,结合冰雪森林影视内容开发主题木屋、童话影院等项目。计划新建入口广场 1 500 平方米;新建 5D 童话及冰雪主题体验馆,占地面积约 15 000 平方米,建筑面积约 30 000 平方米,借助冰雪、森林主题的影视剧建设冰雪森林场景体验,5D 童话体验馆为地上二层,框架结构,仿石木外观;新建影视主题木屋,根据森林动植物形象设计蘑菇屋、榛子屋、猫头鹰屋等多种形态,总建筑面积约 4 000 平方米,为一层,砌体结构,仿木外观;新建精灵部落,占地面积 5 000 平方米,将奇幻童话园内的空间进行亮化,同样以森林动物、植物为元素进行景观装点,形成梦幻的精灵部落。同时在景观设计时考虑游客的参与互动性。

项目 3:白松车站生态科普基地

生态科普基地位于白松车站景区中部,占地面积 4 公顷。由于森林生态一直被忽视,并且森工系统少有关于森林生态的具象化产品。因此,可在狭长的地段空间内,建设森林生态博物馆、生态观察径、夏令营基地等项目,打造集生态运动、自然文化体验为一体的科普基地。生态科普基地可作为对接周边重要地市中小学学生夏令营及野外实训基地。

森林生态博物馆——计划新建森林生态博物馆 1 座,占地面积约 1 500 平方米,建筑面积 1 700 平方米,二层建筑,框架结构,设计主体上采用近自然风格。室内空间按展示、体验两个功能布局,包括一个植物展厅、四个主题展厅和一个动态展厅,汇集植物、动物、土壤、岩石、化石、种子等各类展品,集观光展览、科普体验、自然教育为一体。馆内备有药箱、手杖、雨伞等器具,提供免费咨询、讲解、热水、雨伞、手杖、寻物招领等服务项目。

夏令营基地——计划新建夏令营基地占地面积 3 000 平方米,该区植被丰富,视野开阔处设夏令营基地,结合周边地形地貌,开展攀岩、跨越、徒步、真人 CS、风景观赏与摄影、定向越野、体能训练、生存技能大比拼等活动。配备设施租赁、活动广场、野营等基础服务设施。

生态观察径——将原有的森工文化进行挖掘,做成游客体验项目,结合森林步道,设置森工体验道,打造国家森林步道。让游客能切身感受森工文化,同时也跟运动相结合,增加了知识。

(二) 设施策划

项目 1:雪乡游客服务中心

游客服务中心占地面积 5 000 平方米,新建游客服务中心建筑面积 20 000 平方米,为地下一层,地上三层建筑,框架结构,仿实木外观。其中一层为游客提供旅游咨询服务、医疗、安保、餐饮娱乐服务,其他楼层为游客接待客房,提高游客入住质量。

项目 2:雪乡房车旅馆

雪乡房车营地位于万嘉雪乡戴斯度假酒店附近,四周环境优美,空气清新自然。营地占地面积 12 000 平方米,总建筑面积 8 000 平方米,每个房车建筑面积约 15 平方米,根据游客需求分为商务房车、家庭房车和景观房车三个类型,可入住 3—4 人。

项目 3:雪乡山顶观景平台、餐厅

雪乡山顶观景餐厅位于现有滑雪场,由于现有餐厅落后、老旧,无法提供用餐等高档服务,对现有的餐厅进行拆除新建,新建雪乡山顶观景平台、餐厅 1 000 平方米,一层建筑,砌体结构,仿实木外观。

项目 4:养生保健中心

在太平沟景区新建养生保健中心,中心占地面积 1 公顷,建筑面积 3 500 平方米,二层建筑,框架结构,建筑材料以石材和木材为主。建设打造养生保健中心,配套健康管理中心、天然氧吧保健、天然温泉水洗浴、中医保健、康复休养等服务项目。

> **想一想**　　根据雪乡国家森林公园的资源条件分析,您能策划出哪些项目和设施呢?

四、市场定位

以森林公园周边县市游客为主,兼顾黑龙江省内中高端游客市场,以团体游客为突破口,加强挖掘自驾旅游市场。

依据黑龙江雪乡国家森林公园旅游资源特点、客源市场的现状特征及未来发展趋势,将目标市场分为核心市场、重点市场、机会客源市场。

(一) 核心市场

近期:重点开发以牡丹江市、海林市、宁安市、林口县、穆棱市、鸡西市等森林公园周边本地居民为核心的旅游市场。

远期:黑龙江省省内旅游市场为主(包括到哈尔滨、牡丹江旅游的外来旅游者)。

(二) 重点市场

近期:东北三省及内蒙古邻近地区旅游市场。

远期:以北京为中心的环渤海市场、以广州为中心的珠三角等经济发达地区市场。

(三) 机会客源市场

全国范围内的会议、商务、度假旅游市场。

全国范围内的文化节事、民俗风情旅游市场。

国际旅游商务、考察旅游市场。

(四) 消费层次定位

以中档消费能力的休闲观光、科普体验客源为基础。

以中高档消费能力的疗养度假客源为核心。

以消费能力较强的户外探险和康体健身客源为补充。

五、旅游产品体系策划

(一) 构建重点产品体系

国内游客的旅游需求逐渐从观光旅游向休闲体验旅游转变,景区应丰富旅游产品体系建设,除自然观光外,充实度假旅游产品、康体养生产品、文化体验产品以及其他自驾等专项旅游产品,满足游客更高层次的休闲体验需求。

1. 自然观光产品

对景区内自然旅游资源进行整合,加强生态环境保护,提升整体景观质量,完善各景区观光设施,增强解说功能和服务功能,形成2—3天的自然观光线路,分流部分牡丹江客源。

2. 度假旅游产品

景区内森林资源丰富,具有对人有益的生态环境,规划开发系列度假产品,满足游客多样化需求。开展森林度假、林区度假、避暑度假、养老度假、营地度假等系列度假产品,完善林间木屋、森林人家、养老社区等度假配套设施建设,提升景区内具有浓郁东北林区特色的度假社区,形成以生态旅游为核心的特色度假产品体系。

3. 康体养生产品

景区内具有养生功效的资源众多,可把良好的养生环境、养生元素与养生产品有机结合,依托良好的森林植被环境,开展森林保健产品;依托羊草山、太平沟温泉资源,开发温泉养生产品;依托山地环境,开展登山、森林浴、溯溪、探险、滑雪旅游产品。通过系列康体养生产品的设计,形成强烈的休闲旅游吸引力。

4. 文化体验产品

依托景区内丰富的文化资源,以"中国雪乡"为核心文化主题,以文化的"活化"为卖点,开发系列体验型与参与型的文化娱乐活动和演绎活动,丰富游客休闲活动的内容与形式。挖掘本地文化与现代时尚理念结合,发挥创意开发衍生产品,全面融入牡丹江东北亚文化深度游核心区。

(二) 策划具体产品集群

围绕"康体保健""休闲游憩""生态文化"等主题,针对不同的客源细分市场,雪乡国家森林公园策划以下5大产品体系,共16种旅游产品类型。

表 12-2 雪乡产品体系

产品体系	景区特征	主要范围	主要景观	产品类型	开发期限	客源市场定位
森林观光游览	红松原始林、风景林等森林风景资源和国家重	太平沟原始森林景点	红松原始林、白桦林等森林植物观光,野生动	登高远眺	近期	爱好者、大众、家庭

续　表

产品体系	景区特征	主要范围	主要景观	产品类型	开发期限	客源市场定位
	点保护鸟类等野生动物资源等		物、鸟类等森林动物观光,山野菜、山野果、食用菌采摘,欣赏秋季五花山森林景观等	登高远眺	近期	爱好者、大众、家庭
				红松原始林观光	近期	爱好者、大众、家庭
				五花山观光	近期	爱好者、大众、家庭
				山野采摘	近期	爱好者、大众、家庭
森林文化旅游	森林公园所在地大海林林业局为了中国的现代化建设输出了大量木材资源,创造了很多林业文化	雪乡景区、云龙山景点永安伐木体验村	森林小火车、东北乡村文化等	森林小火车	近期	爱好者、大众、家庭
				雪乡剧场	近期	大众、家庭
				东北大秧歌	近期	大众、家庭
				永安伐木文化	远期	大众、家庭
康体度假	拥有广袤的森林、清新的空气及夏季凉爽的气候等优越条件;大森林中含有丰富的负氧离子,对增强人体免疫力和促进新陈代谢都具有积极的疗效,是开发疗养度假的有利条件	雪乡景区、太平沟景区、梨花邨景区	海浪河漂流、原始红松林、白松、白桦林等	森林浴	近期	大众、家庭
				老年保健养生旅游	近期	老年群体
				会议旅游	远期	大众、相关游人
探险科考	地形复杂多变,森林生态保存较好	太平沟景区、云龙山景点、海浪河漂流景点	漂流、瀑布、高山	海浪河漂流	近期	爱好者、大众、家庭
				水上乐园	近期	大众、家庭
				原始林登山	远期	大众、家庭

续　表

产品体系	景区特征	主要范围	主要景观	产品类型	开发期限	客源市场定位
科普教育	典型的长白山植物区系和丰富的野生动物资源	雪乡景区、梨花邨景区	天然林,人工次生林	中小学生夏令营	远期	青少年
				森林科普教育基地	近期	青少年、大众、家庭

六、投融资估算

(一) 估算依据

参照国家关于建设项目投资概算编制的有关规定,结合牡丹江地区工程实际造价,对雪乡国家森林公园开发建设投资进行全面概算,具体的依据如下:

1.《市政工程投资估算指标》;

2.《市政工程可行性研究投资估算编制方法》;

3.《黑龙江市政工程消耗量定额及统一基价表》;

4.《黑龙江省建筑工程计价定额》;

5.《黑龙江省建筑安装工程费用定额》;

6.《公路工程技术标准》;

7. 设备、材料价格取当地市价;

8. 设计费按原国家计委、建设部《工程勘察设计收费管理规定》规定执行;

9. 工程监理费按国家发改委、建设部《建设工程监理与相关服务收费管理规定》规定执行;

10. 建设单位管理费按财政部《基本建设财务管理规定》规定执行;

11. 招标管理费按原国家计委《招标代理服务收费管理暂行办法》规定执行;

12. 预备费只计算基本预备费,按直接工程费 5% 计算,不计涨价预备费。

(二) 投资估算

雪乡国家森林公园规划投资额为 92 672.25 万元,其中近期(2020—2024 年)投资额为 54 748.67 万元,占总投资额的 59.36%;远期(2025—2029 年)投资额为 37 803.58 万元,占总投资额的 40.51%。

表 12−3

建设投资汇总表(单位:万元)

序号	建设项目名称	投资额(万元)			投资占比
		合计	近期	远期	
1	景区景点建设工程	5 900.00	3 150.00	2 750.00	6.37%
2	植被与森林景观建设工程	4 930.00	2 580.00	2 350.00	5.32%
3	资源与环境保护工程	1 418.00	906.00	392.00	1.53%
4	生态文化工程	3 840.50	2 102.00	1 738.50	4.14%

续　表

序号	建设项目名称	投资额(万元)			投资占比
		合计	近期	远期	
5	旅游服务设施工程	32856.00	23006.00	9850.00	35.45%
6	防灾及监测工程	2325.15	1318.50	1006.65	2.51%
7	基础工程	32355.00	16260.00	16095.00	34.91%
8	其他费用	4634.64	2819.09	1815.55	5.00%
9	基本预备费	4412.96	2607.08	1805.88	4.76%
	合计	92672.25	54748.67	37803.58	100.00%

表 12-4

景区景点建设工程投资估算表(单位:万元)

序号	建设项目	单位	工程量	总投资估算	近期	远期
一	一般游憩区			2830	1540	1290
1	雪乡景区			1870	1130	740
1.1	中国雪乡景区			660	530	130
1.1.1	森林小火车	千米	11.6	300	300	
1.1.2	野生动物观赏园	处	1	80		80
1.1.3	雪乡综合滑雪场	座	1	100	100	
1.1.4	雪乡大雪谷至老秃顶子索道观光缆车	处	1	50	50	
1.1.5	羊草山雪道过山车	座	1	40	40	
1.1.6	羊草山观光栈道			40	40	
1.1.7	羊草山冰雪活动区	座	1	50		50
1.2	二龙山景区			100	50	50
1.2.1	二龙山影视基地	座	1	50	50	
1.2.2	二龙山冰雪欢乐谷	处	1	50		50
1.3	白松车站景区			510	450	60
1.3.1	冰雪文化体验区	处	1	100	100	
1.3.2	奇幻童话园	处	1	310	250	60
1.3.3	冰雪游乐园	处	1	100	100	
1.4	永安景区			250	50	200
1.4.1	雪狼谷	处	1	50	50	
1.4.2	永安伐木文化体验村	处	1	200		200

序号	建设项目	单位	工程量	总投资估算	近期	远期
1.5	杨木沟海浪景区			350	50	300
1.5.1	杨木沟林区文化村	处	1	300		300
1.5.2	姜葱沟水电站景点	处	1	50	50	
2	太平沟景区			670	220	450
2.1	太平沟原始林景区			400	150	250
2.1.1	小王子森林探险公园	座	1	100		100
2.1.2	云雾山玻璃廊桥	座	1	100	100	
2.1.3	太平沟景区水上乐园	座	1	50		50
2.1.4	云雾山灯光秀	处	1	100	50	50
2.1.5	下山滑道或观光缆车	米	2 000	50		50
2.2	平顶山景区			270	70	200
2.2.1	绿野之爱亲子乐园	处	1	60		60
2.2.2	生态科普廊道	座	1	100	70	30
2.2.3	碑林	处	1	60		60
2.2.4	绞盘载人滑车游乐场	座	1	50		50
3	梨花邨景区			290	190	100
3.1	海浪河漂流			80	50	30
3.1.1	河道整治	千米	10	50	50	
3.1.2	码头设施	处	1	30		30
3.2	玫瑰园生态采摘观赏园	公顷	5	50	50	
3.3	青坪蓝莓基地	公顷	39	50	50	
3.4	肉牛养殖基地	公顷	4	110	40	70
二	管理服务区			3 070	1 610	1 460
1	雪乡双峰管理服务区			2 760	1 460	1 300
1.1	冰秀(冰雪艺术馆)	平方米	5 000	1 000	1 000	
1.2	雪乡特色小镇	处	1	300		300
1.3	中华祈福园	座	1	100	100	
1.4	白松车站大门	座	1	50	50	
1.5	白松车站商业区	平方米	5 000	1 000		1 000
1.6	白松车站森林文创园	处	1	200	200	

续　表

序号	建设项目	单位	工程量	总投资估算	近期	远期
1.7	夏令营基地	处	1	60	60	
1.8	生态观察径	处	1	50	50	
2	海源管理服务区			110	50	60
2.1	管理服务区大门	座	1	50	50	
2.2	开心农场	座	1	60		60
3	长汀管理服务区			200	100	100
3.1	夜色景观改造	千米	8	100	100	
3.2	滨河广场主题公园	座	1	100		100
	总计			5 900	3 150	2 750

序号	项目	单位	工程量	总投资	近期	远期
1	人工造林	亩	7 000	490	290	200
2	森林改造培育	亩	40 000	2 000	1 000	1 000
3	雪乡景区风景林维护与改造	公顷	300	450	200	250
4	太平沟景区风景林维护与改造	公顷	450	675	375	300
5	梨花邨景区风景林维护与改造	公顷	100	150	100	50
6	海浪河沿河景观带	千米	2	400	200	200
7	管理服务区绿化	公顷	20	200	100	100
8	停车场绿化	平方米	5 000	100	50	50
9	公路绿化	千米	29	435	235	200
10	游道绿化	千米	5	30	30	
	合计			4 930	2 580	2 350

表 12-5

植被与森林景观建设工程投资估算表（单位：万元）

序号	项目	单位	工程量	总投资	近期	远期
1	生物资源保护			800	340	340
1.1	古树名木、珍稀树种挂牌	处	600	60	30	30
1.2	植物资源监测	次	2	300	150	150
1.3	植物检疫设备	套	1	180	30	30

表 12-6

资源与环境保护工程投资估算表（单位：万元）

序号	项目	单位	工程量	总投资	近期	远期
1.4	野生动物资源监测	次	2	200	100	100
1.5	科研监测设备	套	1	60	30	30
2	景观资源保护			40	20	20
2.1	告示牌	块	200	40	20	20
3	保护管理设施			63	63	0
3.1	界碑	座	20	60	60	
3.2	界桩	块	100	3	3	
4	生态环境保护			90	58	32
4.1	环境质量监测设备	套	4	20	20	
4.2	大型环保宣传牌	块	20	10	8	2
4.3	垃圾箱	个	600	60	30	30
5	森林保护管理站			425	425	
5.1	保护管理站	座	17	425	425	
	合计			1 418	906	392

表 12-7

生态文化工程投资估算表（单位：万元）

序号	项目	单位	工程量	总投资	近期	远期
1	科普馆			3 400	1 800	1 600
1.1	白松车站白松车站生态科普基地	处	1	500		500
1.2	白松车站白松车站森工文化演艺中心	平方米	7 000	1 400	1 400	
1.3	太平沟景区文化艺术中心	平方米	2 000	400	400	
1.4	太平沟森林科普馆	平方米	2 000	400		400
1.5	长汀文化博物馆	平方米	3 500	700		700
2	森林公园解说系统			440.5	302	138.5
2.1	大型解说性标识标牌	块	1	2	2	
2.2	中型解说性标识标牌	块	30	6	3	3
2.3	小型解说性标识标牌	块	140	14	7	7
2.4	指示性标识标牌	块	220	11	6	5
2.5	公告性标识标牌	块	50	7.5	4	3.5
2.6	森林公园宣传册	套	1 000	50	30	20

续　表

序号	项目	单位	工程量	总投资	近期	远期
2.7	森林公园网站	个	1	50	50	
2.8	智慧公园服务系统	套	1	300	200	100
	合计			3 840.5	2 102	1 738.5

序号	项目	单位	工程量	总投资	近期	远期
1	雪乡游客服务中心	平方米	20 000	4 000	4 000	
2	雪乡房车旅馆	平方米	8 000	800	800	
3	山顶观景餐厅	平方米	1 000	100	100	
4	雪乡景区管理机构	平方米	5 000	1 000	1 000	
5	雪乡公路养护中心	平方米	2 000	400	400	
6	雪乡消防中心	平方米	2 000	400	400	
7	羊草山游客服务中心	平方米	1 000	200	200	
8	雪乡研学民宿体验区	平方米	9 000	1 800	1 800	
9	雪乡景区导服辅助区	平方米	2 000	400	400	
10	牡丹江山门旅游接待设施	平方米	9 000	1 800	1 800	
11	亚雪山门游客接待设施	平方米	20 000	4 000	4 000	
12	五常方向游客接待设施	平方米	10 000	2 000	2 000	
13	雪乡会议中心	平方米	10 000	2 000		2 000
14	冰雪画廊接待中心	平方米	2 170	434	434	
15	白松车站游客服务中心	平方米	2 500	500	500	
16	白松车站房车自驾营地	处	1	100		100
17	亚雪综合休息区车库	平方米	6 400	1 280	1 280	
18	亚雪综合休息区旅服公寓	平方米	26 000	2 600	2 600	
19	雪乡冬奥产品展销中心	平方米	660	132	132	
20	冰雪营地新概念	平方米	1 200	240	240	
21	冰雪研学体验营地新概念	平方米	2 800	560	280	280
22	太平沟养老服务中心	平方米	20 000	4 000		4 000
23	太平沟民宿	平方米	5 000	500		500
24	太平沟养生保健中心	平方米	3 500	700		700

表 12 - 8

旅游服务设施工程投资估算表(单位:万元)

序号	项目	单位	工程量	总投资	近期	远期
25	太平沟温泉山庄	平方米	2 000	400		400
26	海源游客服中心	平方米	800	160	160	
27	海源森林康养中心	平方米	2 000	400		400
28	旅游服务接待设施	平方米	4 000	800	400	400
29	红岩佛教文化交流园	平方米	10 000	1 000		1 000
30	购物设施	处	10	50	30	20
31	导览解说标识系统	套	1	100	50	50
	合计			32 856	23 006	9 850

表 12-9

防灾及监测工程投资估算表(单位:万元)

序号	项目	单位	工程量	总投资	近期	远期
1	森林防火工程			1 575	935	640
1.1	森林防火前指指挥部	平方米	800	160	160	
1.2	森林防火物资储备库改扩建	平方米	1 000	100	100	
1.3	防火专用车库	平方米	3 200	256	256	
1.4	升级改造火险要素监测站	处	3	3	3	
1.5	升级改造可燃因子采集站	处	1	1	1	
1.6	智慧森林网络系统	套	1	30	30	
1.7	林火视频监测系统	套	5	100	40	60
1.8	生物防火林带建设	千米	18	540	270	270
1.9	瞭望塔	座	1	45		45
1.10	林火通信终端系统	套	1	10	10	
1.11	扑火机具及扑火设备	套	1	20	10	10
1.12	以水灭火装备	套	1	100	50	50
1.13	大型机械装备	套	1	200		200
1.14	大型防火宣传牌	个	10	10	5	5
2	有害生物防治			40	30	10
2.1	病虫害监测系统	套	1	20	20	
2.2	病虫害防治设备	套	1	20	10	10
3	灾害防治			403.15	200	203.15
3.1	海浪河堤防加固	米	40 315	403.15	200	203.15

续　表

序号	项目	单位	工程量	总投资	近期	远期
4	安全保障			307	153.5	153.5
4.1	医疗急救点	处	5	10	6	4
4.2	安全警示标志牌	个	100	5	2.5	2.5
4.3	电子监控探头	处	810	162	80	82
4.4	报警点	处	15	30	15	15
4.5	景区游客流量动态监测控制系统	套	2	100	50	50
	合计			2 325.2	1 319	1 007

序号	项目	单位	工程量	总投资	近期	远期
出入口工程	五常方向山门	座	1	100	100	
	亚雪方向山门	座	1	100	100	
	牡丹江方向山门	座	1	100	100	
	太平沟景区山门	座	1	100	100	
交通道路工程	新建停车场	平方米	181 000	6 400	3 200	3 200
	新建车行道	千米	50.6	10 120	5 060	5 060
	改扩建车行道	千米	64	11 520	5 760	5 760
	游步道	千米	6	240	140	100
	森林小火车	千米	67	1 675	250	1 425
	环保电瓶车	辆	100	400	200	200
给排水工程	供水系统	套	1	400	200	200
	污水处理厂	座	1	800	800	
供电工程		套	1	300	200	100
通信工程		套	1	100	50	50
合计				32 355	16 260	16 095

表 12 - 10

基础工程投资估算表(单位：万元)

序号	建设项目名称	投资额		
		合计	近期	远期
一	其他费用	4 614.47	2 819.69	1 794.78
1	建设单位管理费	599.12	429.61	169.51
2	建设工程监理费	1 414.82	838.48	576.34

表 12 - 11

其他费用估算表(单位：万元)

序号	建设项目名称	投资额		
		合计	近期	远期
3	工程设计费	1 867.57	1 106.80	760.77
4	勘察设计费	665.80	394.58	271.22
5	招标费	67.16	50.21	16.95
二	预备费	4 391.96	2 607.11	1 784.85

(三) 资金筹措

1. 政府支持性资金

当前,随着国家加大对环境保护和旅游业的投入力度,政策性资金已经成为森林公园开发建设投入的重要来源。雪乡国家森林公园的政府支持性资金类型可包括国家发改委发行的旅游国债,国家文旅部、财政部发行的旅游发展基金,黑龙江省旅游局、省财政厅制定的黑龙江旅游发展专项资金,黑龙江省发改委、省财政厅制定的产业结构调整专项资金,国家开发银行提供的国家开发银行贷款,以及国家财政部、国际金融组织、外国政府提供的相应的政策性银行贷款。政府支持性资金主要用于森林公园生态林补偿、森林旅游资源和环境监测保护、科普宣传设施建设、森林生态旅游景点建设、林相改造、林区道路与游步道建设、供电与通信基础设施建设等。

2. 银行信贷

近十年来中国旅游业飞速发展,吸引了大量的社会关注。与传统工业相比,旅游业具有发展前景广阔、投资回报率高的优势,国内外银行对此早有关注并且产生浓厚兴趣。以资产作抵押争取银行信贷发展旅游业应该成为筹集资金的重要来源之一。

3. 民营投资及招商引资

旅游业投资的高回报率吸引着越来越多的社会投资,民营投资和招商引资已成为当前旅游开发资金筹措的主要渠道之一。在吸引民间及投资商方面,除通过提供优惠政策、优化投资环境来争取外,还应鼓励、引导地方民间闲散资金以各种方式参与旅游投资。在确保对森林公园风景资源和用地统一规划、管理的前提下,鼓励社会资金、民间资本投资发展生态旅游,保护和开发利用森林旅游资源,多方面联合开发,共同受益。

在雪乡国家森林公园开发建设起步阶段,争取被纳入黑龙江省的宏观调控中,从而加大政府对森林公园的投入。雪乡国家森林公园的资金筹措要积极申请各级政府的支持性资金,对环境保护有关工程和重点旅游项目力争申请到国家、省级的重点和专项资金。对旅游宣传、文化和自然遗产保护等方面也要积极争取国家文旅部、财政部、黑龙江省相关的发展基金、信贷资金的扶持。

七、项目效益评估

(一) 生态效益

1. 建设生态屏障,维护生态安全

雪乡国家森林公园通过森林保育、资源保护、旅游景点与设施等的建设,开展生态旅游以满足游客保健游憩的需求,弘扬了生态文化,协调了森林旅游资源的保护和开发之间的关系,有利于建设牡丹江地区的生态屏障,维护当地及公园范围内的国土安全、水资源安全和生物资源安全;提高了抵御自然灾害、生物灾害的能力,减轻了灾害对国民经济和居民生活所造成的影响。

2. 提高森林质量,增强生态功能

(1) 有利于保持林地、草地及生物多样性的生态功能和作用,发挥"氧吧"的生态效益。

(2) 有利于区域内的水资源保护和水土保持。

(3) 有利于保持农田生态系统的发展,形成高效益生态农业,成为景区的绿色食品基地。

(4) 有利于森林公园及周边的环境保护,森林覆盖率的增加、林地的扩建,将有利于调节气候、净化空气,对垃圾废弃物进行无害处理,以保持景区的环境质量。

(5) 采取有力的措施,开展生态型旅游,按照生态旅游标准,严格控制游人数量。在环境容量之内,加强生态环境监测与保护,保持生态环境质量,体现森林公园的生态价值。

3. 保护生物多样性,维护生态平衡

森林公园生态旅游建设与发展有利于保护和修复地带性森林生态系统,完善森林公园及其周边地区的自然生态过程,为动植物的生存繁衍提供良好的环境,从而形成物种丰富的森林生态系统。生物物种和生物数量的增加,将有效地保护生物多样性,维护自然生态平衡。由于生物多样性的增加,林业生物灾害发生频度和危害程度都将减轻。

(二) 社会效益

1. 建设生态文明,促进社会和谐

项目建成运营后,将以其独特的国家森林景观和森林生态环境愉悦人们的心神,促进人们的健康,成为度假休闲的胜地,每年可使数万游人直接受益。同时,森林公园也为社会提供了理想的旅游地,使广大游客既游出快乐,也游出知识和责任,把生态环境保护变成每个游客的自觉行动。游憩活动使人们产生心灵缓和的作用,减少急躁、抑郁情绪,减少犯罪活动,有助于人与人、人与社会的和谐,具有宏观的社会效益。

2. 提供保健游憩,满足社会需求

雪乡国家森林公园通过开展生态宣传和科普教育等活动,为社会提供了理想的自然教育基地和户外游憩场所,满足了人们向往自然、亲近自然的迫切需求,激发广大游客特别是青少年旅游者探索自然、尊重自然的高尚情感。同时,森林公园内宜人的气候环境也从生理和心理上促进了人们健康,增强了身体素质。

3. 培养社区能力,增加居民就业

景区的经营管理需要从业人员,这为解决林场职工就业问题和居民参加旅游服务开创了就业门路,适当地缓解了政府的就业压力,对稳定地方的社会治安和人们正常生活秩序有着积极的意义。

4. 调整产业结构,提高经济效益

森林公园旅游业是一个综合性的服务行业,旅游产品的开发还可间接带动其他相关产业的发展,满足游客吃、住、行、游、购、娱、保健强身等多方面要求。旅游业可以产生联动效益,扩大就业范围,为旅游服务业的发展扩大了空间。受益群体增加了,社会的稳定性相对提高了,对全面实现小康社会起到了积极作用。

5. 扩大对外交往,改善投资环境

通过森林公园的生态旅游建设,吸引外地游客前来游览、参与、体验,增强了对雪乡国家森林公园的了解,增进了与国内外各地之间的友好往来,有利于对外开放,扩大交往,加强文化交流,进一步提高该森林公园的知名度和美誉度,从而改善其投资环境,促进招商引资。

(三) 经济效益

1. 经济效益评价基础资料的确定

(1) 计算期

森林公园开发采取边建设、边营业,滚动发展、逐步完善的经营原则,投资期分近期(2019—2023 年)、远期(2024—2028 年),计算期为 10 年。

(2) 税率

增值税 17%

城市建设维护税 5%(增值税的百分比)

教育费附加 3%(增值税的百分比)

所得税 25%

(3) 游客消费水平预测

根据雪乡国家森林公园的现状,并参考国内森林公园的相关数据,对该森林公园的游客消费结构进行了预测,详见下表。

表 12 - 12

游客消费结构表(单位:元)

项目	2021—2025		2026—2030	
	收费标准	参与率	收费标准	参与率
门票	120	100%	120	100%
住宿	300	10%	350	15%
餐饮	50	90%	80	100%
内部交通	20	100%	30	100%
旅游商品	50	50%	60	60%
娱乐休闲	80	60%	100	65%

(4) 收入测算

2. 经济效益分析

公园现有良好的旅游基础设施,建设期内正常对外开放,森林公园综合税率按国家现有税率计算。

表 12 - 13　收入测算表 （单位：万元）

年度项目	2021年	2022年	2023年	2024年	2025年	2026年	2027年	2028年	2029年	2030年
年游人量	90.6	99.6	111.6	126.1	142.5	163.9	188.5	213.0	238.5	262.4
门票	10 869.60	11 956.80	13 390.80	15 132.00	17 098.80	19 664.40	22 614.00	25 554.00	28 620.00	26 235.00
住宿	2 717.40	2 989.20	3 347.70	3 783.00	7 480.73	8 603.18	9 893.63	11 179.88	12 521.25	11 805.75
餐饮	4 076.10	4 483.80	5 021.55	5 674.50	11 399.20	13 109.60	15 076.00	17 036.00	19 080.00	14 166.90
内部交通	1 811.60	1 992.80	2 231.80	2 522.00	4 274.70	4 916.10	5 653.50	6 388.50	7 155.00	10 494.00
旅游商品	2 264.50	2 491.00	2 789.75	3 152.50	5 129.64	5 899.32	6 784.20	7 666.20	8 586.00	11 018.70
娱乐休闲	4 347.84	4 782.72	5 356.32	6 052.80	9 261.85	10 651.55	12 249.25	13 841.75	15 502.50	22 037.40
营业收入	26 087.04	28 696.32	32 137.92	36 316.80	54 644.92	62 844.15	72 270.58	81 666.33	91 464.75	95 757.75
增值税及附加	4 789.58	5 268.64	5 900.52	6 667.76	10 032.81	11 538.19	13 268.88	14 993.94	16 792.93	17 581.12

表 12－14

经营成本表
(单位:万元)

年度项目	2021 年	2022 年	2023 年	2024 年	2025 年	2026 年	2027 年	2028 年	2029 年	2030 年	合计
工资及福利费	2347.83	2582.67	2892.41	3268.51	4918.04	5655.97	6504.35	7349.97	8231.83	8618.20	52369.79
折旧费用	1304.35	1434.82	1606.90	1815.84	2732.25	3142.21	3613.53	4083.32	4573.24	4787.89	29094.33
修理维护费	2347.83	2582.67	2892.41	3268.51	4918.04	5655.97	6504.35	7349.97	8231.83	8618.20	52369.79
其他费用	1043.48	1147.85	1285.52	1452.67	2185.80	2513.77	2890.82	3266.65	3658.59	3830.31	23275.46

表 12 - 15　税金预算表（单位：万元）

	2021 年	2022 年	2023 年	2024 年	2025 年	2026 年	2027 年	2028 年	20297 年	2030 年	合计
增值税	4 434. 8	4 878. 4	5 463. 4	6 173. 9	9 289. 6	10 683. 5	12 286. 0	13 883. 3	15 549. 0	16 278. 8	98 920. 7
城市建设维护税	221. 74	243. 92	273. 17	308. 69	464. 48	534. 18	614. 30	694. 16	777. 45	813. 94	4 946. 0
教育费附加	133. 04	146. 35	163. 90	185. 22	278. 69	320. 51	368. 58	416. 50	466. 47	488. 36	2 967. 6
所得税	2 389. 57	2 628. 58	2 943. 83	3 326. 62	5 005. 47	5 756. 52	6 619. 98	7 480. 64	8 378. 17	8 771. 41	53 300. 8
合计	7 179. 15	7 897. 23	8 844. 36	9 994. 38	15 038. 28	17 294. 71	19 888. 86	22 474. 57	25 171. 10	26 352. 53	160 135. 2

表 12 - 16
损益表
（单位：万元）

年度项目	2021 年	2022 年	2023 年	2024 年	2025 年	2026 年	2027 年	2028 年	2029 年	2030 年
营业收入	26 087.04	28 696.32	32 137.92	36 316.80	54 644.92	62 844.15	72 270.58	81 666.33	91 464.75	95 757.75
总成本费用	11 739.17	12 913.34	14 462.06	16 342.56	24 590.21	28 279.87	32 521.76	36 749.85	41 159.14	43 090.99
增值税及附加	4 789.58	5 268.64	5 900.52	6 667.76	10 032.81	11 538.19	13 268.88	14 993.94	16 792.93	17 581.12
利润总额	9 558.29	10 514.33	11 775.33	13 306.48	20 021.90	23 026.09	26 479.94	29 922.54	33 512.68	35 085.64
所得税	2 389.57	2 628.58	2 943.83	3 326.62	5 005.47	5 756.52	6 619.98	7 480.64	8 378.17	8 771.41
净利润	7 168.72	7 885.75	8 831.50	9 979.86	15 016.42	17 269.57	19 859.95	22 441.91	25 134.51	26 314.23
盈余公积	716.87	788.57	883.15	997.99	1 501.64	1 726.96	1 986.00	2 244.19	2 513.45	2 631.42
未分配利润	6 451.85	7 097.17	7 948.35	8 981.87	13 514.78	15 542.61	17 873.96	20 197.72	22 621.06	23 682.81

经计算:

营业收入:本项目全期营业收入总额 581 886.5 万元,公园全面建成后年均收入 58 188.65 万元。

增值税及附加:本项目全期增值税及附加总额 106 834.4 万元,公园全面建成后年均 10 683.44 万元。

利润总额:本项目全期利润总额为 581 886.5 万元,公园全面建成后年均利润 58 188.65 万元。

所得税:本项目全期所得税总额为 53 300.8 万元,公园全面建成后年均所得税 5 330.08 万元。

净利润:本项目全期净利润总额为 159 902.42 万元,公园全面建成后年均净利润 15 990.24 万元。

任务 12.4   运营管理冰雪旅游

以雪乡国家森林公园为例,基于其实际情况,结合相关策划开发方案,对景区的运营管理措施进行探讨和分析。

一、构建保障体系

(一) 政策保障

雪乡国家森林公园必须严格贯彻执行国家、省市有关森林公园、林业、环境、文物事业等管理的有关法律、法规和方针政策,结合实际,制定具体的《雪乡国家森林公园管理办法》,并由林业局及相应部门通过,从管理规范高度来规范森林公园管理,使保护、建设、运营的管理工作有章可循。

充分考虑森林公园发展需要,把森林公园旅游接待设施建设用地列入各级土地利用规划、年度用地供给计划。

落实配套扶持政策,针对森林公园的社会及经济效益,各级政府主管部门应实行一些优惠政策,如税收、招商引资、吃住行游等相关产业的优惠政策。森林公园经营收入除享受国家规定的税收优惠政策外,还可实行一定比例的所得税财政返还制度或财政奖励政策,奖励资金作为政府扶持基金,用于森林公园的保护建设的再投资,引导社会资金投入。

在项目开发建设过程中,涉及需要办理其他行业手续时,应适当给予方便。将森林公园的保护和发展事业纳入各级政府的经济社会发展规划,集中必要的人力、物力和财力,保障森林公园建设的顺利实施。

在引进资金政策上,要出台相应政策,吸引各种国内外投资,保证森林公园项目有序进行。在森林公园保护工程上,应采取各级政府投资,而在森林公园生态旅游和多种经营项目上则采取"谁投资、谁开发、谁受益、谁管理"政策,广集资金,加快建设。同时注意加强国际交流,引进外资,吸收国外在森林公园建设上的优秀理念和相关政策,完善雪乡国家森林公园建设。

(二) 资金保障

加大政府投入。因森林公园保护的社会公益特性,明确政府的投资主体地位,各级政府要加大森林公园保护的资金投入,安排一定数额的财政资金、贴息贷款,扶持森林公园建设。积极向国家相关部门争取国家财政投入或列入重点建设工程,尤其是生态保护建设项目。政府加大对外部交通等旅游基础设施的投入;设立旅游发展基金,重点用于旅游形象宣传、规划编制、人才培训、公共服务体系建设等。

建立以政府公投为主,通过国际组织贷款、政府贷款、外商直接投资、项目融资等多元融资方式,积极利用国内外资金开发森林旅游产品、保护旅游资源。合理利用森林公园旅游资源,广泛吸引社会各方面资金,形成多渠道、多元化的投资机制。

运用中央和地方财政手段引导和控制雪乡国家森林公园生态旅游建设项目投资资金流向,促进产业结构调整和合理发展。独立设置项目资金专用账户,实行专款专用,严格审计。加强资金管理,按时编制财务报表,定期接受主管部门的财务监督。

借鉴国外经验,开辟旅游税和旅游资源税,所得款项专门用于旅游基础设施建设、旅游资源开发与生态环境保护,实现环境效益与经济、社会效益的有机统一。

(三) 人才及科学技术保障

加强人才队伍建设,提高科学管理水平。雪乡国家森林公园建设中薄弱的环节之一是人才和科学技术的缺乏,要做好培训和引进旅游专业人才措施。首先,对现有从业人员进行定期培训,可以通过送出去、请进来的方式,提高管理人员和服务人员的基本素质,掌握旅游基本知识、经营管理专业知识,提高服务基本技能和技巧,并加强职业道德教育、法制教育、文化教育等,以满足公园项目建成运用中的管理需要;其次,通过对外进行人才招聘,挖掘和引进一批有潜力的旅游专门人才,实现旅游队伍和从业人员在数量、层次、结构的全面提高和合理配置;最后,进行旅游大产业意识教育和可持续发展教育,鼓励公众参与和与旅游者建立良好关系。

森林公园的管理研究需要多学科的学术和技术支持,是地质、地貌、水文、生态、地理、建筑、工程、规划、园林、历史、文学、艺术、美学、宗教、旅游、经济等多学科交叉的领域,特别是信息时代的到来,建立地理信息系统,使用计算机可以实时监控整个园区的各项指标变化,节省人力的同时,提高了科学管理旅游区的水平和效率。

(四) 营销保障

为提高雪乡国家森林公园的影响力和知名度,需要进行一些必要的营销手段。雪乡国家森林公园在基本的系统营销基础上,还可进行针对森林公园内各景区负离子含量、森林覆盖率等的品质营销,利用互联网、微博、微信等时下流行元素进行新媒体营销,每年开展一些节庆活动吸引宣传、政界、企业、知名人士来参观或进行艺术活动的政治营销,以及通过与一些国内知名的电视节目进行合作来宣传的时尚营销策略。

综合利用各种营销策略,对雪乡国家森林公园进行炒作、宣传,吸引更多的国内外游客前来旅游观光度假,打造雪乡国家森林公园生态旅游的特色品牌,进而带动地方经济,同时也促进整个黑龙江旅游业的迅猛发展。

二、可持续发展运营

(一) 延伸产业链

旅游产业链是由于旅游产业的特殊性而形成的产业结构与时空布局关系引发的链条式产业关联形态,其产业链的延伸是此种关联的拓展。冰雪旅游项目能否可持续发展的关键之一就在于能否形成一个完整健康的产业链条,尤其是在国内冰雪旅游快速发展、各类资本争相涌入的背景下,只有具备产业链思维,才有可能形成规模化的投资,不断扩大冰雪旅游优质产品供给。

以雪乡国家森林公园为例,现已建成 5 大景区、22 处景点,初步形成了以中国雪乡为龙头,兼顾滑雪旅游、雪乡度假、海浪河漂流、原始林观光的旅游产品格局。未来,雪乡国家森林公园可从"冰雪＋制造""冰雪＋科技""冰雪＋非遗""冰雪＋会展""冰雪＋亲子""冰雪＋教育"等方面入手,优化冰雪旅游产业结构,以转型升级、提质增效使冰雪旅游与其他产业进行深度融合,延伸冰雪产业链,丰富冰雪旅游产业体系,满足民众多元冰雪消费需求。

(二) 推动实现四季运营

冰雪旅游季节性很强,以冬季为主,经营周期短,淡季时间长。如果不能突破季节瓶颈,冰雪旅游的盈利会遇到很大困难。所以,必须设法寻找四季运营的策略,其中最主要的四季运营策略就是从业态的多元化入手。例如,可以在冰雪项目之外,根据本地旅游资源条件,开发温泉、赛事、教育、酒店、美食、音乐等业态和内容。雪乡国家森林公园可以借鉴太舞滑雪小镇的四季运营模式:小镇以冬、夏两季运营为主。夏季以度假酒店为核心,发展家庭度假、青少年营地等项目,游客们可以在这里进行山地自行车、定向越野、卡丁车、山地高尔夫等精彩纷呈的活动;冬季定位为集滑雪、温泉等一体的滑雪度假村,此外还有冰雪赛事、音乐节、冬令营等。春季还有会展、团建等活动,秋季则是观光摄影。此外太舞滑雪小镇建设了拥有两个足球场、一个垒球场、三个网球场和八个篮球场的体育公园。除了硬件设施,太舞小镇还注重青少年滑雪培训,开设了全套美国PSIA 儿童滑雪课程,不仅教授滑雪技巧,还通过课程锻炼孩子的勇气胆识。正是依托四季运营模式,使得太舞滑雪小镇在国内众多冰雪小镇中脱颖而出。

(三) 寻求区域合作

一是周边区域的合作联动。可以借鉴京津冀地区的做法,通过建立区域联盟等方式加强旅游区域合作,改变景区单独作战的局面,走大旅游道路。京津冀地区在协同发展的语境下形成了不同的区域联盟。密云区、延庆区、张家口市、承德市就共同构建起了京北冰雪旅游生态圈,形成了资源共享和互通的格局。比如在市场推广方面,就可以进行联动,树立京北冰雪旅游品牌,打造京北冰雪旅游精品线路。再比如在互联网和智慧旅游方面,也可以通过区域联动来共享数据、共享信息,促进冰雪旅游的融合发展。

二是寻求跨区域的合作联动。如东南沿海地区因为气候原因,缺少自然冰雪资源,只能通过人工造雪来发展冰雪旅游。北方的冰雪旅游企业可以与南方的冰雪旅游企业之间形成互动,在赛事活动、冰雪培训等方面展开合作,相互之间进行资源、资金、人才方面的互补,共同推动冰雪产业转型升级。

(四) 不断提升信息化水平

习近平总书记在十九大报告中指出,"要推动互联网、大数据、人工智能和实体经济深度融合。"雪乡国家森林公园应探索创建"互联网＋冰雪"旅游创新服务平台,为游客提供精品线路设计、旅游信息咨询、投诉接待等多种服务,页面设计应以游客需求为本,采用中文、俄文、英文、日文、韩文等多国语言,满足不同游客的冰雪旅游需要。

2016 年被称为"VR(虚拟现实技术)元年",VR 已成为旅游发展的核心技术。雪乡国家森林公园应将 VR 技术应用于冰雪旅游的体验推广宣传工作中,让游客全方位感受冰雪旅游的无穷魅力,推动黑龙江省冰雪旅游可持续发展,促进景区冰雪旅游发展更上一层楼。

项目小结

冰雪旅游属于生态旅游范畴,是以冰雪气候旅游资源为主要的旅游吸引物,体验冰雪文化内涵的所有旅游活动形式的总称,是一项极具参与性、体验性和刺激性的旅游产品。冰雪旅游具有参与体验性、地域性、季节性和健身性的特点,其旅游产品可以分为观光类、运动休闲类、节庆类、赛事类、民俗游乐类、休闲演艺类和其他体验类。

冰雪旅游最早产生于寒地民族,是一项充满了浪漫与刺激的古老运动,是随着寒冷地区人们生产生活活动发展演进而来的。随着社会的发展,原本主要作为生产生活辅助手段存在的冰雪活动,基于特定的文化群体,在生产劳动、交通运输、日常生活、人际交往、休闲娱乐等方面,逐渐形成和演变为具有民族特色和地域特征,以娱乐休闲为主、以体育竞技为辅的冰雪民俗。从 18 世纪中后期到 20 世纪中期,冰雪文化发展到欧美国家冰雪运动竞技全面发展,并影响俄罗斯、日本、韩国和中国等国家冰雪运动竞技项目开展的冰雪运动竞技阶段。20 世纪 50 年代以来,随着社会发展和人们经济文化水平的提高,现代意义上的大众旅游业在全球范围内发展壮大。国外冰雪旅游发展集中于欧洲、北美、东亚三大区域。中国真正意义上的冰雪旅游起步较晚,但发展较快,近年来,以冰雪艺术、体育赛事、群体娱乐、商务度假、经贸洽谈为主题的冰雪旅游节庆活动越来越多,除著名的哈尔滨国际冰雪节外,河北、四川、北京、内蒙古等省、市、自治区也相继推出了内容丰富的冰雪节庆活动。但是,中国的冰雪旅游业还存在着诸如开发过于依赖自然资源和气候条件、盲目开发现象普遍、旅游消费内容单一、产品和产业链开发深度不足、相关法律法规亟待完善等诸多问题。

本项目内容的最后以黑龙江雪乡国家森林公园为实践案例,结合其开发建设方案,对冰雪旅游项目的策划和运营管理进行了探讨和分析,以期帮助读者更直观地了解和理清冰雪旅游专项策划的流程和思路。

讨论与思考

1. 冰雪旅游发展的趋势是什么?
2. 冰雪旅游策划过程中应注意哪些问题?
3. 不具备自然冰雪资源优势的东南沿海地区应如何发展冰雪旅游?

4. 你认为可以采取哪些方式健全冰雪旅游的游客安全风险保障?

项目测验

一、名词解释

1. 冰雪旅游

2. 可持续运营

3. 雪雕

二、填空题

1. 冰雪旅游的特征包括:_____、_____、_____、_____。

2. 冰雪旅游最早产生于_____,是一项古老运动,是随着寒冷地区人们生产生活活动发展演进而来的。

3. _____,哈尔滨市创办首届冰雪节并大获成功,标志着中国冰雪旅游正式拉开序幕。

4. 赛事类冰雪旅游产品包括_____和_____冰雪旅游产品。

三、选择题

1. 哈尔滨市第一届冰灯游园会是在(　　)举办的。

A. 江滨公园　　　　B. 兆麟公园　　　　C. 斯大林公园　　　　D. 中央公园

2. 在中国,冰雪旅游起步较晚,最早出现在(　　)。

A. 吉林　　　　B. 牡丹江　　　　C. 长春　　　　D. 哈尔滨

3. 冰上芭蕾属于哪一类型的冰雪旅游产品?(　　)

A. 运动休闲类　　B. 休闲演艺类　　C. 节庆类　　　　D. 赛事类

4. 从 18 世纪中后期到 20 世纪中期,冰雪旅游开始进入冰雪运动(　　)阶段。

A. 竞技　　　　B. 赛事　　　　C. 休闲　　　　D. 娱乐

四、简答题

1. 简述冰雪旅游和生态旅游的关系。

2. 冰雪旅游产品类型包括哪些?

3. 冰雪旅游全面发展的特征有哪些?

4. 中国冰雪旅游发展存在的问题有哪些?

5. 冰雪旅游产品的开发手段有哪些?

扩展技能训练

请以你感兴趣的冰雪旅游目的地为例,对其已开发的旅游产品和项目进行整理,并提出优化方案和建议。

参考文献

1. 蒋翔宇. 传播学视域下"中国雪乡"旅游形象问题研究[D]. 长春:吉林大学,2019.

2. 吴昊泽,吴广民. 雪乡公园自然景观与旅游业发展优势分析[J]. 林业勘查设计,2020,49(03):85—87+92.

3. 连新秀.黑龙江省冰雪旅游业发展路径探析[J].哈尔滨体育学院学报,2020,38(03):40—45.

4. 郭洋波,姚小林,李智鹏,宋文利.黑龙江省冰雪旅游可持续发展的研究[J].冰雪运动,2020,42(05):60—64.

5. 张丽梅.冰雪旅游策划[M].哈尔滨:哈尔滨工业大学出版社,2011.

参考文献

［1］陈耀.突出"六康",创新发展海南健康旅游［N］.中国旅游报,2020－10－22(004).

［2］郎富平.我国红色旅游研究的文献分析与述评［J］.中南林业科技大学学报(社会科学版),2020,14(5):116—121.

［3］苏海.活动策划实战宝典:品牌推广＋人气打造＋实战案例［M］.北京:清华大学出版社,2017.

［4］王衍用,曹诗图.旅游策划理论与实务(第2版)［M］.北京:中国林业出版社,2016.

［5］江金波,舒伯阳.旅游策划原理与实务［M］.重庆:重庆大学出版社,2018.

［6］余源鹏.古镇旅游开发——市场分析、项目定位、规划设计、营销推广与投资运营全程策划操作要诀［M］.北京:化学工业出版社,2019.

［7］李俊,伍欣.旅游新媒体运营［M］.北京:旅游教育出版社,2022.

［8］李宏.旅游目的地新媒体营销:策略、方法与案例Ⅱ［M］.北京:旅游教育出版社,2021.

［9］乔付军.新媒体概论［M］.北京:人民邮电出版社,2020.

［10］吴必虎.区域旅游规划原理［M］.北京:中国旅游出版社,2004.

［11］王春雷,梁圣蓉.会展与节事营销［M］.北京:中国旅游出版社,2010.

［12］吴兰桂.景区策划方案设计——以长三角为例［M］.上海:复旦大学出版社,2014.

［13］郎富平,顾雅青.旅游策划实务(第二版)［M］.上海:华东师范大学出版社,2014.

［14］王庆生.旅游项目策划教程［M］.北京:清华大学出版社,2013.

［15］伍海琳.城市旅游形象策划与提升研究［M］.上海:上海交通大学出版社,2011.

［16］陈来生.旅游创意与专项策划［M］.天津:南开大学出版社,2013.

［17］贾荣.乡村旅游经营与管理［M］.北京:北京理工大学出版社,2016.

［18］史云,张锐.乡村旅游经营与管理［M］.石家庄:河北科学技术出版社,2017.

［19］余姚市四明山革命老区治水促"三提升"全力打造绿色发展新名片［J］.宁波通讯,2018(24):2—3.

［20］刘建平,王昕伟.依托红色旅游推进革命老区精准扶贫的主要路径探析［J］.文化软实力,2018,3(01):66—70.

［21］张凌云,朱莉蓉.红色旅游概论［M］.北京:旅游教育出版社.2014.

［22］艾伦·法伊奥,等.旅游吸引物管理:新的方向［M］.郭英之,主译.大连:东北财经大学出版社,2005.

［23］查尔斯·R.格德纳,等.旅游学(第12版)［M］.李天元,等译.北京:中国人民大学出版社,2014.

［24］靳斌,王孟璟.文化旅游项目策划与管理［M］.北京:中国国际广播出版社,2023.

［25］蒋翔宇.传播学视域下"中国雪乡"旅游形象问题研究［D］.长春:吉林大学,2019.

［26］吴昊泽,吴广民.雪乡公园自然景观与旅游业发展优势分析［J］.林业勘查设计,2020,49(03):85—87＋92.

［27］连新秀.黑龙江省冰雪旅游业发展路径探析［J］.哈尔滨体育学院学报,2020,38(03):40—45.

［28］郭洋波,姚小林,李智鹏,宋文利.黑龙江省冰雪旅游可持续发展的研究［J］.冰雪运动,2020,42(05):60—64.

［29］张丽梅.冰雪旅游策划［M］.哈尔滨:哈尔滨工业大学出版社,2011.